JN075365

社会福祉
学習双書
2024

第 13 巻

権利擁護を支える法制度
刑事司法と福祉

『社会福祉学習双書』編集委員会　編

社会福祉
法　　人 全国社会福祉協議会

社会福祉士養成課程カリキュラムと
『社会福祉学習双書』目次の対比表

第13巻　権利擁護を支える法制度／刑事司法と福祉

養成カリキュラム「教育に含むべき事項」		社会福祉学習双書「目次」
権利擁護を支える法制度	①法の基礎	・第1部第1章「法の基礎」
	②ソーシャルワークと法の関わり	・第1部第2章「ソーシャルワークと法のかかわり」
	③権利擁護の意義と支える仕組み	・第2部第2章「権利擁護を支える仕組み」（第1節を除く）
	④権利擁護活動で直面しうる法的諸問題	・第2部第3章「権利擁護活動で直面し得る法的諸問題」
	⑤権利擁護に関わる組織、団体、専門職	・第2部第4章「権利擁護にかかわる組織、団体、専門職」
	⑥成年後見制度	・第2部第1章「成年後見制度」 ・第2部第2章第1節「日常生活自立支援事業」
刑事司法と福祉	①刑事司法における近年の動向とこれを取り巻く社会環境	・第3部第7章「刑事司法における近年の動向とこれを取り巻く社会環境」
	②刑事司法	・第3部第1章「刑事司法・少年司法」
	③少年司法	
	④更生保護制度	・第3部第2章「更生保護制度の概要」 ・第3部第4章「更生保護制度の担い手」 ・第3部第5章「更生保護制度における関係機関・団体との連携」
	⑤医療観察制度	・第3部第6章「医療観察制度の概要」
	⑥犯罪被害者支援	・第3部第3章「犯罪被害者等支援」

※本テキストは、精神保健福祉士養成課程カリキュラムにも対応しています。

刊行にあたって

　現代社会にあって、地域住民が直面する多様な課題や個々人・家族が抱える生活のしづらさを解決するためには、従来の縦割り施策や専門領域に閉じこもった支援では効果的な結果を得にくい。このことは、社会福祉領域だけではなく、関連領域でも共有されてきたところである。平成29（2017）年の社会福祉法改正では、「地域共生社会」の実現を現実的な施策として展開するシステムの礎を構築することとなった。社会福祉に携わる者は支援すべき人びとが直面する課題を「他人事」にせず、また「分野ごと」に分断せず、「複合課題丸ごと」「世帯丸ごと」の課題として把握し、解決していくことが求められている。また、支援利用を躊躇、拒否する人びとへのアプローチも試みていく必要がある。

　第二次世界大戦後、社会福祉分野での支援は混合から分化、そして統合へと展開してきた。年齢や生活課題によって対応を「専門分化」させる時期が長く続くなかで、出現し固着化した縦割り施策では、共通の課題が見逃される傾向が強く、制度の谷間に潜在する課題を生み出すことになった。この流れのなかで、包括的な対応の必要性が認識されるに至っている。令和5（2023）年度からは、こども家庭庁が創設され、子ども・子育て支援を一体的に担うこととなった。加えて、分断隔離から、地域を基盤とした支援の構築も実現されてきている。地域から隔絶された場所に隔離・収容する対応は、在宅福祉の重要性を訴える当事者や関係者の活動のなかで大幅な方向転換を行うことになった。

　措置制度から利用制度への転換は、主体的な選択を可能とする一方で、利用者支援や権利擁護も重要な課題とした。社会資源と地域住民との結び付け、継続的利用に関する支援や苦情解決などが具体的内容である。地域や家族、個人が当事者として参加することを担保しながら、ともに考える関係となるような支援が求められている。利用者を支援に合わせるのではなく、支援を利用者のニーズに適合させることが求められている。

　「働き方改革」は働く者全体の課題である。仲間や他分野で働く人々との協働があってこそ実現できる。共通の「言語」を有し、相互理解を前提とした協

働こそ、利用者やその家族、地域社会への貢献を可能とする。ソーシャルワーカーやその関連職種は、法令遵守（コンプライアンス）の徹底と、提供した支援や選択されなかった支援について、専門職としてどのような判断のもとに当該支援を実施したのか、しなかったのかを説明すること（アカウンタビリティ）も同時に求められるようになってきている。

　本双書は、このような社会的要請と期待に応えるための知識やデータを網羅していると自負している。

　いまだに終息をみせたとはいえない、新型コロナウイルス（COVID-19）禍は引き続き我われの生活に大きな影響を与えている。また、世界各地で自然災害や紛争・戦争が頻発している。これらは個人・家族間の分断を進行させるとともに、新たな支援ニーズも顕在化させてきている。このような時代であるからこそ、代弁者（アドボケーター）として、地域住民や生活課題に直面している人々の「声なき声」を聴き、社会福祉領域のみならず、さまざまな関連領域の施策を俯瞰し、地域住民の絆を強め、特定の家族や個人が地域のなかで課題解決に取り組める体制づくりが必要である。人と諸制度をつなぎ、地域社会をすべての人々にとって暮らしやすい場とすることが社会福祉領域の社会的役割である。関係機関・団体、施設と連携して支援するコーディネーターとなることができる社会福祉士、社会福祉主事をはじめとする社会福祉専門職への期待はさらに大きくなっている。社会福祉領域で働く者も、エッセンシャルワーカーであるという自覚と矜持をもつべきである。

　本双書は各巻とも、令和元（2019）年度改正の社会福祉士養成カリキュラムにも対応し、大幅な改訂を行った。また、学習する人が制度や政策を理解するとともに、多職種との連携・協働を可能とする幅広い知識を獲得し、対人援助や地域支援の実践方法を学ぶことができる内容となっている。特に、学習する人の立場に立って、章ごとに学習のねらいを明らかにするとともに、多くの工夫を行った。

社会福祉制度は、かつてないスピードで変革を遂げてきている。その潮流が利用者視点から点検され、新たな改革がなされていくことは重要である。その基本的視点や、基盤となる情報を本双書は提供できていると考える。本双書を通じて学ばれる方々が、この改革の担い手として、将来的にはリーダーとして、多様な現場で活躍されることを願っている。担い手があってこその制度・政策であり、改革も現場が起点となる。利用者自身やその家族からの信頼を得ることは、社会福祉職が地域社会から信頼されることに直結している。社会福祉人材の育成にかかわる方々にも本双書をお薦めしたい。

　最後に、各巻の担当編集委員や執筆者には、改訂にあたって新しいデータ収集とそれに基づく最新情報について執筆をいただくなど、一方ならぬご尽力をいただいたこともあらためて読者の方々にご紹介し、総括編集委員長としてお礼を申し述べたい。

　令和5年12月

『社会福祉学習双書』総括編集委員長

松　原　康　雄

目　次

第2部　権利擁護と成年後見制度

第1章　成年後見制度

第2章　権利擁護を支える仕組み

第3部　刑事司法と福祉

第1章　刑事司法・少年司法

第5章 更生保護制度における関係機関・団体との連携

第6章 医療観察制度の概要

第7章　刑事司法における近年の動向とこれを取り巻く社会環境

※裁判の判決文は、裁判所ホームページの「裁判例検索」（下記）により閲覧することができます。
　URL：https://www.courts.go.jp/app/hanrei_jp/search2

※本文中では、判例集を略語で記載しています。
　　（例）刑集：最高裁判所刑事判例集、民集：最高裁判所民事裁判例、判時：判例時報、
　　　　　判タ：判例タイムズ

＊本双書においては、テキストとしての性格上、歴史的事実等の表現については当時のまま、
　また医学的表現等についてはあくまで学術用語として使用しております。
＊本文中では、重要語句を太字にしています。

表紙デザイン：株式会社ビー・ツー・ベアーズ

第1章

法の基礎

学習のねらい

　法なくして、我われの生活は成り立たない。本章では、まず法の役割につき、規範的役割と社会的役割の2つの側面から理解する。次いで、法の仕組みにつき、法の存在形式（法源）の観点から、憲法、条約、法律といった成文法と、判例などの不文法について確認したのち、法の分類の仕方についていくつかの観点から整理する。さらに、主要な法の解釈手法についても紹介する。

　また、本章では、裁判制度の概略を学ぶとともに、判決が裁判規範のみならず行為規範でもあることもふまえた裁判所の判決がもつ意義についても理解を深めることをねらいとする。

第1節　法と規範

1　社会生活を支える法

　我われの社会生活は、法によって支えられ、規律されている。朝起きて家を出て、安全に職場に向かうことができるのは、交通ルールが法（道路交通法など）で定められていることによる部分が少なくないだろう。職場での業務（例えば、福祉事業所での居宅サービスの提供）は、さまざまな社会福祉法制（社会福祉法・介護保険法など）によって規律されているし、業者との取引や利用者へのサービス提供も、さまざまな契約ルール（それは契約書自体のほか、民法・消費者契約法などによっても規律される）に従うことが求められている。終業後、英会話学校に通うにも、旅行会社でツアーの申し込みをするにも、事業者にはさまざまな規制（学校教育法・旅行業法など）に従うことが求められる一方、申込者も、契約に則った代金支払い義務を負う。

　このように、法なくして、我われの社会生活は成り立たないと言っても過言ではない。

2　法の規範的役割

　法の役割としては、人々が行動するにあたっての指針や評価基準などを提示する規範的役割と、そうした法規範が機能することを通じてさまざまな効果がもたらされる社会的役割をあげることができる。

　このうち前者の規範的役割をさらに区分した場合、「行為規範」「裁判規範」「組織規範」という3つの側面に分けることができる。

　民法第709条は、「故意又は過失によって他人の権利又は法律上保護される利益を侵害した者は、これによって生じた損害を賠償する責任を負う」と規定する。不法行為の一般規定である。この規定に抵触する行為があった場合、損害を被った被害者は裁判所に対し、賠償を求める訴えを提起することができ、裁判所は、同条に照らして不法行為責任を成立させる所定の要件を充たすと判断した場合、加害者に損害賠償を命ずることになる。

　このように、法規範には裁判規範としての役割がある。[*1]一般に、人々が法の役割を連想した場合、こうした役割を思い浮かべる人が多いので

はないだろうか。

　しかし、法の規範的役割は裁判規範にとどまらない。刑法第199条は、「人を殺した者は、死刑又は無期若しくは５年以上の懲役に処する」と規定する。殺人を犯した場合、この規定を根拠に、裁判所によって刑に処されることに加えて、この規定があることにより、人々が自主的に行動し、殺人という行為を行わないよう日常生活をコントロールするという側面がある。確かに殺人の場合、わざわざ法規範を持ち出さなくとも、道徳規範や社会規範に照らしても許されない（つまり、我われが共有している道徳や社会通念に従っても、殺人に対する抑止力となり得る）といえよう。しかし、例えば、制限速度50キロメートルの国道で、我われがなぜ制限速度を大幅にオーバーしないよう走行するのかと問うた場合、反則切符を切られたくないという心理がはたらくことで、法的ルールが我われの自主的行為に制約をかけているという意味合いが理解できるだろう。

　法の第一次的機能は、むしろ行為規範性にある（裁判規範性は、法の第二次的機能である）といわれるゆえんである。

　このほか、法の規範的役割として、さまざまな機関の組織・権限・行動準則などを定める組織規範としての役割もある。対象となる機関は、国や地方公共団体といった公的機関（国家行政組織法、地方自治法など）に限られない。医療法人（医療法）・社会福祉法人（社会福祉法）などの特殊法人はもちろんのこと、民間企業であっても会社組織を統制する法律（会社法）があり、一定の法的規律を行っている。

3 法の社会的役割

　次に、法が機能することを通じてもたらされる効果（社会的役割）として、第１にあげられるのが、社会統制機能である。これは、人々が逸脱行動をとることを一定の強制力を用いて抑止し、社会の秩序を維持する機能である。例えば、刑法は、先にあげた殺人罪のほか、強盗、窃盗、詐欺・脅迫などを犯罪とし、刑罰を定めている。ただし、こうした国家権力による強制的サンクションにとどまらず、補助金などの積極的な給付を通じて、社会秩序の維持が図られる面もある。例えば、医療施設運営費等補助金は、医療安全に関する情報収集等に要する経費について補助することにより、医療事故の発生予防、再発防止を図ることが目的の一つとされている。[*2][*3]

＊2
「医療施設運営費等補助金及び中毒情報基盤整備事業費補助金交付要綱」２　交付の目的（厚生労働省発医政1209号令和３〔2021〕年12月9日）。

＊3
こうした官庁の通達がもつ法的効果については、本章第２節１（1）❻参照。

　第2に、活動促進機能がある。法には、人々の自主的な活動を促進し、支援するための枠組みを提供する側面がある。例えば、民法で公序良俗に反する行為を無効とし（第90条）、詐欺・強迫による法律行為につき、一定の場合、取り消すことができるとすることで（第96条第1項）、人々の取引活動が社会正義に反しないよう、後押しする役割を果たしている。他方、法によるこうした抑止、規制ではなく、積極的な給付を通じてのインセンティブの付与によっても、同様の効果がもたらされ得る。

　第3に、紛争解決機能がある。社会統制機能としての強制的サンクションの発動を通じて、あるいは活動促進機能の一環として、法は、最終的には裁判所を通じて、社会生活上生じる紛争を解決する機能を有する。ただし、法が解決するのは、人々の間で生起するさまざまな紛争のうち、法的権利・義務の有無や内容についての解決にとどまる。また当事者間で十分納得が得られれば、正面切って法的紛争とならずに解決がなされることもある（例えば、施設での虐待などに関する利用者・家族からの苦情申立てと話し合いによる解決など）。

　第4に、資源配分機能がある。社会福祉の領域にかかわる法の多くは、現物やサービスといった財の配分の仕方について定めている。福祉国家・社会国家といわれるように、戦後、人々の社会生活を支える上での国家の役割の拡大は、資源配分機能の拡大によるところが大きい。また、この機能は、他の諸機能と比べて、とりわけ配分の前提となる財源の裏付けに左右される面が大きい。ただし、こうした資源配分機能の拡大が、人々の法（ひいては国家）に対する受動的・受益的な姿勢をもたらした面も否定できないだろう。

第2節　法の仕組み

1　法の存在形式（法源）

　法はどのように定められているのか、という問いに対しては、国会で制定された法律が真っ先に思い浮かぶかもしれない。ただし、法の存在形式としては、このほかにいくつもの種類がある。

　大別して、文字・文章で表現された**成文法**と、社会における慣行を基礎とする**不文法**がある。以下では、特に社会福祉分野の特徴に留意しながら見ていきたい。

（1）成文法

❶憲法

　日本国憲法[*4]は、「国の最高法規であって、その条規に反する法律、命令、詔勅及び国務に関するその他の行為の全部又は一部は、その効力を有しない」とされている（第98条第1項）。また、「最高裁判所は、一切の法律、命令、規則又は処分が憲法に適合するかしないかを決定する権限を有する終審裁判所である」（第81条）。要するに、憲法に違反する法律等の効力が否定されるという意味でも、憲法は国の法体系の頂点に位置付けられる。

*4
本書第1部第2章第2節2参照。

❷条約

　憲法第98条第2項は、「日本国が締結した**条約**及び確立された国際法規は、これを誠実に遵守することを必要とする」と規定する。ただし、最高裁判所によれば、社会福祉の根拠となる生存権など社会権の実現にあたっては、条約は直ちに国内法上の効力をもつわけではないと解されている[*5]。

　最近では、平成18（2006）年に国連で採択された障害者権利条約が、平成25（2013）年に国会で批准された。同条約の批准のため、障害者差別解消法制定や障害者雇用促進法改正が行われるなど、条約の直接的な効力ではないにせよ、国内法に一定のインパクトを与えた点で注目される。

*5
最高裁判所第1小法廷平成元年3月2日判決。

＊6
本章第1節3参照。

＊7
このことを、「規律密度
が低い」と表現する。
その理由は、「法律によ
る行政の原理」が妥当
とする範囲につき、伝
統的に国民の権利・自
由を侵害する性格の領
域に限定して考えられ
てきた（侵害留保説）
ことによるところが大
きい。社会福祉は、国
民の社会権の実現を図
り、積極的な給付を行
う領域であり、当然に
は法律の留保の及ぶ範
囲とは考えられてこな
かった。ただし、現在
ではこうした領域も法
律で規律すべきとの考
え方が有力である（社
会留保説）。

❸法律

　法律は、議会制民主主義の下、国会で制定されるもので、法の中でも極めて重要な存在形式である。ただし、資源配分機能[＊6]をもつ社会福祉の領域では、法律による規律内容が少なく[＊7]、法律よりも下位の法規範（❹以下）に委ねている部分が大きいという特徴がある。

❹政令・省令・告示

　社会福祉分野の法律は、技術的性格が強く（このことは、介護保険法や障害者総合支援法などの条文の長さ、複雑さと、民法の条文を比較すれば明らかだろう）、また規律密度の低さとも関連して、給付の細目や請求・支給手続などの規律の多くを下位規範である**政令**（施行令など）、**省令**（施行規則など）に委ねている。政令・省令は、行政主体と私人との関係を規律する法的効果をもつ法規命令の一種である。

　このほか、公の機関が意思決定または事実を一般に公に知らせる**告示**という形式もあり、例えば、生活保護法の保護基準（第8条第1項）などは、同じく法規命令としての性格を有する。

❺条例・規則

　社会福祉の領域では、都道府県や市町村などの地方公共団体が重要な役割を果たしており、地方議会が制定する**条例**も、重要な法規範として機能している。条例には、法律の委任に基づくもの（委任条例）もあるが、こうした委任がなくとも地方公共団体が法律の範囲内で条例を制定することは可能である（憲法第94条）。

　条例以外にも、地方公共団体の長は、その権限に属する事務に関し、法令に違反しない限りにおいて規則を定めることができる（地方自治法第15条第1項）。

❻通達・要綱など

　社会福祉の給付は、法律・条例の根拠がない場合、あるいは抽象的な規定しかない場合でも、通達・要綱・内規といった行政規則で詳細が定められることが少なくない。例えば、補助金・助成金などの多くが、要綱等を直接の根拠として支給されている。

　こうした行政規則は、先に述べた法規命令と異なり、本来的には行政機関相互を拘束する内部的な効果をもつにすぎず、国民の権利義務に直接関係しないという法的性格をもつ点に留意する必要がある。したがっ

て、具体的な規定の定め方にもよるが、当然に要綱等に基づく補助金等の給付請求権が、受給者側に発生するわけではない。

（2）不文法

❶判例

　法的紛争が生じた場合、裁判で争われることがある。最終的に判決が言い渡された場合、従来先例のなかった法律問題に法的判断が示されることで、裁判規範としてのみならず行為規範としても、判決は重要な意味をもち得る。とりわけ最高裁判決は、以後、下級審裁判所を拘束するという意味で、重要な不文法となる（裁判所法第4条）。

　社会福祉の領域では、先に述べたように技術的性格が強く、制度に不具合が生じた場合、法律の解釈の変更というよりも法律そのものの改正という形で対応がなされることが多いため、従来、裁判例の数はそれほど多いとはいえなかった。[8]

＊8
本章第3節2参照。

❷慣習法

　基本的に「法律による行政の原理」が妥当する国・地方公共団体と私人の間においては、当事者の自治が広く認められる私人相互の関係よりも、慣習法の成立する余地は少ない。しかし、通達等の行政規則の中には、それにそった一般的・反復的運用がなされ、かつ、それが法的確信に支えられて国民の間に定着したとみられる場合には、一種の法源としての効果が認められる場合もある。例えば、平成24（2012）年改正前、厚生年金保険・健康保険の適用を画する、通常労働者の所定労働時間及び所定労働日数の4分の3以上という基準が、「内簡」という行政機関内部の文書で定められていたのは、一種の行政慣習法としての法的効力を有していたとみることもできる。

❸条理（法の一般原則）

　法律の規定がない場合にも裁判規範として用いられる条理の存在が認められる。条理とは、法の一般原則をいい、例えば、信義誠実の原則（信義則。民法第1条第2項）、平等原則といった形で適用されることがある。

2 法の種別

法の領域は、さまざまな観点から分類することが可能である。以下では、このうち3つの観点からの分類を示しておく。

（1）公法と私法

国及び地方公共団体の内部関係や、国及び地方公共団体と私人との関係を規律するのが**公法**であるのに対し、私人相互の関係を規律するのが**私法**である。憲法[*9]、行政法[*10]などが公法に含まれ、民法、商法[*11]などが私法に含まれる。

社会福祉の領域では、国や自治体から私人に対してなされるさまざまな給付をめぐる法関係（例えば、養護老人ホームや児童養護施設への措置決定など）が、基本的に公法に属するものととらえられてきた。これに対し、とりわけ社会福祉基礎構造改革による「措置から契約へ」の移行後、それまで公法的な関係（措置権者たる市町村等と利用者との措置決定〔行政処分〕によるサービス利用関係の設定）としてとらえられてきた領域が、私法的な関係（施設・事業者と利用者との合意〔契約〕によるサービス利用関係の設定）としてとらえられるようになった。

（2）民事法と刑事法

民事法は私人間の関係を規律する法で、民法、商法、民事訴訟法などが含まれるのに対し、**刑事法**は国家の刑罰権の行使にかかわる法で、刑法、刑事訴訟法などが含まれる。

（3）実体法と手続法

実体法とは、法律関係や権利義務関係の実質的な内容を規律する法であり、民法、商法、刑法などが含まれるのに対し、**手続法**は、そうした法律関係や権利義務関係を実現するための手続などを規律する法で、民事訴訟法、行政事件訴訟法、刑事訴訟法などが含まれる。

3 法の解釈

先に述べたように[*12]、社会福祉分野の法律は、技術的性格が強いという特徴がある。例えば、子ども・子育て支援法は、「子ども・子育て支援給付は、子どものための現金給付、子どものための教育・保育給付及び

*9
本書第1部第2章第2節参照。

*10
本書第1部第2章第4節参照。

*11
本書第1部第2章第3節参照。

*12
本節1（1）❹参照。

子育てのための施設等利用給付とする」（第8条）、「子どものための現金給付は、児童手当（児童手当法に規定する児童手当をいう）の支給とする」（第9条）、「子どものための教育・保育給付は、施設型給付費、特例施設型給付費、地域型保育給付費及び特例地域型保育給付費の支給とする」（第11条）、といった規定を置いた上で、別の条文で、施設型給付費などの内容について定めている（第27条以下）。「子ども」についても、「この法律において『子ども』とは、18歳に達する日以後の最初の3月31日までの間にある者をい」うものと定義されており（第6条第1項）、これら各条文の意味内容については、ほとんど疑義を生じる余地がないようにみえる。

　このように、法規の文字の意味をその言葉の通常の使用法に従って確定することによってなされる法の解釈を、**文理解釈**という。[*13]

　ただし、法規が規定する文言の意味内容が当然には明らかでない場合も少なくない。例えば、直接的には医療分野にかかわる法律であるが、医師法第17条は、「医師でなければ、医業をなしてはならない」と規定し、違反者には3年以下の懲役もしくは100万円以下の罰金に処し、またはこれを併科することとしている（同法第31条第1項）。このことをさして、医業は業務独占にかかっていると説明される。ただし、医業にあたる具体的内容は、法文からは明らかでない。

　こうした法文の解釈を行うには、法律の制定過程（立法者がどのような意図で当該規定を設けたかの意思の探求）、その法律や関連する法律の体系的整合性、社会通念、社会一般の正義感覚などを勘案しながら、文言の具体的な意味内容を確定する作業を行うことになる。そして、時代状況の変化によって、解釈が変更されることもあり得る。

　上にあげた医師法の医業概念の解釈については、業務独占の下に置いた趣旨が、国民の保健衛生上の危害を防止するという公共の福祉のための規定である点が重視されてきた。すなわち、医業を医行為[*14]を業[*15]とすることと解し、絶対的医行為（医師の指示があっても医師以外の者が行うことが許されない医行為。例えば診断行為）と相対的医行為（医師の指示の下に医師以外の者によって行うことが許される医行為。例えば看護師による筋肉注射）に分けて考えられた。

　絶対的医行為と相対的医行為の範囲は医学・医療機器の進歩などによる保健衛生上の危険性の低下・消失等により変化し得る。例えば、静脈注射は、長い間絶対的医行為とされてきたのに対し、厚生労働省通知により、看護教育水準の向上や医療用機材の進歩等の状況をふまえて、相

*13
関連して、文理解釈を前提として、その文字の意味の可能な範囲内で行われる解釈を論理解釈といい、このうち、その言葉の通常の使用法よりも広げて解釈する手法を拡張解釈、狭く解釈する手法を縮小解釈という。

*14
医行為とは、医師の医学的判断及び技術をもってするのでなければ保健衛生上危害を生ずる恐れのある行為。これに対し、最高裁判所は、彫り師によるタトゥー施術行為の医行為該当性が問題になった事案において、「医療及び保健指導に属する行為のうち、医師が行うのでなければ保健衛生上危害を生ずるおそれのある行為」と判示し、医行為にあたらないとした（最高裁令和2年9月16日決定　刑集74巻6号581頁）。

*15
業とは、反復継続の意思をもって行うことをいい、利益を得る目的を要しない。

*16
平成14年9月30日／厚生労働省医政発第0930002号。

対的医行為とされるに至った。したがって、現在では「診療の補助」[16]（保健師助産師看護師法第5条）に該当する行為として、看護師が静脈注射を行うことが認められている。

　なお、前記の通知は、行政庁による法の解釈（**行政解釈**）を示したものであるが、法の存在形式（法源）としては、①行政機関内部での効力をもつ通達にすぎない点、②行政解釈自体、指導監督権限をもつ官庁による解釈（公定解釈）である点で、実務に与える影響力は大きいものの、最終的な解釈権限は裁判所にある（したがって、行政解釈に則ってなされた国や自治体の行為が違法とされることもある）点に留意する必要がある。

　このほか、ある事案に直接適用される法規がない場合、それと類似の性質をもつ事案について規定した法規を適用するのが**類推解釈**である。例えば、いわゆる過労死や過労自殺の事案で、被害者（遺族）は、労災保険給付を受け得るほか、過失ある使用者に対して損害賠償を求めることもできる。損害賠償責任が認められる場合、民法第722条第2項によれば、「被害者に過失があったときは、裁判所は、これを考慮して、損害賠償の額を定めることができる」と規定し、過失相殺の規定を置いている。自殺に至った主たる原因が過重労働にあったとしても、労働者側にも基礎疾患などの寄与原因や、家族側の事情がある場合、過失とまではいえなくても、賠償額を減額することが「衡平」な責任の分担という観点からは妥当といえる場合がある。そこで、こうした被害者側の事情を勘案して、民法第722条第2項の類推適用という形で、裁判所が損害賠償額の減額を行うことがある。

第3節　裁判制度・判例を学ぶ意義

1 裁判制度

　法の重要な役割の一つとして、裁判規範としての役割がある[*17]。日本は、三権分立の国家体制をとっている。憲法第76条第１項は、「すべて司法権は、**最高裁判所**及び法律の定めるところにより設置する下級裁判所に属する」と規定し、立法府（国会）及び行政府（内閣）と区別し、司法権（裁判所）に独立した位置付けを与えている。先に述べたように、法令の最終的な解釈権限は裁判所にあり、国や地方自治体の示した解釈（行政解釈）が裁判所によって違法とされることがあり得る点に留意する必要がある。

　憲法第81条は、「最高裁判所は、一切の法律、命令、規則又は処分が憲法に適合するかしないかを決定する権限を有する終審裁判所である」と規定する。このことは、裁判所が憲法に適合しているか否かを判断する権限（違憲審査権）をもつことを意味している。ただし、その審査は、具体的な事件の裁判の判断に必要な限りで認められるにとどまる（付随的違憲審査制）。

　裁判所には、最高裁判所のほか、上にあげた「法律の定めるところにより設置する下級裁判所」（憲法第76条第１項）として、**高等裁判所、地方裁判所、家庭裁判所**及び**簡易裁判所**がある。いずれの裁判所もそれぞれ独立して司法権を行使するものの、下級審の裁判に不服な訴訟当事者が上級審に訴えることが可能な審級制度（日本の場合、第一審の判決に不服な場合、控訴ができ、第二審の判決に対し、さらに上告ができる三審制度）を採用している。第一審にあたるのは、原則として地方裁判所であり、家事事件や少年事件などについては家庭裁判所、少額軽微な事件については簡易裁判所がこれにあたる。

　裁判には、主なものとして①**民事裁判**、②**行政裁判**、③**刑事裁判**がある。このうち、①民事裁判は、私人間の紛争をめぐって提起される。例えば、介護施設で入所者の誤嚥や骨折などの事故が発生した場合、施設側の対応に納得がいかない被害者・遺族が、社会福祉法人などを相手どって損害賠償請求訴訟を提起することがある。書証の取り調べ、証人尋問、当事者尋問などの証拠調べの後、最終的には裁判所が判決を下すことになる。

*17
本章第１節参照。

11

②行政裁判は、行政事件に関する訴訟であり、行政機関によってなされる行政処分の取消し等を求める抗告訴訟などがある。例えば、法令違反を行った指定居宅サービス事業者の指定を都道府県知事が取り消した場合（介護保険法第77条）、事業者は知事の取消処分の取消しを求めて抗告訴訟を提起することができる。

③刑事裁判は、捜査手続を経て検察官の起訴により開始される裁判手続である。上にあげた施設事故が施設職員の故意の犯行による場合、当該職員が殺人罪・傷害罪などに問われることがあり得る。

私人間の紛争解決のためには、裁判所の判決以外にも、さまざまな紛争解決手続がある。こうした**裁判外紛争解決手続（ADR）**としては、裁判所が関与する訴訟上の和解や民事・家事調停、行政機関その他の機関が関与する都道府県労働委員会や国民生活センター紛争解決委員会、交通事故紛争処理センターなど多数存在している。医療分野では、各弁護士会が医療紛争に関して実施する医療ADRがあり、介護事故も対象としている。

2 判例の意義

*18
本章第2節1（2）❶参照。

先にあげたように、[18]法的紛争が裁判で争われる場合、最終的には判決が言い渡される。とりわけ最高裁判決の下した法律判断は、下級審裁判所を拘束するという意味で重要な位置付けを与えられている（裁判所法第4条）。

*19
本章第1節2参照。

ただし、下級審判決であっても、その後の同様の事案における裁判所の判断に事実上影響を与える可能性がある。また、これも先に述べたように、[19]裁判所の判決が人々の行為規範として機能することがある。例えば、介護事故の発生に際して損害賠償義務を負うかどうかは、しばしば個別具体的な場面で施設・事業者職員が果たすべき注意義務（あるいは安全配慮義務）を尽くしていたかどうかに左右される。施設・事業者（職員）として、どのような場面でどのような対応をなすべきかにつき、具体的な行為規範を、裁判例の蓄積から学ぶことができる。

✏️**BOOK 学びの参考図書**

●田中成明『法学入門（新版）』有斐閣、2016年。

　　法学入門のテキストが数多く刊行されているなかで、本書は日本を代表する法哲学者の手になるものであり、法とは何かを知るために有益な一冊である。

●菊池馨実『社会保障法（第3版）』有斐閣、2022年。

　　入門書とはいえないが、社会福祉に携わる人・携わろうとする人にとっては、社会保障・社会福祉を法学の視点から学び、制度の理解を深めることができるテキストである。

第**2**章
ソーシャルワークと
法のかかわり

学習のねらい

　ソーシャルワークを業とする専門職には、ソーシャルワークそのものについての深い専門的知識や洞察力をもつことが求められる。ただし、社会福祉サービスの利用者となる人は、往々にしてさまざまな困難を抱えている。そうした困難には法的な問題がからんでいることも少なくない。専門的な対応は法律家や行政に委ねるにせよ、最低限の法律知識は知っておきたい。

　そこで本章では、憲法につき、人権規定を中心に学ぶとともに、私人間の関係を規律する民法と、行政主体と私人の関係を規律する行政法を中心に、概略を押さえておくことにする。

第1節 ソーシャルワークと法

1 相談援助とソーシャルワーク

　社会福祉士及び介護福祉士法によれば、「この法律において『社会福祉士』とは、第28条の登録を受け、社会福祉士の名称を用いて、専門的知識及び技術をもって、身体上若しくは精神上の障害があること又は環境上の理由により日常生活を営むのに支障がある者の福祉に関する相談に応じ、助言、指導、福祉サービスを提供する者又は医師その他の保健医療サービスを提供する者その他の関係者（第47条において『福祉サービス関係者等』という）との連絡及び調整その他の援助を行うこと（第7条及び第47条の2において『相談援助』という）を業とする者をいう」（同法第2条第1項）とされている。すなわち社会福祉士は、「相談援助」を業とする専門職として位置付けられている。

　このように、ソーシャルワーク（社会福祉領域で専門職として働く人たちが用いる援助技術の体系）は、社会福祉領域において「相談援助」として法定化されている。そして、ソーシャルワークの理論を実践する専門職であるソーシャルワーカーの国家資格として、「社会福祉士」が法定化されている。ただし、社会福祉士は、名称独占にとどまり（社会福祉士及び介護福祉士法第48条第1項）、業務独占ではない。ソーシャルワークの担い手は、必ずしも社会福祉士に限定されてはいないのである。ただしこのことは、裏返していえば、社会福祉士・ソーシャルワーカーに限らず、社会福祉において援助を提供する人たちに広く援助技術の理解や習得が求められることを意味している。

2 社会保障の発展と相談援助の重要性

　ソーシャルワークの意義や重要性は、福祉専門職をめざし、あるいは福祉施設・事業所で日々相談業務に従事している人にとっては、おそらく自明のことであるだろう。ソーシャルワークとは何か、その理論的・倫理的基盤や援助技術などについては、本学習双書の各巻で詳細に学ぶことになる。

（1）給付を中心とした社会保障の発展

　以下では、社会保障の歴史的展開の経過を追うことを通して、相談援助（広い意味でのソーシャルワーク）が今日ますますその重要性を増していることを明らかにしておきたい。一般に、社会保障は社会福祉の上位概念と考えられていることからすれば、戦後福祉国家の歴史的展開というダイナミックな切り口から相談援助を担う専門職の役割の重要性を確認しておくことは、有意義であると考えられる。

　社会保障（Social Security）とよばれる法制度は、20世紀とりわけ第二次世界大戦後に本格的な発展を開始した。日本では、昭和25（1950）年の社会保障制度審議会勧告（50年勧告）が社会保障制度の基盤を形成した。そこでは、「社会保障制度とは、疾病、負傷、分娩、廃疾、死亡、老齢、失業、多子その他困窮の原因に対し、保険的方法又は直接公の負担において経済保障の途を講じ、生活困窮に陥った者に対しては、国家扶助によって最低限度の生活を保障するとともに、公衆衛生及び社会福祉の向上を図り、もってすべての国民が文化的社会の成員たるに値する生活を営むことができるようにすることをいう」と述べられた。このように、伝統的に社会保障は、①困窮の原因となり得る一定の社会的事故ないし要保障事由の発生に際してなされる、②所得保障ないし経済保障、を中核としてとらえられてきた。

　その後の社会保障の発展過程において、所得保障ないし経済保障を中核に据えたとらえ方も次第に変化していった。例えば、歴史的には医療費保障（治療費の保障）や休業期間中の所得保障への対応に焦点が当てられてきたのに対し、現在では、予防－治療－リハビリテーションから成る一連のプロセスをとらえた「医療保障」という考え方が一般化している。

　また、戦後の生活保護などを中心とした貧困者・生活困窮者への対応から、次第に社会福祉の領域が発展し、現在、社会福祉の領域は、生活上のニーズが発生しやすいカテゴリー（高齢者、障害者、児童、ひとり親世帯など）に属する人々に対し、所得水準にかかわらず普遍的なサービスを提供する制度領域として理解されている。

　このように、所得保障から現物・サービス保障へという制度展開（保障内容・方法の拡大）がみられたにもかかわらず、一定の「要保障事由」の発生に際してなされる「金銭・現物・サービス」などの実体的「給付」を中心としてとらえる社会保障観は、依然として維持されているといってよい。

（2）相談援助の重要性

　しかしながら、現在、こうした従来のとらえ方が再考を迫られる状況にある。

　その理由をあげると、第1に、要保障事由の発生に際してなされる公的給付という社会保障のとらえ方が限界に達している。すなわち、経済的貧困や生活困窮をもたらし得るような事故ないし事由の発生という消極的なとらえ方だけでは、人々が「成長」し、「発達」を遂げていくことに対しての支援・サポートといった積極的な意味での保障を支える論理とはなり難いのである。

　もちろん、社会生活を営んでいく上で、貧困等をもたらし得る要保障事由（老齢・障害・疾病・要介護状態・失業・労働災害など）に対処するためのセーフティネットの確保の必要性は、依然としてその重要性を失っていない。しかし、21世紀成熟社会にある今、社会的に求められているのは、どんな生きづらさや困難を抱えていても、各人が能動的かつ主体的に生きていくことを可能にするための積極的な公的・社会的な支援でもあるだろう。

　例えば、先にあげた50年勧告では、子どもが多いこと（多子）により家計の経済的な負担がかさむこと自体が、要保障事由と考えられていた。その後、少子化に伴ってそうした困窮状態を目にすることは少なくなったものの、それに代わって最近では、「児童養育」ないし「育児」それ自体が、親にとって、教育費がかさむことで、あるいは就労して賃金を得る機会費用を失うことで、一種の要保障事由であるととらえられるようになった。しかし、こうしたとらえ方にとどまっていたのでは、本来、施策の中心に置かれるべき子ども自身の健全な「育ち」に着目した保障の必要性といった発想には当然には結び付かない。

　子どもに限らず、高齢であっても、障害があっても、誰しもが、各人の置かれた境遇を乗り越えて前向きに発展し、成長を遂げていけるように後押しをするような施策が求められているのである。

　第2に、所得保障や、そこから派生する実体的な現物・サービス保障といった社会保障のとらえ方が、もはや限界に達している。社会保障制度は、戦後、国レベルでの所得再分配や、医療・介護等のニーズへの対応を通して、経済的貧困や生活困窮の軽減に相当程度成功してきたといってよい。しかし、そうした実体的「給付」により最低限の「衣食住」がまかなわれたとしても、「ひきこもり」問題に象徴されるような、社会とのつながりがもてず孤立した状態に置かれる「社会的排除」の問題

が当然に解決できるわけではない。

　従来の「給付」中心型社会保障の考え方では、人々の孤立した状況それ自体にアプローチし、社会との接点を結び直すための「社会的包摂」策の必要性を理論的にうまく説明することができないのである。

　こうして、国家レベルでの所得再分配を通じての「20世紀型社会保障」の不十分性と、それぞれ異なるニーズをもつ各個人への積極的なはたらきかけを通じての社会的包摂策の必要性が明らかになるなかにあって、個別的な相談支援（相談援助）の必要性が、あらためて浮き彫りになってきたといえる。こうした支援は、一時点での「点」としての支援ではなく、必要に応じて「寄り添い型」「伴走型」の継続的支援である必要がある。

　またそうした支援を通じて、各個人のニーズに応じた金銭・現物・サービスなどの実体的「給付」に適切に結び付くことに積極的意義が見出される一方で、相談支援による各個人への個別的アプローチがなされることそれ自体に固有の積極的意義（価値）があることにも留意する必要がある。

　このように、社会保障の歴史的展開過程を通観することによって、相談支援ないし相談援助の今日的重要性を浮き彫りにすることができるのである。

BOOK 学びの参考図書

● 菊池馨実『社会保障再考－〈地域〉で支える』岩波新書、2019年。
　　本節で述べた「相談援助」（相談支援）の重要性を、法学の視点からより詳しく学ぶことができる一冊である。

第2節　憲法

1　憲法の基礎

（1）憲法と社会保障・社会福祉

　憲法（constitution）は、国家の組織とそこにおける権力の行使のあり方を定める基本的なルールである。社会保障・社会福祉もまた、国家の組織を通じて利用者に対して給付の決定を行い、ときには強制や自由の制約を含む措置を行い得る営みである以上、憲法と無縁ではいられない。

　社会保障・社会福祉の制度は、憲法の枠の中で制定される法律によって決定され執行され、行財政作用の中で運用される。制度の利用者の権利・自由は憲法に定められた人権規定によって守られ、それらの侵害に際しては憲法で違憲審査の権限を与えられた裁判所が最終的な救済の場となる。

　人権規定の中でも、生存権や幸福追求権は社会保障・社会福祉の制度の基本理念とされるのみならず、人権を尊重し個々人の尊厳の保持をめざすソーシャルワークの原理・理念とも重なり合う。さらに、福祉の仕事に従事する者は（公務員であれば憲法尊重擁護義務のもとに行政機関の一員としても、）制度の利用者の人権を実現する者である一方で、その侵害者とも成り得る。社会保障・社会福祉のよりよい実現のためには、そうした両面の認識に加えて、福祉に従事する者自身の憲法上の権利もまた十全に保障され、その能力を存分に発揮できる前提条件が整えられている必要があるだろう。

（2）立憲主義

　私たちになじみのある現代の憲法は、国の統治の仕組み（＝統治機構）と人権という2つの内容をもつものだが、憲法が人権を要素として含みもつようになったのは、近代市民革命以降のことである。立憲主義（constitutionalism）とは、統治の活動が憲法に従って行われなければならないとする考え方をさし、さらに、そこにいう憲法に人権保障と権力分立という内実が備わっていることを求めるものを、特に近代立憲主義とよぶ。

　同じ立憲主義でも、政治権力を集中させずにいくつかに分割して権力保持者の権力濫用を阻止し、権力を行使される側の利益を守るという意

*1
憲法学では国家を、一定の地域（領土）を基礎として、そこに住む人間（国民）が、強制力をもつ統治権のもとに法的に組織されるようになった社会と理解してきた。もっとも国家に物理的な実体はなく、見てふれることのできない概念上の構築物である。

*2
1688年の名誉革命は翌年のイギリス権利章典に、18世紀後半のアメリカ独立革命とフランス革命は、それぞれ1781年のアメリカ独立宣言と1789年のフランス人権宣言につながっている。

味の立憲主義ならば、近代を待たずとも存在していた。

　これに対し近代立憲主義は、近代市民革命が基本理念とし、国家の存在意義はその確保のためにこそあるとされた個人の自由と平等の実現を自覚的に目的とする点で、それまでと異なっている。憲法文書に人権が組み込まれることで、個々人は、さまざまな価値観や世界観が衝突する社会にあっても、私的な領域では自分の思想・信条・信仰に従って生きることができ、他方で公的領域ではどのような考えをもつかにかかわりなく公平に取り扱われ、ひとしく発言して政治に参加し、公共サービスを受領できる前提が整うことになるのである。

（3）憲法の特徴

　憲法というルールは、国内の法体系の頂点に位置し、法律や命令が憲法と矛盾する場合には憲法に示された内容が優位する（最高法規性）。憲法の最高法規性を確保するために、その改正には法律よりも達成のむずかしい手続が課されるほか[*3]、国家の行為の憲法適合性を裁判所等が審査する制度（違憲審査制）などが設けられている[*4][*5]。公務員の憲法尊重擁護義務もその手段の一つといえる。

　また、憲法は、議会や内閣、裁判所といった統治の機関を設置し（組織規範性）、これらに権限を与える（授権規範性）と同時に、それらの権限行使を憲法に書かれた範囲に制限するルールでもある（制限規範性）。これにより、付与された権限の範囲を逸脱し、あるいは、憲法の定める人権を侵害するような統治の各機関による権限行使は許されないと解される。

② 日本国憲法と統治機構の概略

（1）日本国憲法の構成と基本原理

　日本国憲法（憲法）は昭和21（1946）年に公布され、翌昭和22（1947）年に施行された。**表１－２－１**に示すように、前文と本文11章103条から構成される。

　日本国憲法が採用した基本原理は、憲法前文の理解から一般に、国民主権、基本的人権の尊重、平和主義とされる。これらは明治憲法（正式には大日本帝国憲法）が天皇を主権者とし、人権を天皇が臣民に与える恩恵と位置付け、国家が戦争を行うことを前提に陸海軍統帥、軍の編成、宣戦講和、戒厳などに関する天皇大権を定めていたことと対照的である。

*3
このように加重された手続を改正に課す憲法が硬性憲法とされ、法律と同様の手続で改正可能なら軟性憲法とされる。前者に分類される日本国憲法の改正には、各議院の総議員の３分の２以上の賛成による発議と、その承認に特別の国民投票または国会の定める選挙の際に行われる投票での過半数の賛成が必要である（憲法第96条）。これは両院それぞれの過半数の賛成で成立し改正される法律よりも厳しい要件である（同第56条第２項参照）。

*4
このような憲法の最高法規性を確保する仕組みを「憲法保障」という。

*5
本書第１部第１章第２節１も参照。

〈表1-2-1〉日本国憲法の構成

前文
第1章　天皇（第1-8条）
第2章　戦争の放棄（第9条）
第3章　国民の権利及び義務（第10-40条）
第4章　国会（第41-64条）
第5章　内閣（第65-75条）
第6章　司法（第76-82条）
第7章　財政（第83-91条）
第8章　地方自治（第92-95条）
第9章　改正（第96条）
第10章　最高法規（第97-99条）
第11章　補則（第100-103条）

　日本国憲法は国会・内閣・裁判所に立法権・行政権・司法権を割り当て、相互に抑制と均衡をはたらかせる権力分立を採用した。加えて、国民のさまざまな権利・自由を保障する明文規定をもつ点で、近代立憲主義思想の流れをくむものといえる。

*6
本節3（2）❹参照。

　さらに日本国憲法が、国際協調主義に立ち、国家に積極的な行為を求める社会権を盛り込むとともに、人権保障の手段として裁判所による違憲審査制を創設した点には、立憲主義の現代的展開を見ることができる。

　違憲審査制は、個々人の権利・自由を法律からも守るために、第二次世界大戦後の多くの国で導入されたものである。議会多数が賛成すれば、どのような内容であろうと法律は制定可能であり、特にファシズム期の法律は人権を合法的に否定するために用いられた。このように民主的意思決定は誤り得るという歴史的事実をふまえ、法律の憲法適合性を審査する権限が、政治と距離を置く公正中立な裁判所に委ねられたのである。

（2）統治機構と社会保障・社会福祉

❶国と地方－垂直的権力分立

*7
明治憲法は地方制度に関する規定をもたず、地方に関する事柄は法律や勅令で決定され、府県知事は中央政府が任命していた。

　日本国憲法は、前述のとおり国レベルの統治権力を三権に分割するほか、国と地方公共団体との間の垂直的な権力分立も定めている。最高裁は地方自治を認めた憲法第8章の規定につき、「民主主義社会における地方自治の重要性に鑑み、住民の日常生活に密接な関連を有する公共的事務は、その地方の住民の意思に基づきその区域の地方公共団体が処理するという政治形態を憲法上の制度として保障」する趣旨と述べている。

*8
最高裁平成7年2月28日判決（定住外国人地方参政権訴訟）。

　都道府県・市町村などの地方公共団体の組織及び運営に関する事項は法律で、しかも地方自治の本旨に基づいて定められなければならない

（憲法第92条）。地方自治の本旨とは、一般に、地方自治が住民の意思に基づいて行われること（住民自治）と、地方自治が国から独立した団体に委ねられ、団体自らの意思と責任の下でなされること（団体自治）の２つの要素から成る。地方公共団体は、議事機関である議会をもち、その財産を管理し、事務を処理し、及び行政を執行する権能を有し、法律の範囲内で条例を制定することができる（憲法第93条・第94条）。つまり、地方公共団体には自治立法権、自治行政権、自治財政権が憲法で認められているのであり、そこに自治体ごとの創意の余地がある。

❷国の統治機関－水平的権力分立

①国会

国会は「国の唯一の立法機関」（憲法第41条）であり、国会が定めるルールだけが法律とよばれる。国のルールのすべてを法律として国会が定めなければならないわけではないが、少なくとも国民の権利・自由を制約したり、国民に義務を課したりする[9]ためには、その根拠が法律で定められていなければならない。国会は、国民が選挙権を行使して選出した代表者（＝衆議院議員及び参議院議員）から成る憲法上の機関であり、極めて高い民主的正統性をもつ。憲法が国民に不利益を課し得る法律の制定を国会に委ねたのはそのことによる。

社会保障・社会福祉の各制度は給付を行って国民に利益をもたらすものだが、基本的な骨組みは法律で定められるのが一般的である。その理由は、これらの制度が個々人の生存や自己決定を直接に左右し得る重要性をもつことや、費用負担及び権利自由の制約を伴う側面もあることから説明し得る。[10]

②内閣

法律を実際に執行するのは行政の役割であり、憲法上、行政権は「内閣に属する」（憲法第65条）。内閣は、国会議員の中から国会の議決で指名され天皇に任命される内閣総理大臣と、内閣総理大臣の任命する国務大臣から構成され（憲法第6条第1項、第66～68条）、閣議で意思決定を行う（内閣法第4条第1項）。ただし、内閣に行政権が属するとはいえ、社会保障・社会福祉を行政活動として直接に提供するのは内閣ではない。❶で述べたように、実際には国の各省庁のほか都道府県及び市町村、福祉事務所など、内閣以外の機関も行政機関として法律を執行している。[11]福祉従事者も公務員として勤務すれば、行政活動を担う存在となる。

*9
このような内容を法規事項という。

*10
本書第1部第1章第2節1（1）❸の＊3「社会留保説」及び本章第4節1（2）参照。

*11
国と地方の行政組織については、本章第4節3参照。

行政機関は、内閣が制定する政令（憲法第73条第6号）、各大臣による府省令などのほか、地方公共団体の長による規則など、法的拘束力をもつルールを定立できる。法律の委任があれば、国民の権利自由を制約し義務を課す内容でも、行政機関が定めることが可能である（委任立法）。なお、閣議決定に法的拘束力はなく、決定された内閣の方針を具体化するには、法律が必要である。[12]

③裁判所

最後に司法権は、裁判所に付与されている（憲法第76条第1項）。[13]司法権とは、当事者間の具体的な権利義務に関する争いについて、判断の前提となる事実を認定し、それに適用される法を適用し宣言することにより、これを解決する作用ととらえられている。行政機関が終審として裁判を行うことは憲法の明文で禁止されるが（同条第2項）、前審としての審判は許容され、行政処分に関する審査請求への裁定や異議申立てへの決定は憲法に抵触しない。ただしそれらに不服がある場合、裁判所に判断を求めることができなければならない。

さらに裁判所には、「一切の法律、命令、規則又は処分が憲法に適合するかしないかを決定する権限」、すなわち違憲審査権が与えられており、最高裁判所がその終審とされる（同第81条）。国家や地方公共団体の行為を憲法に照らして審査する違憲審査制度は、憲法が遵守されている状態を保障する手段であり、人権保障の最も重要な手段でもある。

❸財政

社会保障・社会福祉はもとより、国政は財政と切り離して考えることはできない。「国の財政を処理する権限」は内閣を頂点とする行政機関が行使するが、憲法第83条はそれを国会の議決に基づかせている（財政民主主義ないし財政国会中心主義）。国政の財源である租税を新たに課し、変更するのも法律または法律の定める条件によるとされる（租税法律主義、同第84条）。[14]

毎会計年度の予算は内閣が作成し、国会の議決を経なければならない（同第86条）。毎年度の決算も、これに対する会計検査院の検査報告が内閣によって国会に提出されることになっている（同第90条）。

以上のように、憲法は財政への国会による広範な統制を定める一方で、国会の議決によっても許されない財政作用を明記した。「公金その他の公の財産」を、「宗教上の組織若しくは団体の使用、便益若しくは維持

のため、又は公の支配に属しない慈善、教育若しくは博愛の事業」に支出・利用提供することを禁ずる第89条がそれである。同条は国や自治体に限らずあらゆる公的機関に適用され、条文に記された財政作用を憲法で直接禁止する強力な規定である。

　福祉サービス事業への公金支出を限定する同条の後段については、「公の支配に属しない」ことの意味が問題となる。近年の学説は、この部分の趣旨を公費濫用の防止と理解し、適切な財政統制が行われている限り民間事業者への公金支出を禁止するものではなく、むしろ多様な法主体がこれらの事業に参画することが当初から想定されていたとの理解を示している。

COLUMN

●財政の統制

　日本の公債（国債）残高は、令和5（2023）年度末で1,068兆円に上る見通しである。これは税収の15年分を超え、年間GDPの187％にあたる額であり、極めて深刻な借金状態といわざるを得ない。[*15] 新型コロナウイルス感染症対応のために一般会計歳出予算額が前年度の1.7倍近くの175.6兆円に拡大した令和2（2020）年度には、新規国債の発行総額が108.5兆円に上った（前年度は36.5兆円）。つまり歳出の3分の2は借金でまかなう算段だったわけだが、実際には予算のうち30.7兆円は使いきれず次年度に繰り越され、さらに3.8兆円は結果として支出不要だったことを意味する不用額とされた。その後の予算規模はコロナ禍の落ち着きとともに縮小し、139.2兆円の予算が組まれた令和4（2022）年度は、国債発行総額は50.4兆円に抑えられたものの、17.9兆円が繰り越され、不用額は11.3兆円と前年の過去最高記録（6.3兆円）を更新した。[*16]

　公債は、毎年当たり前のように発行されているが、実は、国がその活動のための財源を公債で調達するのは原則として禁止されており、租税でまかなうのが財政の大原則である（財政法第4条第1項）。ところが、この規定の特例として毎年制定される特例公債法を抜け道に、赤字国債が毎年大量に発行され、債務の膨張に歯止めがかからない。日本国憲法は公債発行を制限する規定をもたず、国会もその統制には消極的である。もちろん、不用額は節約の成果とみることもでき、不測の事態への備えも必要ではあろう。とはいえ、厳しい財政状況の中で毎年巨額の借金を重ねるのならば、より適切に見積もられた精度の高い予算が必要なはずである。予算案の策定、承認、執行と決算の評価に至るまでの政府と国会の議論に、国民が目を光らせることが求められる。

*15
令和5（2023）年度の当初予算による。財務省ウェブサイトに掲載された「財政関係基礎データ」（令和5〔2023〕年4月）のうち、「一般会計歳入歳出予算総表」及び「国及び地方の長期債務残高」を参照。

*16
以上の数字は、財務省ウェブサイトに掲載された令和元（2019）年度から令和4（2022）年度の「一般会計決算概要予算決算比較表」による。新規国債の発行総額は決算額である。

3 日本国憲法の保障する人権

（1）人権とその分類

　人権という言葉は、すべての人間が生まれながらにもつ権利という意味で使われることがある。このような理念ないし思想としての人権を、それが現実に保障されるよう、憲法という法の中に取り込んで実定化させたものが憲法上の権利であり、以下、人権という言葉はこれと互換的に用いる。[*17]

　日本国憲法の保障する人権には、**表1−2−2**に示すように、国家の介入を排除して個人の自由を確保しようとする**自由権**、社会的・経済的弱者を守ることを目的とした**社会権**、政治への参加を保障する**参政権**の3つが含まれる。自由権はさらに精神的自由権、経済的自由権、人身の自由に分類される。これらのほかに、人権保障の基本的理念をうたい、憲法で保障されるべきだが明文で書かれてはいない権利を包括的に保障する包括的基本権、法の下の平等、人権を確保するために国家に一定の行為を要求する国務請求権がある。

　人権の総則規定である第11条によれば、国民は「すべての基本的人権の享有を妨げられない」。だとすれば、自らの力だけで権利行使が難しい者への支援も、場合により憲法の求めるところとなり得よう。以下、社会保障・社会福祉に関係の深い権利について説明していきたい。

＊17
行政機関などで使われる「人権教育」や「人権啓発事業」にいう「人権」も、憲法上の権利と異なっていることに注意したい。そこでは法律や行政の行為による権利侵害ではなく、親による子の虐待や学校でのいじめ、職場でのハラスメントなど私的な人間関係で生ずる問題が想定されている。その解決方法も、「人権」を侵害された側の権利主張を裁判所が判断するというより、「思いやり」が強調されて心のもちようによる解決を促す傾向があることが指摘されている。

〈表1−2−2〉日本国憲法の保障する人権

① 包括的基本権　幸福追求権（第13条）
② 法の下の平等（第14条）
③ 自由権
● 精神的自由権：思想・良心の自由（第19条）、信教の自由（第20条）、表現の自由・集会結社の自由（第21条）、学問の自由（第23条）
● 経済的自由権：職業選択の自由・居住移転の自由（第22条）、財産権（第29条）
● 人身の自由：奴隷的拘束・苦役からの自由（第18条）、残虐刑の禁止（第36条）、遡及処罰の禁止（第39条）、刑事手続上の権利（第31−39条）
④ 婚姻の自由・家族における個人の尊厳と両性の本質的平等（第24条）
⑤ 社会権
● 生存権（第25条）、教育を受ける権利（第26条）、勤労の権利（第27条）、労働基本権（第28条）
⑥ 参政権
● 選挙権（第15条）、請願権（第16条）
⑦ 国務請求権
● 裁判を受ける権利（第32条）、国家賠償請求権（第17条）、刑事補償請求権（第40条）

（2）個別の人権

❶包括的基本権

①個人の尊重

　日本国憲法は第13条前段で「すべて国民は、個人として尊重される」と定め、憲法が個人を根源的な価値の源としていることを宣言する。これは明治憲法下における全体主義ないし国家主義[*18]との訣別を意味し、長男子の相続する戸主に家族関係を規律する大きな権限を与えていた家制度も否定された。家族関係については憲法第24条がより具体的に定める。同条第1項は婚姻が両性の合意のみに基づいて成立するとし、夫婦が有する同等の権利を婚姻の維持の基本に据えた。そして第2項は、家族に関する法律が個人の尊厳と両性の本質的平等に立脚して制定されなければならないとしている（本章第3節4も参照）。

②幸福追求権

　憲法第13条後段にいう「生命、自由及び幸福追求に対する国民の権利」（**幸福追求権**）は、第14条以下にある個別の権利とは異なり、直ちに内容を画定できるものではない。こうした包括性により、幸福追求権は憲法に規定されていない権利（新しい人権）の根拠条文として機能する。新しい人権として主張される権利のうち、特に社会保障・社会福祉の現場で重要なのがプライバシー権と自己決定権である。これらの権利の侵害は公権力によるものに限らず、私人間でも生じることに留意されなければならない。

㋐プライバシー権

　19世紀末のアメリカの憲法理論に由来するプライバシーの権利は、当初「一人で放っておいてもらう権利」、すなわち私生活を開披されない権利（私生活秘匿権）として理解された。しかし、その後の情報技術の著しい進展により、個人情報の収集・保存・利用・解析・開示（＝他者への伝達・提供）が個々人の生のあり方を左右する状況が生まれ、それまで念頭に置かれていた私事に関する事柄が他者に公開されないことや、容貌・姿態をみだりに撮影されないことへの保障だけでは、「個人の尊重」を保護するのに不十分だと認識されるに至った。そのため現在では、私生活秘匿権に加え、私生活に関する情報を自らコントロールする、自己情報コントロール権ないし情報プライバシー権をプライバシー権の内容とみる見解が有力である。[*19]

　個人情報にはさまざまなものがあるが、情報の性質によって要請

[*18]
全体主義・国家主義とは個よりも全体・国家を優先させる考え方である。

[*19]
「みだりにその容ぼう・姿態を撮影されない自由」を国家権力の行使に対しても保護されるべき「国民の私生活上の自由」とした最高裁大法廷昭和44年12月24日判決（京都府学連事件）と、前科等のある者も「前科及び犯罪経歴」を「みだりに公開されない」法的利益を有すると判示した最高裁昭和56年4月14日判決（前科照会事件）との対比にも、プライバシー概念の変化が見てとれる。

される保護の度合いが異なることにも注意が必要である。個人の思想・信条・精神・身体に関する基本情報や重大な社会的差別の原因となる情報（センシティブ情報ないしプライバシー固有情報）と、それ以外の氏名や住所などの情報（プライバシー外延情報）とを区別し、前者の取得、利用ないし対外的開示は原則的に禁止され、厳格な要件のもとでのみ例外的に許容されるとする考え方が学説では支持されている。ただし、氏名・住所等も「自己が欲しない他者にはみだりにこれを開示されない」ことへの期待は保護されるべきであるから、プライバシーに関する情報として法的保護の対象となる[20]ことに注意が必要である。近年ではプライバシー情報が流通する情報ネットワークシステムに、情報漏洩の危険を生まないシステム上の安全性を求める判決も登場している[21]。

①自己決定権

人が「個人として尊重される」のなら、たとえ「常識」からはずれていたとしても、どう生きるかについて他人が勝手に決めることはできない。自己の人生にとって重要な事柄について、公権力から干渉されることなく、自ら決定できる権利を自己決定権という。一般に憲法上の自己決定権の内容としては、①自己の生命・身体の処分に関する事項（医療拒否や生の終期にかかわる選択など）、②家族の形成・維持に関する事項（婚姻や妊娠・出産・避妊などのリプロダクション）、③ライフスタイルに関する事項（髪型・服装など）があげられる[22]。

判断能力が発展途上にある子どもや疾病・高齢により認知能力が衰えている者に対しては、本人保護を目的とした自己決定権の制約が認められ得るが、それもその時点の本人の能力の程度に相応している必要があり、本人意思は可能な限り推定・尊重されなければならない。宗教上の信念からいかなる場合も輸血を拒否するとの固い意思をもち、その旨の明確な意思表示も行っていた肝腫瘍患者が、無輸血で実施されることを信頼して受けた手術中に大量出血したため、輸血以外に救命手段がないと判断した医師により輸血された事件において、最高裁は、手術の際に輸血以外には救命手段がないときには輸血するとの方針をとっていることを事前に説明して、本人に手術を受けるか否かを患者自身の意思決定に委ねるべきであったと判断している[23]。何が本人にとって「最善の利益」なのかは他人が決めるべきではないとする姿勢は、ここにも見出されよう。

*20
最高裁平成15年9月12日判決（江沢民講演会事件）。

*21
最高裁平成20年3月6日判決（住基ネット訴訟）。

*22
憲法上の個別の規定でカバーされる権利・自由に関する自己決定は、憲法第13条ではなく個別規定の守備範囲に含まれる。

*23
最高裁平成12年2月29日判決（「エホバの証人」輸血拒否事件）。

❷平等原則

憲法第14条第1項は、前段ですべての国民の「法の下の平等」を定め、後段で「人種、信条、性別、社会的身分又は門地」による差別を禁止している。ここにいう平等は、すべての人をいかなる場合でも等しく取り扱うこと（絶対的平等）を求めてはおらず、合理的な根拠に基づく異なった取扱いを許容するもの（相対的平等）と解されている。したがって、平等原則違反は、人や集団を区別する理由が合理的であるか否かで判断される。

憲法第14条第1項後段にあげられた人種以下5つの事由は、歴史上も典型的な差別の要因であったことから、裁判所はこれらの理由によって別扱いをする側の理由説明に特に懐疑の目を向け、①その区別を正当化できる重みをもった目的があるのか、②手段が目的達成のために本当に有効で必要か、行き過ぎではないかを厳しく審査するべきと考えられている。

これらのうち、「社会的身分」や「性別」に基づく差別になり得る、家族にかかわる区別について、近年の最高裁は複数の判断を示している。憲法第14条違反とされたものとして、日本人父が出生後に認知し、さらに外国人母と婚姻することで嫡出子[24]となった子には日本国籍取得を認める一方で、認知されただけの非嫡出子にはこれを認めなかった国籍法の規定、非嫡出子の法定相続分を嫡出子の2分の1とした民法の規定、民法により女性のみに設けられた6か月の再婚禁止期間規定のうち100日を超える部分、がある[25]。家族や労働のあり方が多様化し、社会が国籍や文化的背景を異にする人々から構成される現代の日本では、社会保障・社会福祉の現場においても個人の尊重と平等への配慮がいっそう求められよう[26]。

❸自由権

思想・良心の自由（第19条）、信教の自由（第20条）、集会・結社・表現の自由（第21条）、学問の自由（第23条）を明文で保障する日本国憲法は、精神的自由を手厚く保護している。これは明治憲法下で国家権力が内心にまで踏み込んだことへの反省に由来する。表現の自由を中心とした精神的自由は、民主的政治過程が健全に作動するための前提である上[27]、不利益を課される恐れがあれば、すぐに行使が控えられてしまう「こわれやすく傷つきやすい」性質をもつ。さらにこの自由は一度損なわれれば意見表明そのものが困難になることから、民主的政治過程を通

*24
法律婚から生まれた子を嫡出子、そうでない子を非嫡出子という。

*25
順に最高裁大法廷平成20年6月4日判決（国籍法違憲判決）、最高裁大法廷平成25年9月4日決定（非嫡出子相続分規定事件）、最高裁大法廷平成27年12月16日判決（再婚禁止期間事件）。

*26
社会保障における外国人の処遇は、これを政治的判断により決定できるとした最高裁平成元年3月2日判決（塩見訴訟）からもわかるように、極めて不安定な状況にある。

*27
精神的自由の十全な保障は、思想・信条・信仰・学問的方向性を問わない公共的な問題提起と、政府の支持・批判の表明とを可能にする。このことによって、意見は社会で自由に流通し、その受領者はあり得る選択肢を自由に検討して政治的意思決定を行えるようになるのである。

じた是正・救済がむずかしい。こうした理由から、精神的自由を制約する立法の憲法適合性を裁判所が審査する際は、職業選択の自由及び居住移転の自由（第22条）と財産権（第29条）から成る経済的自由の制約立法よりも、より厳しく立ち入った審査を行うべきと理解されている。

また、人身の自由の保障は、他のすべての権利・自由の行使を可能にする前提条件である。日本国憲法は、明治憲法下の刑事司法への反省から、ここにも10か条を割いて手厚く保障した。法律の定める手続によらなければ生命・自由を奪われ刑罰を科せられないという刑事手続の一般原則を定める憲法第31条と、これに続く被疑者・被告人の権利の詳細な規定[28]は、刑事手続で行使される公権力を規律し、制約するものである[29]。

このほか、憲法第31条は、手続の法定だけでなく、適正も保障しており、その保障は行政手続にも及ぶと解されている。そして憲法第18条による奴隷的拘束の禁止は絶対的なものと解され、個人の自由な人格を否定する拘束は私人によるものも許容されず、本人の同意によっても正当化されない。

❹社会権
①生存権

憲法第25条第1項がすべての国民に保障する「健康で文化的な最低限度の生活を営む権利」は、一般に生存権とよばれる。この権利の具体的・現実的な保障は、憲法が直接担うのではなく、法律を介して行われると解されている。

生存権規定は、裁判規範として、制定された法律による権利侵害を争う根拠となり得る[30]が、それに先立つ立法や政策策定の段階における憲法上の指針として機能し、さらにほかの社会権規定の総則として果たしている役割も重要である。もっとも、裁判規範としての側面について最高裁は、㋐「健康で文化的な最低限度の生活」は一義的に確定できない抽象的・相対的な概念であり、㋑これを立法として具体化するのに国の財政事情も無視できず、その際には、㋒専門技術的な考察と政策的判断を要することから、法律でどのような実現方法をとるかは立法府（＝国会）の「広い裁量」に委ねられるとしている。そのため、立法府の判断が「著しく合理性を欠」く場合でなければ、社会保障などの立法が違憲とされることはないという[31]。

これに対し、法律が対象としている個々の問題状況や、より個別的に訴訟当事者の具体的生活状況における緊急度や深刻さに着目する学

*28
捜査の過程における住居の不可侵（第35条）、逮捕の際の令状主義（第33条）及び被疑者の弁護人依頼権、拘禁理由の開示請求権（第34条）、不利益供述強要の禁止（第38条1項、公判段階でも保障）、公務員による拷問の禁止（第36条）、公平な裁判所の迅速な公開裁判を受ける権利（第37条第1項、第32条）、被告人の証人審問・喚問権及び弁護人依頼権（第37条第2・3項）、自白の証拠能力の制限（第38条第2・3項）、判決・裁判の執行段階における事後処罰の禁止と一事不再理（第39条）、残虐な刑罰の禁止（第36条）、抑留・拘禁後に無罪判決を受けた者の刑事補償請求権（第40条、国務請求権に分類される）がその内容である。

*29
本書第3部第1章第2節参照。

*30
最高裁大法廷昭和42年5月24日判決（朝日訴訟）は傍論ながら、現実の生活条件を無視した著しく低い基準設定など、憲法・生活保護法の趣旨・目的に反する裁量権の逸脱・濫用は、司法審査の対象になるとした。

*31
最高裁大法廷昭和57年7月7日判決（堀木訴訟）。

説からは、最低生活に深くかかわる施策であったり、生活保障を要する個々の当事者が緊急度の高い状況にある場合には、裁判所による踏み込んだ審査がなされるべきとの見解が示されている。さらに、社会保障給付の受給要件や給付額における区別に、平等原則の判断枠組みを援用して厳しく審査すべきとする見解や、憲法第25条第2項が「社会福祉、社会保障及び公衆衛生の向上及び増進」に関する国の努力義務を定めることから、支給額の切り下げといった生存権保障手段の受給者に不利な設定変更は合理的な理由なく行えないとする要請（制度後退禁止原則）を導く見解が示されるなど、立法・行政両部門の裁量を統制する論理の模索が続いている。[*33]

②教育を受ける権利

憲法第26条は第1項で国民が「その能力に応じて、ひとしく教育を受ける権利」を定め、第2項でこれに対応する保護者の「子女に普通教育を受けさせる義務」と義務教育の無償を定める。第1項上の権利は、国民が「一個の人間として、また、一市民として、成長、発達し、自己の人格を完成、実現するために必要な学習をする」権利、すなわち学習権と解されている。[*34]

子どもが学習権を行使し、保護者が義務を果たせるようにする支援も、第1項が示す学習権及び教育の機会均等の原則から要請されるとみる余地がある。[*35]

③労働に関する権利

憲法第27条は、勤労の権利及び義務（第1項）、勤労条件法定主義（第2項）、そして児童の酷使の禁止（第3項）を定める。第2項を受けて制定された労働基準法や最低賃金法、労働安全衛生法などは、賃金や労災防止を含む労働条件の最低条件であり、それは憲法第25条の「健康で文化的な最低限度の生活」が労働生活においても損なわれないことへの要請を受けたものでもある。その意味でこれらの法律の遵守を義務付けられる使用者も、被用者の「最低限度の労働生活」保障の担い手といえよう。

また、憲法第28条の定める団結権、団体交渉権、団体行動権（争議権）のいわゆる労働基本権は、一人では無力な労働者が団結して、使用者と対等な立場で労働条件の交渉を可能にするための権利である。こうした趣旨から、労働基本権は使用者との関係において当然に適用され、私人間効力（次頁のコラム参照）が認められる。それでもなお使用者と被用者には力の差があることから、この権利を具体化し実質

第1部
第2章

*32
本節3（2）❷参照。

*33
生活保護の老齢加算廃止につき、最高裁平成24年2月28日判決及び同年4月2日判決（老齢加算廃止事件）は制度後退原則を採用せずに適法としたが、廃止に至る判断過程の合理性を比較的詳しく審査している。

*34
最高裁大法廷昭和51年5月21日判決（旭川学テ事件）。

*35
生活保護受給世帯での学資保険加入を許容し、解約返戻金を収入認定してなされた保護の減額処分を違法とした最高裁平成16年3月16日判決（中嶋訴訟）は、憲法第26条の観点からも積極的に評価できる。

的に保障するために労働組合法などが制定されている。

同法によれば、正当な争議行為は使用者による解雇や損害賠償請求の理由にならず（第7条第1号、第8条）、国も正当な労働基本権行使に刑罰を科すことはできない（第1条第2項）。ただし公務員については、昭和23（1948）年以来労働基本権の制約が続いており、特に争議権は職種を問わず全面的に否定されている。最高裁も争議行為の一律全面禁止を合憲とするが[36]、その姿勢には疑問が呈されている。

＊36
国家公務員につき最高裁大法廷昭和48年4月25日判決（全農林警職法事件）、地方公務員につき最高裁大法廷昭和51年5月21日判決（岩教組学テ事件）、公営企業体職員につき最高裁大法廷昭和52年5月4日判決（全逓名古屋中郵事件）を参照。

COLUMN

●人権は誰から守るのか－私人間効力論

憲法上の権利は、中央政府や地方公共団体などの公権力による侵害を想定して、個々人に保障されている。しかし、当事者間の自治が広く認められる私人間の関係でも、企業やマスメディア、各種団体などが私人ながら強大な権力をもち、個々人の権利・自由を損なうことがあり得る。そうした場合に裁判所が憲法上の権利を根拠に、侵害への救済を行えないかが議論されている（私人間効力論）。

最高裁は、人権規定が「私人相互の関係を直接規律することを予定するものではない」と述べつつ、私的自治の一般的な制限規定である民法第1条、第90条や不法行為に関する規定等を適切に運用することで、「社会的許容性の限度を超える侵害に対し基本的な自由や平等の利益を保護」する方法があるとした（最高裁大法廷昭和48年12月12日判決、三菱樹脂事件）。これは、憲法の人権規定を読み込んだ上で私法上の規定を適用するという問題解決法を示唆するものと解されている。

学校、職場、福祉の現場における人間関係でも、権力関係は生じる。公権力と個人の間か私人間かを問わず、強い立場にある者に自らの行為の権力性を自覚させること、そして弱い立場にある者は保障されているはずの権利と救済の可能性について知ることが重要である。

BOOK 学びの参考図書

●長谷部恭男『憲法講話－24の入門講義』有斐閣、2020年。
　日本で「憲法といわれているもの」が実際には何であり、それが現実の社会でどのように作用しているのかを、わかりやすく語る入門書。平易でありながら歴史をふまえ良識に問いかける記述が、読者を憲法の深い理解へと導く。

第3節　民法

1 民法総則

（1）民法とは

❶ソーシャルワークと民法

　充実したソーシャルワークを展開する上で、民法の知識を備えておくことの意義は大きい。第2部第1章で学ぶ成年後見制度の理解の基礎としてだけでなく、市民の間でのトラブルが民法中のどのようなルールによって解決されることになるのかを知ることは、その法的な問題を本人に自覚させ、少なくともその解決を弁護士等の法律専門職に託す上でのよい契機となるからである。

　以下では、各種福祉サービスの受給に関連する行政法の世界とも、あるいは、各種虐待や少年の非行等に端を発する刑事法の世界とも異なる、民法の世界について見ていくこととしたい。

❷民法の体系

　民法は、戦後に制定された日本国憲法よりも歴史が古く、その制定は、19世紀末の明治29（1896）年にまでさかのぼる。しかも、その条文数は1,000か条を優に超えており、その全体像の把握は容易でない。そのため、民法を理解する上で、民法全体の体系（条文の並び順）を知ることが有益である。これを理解していれば、必要に応じて関連する条文を探り当てることができるからである。

　日本の民法は、制定時に模範としたドイツの方式として、より射程の広い抽象的なルール（総論）ほど前のほうに条文を設け、より射程の狭い具体的なルール（各論）ほど後ろのほうに条文を設けるとの方式（パンデクテン方式とよばれる）を採用している。そのため、民法を5編で構成した上で、各論に属する物権・債権・親族・相続を第2編から第5編までに配置し、冒頭の第1編には、それらの共通ルールとしての総則（いわゆる民法総則）を配置している。

　また、各編の内部でも、同様の方式が貫かれ、例えば、第3編の債権は、その内部を総論（債権総論）と各論（債権各論としての契約・事務管理・不当利得・不法行為）とに分けられ、前者を冒頭に配置している（**図1-2-1**）。さらには、債権各論に属する契約の規定もまた、契約

〈図1－2－1〉パンデクテン方式のイメージ図

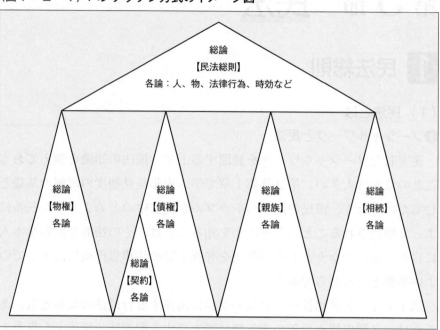

（筆者作成）

の共通ルールとしての契約総論と個別の契約に関する契約各論とに分類され、前者を契約規定の冒頭に配置する。このように、総論→各論、各論中の総論→各論中の各論、各論中の各論中の総論→……といった形で、規定のピラミッド構造をイメージし、総論から各論に向けて条文を截然と配置するのが日本民法の体系の特徴となっている。

　民法は、戦後（昭和22〔1947〕年）の親族・相続法（家族法）全面改正をはじめ、いくつかの重要な改正を経て今日に至っている。最近では、債権関係法の改正により、第1編の民法総則と第3編の債権法を中心とする大規模な改正が行われ、従来の判例や解釈が一部明文化された。[*37]ここでは、この債権法改正後の条文を基本として解説する。

＊37
平成29（2017）年の法律第44号による改正であり、令和2（2020）年4月1日に施行された。

❸私権の種類

　民法は、市民の間で生じたトラブルを解決するために、一方では、ある市民に一定の要件の下で権利を与え、他方では、他の市民に義務を課すといったルールを採用している。この権利を私権という。

　私権には、後で述べる家族法の領域で扱われる身分上の権利（身分権）も含まれるが、ここでは財産法の領域で扱われる財産権について述べる。とりわけ、主要な財産権として、民法の第2編で扱う「物権」と、[*38]

＊38
物権の意義については本節1（3）でふれる。

第3編で扱う「債権[*39]」とがあげられるが、広い意味での財産権はこれらに限られない。一定の法律関係を形成する権利（形成権）である取消権、解除権、相殺権[*40]、時効援用権といったものも財産権の一種であるし、ほかに、同時履行の抗弁権といったものもあげられる。

（2）権利の主体としての人と法人

民法総則（民法第1編）が扱うルールの一つとして、権利の主体としての「人」に関するものがある。

❶人の能力

民法は、「人」の法的な「能力」について規定し、その有無等によって扱いを異にしている。ここでは、民法総則に規定がある3つの「能力」を説明する。

①権利能力

まず、**権利能力**とは、私法上の権利・義務の帰属主体となることができる能力ないしは資格のことである。民法の書かれざる基本原理として、権利能力平等の原則があり、「人」は、生まれながらにして平等に権利能力を有するものと説かれる。

民法（以下、ほかに明示なき場合は同法）第3条第1項が、「私権の享有は、出生に始まる」と定めるのは、このことを示している。例えば、0歳児は、自ら契約を結ぶことはできないが、当然に権利能力を有し、死亡した親の財産を相続することができる。他方、人の死亡は権利能力の喪失をもたらす。

②意思能力

次に、**意思能力**とは、権利・義務の関係（法律関係）を変動させる意思を表示し、その結果を判断・予測できる個別の知的能力を意味する。「契約[*41]」は当事者の意思表示を基礎とするが、その意思表示によって形成される法律関係の結果を帰せしめるに足りる最低限度の知的能力を有しなければ、形ばかりの意思表示があってもこれを法的に有効とみることができない。

第3条の2が、「法律行為の当事者が意思表示をした時に意思能力を有しなかったときは、その法律行為は、無効とする」と定めるのは、このことを示している。例えば、5歳児がかろうじて契約書に自分の名前を書くことができたとしても、その契約を有効と解することができない。もっとも、その判断は個別的であり、認知症の人が行った遺

[*39] 債権の意義については本節2（1）でふれる。

[*40] 2人の者が互いに相手に対して同種の債権を有している場合に、一方から相手方に対する意思表示によってその債務を対当額で消滅させる権利をいう（民法第505条）。

[*41] 本節2参照。

言が意思能力に照らして有効か否かは、事案に応じて判断が異なり得る。

③行為能力

最後に、**行為能力**とは、契約等の法律行為を単独で有効に行うことができる能力を意味する。意思能力も法律行為の有効性にかかわる能力であるが、行為能力については、取引の相手方への配慮から、能力の制限の有無を相手方の側から画一的に判断できるようにするため、行為能力が制限されている者（制限行為能力者）の類型を民法が明確に定めている点に特徴がある。

現在、制限行為能力者には、未成年者・成年被後見人・被保佐人・被補助人という４つの類型がある。

未成年者は、成年年齢に満たない者を一律に制限行為能力者とし、親権者や未成年後見人（これらの者を「法定代理人」という）の同意を得ないでした法律行為を取り消せるようにしている。

また、成年被後見人・被保佐人・被補助人はいずれも、事理を弁識する能力（事理弁識能力）が不十分である程度に応じて家庭裁判所が行う審判によって開始される成年後見制度を利用する本人を意味する。これらの者が自ら行った法律行為も一定の場合に取消しが可能となる。

❷法人制度

以上の説明において想定されていた「人」は、生身の人間を意味する。これを自然人という。これに対し、自然人以外で権利能力を与えられた「人」のことを**法人**という。社会福祉法人はもちろんのこと、営利法人としての会社、公法人としての国や地方公共団体など、さまざまな種類の法人が存在する。この法人制度のおかげで、その構成員となる自然人が私的に有する財産から分離された法人帰属の独立財産を創出することが可能となる。この仕組みを通じて、他者のための財産管理を実現し、あるいは共同事業の実行を可能とするのが法人制度である。

（３）権利の客体としての物と物権

民法総則は、権利の主体とともに、権利の客体に関するルールとして、「物」に関するルールも定めている。

❶物と物権

民法総則が「物」のルールを定めるのは、民法が「物」を客体とする

---

*42
「法律行為」の正確な意味は後で解説するが、さしあたりは契約をイメージし、「契約」に読み替えればたりる。

*43
現在は18歳であるが、令和4（2022）年3月31日までは20歳であった。

*44
詳細は、本書第2部第1章第2節以下に委ねる。

権利である「**物権**」のルール（民法第２編）をも定めているからである。「物権」の客体である「物」とは、民法上、「有体物」をいうものとされ（第85条）、したがって、電気や情報といったものは「物権」の客体にはならない。[45]

❷所有と占有

「物権」の典型例は所有権である。所有者は、法令の制限内において、自由にその所有物の使用・収益・処分をする権利を有する（第206条）。

この所有権と区別すべき権利として占有権がある。占有権は、物の所持という事実上の支配状態によって取得される権利であり（第180条）、所有者は通常占有（権）を有するが、窃盗犯人が盗取物を所持する場合のように、所有者と占有者とが別人となるケースもあり得る。所有権と占有（権）とでは所有権が優先するが、動産の即時取得[46]（第192条）や不動産の時効取得（第162条）のように、占有（権）が所有権の取得を基礎付ける場合もあり得る。

❸公示の原則

「物権」は、物を直接かつ排他的に支配する権利と定義付けられる。ここにいう「排他的」とは、１つの物の上に同じ内容の物権（例えば所有権）が複数成立することはないことを示す。そのため、ある物について誰が物権を有するかを外部から認識できる手段がないと、その物権を取得しようとする者が安心して取引することができなくなる。そこで、物権については、これを有する者が一定の公示方法を取らないと、権利の取得を第三者に対抗できないものとすることで、取引の安全を確保している。これを公示の原則という。

特に、財産価値の高い不動産[47]（土地や建物など）については、全国一律の不動産登記制度を設け、法務局内の登記所で調製された登記簿に記録された不動産登記を通じて、その権利関係が公示されている。[48]

❹用益物権と担保物権

「物権」には、所有権・占有（権）のほかにも、土地所有者によって設定される地上権（第265条）・地役権（第280条）などの用益物権や、貸金の担保（債務の引当て）として供与される抵当権[49]（第369条）などの担保物権がある。

[45]
無体物としての知的財産を客体とする権利（知的財産権）については、特許法や著作権法など、一連の知的財産法制によって規律され、民法中にはいっさいの規定を置いていない。

[46]
動産を占有している無権利者を真の権利者と過失なく信頼して取引した者に、その動産についての完全な権利（所有権等）を取得させる制度をいう。公示方法が十分ではない動産について、その取引の安全を確保する機能を果たす。

[47]
不動産の法的な定義は、「土地及びその定着物」（第86条第１項）であり、不動産以外の有体物はすべて動産として扱われる（同条第２項）。

[48]
不動産登記簿（土地登記簿・建物登記簿）という公簿になされた、不動産の現況の表示（表題部）及び不動産に関する権利関係（権利部）についての記載をいう。

[49]
不動産所有者等との設定契約により、占有を移転させることなく、債権者への優先弁済権を保障する担保物権の一種をいう（第369条）。個人では、住宅ローンの担保として設定されることが多い。

（4）権利変動の要件としての法律行為

　民法総則が定めるもう1つの主要なルールは、権利の変動の要件としての法律行為に関するものである。「人」に帰属する権利は、固定的なものではなく、ときに発生・変更・消滅を繰り返し、あるいは「人」から他の「人」へと移転する。このような権利変動は、相続や時効など、他の要件によっても生じるが、その主要な要件となるのが「法律行為」である。

❶法律行為の意義と意思表示

　「法律行為」とは、法的な効力を有する行為一般をさす用語ではなく、端的には、意思表示を要素とする法律要件を意味する。

　また、ここに意思表示というのも、「お寿司が食べたい」「旅行に行きたい」などといった意思の表明全般をさす用語ではなく、専門的には、権利の変動を欲する意思（これを効果意思という）を外部に対して表示する行為であって、この意思に基づいて権利が変動するものをさす。典型的には、売買や賃貸借のような契約がこれにあたるが、厳密には契約に限らず、いわゆる単独行為をも含んだ概念である。

❷単独行為

　単独行為とは、単一の意思表示だけで成立する法律行為のことであり、法が特に認めた場合に限って認められる。前に述べた形成権を行使するための意思表示がこれにあたる。取消しや解除の意思表示は、相手方の意思とは無関係に、意思表示どおりの権利変動（権利・義務の遡及的消滅）を生ずるから、一種の単独行為といえる。

❸代理制度

　法律行為の仕組みの延長において、代理人が本人のために相手方との間で意思表示をし、または意思表示を受けることによって、その法律効果（権利変動）が本人に直接・全面的に帰属するという代理の制度がある（第99条以下）。

　代理を認める趣旨は、大きく分けて2つある。1つは、本人自ら法律行為をすることができないわけではないが、これをあえて代理人に委ねることで、迅速かつ同時複数の取引を可能にしたり、代理人の専門的知見を活かせたりする趣旨であり、もう1つは、本人自ら法律行為をすることがそもそも不可能であるか困難である場合に、それを補完する趣旨

で法律上の代理権を与え、適切な取引を可能にする趣旨である。前者に対応するのが本人の意思に基づく代理としての任意代理、後者に対応するのが本人の意思に基づかない代理としての法定代理である。

　任意代理は、通常、本人が代理人に委任状を交付して行われるが、その方式に民法上の決まりはない。

　法定代理の典型例は、親権者や後見人による代理であるが、ほかに、不在者財産管理人[*50]や相続財産管理人[*51]による代理もこれにあたる。

　代理は、代理人が代理権の範囲内で本人のためにすることを示して（これを顕名という）法律行為（これを代理行為という）をすることで、その効果が本人に帰属するのを原則とする。代理権がないか代理権の範囲を超えて代理行為をした場合は無権代理となり、本人に効果は直ちに帰属しないものの、その場合でも、本人の追認があるか（第113条第1項）、あるいは一定の要件の下で表見代理[*52]（第109条・第110条・第112条）が成立すれば、本人に効果が帰属することとなる。

（5）権利変動の要件としての時効制度

　民法総則には、権利変動の要件として、法律行為のほかに、**時効**についての規定を置く。

❶時効制度の意義

　ここでの時効は、刑事法にみられる刑の時効（刑法第31条以下）や公訴時効（刑事訴訟法第250条）ではなく、いわゆる民事時効である。これには、互いに真逆の効果をもつ取得時効と消滅時効とがある。

　これら民事時効制度の存在意義は必ずしも明確ではないが、一方では、権利の存在や義務の不存在を立証できない者を救済する機能があり、他方では、長期間継続した事実状態を尊重し、「権利の上に眠る者」から権利を剥奪することで、社会秩序を維持する機能があるとされる。このように、時効制度には多元的な意義があるものと説かれる。

❷取得時効

　取得時効は、10年間または20年間の継続的占有等を要件として、物の占有者に所有権を与え、また、所有権以外の財産権（賃借権など）を同様の期間、継続的に行使している事実等を要件として、その者にその財産権を与える制度である（第162条、第163条）。

　制度上の限定はないが、主に不動産の所有権について主張される。例

*50
従来の住所（各人の生活の本拠、第22条）・居所（第23条第1項）を去って容易に帰る見込みのない者を「不在者」といい、その「不在者」が任意の財産管理人を置かなかった場合に、利害関係人等の請求により、家庭裁判所が選任する代理人をいう（第25条以下）。原則として、保存行為・利用改良行為のみの権限を有する（第28条・第103条）。

*51
相続人による相続財産の適正な管理が期待できない一定の場合に、利害関係人等の請求により、家庭裁判所が選任する代理人をいう（第918条第2項・第3項など）。

*52
無権代理ではあっても、本人に一定の帰責性がある場合に、代理権の外観に対する相手方の信頼（善意かつ無過失）を保護し、有権代理と同様に、本人に直接効果を帰属させる制度をいう。

えば、越境建築において、越境部分の敷地について建築物所有者の側が時効による所有権の取得を主張するような場合である。もっとも、所有権の時効（による）取得に共通する要件として、「所有の意思」（自主占有の意思ともよばれる）があるため、長期間の占有にもかかわらず、占有を開始したきっかけが賃貸借であったがゆえに、「所有の意思」がないものとして時効取得が認められないことがある。

❸消滅時効

[*53] 消滅時効は、権利を行使しない状態が一定期間継続することにより、その権利を消滅させる制度である（第166条以下）。

典型的には金銭の支払いを求める「債権」（貸金債権や損害賠償請求権などの金銭債権）について主張される。その場合は、原則として、「債権者が権利を行使することができることを知った時から5年間」、または、（金銭の支払期限が到来する等によって）法律上の障害がなくなり「権利を行使することができる時から10年間」のうちいずれか早く到来する期間中、債権を行使しなかったことで消滅時効が完成する（第166条第1項）。[*54]

❹時効の更新・完成猶予・援用

時効の要件を満たして時効期間が満了したことを「時効の完成」というが、時効期間の満了前に裁判所の手続を通じて権利の行使がなされたり、あるいは債務者等により権利の承認がなされたりするなど、もはや「権利の上に眠る者」とはいえない事実がみられたような場合には、それまで進行した期間が無に帰すこととなる。これを「時効の更新」という（第147条第2項、第148条第2項本文、第152条第1項）。

また、天災等の事変のため時効更新の措置が期待できない場合や、更新に準ずる事実はあるが更新の効果までは認めるべきでない場合に、時効の進行を一時的に停止させ、時効の完成が猶予されることがある。これを「時効の完成猶予」という（第147条第1項、第148条第1項、第149条、第150条第1項、第151条、第158条〜第161条）。

なお、時効は、それが完成した後も、当事者による援用の意思表示がなければ、時効による権利取得・消滅の効果は確定しない（第145条）。これを「時効の援用」という。時効の利益を享受するか否かを最終的に本人の意思に委ねる趣旨である。ただし、時効完成後に債務者が債務の存在を承認した場合は、信義則（第1条第2項）上、もはや援用は許さ

*53
消滅時効に関するルールは、債権法改正で大きく変更されたものの1つである。民法中の短期消滅時効（旧法第170条〜第174条）と、商法上の商事消滅時効（旧商法第522条）がともに廃止となった。これにより時効のルールは単純化したが、商法以外の特別法上の時効規定は必ずしも改正されていないため、ルール全体の把握はなお容易でない。

*54
人の生命・身体の侵害による損害賠償請求権については、被害者を保護すべき度合いが強く、権利行使可能時から10年間の消滅時効期間が20年間へと伸長されている（第167条、第724条の2も参照）。

40

れないものと解されている。[*55]

*55
最高裁大法廷昭和41年
4月20日判決。

第1部
第2章

（6）法律行為の無効・取消し

　契約をはじめとする法律行為は、その成立によって権利変動の効果を生ずるのを原則とするが、一定の例外的な事実の下で無効とし、あるいは取り消すことができる。

❶無効原因

　前に述べた意思無能力による法律行為の無効も原因の一つであるが、ほかに、表示に対応する意思の不存在を理由とする心裡留保（しんりりゅうほ）（第93条第1項ただし書）や虚偽表示（第94条第1項）なども無効原因である。

　また、意思表示自体に問題がなくても、その内容が法律上または社会的に許されないものである場合に法律行為の無効を導くものとして、公序良俗違反（第90条）があげられる。その類型としては、犯罪に関する行為や賭博行為、性道徳に反する行為、個人の自由を過度に制限する行為、不当な差別行為などの社会的公序違反のほか、近時は、健全な市場秩序を乱す行為や不公正な取引方法によって顧客に重大な被害をもたらす行為、いわゆる暴利行為[*56]などの経済的公序違反を無効とする裁判例が増加している。例えば、偽ブランド商品の売買契約を公序良俗違反により無効としたものがある。[*57]

　また、消費者契約[*58]においては、「消費者の不作為をもって当該消費者が新たな消費者契約の申込み又はその承諾の意思表示をしたものとみなす条項」や「法令中の公の秩序に関しない規定」（任意規定）の適用による場合に比して「消費者の権利を制限し又は消費者の義務を加重する消費者契約の条項」であって、信義則（第1条第2項）に反して消費者の利益を一方的に害するものは、無効とされる（消費者契約法第10条）。この場合の無効は、契約全体の無効ではなく、この規定に反する契約条項の部分無効である。

❷取消原因

　取消原因についても、前に述べた制限行為能力者の法律行為の取消しがあるほか、錯誤に基づく意思表示の取消し（第95条第1項）や詐欺・強迫による意思表示の取消し（第96条第1項）があげられる。これらを用いて、悪質商法被害への対応を行うことが考えられるものの、詐欺・強迫については、加害者側の故意を被害者側で立証することの困難さが

*56
暴利行為を具体化した規定として、貸金業法第42条第1項は、貸金業者が行う金銭消費貸借において、年109.5％を超える割合による利息の契約をしたときは、当該消費貸借契約自体を無効とする。

*57
最高裁平成13年6月11日判決。

*58
消費者と事業者との間で締結される契約をいう（消費者契約法第2条第3項）。福祉事業者との間で締結される福祉サービス利用契約は一般に消費者契約にあたるため、以下に記述する消費者契約法上の規定は、福祉サービス利用契約にも適用されることとなる。

あり、また、錯誤についても、契約の基礎とした事情の認識が真実に反しており、かつ、その事情が契約の基礎とされていることが相手方に表示されていることが取消しの要件となるため（第95条第2項）、そのような立証や表示がない限り、取消しが認められないこととなる。

　そこで、いわゆる消費者三法（消費者契約法・特定商取引法[*59]・割賦販売法）は、特定の悪徳商法を想定した各種特別の取消権を付与し、被害者側の立証負担を緩和している。例えば、事業者が消費者契約の締結について勧誘をするに際し、「当該消費者が、加齢又は心身の故障によりその判断力が著しく低下していることから、生計、健康その他の事項に関しその現在の生活の維持に過大な不安を抱いていることを知りながら、その不安をあおり、裏付けとなる合理的な根拠がある場合その他の正当な理由がある場合でないのに、当該消費者契約を締結しなければその現在の生活の維持が困難となる旨を告げること」により、その消費者が困惑し、それによって消費者契約の申込みまたはその承諾の意思表示をしたときは、これを取り消すことができるものとしている（消費者契約法第4条第3項第7号）。高齢者の不安をあおって高額のマンションを購入させるようなケースを想定した規定である。[*60]

　なお、いずれの取消しについても、これをもって善意かつ無過失の第三者には対抗することができない（第95条第4項、第96条第3項、消費者契約法第4条第6項）。その結果、例えば、だまし取られた不動産がその事情を知り得ない第三者の手に渡った場合は、その後に取消しをしたとしても、その不動産自体はもはや取り戻せず、直接の相手方に金銭的な価額の償還を求め得るにとどまる。

❸無効・取消しの効果

　一般には、無効は、主張を待たずに法律行為の効果が否定される場合、取消しは、取消しの意思表示を待って（行為の当時にさかのぼって）無効となり、法律行為の効力が否定される場合（したがって、取り消さなければ有効となる）を意味する。もっとも、無効原因の中には、意思無能力を原因とする無効（第3条の2）のように、意思表示をした者を保護する趣旨から、その者（またはその相続人）からの無効主張がない限り、無効として扱わないものもある。[*61]

　取消しについては、その法律行為を完全に有効なものに確定するための追認が可能であるほか（第122条）、取消権行使の期間制限があり、追認をすることができる時から5年間行使しないとき、または法律行為の

*59
正式名称は、特定商取引に関する法律という。訪問販売や通信販売、電話勧誘販売のほか、現在では、連鎖販売取引（いわゆるマルチ商法等）、特定継続的役務提供（いわゆるエステティックや語学教室等）、業務提携誘引販売取引（いわゆる内職・モニター商法等）、訪問購入（いわゆる押し買い）なども取り込み、不公正な取引が行われがちな取引を規制している。

*60
ほかにも、一家に1台あれば十分な健康器具を10台も購入させるなどといった過量販売につき、取消権を付与している（消費者契約法第4条第4項）。

*61
取り消さないと無効とならない取消しに近いため、取消的無効ともよばれる。

時から20年を経過したときは取消権が消滅し、もはや取り消せなくなる。さらに、追認をすることができる時以後に、契約によって生じた債務を履行したり、あるいは相手方の履行を請求したり等すると、異議をとど[*62]めておかない限り、追認をしたものとみなされ、もはや取消しができなくなる（これを法定追認という。第125条）。

契約に基づく債務の履行として互いに物や金銭の受渡し（給付）をしたが、その契約が無効であった場合（あるいは取消しによって無効となった場合）は、原則として、相手方を原状に復させる義務（原状回復義務）を負い（第121条の2第1項）、受け取った物や金銭を互いに返還すべきこととなる。これも、無効がもたらす効果の一つである。ただし、意思無能力者や制限行為能力者については、「現に利益を受けている限度」、いわゆる現存利益の返還で足りるものとされる（同条第3項）。現存利益の判断は明確でないが、受け取った金銭を生活費に支出した場合はなお現存利益があるものとされ、これを遊興費に支出した場合は現存利益がないものとされる。

また、これと同様の状況であっても、物や金銭の受渡し（給付）が「不法な原因のため」であった場合（これを不法原因給付という）は、給付したものの返還を請求することができない（第708条）。「不法な原因」とは、前に述べた公序良俗違反の場合を意味するため、公序良俗違反の契約については、無効であるとともに、仮にその契約に基づき給付をしたとしても、その契約が無効であることを理由に返還を請求することもまた否定される。このような契約に対して、裁判所は助力をしないことを表明しているのである。[*63]

2 契約

以下では、債権法（民法第3編）で主に扱われる債権の二大発生原因としての**契約**と、不法行為について説明する。[*64]

（1）契約と債権の意義

民法の基本原則の一つとして、契約自由の原則がある。これはさらに、契約締結の自由（第521条第1項）、相手方選択の自由、契約内容の自由（同条第2項）、契約方式の自由（第522条第2項）に細分化できる。その中で、とりわけ、契約内容の自由は、公序良俗（第90条）に反しない限り、さまざまな内容をもった債権を契約当事者間の合意によって自由

*62
その行為をするにあたり、追認でないことを表示しているような場合は、異議をとどめたものとして、追認をしたものとはみなされないこととなる。

第1部 第2章

*63
これをクリーン・ハンズの原則という。

*64
本節3「不法行為」参照。

に創設することを認めている。

「債権」とは、人がほかの人に対して一定の行為（これを給付という）を請求する権利をいう。債権は、給付の内容に応じて多様な債権が存在し、民法は、特定物債権、金銭債権、利息債権等に関する規定を置くものの、これらの債権に限定する趣旨のものではない。

また、債権法中には、13種類の契約類型が列挙されており、これを特に典型契約とよぶものの、典型契約以外の契約類型を創設することは否定されない。これを非典型契約（または無名契約）とよぶ。[*65]

以下では、主要な典型契約について説明する。[*66]

（2）各種の契約

❶贈与契約

贈与契約は、当事者の一方（贈与者）がある財産を無償で相手方（受贈者）に与える意思を表示し、相手方が受諾をすることによって効力を生ずる契約である（第549条以下）。無償契約・片務契約の典型であり、書面によらない軽率な贈与の解除を認める規定（第550条）にその特徴がみられる。また、特殊な贈与として、負担付贈与（第553条）、死因贈与（第554条）などがある。

❷売買契約

売買契約は、当事者の一方（売主）がある財産権を相手方（買主）に[*67]移転することを約し、相手方（買主）がこれに対してその代金を支払うことを約することによって効力を生ずる契約である（第555条以下）。双[*68]務契約・有償契約の典型であり、売買の規定は、他の有償契約（請負契[*69]約など）にも原則として準用される（第559条）。

買主は、引き渡された物や移転した権利が契約の内容に適合しない場合に、売主に対し、後述する一般の債務不履行責任（損害賠償・契約解除）に加えて、目的物の修補や代替物・不足分の引渡し（履行の追完）の請求、また、追完がない場合に備えた代金減額の請求をすることができる（第562条以下）。したがって、このような契約不適合責任（売主の担保責任）を基礎付けるにあたっては、その契約で想定される目的物や権利が何であったのかを確定する作業として、契約そのものの解釈が必要となる。契約責任をめぐる無用の紛争を回避するためにも、疑義を生じないような契約条項の作成が求められることとなろう。

必ずしも売買に限られないが、消費者保護を目的とする重要な特別法

[*65]
非典型契約の例として、ファイナンス・リース契約やライセンス契約、フランチャイズ契約があげられる。

[*66]
債権法各論中にはないが、他の民法規定中にみられる契約類型もある。地上権設定契約（第265条）、地役権設定契約（第280条）、抵当権設定契約（第369条）、保証契約（第446条）、代物弁済契約（第482条）、更改契約（第513条）などである。

[*67]
物の所有権が典型であるが、必ずしもそれに限られない。

[*68]
当事者双方が互いに対価的意義を有する債務を負担する契約をいう。

[*69]
当事者双方が互いに経済的な負担（出捐）をする契約をいい、双務契約とは似て非なる概念である。

として、前にもふれた消費者三法（消費者契約法・特定商取引法・割賦販売法）がある。いわゆる**クーリング・オフ**[*70]や特別の取消権、不当条項規制などはこれらの法律に定めがある。

❸消費貸借契約

消費貸借契約は、当事者の一方（借主）が種類・品質・数量の同じ物をもって返還をすることを約して相手方（貸主）から金銭その他の物を受け取ることによって効力を生ずる契約である（第587条以下）。典型的には金銭を目的物とするため、これを特に金銭消費貸借契約（俗に金消契約）とよぶ。

この分野の重要な特別法として、いわゆる貸金三法（利息制限法・出資法・貸金業法）があげられる。段階的な改正により規制が強化され、営業的金銭消費貸借における現在の上限金利は年20％である（利息制限法第7条第1項）。

❹賃貸借契約

賃貸借契約は、当事者の一方（賃貸人）がある物の使用・収益を相手方（賃借人）にさせることを約し、相手方（賃借人）がこれに対して賃料を支払うこと及び引渡しを受けた物を契約が終了したときに返還することを約することによって効力を生ずる契約である（第601条以下）。あわせて、いわゆる敷金の返還債務に関する規律も明記している（第622条の2、第605条の2第4項）。

不動産賃貸借に関する重要な特別法として、借地借家法があげられる。賃借権という権利の性質が物権ではなく、あくまで目的物の使用・収益をさせることを賃貸人に対して請求する債権として位置付けられていることから、物権よりも一般には弱い権利である債権としての賃借権を、とりわけ借地（建物使用目的の賃貸借等）と借家（建物賃貸借）について強化し、第三者対抗力の付与、存続期間の長期化などを通じて賃借人の保護を図っている。

❺雇用契約

雇用契約は、当事者の一方（労働者）が相手方（使用者）に対して労働に従事することを約し、相手方（使用者）がこれに対してその報酬を与えることを約することによって効力を生ずる契約である（第623条以下）。

[*70]
ある一定の状況の下で契約を締結した者に、法定の期間内に限り、無条件で契約の解消を認める制度をいう。特定商取引法（同法第9条等）や割賦販売法（同法第35条の3の10以下）などで採用されている。

第1部
第2章

　この分野の重要な特別法は、労働者保護に向けた一連の労働法規（労働契約法・労働基準法・労働組合法など）である。これらの法規が民法に優先して適用されるため、民法上の雇用の規定が適用されるのは、同居の親族のみを使用する事業や家事使用人に限られることとなる（労働基準法第116条第2項）。

❻請負契約

　請負契約は、当事者の一方（請負人）がある仕事を完成することを約し、相手方（注文者）がその仕事の結果に対してその報酬を支払うことを約することによって効力を生ずる契約である（第632条以下）。請負の典型は、建物建築などの工事請負であるが、これについては、建築業界内の協定に基づき、関係法律（建築基準法・建築士法・建設業法など）に準拠した工事請負契約約款が作成・公表されており、これに従った契約の場合、民法に優先してこの約款が適用されることとなる。

❼委任契約

　委任契約は、当事者の一方（委任者）が法律行為をすることを相手方（受任者）に委託し、相手方（受任者）がこれを承諾することによって効力を生ずる契約である（第643条以下）。

　また、法律行為でない事務の委託を準委任といい、委任の規定が準用されることから（第656条）、法律行為をするか否かを問わず、事務の委託一般が同様のルールに従うこととなる。[*71]すなわち、受任者は、報酬の有無を問わず、委任の本旨に従い、善良な管理者の注意をもって、委任事務を処理する義務を負い（第644条）、その他、報告義務（第645条）や受取物引渡義務（第646条第1項）などを負う。

❽組合契約

　組合契約は、各当事者（組合員）が出資をして共同の事業を営むことを約することによって効力を生ずる契約である（第667条以下）。会社その他の法人の設立行為とは異なり、法人を設立しないままで共同事業を可能にする契約類型である。

　特別法にみられる法人としての組合[*72]と区別する意味で、特に「民法上の組合」とよばれる。

[*71] もっとも、事務のうち、物の保管を委託する契約については、これを寄託契約とよび、別の契約類型として規律される（第657条以下）。

[*72] 農業協同組合（農協）、漁業協同組合（漁協）、消費生活協同組合（生協）などは、特別法により法人格が付与された法人としての組合であり、民法上の組合とは区別される。

❾和解契約

　和解契約は、当事者が互いに譲歩をしてその間に存する争いをやめることを約することによって効力を生ずる契約である（第695条以下）。紛争解決を当事者間の合意によって実現する契約類型である。

　和解契約には法律関係確定効があり、後に反対の確証が得られたとしても原則として和解の効力が覆ることはないものとされる（第696条）。

（3）契約の共通ルール

　以上の契約（非典型契約を含む）類型に共通するルール（第521条〜第548条の4）として、民法総則の箇所でふれた一連のルールのほか、以下のものがあげられる。

❶契約の成立

　法律行為の典型としての契約は、申込の意思表示とこれに対する承諾の意思表示の合致によって成立する（第522条第1項）。

　したがって、契約成立の前は、いまだ債権が発生しておらず、それゆえに債務不履行による債務者の責任（後述 ❸）も生じないこととなるが、例外的に、契約締結の交渉を行った当事者が、契約の成立が確実であると相手方に信じさせるにたりる行為をしたにもかかわらず、正当な理由なく契約の成立を妨げたような場合（いわゆる契約交渉の不当破棄）は、信義則（第1条第2項）上、これによって相手方に生じた損害を賠償する責任を負うものと解されている。

❷双務契約と有償契約

　売買に代表される双務契約については、これに特有のルールが存在する。同時履行の抗弁と危険負担である。

　同時履行の抗弁は、双務契約の当事者の一方は、相手方がその債務の履行を提供するまでは、自己の債務の履行を拒むことができるというものである（第533条）。これにより、例えば、売買において、買主は、売主が物を引き渡すまで代金の支払いを拒むことができ、売主もまた、買主が代金を支払うまで物の引渡しを拒むことができる。その結果、双務契約においては同時履行が促されることとなる。

　危険負担は、双務契約において、一方の債務が履行不能となって消滅した場合に、他方の債務（反対給付債務）の履行はどうなるのかを定める一連のルールをさす。例えば、建物の売買において、契約後、建物の

引渡前にその建物が隣家の火事の延焼により焼失してしまった場合、一方では、売主の引渡債務は履行不能により消滅するが、他方で、買主の代金支払債務（反対給付債務）はどうなるかといったことのルールである。この点、現行法は、反対給付の履行を拒むことができるものとし（履行拒絶権の付与）、反対給付債務からの解放については、❹に述べる契約解除の規律（第540条以下）に従うこととしている。

❸債務不履行責任

債務者がその債務の本旨に従った履行（弁済）をしないことを債務不履行という。債務不履行の主な分類として、履行遅滞と履行不能とがあげられる。

履行遅滞とは、履行が可能であるのに履行期に履行をしないことをいう。具体的にいつから遅滞の責任を負うかについては、確定期限、不確定期限[*73]、期限の定めがないときの別に応じて異なっている（第412条）。

また、履行不能とは、契約その他の債務の発生原因及び取引上の社会通念に照らして、債務の履行が不能であることをいう（第412条の2第1項）。したがって、引き渡すべき物の滅失といった物理的不能に限らず、二重譲渡等によって社会通念上譲渡ができなくなった場合も履行不能といえる一方で、金銭債務については無限の金銭調達義務があり、それゆえ事実上の不能（実際に支払うべき金銭を有しない場合）があったとしても、ここにいう履行不能にあたる余地はないこととなる。

なお、債務不履行責任を免れるべく、弁済（履行、第473条）をするにあたって、債権者による受領行為や取立行為など、債権者の協力がなければ履行を完了できないにもかかわらず、債権者が協力をしない場合は、履行の完了に至らずとも、債務者として弁済の提供（第493条）をしてさえいれば、その後は債務不履行責任を免れるものとし（第492条）、むしろ受領の拒絶・不能（いわゆる受領遅滞）を理由として、債務者の保存義務を軽減したり、債権者に増加費用の負担をさせたりするものと定めている（第413条）。

このような受領拒絶・不能の場合においても、債務自体はなお残存するため、最終的に債務を消滅させるために、弁済の目的物の供託（弁済供託）をすべきこととなる（第494条第1項）。この供託は、債権者が誰であるか確知することができない場合においても、することができる（同条第2項）。

債務不履行の主な効果としては、履行請求と損害賠償請求とがあげら

*73
不確定期限とは、人の死亡のように、いつかは到来するものの、それが具体的にいつかを確定できない期限をいう。

れる。

①履行請求

　債務が履行不能とならない限り、債権者は、当初予定していた本来の履行を請求することができる（第412条の2第1項参照）。これを特に履行請求権という。

②損害賠償請求

　債務不履行による損害[*74]を被った債権者は、その債務不履行が債務者の責めに帰することができない事由によるものである場合を除き[*75]、債務の履行が遅滞したことによって生じた損害の賠償（遅延賠償）[*76]や、債務の履行に代わる損害賠償（填補賠償）を債務者に請求することができる（第415条）。

　損害賠償は、損害額として評価した金銭の支払いによって行われるが（第417条）、評価にあたっては、債権者側の過失を賠償金の減額要素とする過失相殺（第418条）や、損害の発生に伴う利益を賠償金から控除する損益相殺などによる調整が行われる。

❹契約の解除

　解除は、契約が有効に締結された後に、一方当事者の意思表示だけで契約関係を遡及的に消滅させることをいう。解除をするには、原則として、相当の期間を定めて債務の履行の催告をし、その期間内に履行がないことを要するが（第541条）、債務の全部の履行が不能であるなど、催告をしても契約をした目的を達することができない場合には、催告をすることなく、直ちに解除をすることができる（第542条）。

　解除制度は、帰責事由ある債務者に対する責任追及の仕組みではなく、あくまで当事者を契約の拘束力から解放させ（未履行債務の消滅）、すでに履行済みの債務については給付した物を相手方から取り戻す仕組みであることから、損害賠償とは異なり、債務者の帰責事由は解除の要件ではなく、むしろ債務の不履行が軽微である場合に解除ができないものとしている（第541条ただし書）。

❺定型約款

　一般に、いわゆる約款を用いた取引については、顧客が約款中の個別条項の内容をほとんど認識していないため、そのような条項に拘束される根拠が問題となる一方で、常に拘束されるとすると、いわゆる不当条項や不意打ち条項への対応が困難となる。

*74
賠償範囲に含まれる損害は、債務不履行によって通常生ずべき損害（通常損害）のほか、債務者において予見すべきであった特別の事情により生じた損害（特別損害）も含まれる（第416条）。

*75
ただし、金銭の給付を目的とする債務（金銭債務）の不履行による損害賠償については、債務者は、不可抗力をもって抗弁とすることができず（第419条第3項）、いわゆる無過失責任とされる。

*76
金銭債務の遅延賠償額は、法定利率と約定利率のいずれか高いほうによって定められる（第419条第1項）。法定利率は、債権法改正により、民法・商法の区別なく、年3％からの変動制となった（第404条）。

そこで、民法は、定型取引において、契約の内容とすることを目的として特定の者により準備された条項の総体を「定型約款」と定義付けた上で（第548条の２第１項）、これを契約の内容とする旨の合意をしたか、あらかじめこれを契約の内容とする旨を相手方に表示していたことを要件として、定型約款の個別条項についても合意をしたものとみなすこととしている。また、あわせて不当条項規制（同条第２項）、定型約款の内容の表示請求（第548条の３）、定型約款の変更要件（第548条の４）についても明文の規定を置いている。

（4）多数当事者の債権・債務

同一の給付を目的とする債権関係において複数人の債権者または債務者がいる場合を、多数当事者の債権・債務という（第427条以下）。

❶分割債権・債務

多数当事者の債権・債務の原則は、分割債権と分割債務である（第427条）。すなわち、各債権者・各債務者は、それぞれ等しい割合で権利を有し、または債務を負うものとされる。

共同相続財産に属する債権・債務がこれにあたる。もっとも、預貯金債権については、当然に分割されずに遺産分割の対象となるものの、遺産分割前において各共同相続人が一定額の預貯金債権を単独行使できるものとしている[*77]（第909条の２）。

*77
第909条の２にいう権利行使の上限額としての、「法務省令で定める額」は、150万円とされる（平成30年法務省令第29号）。

❷不可分債権・債務

性質上、分割して行うことができない給付（不可分給付）を目的とする多数当事者の債権・債務を、不可分債権・債務という（第428条以下）。例えば、建物１棟の売買において、買主側が複数人いる場合の買主の建物引渡債権が不可分債権、売主側が複数人いる場合の売主の建物引渡債務が不可分債務となる。

❸連帯債権・債務

性質上、給付を分割して行うことができるものの、法令の規定や当事者の意思表示により、内部関係における各自の割当部分（連帯債権における「分与されるべき利益に係る部分」、連帯債務における「負担部分」）を超えて、その総額に相当する債権を取得し、または債務を負担する多数当事者の債権・債務を、連帯債権・債務という（第432条以下）。

例えば、性質上分割可能な金銭債務であっても、内部関係では各自100万円の債権を有する３人の債権者が連帯することで、各自が総額300万円に満つるまで債権を取り立てるような場合が連帯債権、内部関係では各自100万円の債務を負う３人の債務者が連帯することで、各自が総額300万円に満つるまで債権を履行するような場合が連帯債務となる。

　共同不法行為者各自が被害者に対して負う損害賠償債務（第719条）は、一種の連帯債務となる。連帯債務において、自己の財産をもって共同の免責を得た者は、他の連帯債務者に対し、各自の負担部分に応じた額の求償権を有する（第442条）。

❹保証債務

　主たる債務者が債権者に債務の履行をしない場合に、これに代わってその履行をしなければならない保証人の債務を、保証債務という（第446条以下）。複数の債務者として主たる債務者と保証人とを想定し、両者に主従関係がある点に特徴がある。

　債権回収を容易にするための手段である人的担保の典型例として、金融実務において多用されるが、実務上の保証は、本来は保証人に認められるべき催告・検索の抗弁（第452条・第453条）や分別の利益（第456条）が認められない、いわゆる連帯保証（第454条参照）や、不特定の債務を主たる債務とする、いわゆる根保証（第465条の２以下）となっている。

　保証債務は、主たる債務の存在を前提に、債権者と保証人との間の保証契約によって発生するが、現在は、書面か電磁的記録によらなければ効力を生じないとの意味で一種の要式契約とされている（第446条第２項・第３項）。これに対し、主たる債務者が保証人に対して保証を委託する合意は、必須ではないものの、保証委託契約として、保証契約とは区別される。保証委託の有無によって、保証人から主たる債務者に対する求償の範囲が異なることとなる（第459条以下）。

　なお、保証については、保証人保護の観点から、保証人に対する情報提供義務の規定（第458条の２、第458条の３、第465条の10）や、公証人による保証意思確認の手続（第465条の６～第465条の９）が設けられている。

3 不法行為

（1）不法行為の意義

　契約が当事者の意思表示に基づく債権の発生原因であるのに対し、**不法行為**は、当事者の意思表示に基づかずに、加害者の過失行為など、法律の定める要件を満たせば当然に債権（損害賠償請求権）を発生させる。

　不法行為の一つのイメージとして、殺人・傷害や窃盗・詐欺などの犯罪行為があげられるものの、これに対して刑罰等の刑事責任を科す刑事法とは制度目的が異なり、あくまで被害者に生じた損害を塡補して被害者を救済することに不法行為制度の主たる目的がある。英米法でみられる懲罰的損害賠償*78の仕組みは、日本ではいまだ受け入れられてはいない。

　そのため、刑事法では未遂犯も処罰されるのに対し、不法行為では、損害が発生していない以上、その成立が否定される。また、刑事法では、故意処罰の原則の下、過失犯の処罰が例外とされるのに対し、不法行為では、故意によるか過失によるかを問わず、生じた損害を等しく賠償すべきものとされる。

　両者は裁判手続も別々であって、判断の統一性も必ずしも保障されないため、刑事裁判では無罪となったが、民事裁判では賠償責任が認められる場合が十分あり得ることとなる。もっとも、殺人や傷害などの一定の犯罪類型の被害者（または相続人）は、刑事手続に付随して、不法行為に基づく損害賠償を被告人に命ずること（「損害賠償命令」という）を申し立てることができ（犯罪被害者保護法第23条）、その限りで判断の統一性が期待できるようになっている。

（2）一般的不法行為の成立要件

　不法行為の原則的な成立要件は、民法第709条に記されている。同条は、「故意又は過失によって他人の権利又は法律上保護される利益を侵害した者は、これによって生じた損害を賠償する責任を負う」と定める。すなわち、①故意・過失、②権利・法的保護利益の侵害、③損害発生、④因果関係（「によって」で表されているもの）が不法行為の成立要件とされる。

　①にいう「過失」は、注意義務違反と置き換えられる。一般人が通常すべき注意を怠った場合に「過失」が認定されるが、例えば、医療従事者の場合には、人の生命・健康を管理する業務の重要性に照らし、危険防止に必要な最善の注意義務が課せられるなど、専門家についてはその

*78
悪性の強い行為をした加害者に対し、実際に生じた損害の賠償に加えて、さらに賠償金の支払を命じることにより、加害者に制裁を加え、かつ、将来における同様の行為を抑止しようとする制度をいう。

業務の特性に応じた高度の注意義務が課せられるものと解されている。[79]

②にいう権利や法的保護利益の範囲は広く、生命・身体・名誉も人格権という名の権利に含まれるほか、肖像権[80]やプライバシー権[81]、パブリシティー権[82]といった明文なき権利、あるいは私生活の平穏や営業の自由などといった権利と名の付かない利益までが射程に含まれる。

③の「損害」は、不法行為の効果に関するものとされる（次の（3）で述べる）。

④の因果関係は、その行為（原因）がなかったならば損害（結果）が生じなかったであろう関係（「事実的因果関係」という）が認められるだけではたりず（たりるとすると、ケースによっては、賠償すべき損害が際限なく拡大し、加害者にとって過酷な賠償責任が課される恐れがあり妥当でない）、そうした関係に相当性が備わっていなければならないものとされる（「相当因果関係」という）。

（3）不法行為の効果としての損害賠償請求権

以上の要件を満たした効果として、被害者には、加害者に対する損害賠償請求権が発生する。

この権利は、金銭賠償の原則（第722条第1項・第417条）の下、一種の金銭債権（賠償金の支払いを目的とする債権）として構成される。そのため、賠償されるべき「損害」も、一般には、もしその不法行為がなかったとしたならばあるべき利益状態と、不法行為がなされた現在の利益状態との金銭的な差額としてとらえられる。

具体的には、財産的損害と精神的損害（その賠償金を特に「慰謝料」という）とに大きく区別され、財産的損害はさらに、実際にかかった入院費などの積極損害と、入院したことで給与が得られなくなったなどの消極損害（「逸失利益」ともいう）とに区別される。これらの総和が不法行為における原則的な賠償額となる。これに、年3％の法定利率によって計算された遅延損害金（第419条第1項本文・第404条第2項）が、損害発生時から支払いまでの間、日割計算により発生する。[83]

もっとも、相場がおおむね形成されている交通事故のケースを含め、その賠償額の算定評価をめぐっては、ときに争いを生じ、その最終判断が裁判所に委ねられる場合も多い（不法行為の裁判例が他の民法上の裁判例に比べても圧倒的に多い事実がそのことを物語っている）。そのため、不法行為責任の追及を民事訴訟で行うにあたり弁護士に委任した場合には、通常は損害額の10％程度を弁護士費用として損害額に上乗せす

[79] 最高裁昭和36年2月16日判決など。

[80] 肖像権とは、みだりに自己の肖像（写真、絵画など）を他人に作成・使用されない権利をいう（最高裁平成17年11月10日判決など参照）。

[81] プライバシー権とは、他人に知られたくない私生活上の事実または情報をみだりに公開されない権利をいう（最高裁平成15年9月12日判決など参照）。

[82] パブリシティー権とは、大衆に対する影響力をもち得る著名人の氏名・肖像がもつ顧客吸引力を排他的に支配する経済的な権利をいい、近時の判例でも認められている（最高裁平成24年2月2日判決）。

[83] 不法行為に基づく損害賠償債務は、第412条第3項とは異なり、催告を要することなく、損害の発生と同時に遅滞に陥るとする判例があり（最高裁昭和37年9月4日判決）、この点は債務不履行による賠償債務との違いとなる。

ることも認められる。

　また、「過失相殺」のように、原則的な賠償額を減額調整する法原理も存在する。過失相殺とは、加害者だけでなく、被害者側にも過失があったときに、その割合（「過失割合」という）を考慮して、賠償額を減額することをいう（第722条第2項）。例えば、被害者が総額1,000万円の損害を被ったとしても、被害者の側にも過失があってその過失割合が3割（30％）であったとすると、最終的な賠償額は700万円となる。そのため、300万円分の損害は填補されないこととなり、両者痛み分けの結論となる。

　しかも、これと同様の減額調整は、判例上、被害者の心因的要因や罹患していた疾患などの一定の素因が損害の拡大に寄与している場合についても行われる[84]（これを素因減額という）。これらはいずれも損害の公平な分担を趣旨とする法的仕組みであり、必ずしも一刀両断的な結論に至らないところに不法行為法の特徴がみられる。

　なお、被害者の死亡事故における責任追及は、その相続人が被害者の損害賠償請求権を相続したものとして行うことができる。論理的には、死亡を原因とする損害（特に収入を絶たれたことによる逸失利益分）は、死亡後にしか発生し得ず、しかし、被害者は死亡によって権利能力を失い、被害者本人に損害賠償請求権を帰属させることができないから、それを相続人が承継することもないといえそうであるが、相続を認めないと、重症となった後に死亡したケース（この場合は、重症時に損害賠償請求権が発生し、それを相続できる）と即死のケースとで相続の可否が変わるなどの実際上の不都合があり、判例は、本人に生じた慰謝料請求権を含め、その相続性を認めている[85]。

　また、前に述べた債務不履行による損害賠償請求権と不法行為による損害賠償請求権とが双方の成立要件を満たすものとして競合する場合がある（請求権競合）。例えば、医療過誤については、医療契約（一種の準委任契約）上の債務不履行として構成できる一方で、過失による生命・身体侵害の不法行為としても構成できるため、双方の成立要件を満たし得る。その場合は、被害者の側でより有利となる構成を選択して責任追及することが可能である。

（4）特殊的不法行為の成立要件

　過失責任主義に基づいて多様な不法行為を統一的に規律する民法第709条の一般的不法行為に対し、民法中には、あるいは特別法中にも、

*84
最高裁昭和63年4月21日判決、同平成4年6月25日判決など。第722条第2項を類推適用するものとしている。

*85
大審院大正15年2月16日判決。

その成立要件の特則が存在する。これらを特殊的不法行為という。

　その中には、失火責任法[*86]のように、成立要件を厳格化し、故意または重過失がある場合のみ責任を負うとするものもみられるが、それ以外は被害者保護の観点から、成立要件を緩和し、より責任追及を容易にする趣旨の規定となっている。

*86
失火ノ責任二関スル法律（明治32年法律第40号）。

第1部
第2章

❶共同不法行為

　民法中の特殊的不法行為として、共同不法行為があげられる（第719条）。これには、「数人が共同の不法行為によって他人に損害を加えたとき」に関する狭義の共同不法行為のほか、「共同行為者のうちいずれの者がその損害を加えたかを知ることができないとき」に関する加害者不明の共同不法行為、「行為者を教唆した者及び幇助した者」に関する教唆・幇助の共同不法行為がある。

　一般的不法行為と比べた共同不法行為規定の意義として、因果関係についての立証責任を緩和したとみられる点や、加害者各人の寄与度に応じた責任の限定を認めない点等を指摘できるものの、少なくとも、同一の損害に複数の加害者が関与している場合に、その賠償責任を連帯債務として各自全額の賠償責任を負わせることで、賠償金不回収のリスクを軽減できる点に意義がある。

❷責任無能力者の監督者責任

　責任無能力者の監督者責任とよばれる第714条も特殊的不法行為の一種である。この規定の前提には、一般的不法行為のもう一つの要件としての責任能力の存在がある。

　すなわち、「自己の行為の責任を弁識するに足りる能力」を意味する責任能力を欠く者に対して、被害者は賠償責任を追及することができない（第712条、第713条）。その代わりに、「その責任無能力者を監督する法定の義務を負う者」（法定監督義務者）、あるいは、その「監督義務者に代わって責任無能力者を監督する者」（代理監督義務者）に対する責任追及を認めることで、被害者救済を行う趣旨の規定である。とりわけ、未成年者による加害行為のケースでは、未成年者が一般には賠償に足る財産を有していないために、被害者としては、その法定監督義務者にあたる親権者としての父母に対して責任追及できるものとしたほうが被害者救済には資することとなる。

　これに対し、精神上の障害により責任無能力となった成年者の加害行

為については、判例上、法定監督義務者が存在せず、ただ、「監督義務を引き受けたとみるべき特段の事情が認められる場合」（介護の引き受けとイコールではない点に注意を要する）には、これを準監督義務者とみて第714条第1項が類推適用されるものと解されている。[*87]

なお、（準）監督義務者がその義務を怠らなかったとき、またはその義務を怠らなくても損害が生じていたであろうときは、免責される（第714条第1項ただし書）。一般的不法行為における「過失」の要件に近いが、その事実の立証責任を（準）監督義務者側で負うものとされる分、被害者に有利に作用するものとなっている。

❸使用者責任

次いで、使用者責任があげられる。「ある事業のために他人を使用する者は、被用者がその事業の執行について第三者に加えた損害を賠償する責任を負う」（第715条第1項本文）とするものである。これは、被用者が一般的不法行為責任（第709条）を負うことを前提に、これとあわせて、その事業を通じて利益を得ているであろう使用者にも連帯責任を負わせる趣旨の規定である。[*88]

ここにいう「事業」には個人事業も含まれ、会社組織による事業には限定されず、使用者・被用者間の使用関係も、いわゆる雇用関係の有無にかかわらず、その間に実質的な指揮・監督関係があれば足りるものと解されている。また、「事業の執行について」とは、広く被用者の行為の外形をとらえて客観的に観察したとき、それが被用者の職務行為の範囲内に属するものと認められれば足りる。[*89] しかも、責任無能力者の監督者責任と同様の免責事由（第715条第1項ただし書）もみられるが、実際の運用上、免責はほとんど認められないものとされる。

この規定により、例えば、医療過誤を犯した医師本人に対する一般不法行為責任の追及だけでなく、その病院を経営する医療法人を使用者として責任追及することも可能となる。

また、賠償責任を果たした使用者は、本来の加害者である被用者に対して賠償金額を事後に求償できるものとされるが（同条第3項）、これも実際には、諸般の事情に照らし、損害の公平な分担の見地から信義則上相当と認められる限度に制限されることがある。[*90]

❹土地工作物責任

さらに、土地工作物責任もあげられる。「土地の工作物の設置又は保

[*87] 最高裁平成28年3月1日判決（JR東海事件）。在宅介護中の認知症高齢者が徘徊の末、電車に衝突して死亡したところ、鉄道会社側が電車の遅延による損害につき、遺族の賠償責任を追及した事件である。原審が責任を認めたために在宅介護への委縮効果が懸念されたが、最高裁は遺族の責任を否定した。

[*88] 「利益の帰すべきところ損失も帰すべき」との法理に基づく。これを報償責任の原理という。

[*89] 最高裁昭和39年2月4日判決。

[*90] 最高裁昭和51年7月8日判決。なお、被用者から使用者への逆求償も認められている（最高裁令和2年2月28日判決）。

存に瑕疵があることによって他人に損害を生じたとき」に、第一次的にはその工作物の占有者が、また、「占有者が損害の発生を防止するのに必要な注意をした」ために占有者が免責される場合は、第二次的には所有者が、たとえ無過失であっても賠償責任を負う（第717条第1項）とするものである。これは、危険物を支配する者はそこから生じる損害について責任を負うべきとする趣旨の規定である。[91]

　ここにいう「土地の工作物」の範囲は広く、建物のみならず、電柱・電線や水道設備、井戸、道路・トンネル、鉄道の踏切施設、造成地など、土地に設置された多様な人工物を含むものと解されている。

　また、「瑕疵」とは、当該工作物が通常有すべき安全性を欠いていることをいい、物理的欠陥に限らず、通常備えているべき安全設備を備えていなかったような場合も「瑕疵」にあたり得る。[92]

❺動物占有者責任

　土地工作物責任と同様、危険責任の原理に基づく特殊的不法行為として、動物占有者責任もある。「動物の占有者は、その動物が他人に加えた損害を賠償する責任を負う」（第718条第1項本文）というものである。ペットの犬が隣人に噛みついてけがをさせたようなケースにおいて、飼い主（動物占有者）の過失を証明せずとも賠償責任の追及が認められる。ただし、飼い主の側で、「動物の種類及び性質に従い相当の注意をもってその管理をしたとき」を証明できれば、免責される（同項ただし書）。

❻運行供用者責任

　特別法上の特殊的不法行為として極めて重要な役割を果たしているのが、自動車損害賠償保障法第3条に定める運行供用者責任である。昭和30（1955）年に制定された同法は、強制的な賠償責任保険制度と結び付ける形で[93]、不法行為の成立要件についての特則を設け、人身損害に関して、自動車の運行供用者（法文上は、「自己のために自動車を運行の用に供する者」）に対し、免責事由を厳格化した事実上の無過失責任を課した。この規定が被害者救済に果たしてきた役割は極めて大きい。

　もっとも、この運行供用者にあたるか否かの判断は立法当時から解釈に委ねられ、その解釈をめぐって数多くの裁判例が蓄積されてきた。この点につき、かつては、運行支配・運行利益という2つの判断要素が重視されてきたものの、近年では学説上の批判を受け、こうした判断要素から離れた緩やかな判断を行うに至っている。[94]

*91
これを危険責任の原理という。

*92
東京地裁平成29年2月15日判決は、認知症対応型共同生活介護サービスを提供するグループホームの2階居室の窓から認知症高齢者である入居者が転落・受傷した事故につき、工作物責任を肯定した。

*93
本双書第6巻第5章第3節3参照。

*94
最高裁平成20年9月12日判決、同平成30年12月17日判決など。

*95
大阪地裁平成17年2月
14日判決、東京地裁平
成25年3月7日判決な
ど。

*96
製造物責任の英語
Product Liability の頭
文字をとって PL法と
もよばれる。

BOOK 学びの参考図書
●松久三四彦・遠山純
弘・林　誠司『オリエ
ンテーション民法〔第
2版〕』有斐閣、2022年。
　家族法を含めた民法
全体を日常的な話題を
用いた平易な解説で学
べる入門書。民法の講
義を受ける予定のない
人でも理解できるよう
なさまざまな工夫がさ
れている。

なお、責任無能力による免責は、この運行供用者責任には適用されないとする裁判例がある[*95]。これによれば、例えば、高齢者ドライバーによる交通加害事故などで、それが精神上の障害に起因するものであったとしても、責任無能力を理由として免責されることはないこととなる。

❼製造物責任

特別法上の特殊的不法行為として、もう1つ、製造物責任をあげておく。平成6（1994）年に制定された製造物責任法は、その第3条において、製造業者等に対し、製造・加工物の欠陥から拡大的に生じた損害につき、事実上の無過失賠償責任を課している[*96]。ここにいう「欠陥」は、構造上・製造上の欠陥だけでなく、例えば、使用上の注意が適切になされなかったために重篤な副作用を生じた薬害事故のような指示・警告上の欠陥も含まれる。

また、責任主体には、製造・加工業者だけでなく、輸入業者や、ブランド商品にみられる表示上の製造業者等が含まれる。

同法の制定は、通常は直接の契約関係にない被害者たる消費者が、製造業者等に対し、直接の不法行為責任を追及することを比較的容易にした。

４ 親族・相続

（1）夫婦

❶婚姻の成立

人を好きになれば、誰でもいつでも結婚することができるのか。法律上の夫婦になるためには、以下の要件を満たす必要がある。

①積極的要件－届出と婚姻意思

まずは、㋐役場に婚姻届を出さなければならない（第739条第1項）。どんなに立派な結婚式を挙げても、届出をしない限り法律上は夫婦とはいえない。さらに、㋑当事者がお互いに婚姻を締結する意思をもっていなければならない（第742条第1号）。したがって、当事者の一方が他方の知らぬ間に勝手に出した婚姻届は無効である。

②消極的要件－婚姻障害

以上の「届出」と「婚姻意思」は、婚姻成立のために「なければならない」積極的要件であるが、それ以外にも「あってはならない」消極的要件がある。すなわち、㋐男女とも18歳にならなければ婚姻する

ことはできず（第731条）、㋑配偶者のある者は重ねて婚姻をすることはできない（第732条）。また、㋒一定の近親者同士の婚姻は禁じられている。具体的には、「直系血族又は３親等内の傍系血族の間」、「直系姻族の間」などで婚姻が禁止されている（第734条～第736条。親族と親等^{*97}については、**図１−２−２**参照）。優生学上・道徳上の配慮からである。

　以上の㋐～㋒の消極的要件に違反した婚姻は取り消すことができる（第744条）。

　ところで、成年被後見人が婚姻をするには、本人に意思能力（婚姻の意味を理解できる能力）があれば、成年後見人の同意は不要である（第738条）。婚姻はできるだけ当事者の意思に基づくべきものだからである。

第
1
部

第
2
章

＊97
血族とは血統のつながった者であり、姻族とは配偶者の血族（または血族の配偶者）である。直系とは、血統がまっすぐ上下に連絡する関係であり、その外側を傍系とよぶ。また、自分よりも上の世代を尊属、下の世代を卑属とよぶ。親等は、直系血族間ではその世代数を数え、傍系血族間では共通の先祖までさかのぼり、またそこから降りてくる世代数を数える（第726条）。

❷婚姻の効果

　以上の要件をすべてクリアして、法律上の婚姻が成立するとどうなるか。

〈図１−２−２〉**親族と親等**

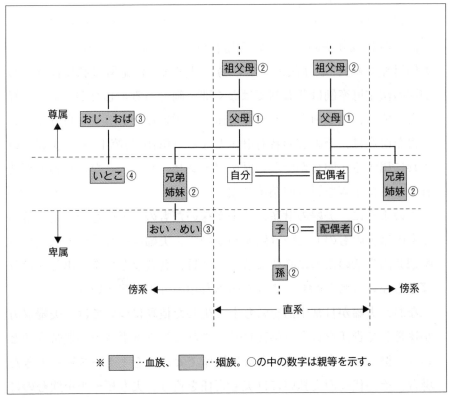

※ □…血族、▨…姻族。○の中の数字は親等を示す。

（筆者作成）

①夫婦の地位に関する効果

第1に、夫婦は同じ氏を称する（第750条）。夫婦同氏の原則は夫婦の一体性を表すものとして重要な役割を果たすとされるが、近年、夫婦別氏を認めるべきとの意見も強い。

第2に、夫婦は同居し、互いに協力し扶助しなければならない（第752条）。もっとも、同居や協力についてはそれを相手に強制することはできず（理念的色彩が強い）、ただ、扶助については相手と同水準の生活を求めることができる（生活保持義務）。[*98]

第3に、夫婦は互いに貞操を守る義務を負う（第770条第1項第1号参照）。したがって、妻は夫の浮気相手に対して損害賠償を請求することができるが、婚姻破綻後の浮気についてまでは請求できない（最高裁平成8年3月26日判決）。

第4に、夫婦間での契約は婚姻中いつでも夫婦の一方から取り消すことができる（第754条）。夫婦の契約を法で強制すると家庭平和を害するという趣旨である。しかし、夫婦だからといって約束を反故にしてよいはずもなく、判例は、婚姻破綻後の取消しは認めておらず（最高裁昭和42年2月2日判決）、本条については削除論も強い。

②夫婦の財産に関する効果

夫婦の財産は法律上どのように扱われるのか。これについては、夫婦間で特に取り決めをしている場合はそれに従うが（第755条以下。夫婦財産契約）、取り決めがない場合は民法の法定財産制に従う。わが国の法定財産制は共有制ではなく別産制である。したがって、夫婦であっても、婚姻前から有する財産や、婚姻後であっても自分で稼いで得た財産は、その者の特有財産となる（第762条第1項）。夫婦のいずれに属するか明らかでない財産（テレビ、ソファーなど）のみが共有となるにすぎない（同条第2項）。

このように、夫婦の財産は「夫が稼いだものは夫のもの、妻が稼いだものは妻のもの」という別産制なので、夫婦はそれぞれの収入から婚姻共同生活のために必要な費用（家賃、食費など）を支出しなければならない（第760条）。これを婚姻費用の分担義務という。[*99]

なお、夫婦が日常生活を営む上で生じた債務については、夫婦双方が連帯して責任を負う（第761条）。これを日常家事債務の連帯責任という。例えば、妻が夕食のために酒屋でビールを1ケース買ってきた場合、その代金の支払いには夫も責任を負う。夫もビールを飲むのに責任を負わないのは不公平だからである（夫婦共同体に基づく責任）。

---

*98
夫婦間の扶助義務は、親が未成熟の子を扶養する場合と同様、より強力な生活保持義務とされる（「最後に残された一片の肉まで分け与えるべき義務」といわれる）。これに対して、その他の親族扶養は、生活扶助義務とされる（「己の腹を満たして後に余れるものを分かつべき義務」といわれる）。

*99
ただし、生活費を請求する側に夫婦生活に対して不誠実な面があるような場合は、相手方の負担義務が軽減されたり、場合によっては請求が認められない場合もある（東京高裁昭和58年12月16日決定）。

❸離婚

以上の婚姻関係も、その後何らかの事情でこれ以上継続できなくなる事態も生じ得る。そのような場合、どのような手続をとればよいのか。

①離婚の成立

夫婦で話し合った結果、離婚の合意に達すれば、それを届け出ることで離婚が成立する（第763条）。これは協議離婚とよばれ、総離婚件数の約86％（厚生労働省「令和3年人口動態調査」）を占める。しかしながら、協議がまとまらなければ、家庭裁判所に調停を申し立てる（いきなり裁判を起こすことはできない）。そして、調停委員を介しての調停において離婚の合意ができれば、それが調書に記載されて離婚が成立する（家事事件手続法第268条。調停離婚）。しかし、それでも合意ができなければ、家庭裁判所はこれ以上の関与を断念し、離婚は裁判で争われることになる（裁判離婚）。

裁判において離婚が認められるための要件は、第770条第1項が定める離婚原因が存在することである。すなわち、㋐配偶者に不貞な行為があったとき（第1号）、㋑配偶者から悪意で遺棄されたとき（第2号）、㋒配偶者の生死が3年以上明らかでないとき（第3号）、㋓配偶者が回復の見込みのない強度の精神疾患にかかったとき（第4号）、㋔その他婚姻を継続し難い重大な事由（性格の不一致、浪費癖、虐待・暴行など、㋐〜㋓以外の原因）があるとき（第5号）のいずれかに該当する必要がある。もっとも、㋐〜㋓の離婚原因が存在する場合でも、裁判所は、いっさいの事情を考慮して離婚請求を裁量で棄却することもできる（第770条第2項）。

ところで、成年被後見人が離婚をするには、婚姻と同様、本人に意思能力があれば、成年後見人の同意は不要であり（第764条）、離婚訴訟（人事訴訟）についても、本人に意思能力があれば訴訟をすることが認められる（人事訴訟法第13条）。離婚は代理になじまないからである。しかし、意思能力を欠いている場合は、成年後見人が本人のために原告として訴え、あるいは被告として訴えられることになる（人事訴訟法第14条第1項）。もし、成年被後見人の配偶者が成年後見人となっているときは、成年後見監督人が原告となり、あるいは被告となる（同条第2項）。

②離婚の効果

離婚が成立すると、姻族関係は終了し（第728条第1項）、婚姻の際に氏を改めた配偶者は婚姻前の氏に復氏する（第767条第1項）。もっ

第1部

第2章

とも、離婚の日から3か月以内に届け出れば、婚姻中の氏をそのまま使い続けることもできる（同条第2項。婚氏続称）。[*100]

　また、離婚に際しては、一方は他方に財産の分与を請求できる（第768条。ただし、離婚から2年以内）。[*101] なお、夫婦の間に未成年の子がいる場合は、親権者をいずれか一方に決めなければならないが（第819条第1項）、面会交流や養育費の取り決めは離婚の要件ではない（第766条第1項）。

❹内縁

　ところで、婚姻届をせずに事実上夫婦として共同生活をしている内縁関係は、法律上の夫婦ということはできないが、婚姻に準ずる関係として、実際にはさまざまな婚姻の効果が認められている（準婚理論）。具体的には同居・協力・扶助義務、貞操義務、婚姻費用分担義務、日常家事債務の連帯責任、財産分与などが認められ、また、内縁関係が不当に破棄された場合は損害賠償を請求することもできる（最高裁昭和33年4月11日判決）。ただし、内縁関係にとどまる限りは、同じ氏を称したり、相手の血族と姻族関係になることはなく、また、生まれた子が嫡出子となることも、相手方の相続人になることもできない。なお、社会保険などの分野では、より事実上の共同生活関係が重視されるため、内縁配偶者にも給付の受給権が付与されている（国民年金法第5条第7項、厚生年金保険法第3条第2項、健康保健法第3条第7項第1号等）。判例は、重婚的内縁（最高裁昭和58年4月14日判決）や近親婚にあたる内縁（最高裁平成19年3月8日判決）においても受給の余地を認める。

（2）親子

❶実親子関係の成立

　以上の夫婦関係に対して、親子関係は法律上どのように扱われるのか。法律上の親子関係には、自然血縁を基礎として成立する「実親子関係」と、養子縁組によって成立する「養親子関係」がある。

①嫡出推定－嫡出子

　実親子関係のうち、母子関係については懐胎・分娩（妊娠・出産）の事実があるのでそれほど問題はない。判例も、母子関係は「分娩の事実により当然発生する」としている（最高裁昭和37年4月27日判決）。問題は父子関係であり、これについてはDNA鑑定でもしない限り親子関係の確定はむずかしい。そこで、民法は、「妻が婚姻中に懐

胎した子は、当該婚姻における夫の子と推定する」（第772条第1項）。子を妊娠した母に夫がいれば、その夫が子の父である可能性が高いからである。さらに民法は、婚姻成立の日から200日後、婚姻の解消または取消しの日から300日以内に生まれた子は、婚姻中に懐胎したものと推定する（同条第2項）。「いつ妊娠したか」より「いつ生まれたか」のほうがわかりやすいからである。このことからすると、婚姻成立後200日以内に生まれた子は、婚姻前に懐胎したものと推定されることになるが、婚姻前に懐胎した子であっても、婚姻後に出生した子については夫の子である蓋然性が高いことから、婚姻成立後200日以内に生まれた子も、夫の子と推定される（第772条第1項、第2項）。

　以上の父子関係推定は「嫡出推定」とよばれるが、もちろんその推定が事実に反する場合は、それを覆すことはできる。覆す方法は「嫡出否認の訴え」である（第774条）。この訴えは、夫は子の出生を知ったときから3年以内に、母や子は子の出生のときから3年以内に限り提起することができる[*103]（第777条）。ただし、子は、父との同居期間が3年を下回る場合は、例外的に、21歳に達するまで、嫡出否認の訴えを提起することができる（第778条の2第2項）。生物学上の父子関係がなくとも、社会的に親子としての実態があればその親子関係は保護されるべきであろうが、同居が3年に満たない場合は、社会的な親子関係も形がい化しているとの趣旨である。

　なお、事実上の離婚状態において妻が懐胎した場合など、その子が夫の子でないことが外観上明白な場合は（その他、夫の海外滞在・服役中など）、嫡出推定は及ばない[*104]（「推定の及ばない子」とよばれる）。その場合は、「親子関係不存在確認の訴え」（人事訴訟法第2条第2号）という方法によって、嫡出否認権者でなくとも利害関係のある者ならいつでも父子関係を争うことができる（最高裁昭和44年5月29日判決）。

②認知－非嫡出子

　他方、懐胎時に父母が婚姻関係になかった子（非嫡出子）については、父子関係の発生のためには父の認知が必要となる（第779条。任意認知）[*105]。任意認知は、届出によって行うが（第781条第1項）、遺言ですることもできる（同条第2項）。

　父が任意に認知をしてくれない場合は、子は裁判で認知を求めることもできる（第787条。強制認知）。強制認知は、父の意思に反して裁判で父子関係を発生させるものである。したがって、そこに自然の愛

---

*102
ただし、離婚後300日以内に生まれた子も、出生時に母が再婚していれば、再婚した夫の子と推定されることになる（第772条第3項）。

*103
なお、第772条第3項によって再婚後の夫の子と推定される場合でも（*102参照）、真実は前夫が子の生物学上の父であることもありうることから、前夫にも否認権が認められている（第774条第4項）。

*104
しかし、妻が子を懐胎した時期に夫婦間に性交渉をもつ機会がなかったことが外観上明白とはいえない限りは、たとえDNA検査の結果から生物学上は子が夫の子でないとしても、父子関係を否定することは許されない（最高裁平成26年7月17日判決）。

*105
母子関係は、認知がなくても、分娩の事実によって生ずる。

情に基づく父子関係は期待できず、強制認知はもっぱら相続や扶養を目的として行われることになる。認知の訴えは父の死後にすることもできるが、3年以内に限定される（第787条ただし書）。身分関係の早期安定のためである。なお、認知の効力は出生時にさかのぼるので、生まれたときから父子関係があったものと扱われる（第784条）。

③生殖補助医療によって生まれた子

　ところで、男女の性交渉ではなく、生殖補助医療によって生まれた子の親子関係はどのように扱われるのか。令和2（2020）年12月に成立した「生殖補助医療の提供等及びこれにより出生した子の親子関係に関する民法の特例に関する法律」の第9条では、「女性が自己以外の女性の卵子…（略）…を用いた生殖補助医療により子を懐胎し、出産したときは、その出産をした女性をその子の母とする」と規定され、第10条では、「妻が、夫の同意を得て、夫以外の男性の精子…（略）…を用いた生殖補助医療により懐胎した子については、夫、子又は妻は、…（略）…その子が嫡出であることを否認することができない」と規定されている。要するに、「出産した者が母」、「同意をした夫が父」というルールが採用されている。

❷養親子関係の成立

①普通養子

　血縁上の親子関係のないところに法律上の親子関係をつくり出す養子制度は古い時代から認められてきた。当事者の合意によって親子関係を設定する養子縁組は、当事者の合意によって夫婦関係を設定する婚姻とその構造がよく似ている。

　すなわち、養子縁組を成立させるためには、㋐役場への届出（第799条）、㋑養子となる者と養親となる者との縁組意思の合致が必要となる（第802条第1号）。

　さらに、㋒養親となる者は成年者でなければならず（第792条）、㋓尊属または年長者を養子にすることはできない（第793条）。親よりも子が年長であるのはおかしいからである。㋔成年被後見人も、婚姻と同様、意思能力があれば縁組をすることができるが（第799条）、後見人が被後見人を養子にするには、家庭裁判所の許可を得なければならない（第794条）。後見人が、不正をはたらいたり、職務を怠ったりするのを防止するためである。㋕配偶者のある者が養子縁組をする場合は、他方配偶者の同意が必要となる（第796条）。夫婦の一方が単独で

縁組をすれば、姻族関係、相続、扶養など、他方にも影響が及ぶからである。

さらに、未成年者を養子にするためには、以下の要件も加わる。すなわち、㋖養子が15歳未満のときは、法定代理人（親権者や未成年後見人）が子に代わって承諾する（第797条。代諾縁組）。判断能力の不十分な未成年者の意思を補充するためである。また、㋗未成年者を養子にするには家庭裁判所の許可を得なければならない（第798条）。子の利益が侵害される恐れがないかをチェックするためである。ただし、自己または配偶者の直系卑属（孫や連れ子）を養子にする場合は、この許可は不要とされる（同条ただし書）。さらに、㋘配偶者のある者が未成年者を養子にする場合は、他方の同意だけでは足りず、原則、夫婦が共同して縁組をしなければならない（第795条）。養子の適切な養育のためである。

なお、養子縁組をすると、養子は縁組成立の日から養親の嫡出子としての身分を取得し（第809条）、養親の氏を称する（第810条）。さらに、養子は縁組の日から養親及び養親の血族との間に親族関係を生ずる（第727条）。ただし、養親は養子の血族とは親族関係にならない（養子だけを親族に取り込む構造）。

ところで、血縁を重視する日本では、他人の子を自分たち夫婦の実子として出生届をする慣行があったが（「わらの上からの養子」とよばれる）、たとえ実親子同様の生活を長期間続けたとしても、そこには実親子関係はもとより、養親子関係（虚偽の出生届を縁組届として有効とすること）も認められないとするのが判例の立場である。ただし、判例は、このような場合における親子関係不存在確認の請求を、権利の濫用として排斥する余地も認めている（最高裁平成18年7月7日判決）。

②特別養子

そこで、このような「わらの上からの養子」の問題に対処するために、昭和62（1987）年に**特別養子制度**が導入された。この制度は、実親子と同様の親子関係を発生させようとするものであるが、それだけに、その成立要件は普通養子よりも厳しい。もっとも、令和元（2019）年6月、特別養子制度の成立要件を一部において緩和する等の改正が行われた。児童養護施設に入所中の児童等に家庭的な養育環境を提供するため、制度の利用促進を目的とする改正である。

すなわち、㋐養子となる年齢の上限は従前は原則6歳未満であった

＊108
このような場合には濫用の危険性はないという趣旨であるが、反対する意見もある。

第
1
部

第
2
章

＊109
15歳に達する前から監護されている場合において、やむを得ない事由により15歳までに申立てができなかったときは、15歳以上でもよい。ただし、年齢の上限は18歳未満であり、養子候補者が15歳に達している場合は、その同意が必要となる。

＊110
一方、普通養子の場合は、実親と養親との二重の親子関係が成立するので、養子は養親と実親双方の相続人となれるが、同時に双方に対して扶養義務も負うので、よいことばかりとはいえない。

＊111
普通養子縁組の場合は、協議離縁・裁判離縁など、離婚とほぼ同様の制度がある。なお、成年被後見人が離縁をするには、離婚と同様、本人に意思能力があれば成年後見人の同意は不要であり（第812条）、離縁訴訟（人事訴訟）についても、本人に意思能力があれば訴訟をすることが認められる（人事訴訟法第13条）。

＊112
令和4（2022）年4月から、民法上の成年年齢が18歳に引き下げられた（第4条）。選挙権年齢が18歳になったこと、世界的にも成年年齢を18歳とするのが主流であることなどが理由としてあげられる。

＊113
父の認知後は、父への変更もあり得る（第819条第4項）。

＊114
監護・教育に際しては、子の人格を尊重すると

が、原則15歳未満に引き上げられた[109]（第817条の5）。他方、㋑養親となる者は、配偶者のある者が共同でしなければならず（第817条の3）、少なくとも一方が満25歳以上、他方も20歳以上でなければならない（第817条の4）。㋒特別養子縁組は、当事者の合意ではなく、家庭裁判所の審判によって成立する（第817条の2）。その際、縁組が認められるかどうかの判断基準は、子の福祉のために必要かどうかである（第817条の7）。また、㋓特別養子縁組の場合は実親との親子関係が断絶するため[110]（第817条の9）、実父母の同意が必要である（第817条の6）。さらに、㋔適切な親子関係を成立させるために、家庭裁判所は、養親となる者に養子となる者を6か月以上監護させて、その監護状況を考慮しなければならない（第817条の8。試験養育期間）。

なお、特別養子縁組の審判は、まず、①実親の養育状況及び実親の同意の有無を判断する審判をし（実親が①の手続においてした同意は、同意してから2週間経過後は撤回できない）、その後、②養親子のマッチングを判断する審判を行う（家事事件手続法第164条の2など）。

特別養子縁組が成立すると、普通養子縁組とは異なり、原則として離縁は認められず[111]（第817条の10）、戸籍には「民法第817条の2による裁判確定」とのみ記載される。

❸親子の効果－親権

人が親子の関係になると、互いに相続人となり（第887条、第889条）、互いに扶養の義務を負う（第877条）などの効果が生ずるが、未成年の子は父母の**親権**に服することも親子の重要な効果の一つである[112]（第818条第1項）。

親権は、父母の婚姻中（嫡出子）は父母が共同して行使し、その後父母の一方が死亡した場合は他方が単独で（第818条第1項・第3項）、父母が離婚した場合も父母の一方が単独で行使する（第819条第1項・第2項）。父母が婚姻関係にない場合（非嫡出子）は、母の単独親権となり[113]（第819条第4項）、養子は、（実親ではなく）養親の親権に服する（第818条第2項）。

親権の中身は大きく「身上監護」と「財産管理」に分けることができる。身上監護とは子を監護・教育することであるが[114]（第820条）、この中には、居所指定権（第822条。子の住む場所を指定する権利）や職業許可権（第823条）なども含まれる。

財産管理とは、子どもの預金や不動産を管理することなどであり、財

産管理に関しては親権者に子を代理する権限も与えられている（第824条）。ただし、親に利益となる一方で子に不利益となる行為や、複数の子を同時に代理すること（一人で二人の利益を図るのはむずかしい）はできない（第826条。利益相反行為）。

　なお、親権の濫用（親が子の名義で多額の借金、子に対する虐待など）がある場合、家庭裁判所は、親権者の親権を剥奪することができる。これを「親権喪失の審判」といい（第834条）、子、子の親族、検察官、児童相談所長（児童福祉法第33条の７）などが申し立てることができる。児童虐待のケースでの活用も期待されている（児童虐待の防止等に関する法律第15条）。また、親権喪失原因には至らない比較的軽度の事案では、（２年を上限とする）親権停止の制度を利用することもできる（第834条の２）。

（3）後見

❶未成年後見

　単独親権者が死亡したり親権が剥奪された場合など、未成年者に対して親権を行う者がいない場合、**未成年後見**が開始する[115]（第838条第１項）。

　従来、未成年後見人は、一人でなければならないとされ、また、自然人（個人）に限るものと解されていた。しかし、平成23（2011）年の民法改正により、未成年後見人は複数でも、法人（例えば、児童福祉施設を運営する社会福祉法人など）でもよいとされた（第857条の２、第840条第３項）。複数後見や法人後見を認めたほうが、より柔軟な対応が可能となるからである。

　未成年後見人も、親権者に準じて、身上監護と財産管理を行うが、親権者が「自己のためにするのと同一の注意義務」（行為者の具体的な注意能力に応じた注意義務）で足りるのに対して（第827条）、未成年後見人には「善良なる管理者の注意義務」（社会において一般に要求される一定程度以上の注意義務）が課されている[116]（第869条）。他方、未成年後見人には報酬が与えられるが（第862条）、親権者は無償である。

　子に多額の財産がある場合などは、未成年後見監督人を置くこともできる（第848条、第849条）。

❷成年後見

　以上の親権や未成年後見は、未成年の子が成年に達すればその役割を終えて終了するが、本人に知的障害、精神障害がある場合などでは、な

ともに、その年齢及び発達の程度に配慮しなければならず、体罰その他の子の心身の健全な発達に有害な影響を及ぼす言動をしてはならない（第821条）。

第１部

第2章

*115
ただ実際には、後見人を選任しないまま、父母に代わる親族が事実上世話をしている場合も多いといわれる。

*116
後見人は、原則、親以外の者がなるので、親と同様の愛情を期待できないが、親権者＝親の場合はそれほど他人行儀になる必要はないであろうとの考え方。

お保護を継続しなければならない場合もある。また、近年の高齢社会において、認知症高齢者を財産面及び身上面において保護する要請も高まっている。そこで民法には、判断能力が十分でない成年者を保護するための後見制度も用意されている。[*117]

（4）扶養

❶扶養の当事者と要件

　民法上扶養義務を負うのは、配偶者間（第752条、第760条）、直系血族及び兄弟姉妹間である（第877条第1項）。さらに、「特別の事情」がある場合に限り、家庭裁判所は三親等内の親族間（親族と親等については、**図1-2-2**参照）においても扶養義務を負わせることができる[*118]（第877条第2項）。なお、より柔軟な対応ができるように、扶養義務者が複数いる場合の順位については定められていない（第878条）。

　以上の扶養義務者間において実際に扶養義務が発生するのは、㋐扶養権利者[*119]が要扶養状態にあり、かつ、㋑扶養義務者に扶養能力がある場合において、㋒扶養権利者の請求があったときである（第877条、第879条）。㋐と㋑の要件は、時の経過とともに推移する性格のものなので、その後事情が変われば（就職、収入増加、失業、疾病など）、変更や取消しは認められる（第880条）。なお、扶養請求権は、人の生存にかかわる権利なので、処分（譲渡、相殺、放棄、質入など）は禁止されており（第881条）、差押えも制限されている（民事執行法第152条）。

❷扶養の程度と方法

　扶養の程度については、すでに婚姻の効果のところで述べたように、**生活保持義務**（自己と同程度の生活を援助すべき義務）と**生活扶助義務**（余力があれば援助すべき義務）の二分論が一定の役割を果たしている。前者は、夫婦間ならびに親が未成熟の子を扶養する義務、後者はそれ以外の親族間の扶養義務の目安とされている。このような扶養義務二分論の背景にあるのは、扶養を必要とする配偶者、子、親、兄弟があるとき、人はまず配偶者及び子とともに生きるべきであり、その後で親や兄弟を救済すべきであろうという考え方である。

　また、扶養の方法は、純粋に経済的な援助に限定されると解されている（金銭扶養）。もちろん、子が親を引き取って円満に生活できればよいが（引取扶養）、核家族が一般化し、夫婦共働きの家庭が増えるなか、引取扶養を法的義務として強制することは困難である。介護を必要とす

*117
詳細については、本書第2部第1章参照。

*118
ただし、よほどの特別の事情がない限り、扶養義務は認められないといわれる。

*119
要扶養状態とは、自己の収入・資産によって生活費をまかなうことのできない状態をいう。

る場合は、介護サービスを受けて、その費用を扶養義務者に請求することになる。

❸過去の扶養料

　扶養権利者が過去に生活困窮状態にあったとしても、扶養料を請求しないでその時点を切り抜けたとすれば、過去にさかのぼって扶養料を請求することはできないとも考えられる。しかし、それでは不誠実な義務者が義務を免れることになり妥当でないし、義務者の存否・所在が不明であった場合も考えられる。そこで、請求の意思表明がない場合でも一定範囲さかのぼって過去の扶養料を請求することが認められる（最高裁昭和40年6月30日決定）。また、扶養義務者間における過去の立替扶養料の求償も認められる[*120]。請求の意思表明がないまま義務者の一人だけが負担しているような場合、その者が他の義務者に求償できないのは不公平だからである。

❹公的扶養と私的扶養との関係

　公的扶養は「補足性」を原則とする。すなわち、生活保護法は、自己の資産・能力を活用することを要求し（生活保護法第4条第1項）、親族扶養やその他の法律による扶養が生活保護よりも優先することを定めている（同法第4条第2項）。私有財産制（憲法第29条）の下では、自己の資産・能力などあらゆる手段を活用して自分で生活を維持すべきと考えられている[*121]。

　同様に、児童扶養手当法も、「児童扶養手当の支給は、婚姻を解消した父母等が児童に対して履行すべき扶養義務の程度又は内容を変更するものではない」（児童扶養手当法第2条第3項）とした上で、父母に一定の所得がある場合には手当を支給しない旨規定する（同法第9条）。

　ちなみに、低所得ではあるが一定の居住用不動産を有する高齢者世帯の生活を支援する制度として「不動産担保型生活資金」[*122]（公的リバースモーゲージ）がある。この制度は、各都道府県の社会福祉協議会が実施主体となり、不動産を担保に生活資金を貸し付けるものであるが、推定相続人の承諾などが求められている。

（5）相続

❶相続人

　ある人が死亡した場合、その人の財産は、誰が、どのような順番で、

*120
ちなみに、扶養義務のない全くの第三者が負担していた場合にも求償は認められるが、その場合は地方裁判所の訴訟手続による。これに対して、義務者相互間の求償は家庭裁判所の審判手続による。

*121
ただし、親族が存在することで生活保護を受ける資格が与えられないわけではなく、困窮者が現実に扶養を受けられていない場合には、困窮者が生活保護の申請をすれば、保護の実施機関は、必要な保護を行うのが実務である（生活保護法第24条8項参照）。実施機関は事後的に扶養義務者からその費用を徴収することはできる（同法第77条）。

*122
本双書第7巻第5章第1節2参照。

どのような割合で承継するのか。これについては民法に規定があり、民法の規定に従った**相続**を「法定相続」という。もっとも、被相続人（死者）は遺言によって民法の規定とは異なった相続の仕方を定めることもでき、これを「遺言相続」という。法定相続と遺言相続では被相続人の意思を尊重するという趣旨で遺言相続が優先するが、相続人の「遺留分」（どうしても一定の相続人に残しておかなければならない割合）まで奪うことはできない。遺言や遺留分については後述することとし、まずは民法に従った法定相続の内容を確認することから始めたい。

①配偶者相続人と血族相続人

相続人としてまず重要となるのは、被相続人の配偶者である（第890条）。配偶者は、ほかに血族相続人（子、親など）がいる場合でも、常に相続人となる（**図１－２－３**）。ここでの配偶者は、法律上の配偶者であり、内縁配偶者や愛人を含まない。

ところで、平成30（2018）年7月、民法の相続制度を一部見直す改正が行われた。非嫡出子の相続分が引き上げられたことに伴い、法律上の配偶者の保護も図る必要があることが強調されたことをきっかけとする改正である。この改正によって、配偶者居住権（配偶者がその居住建物を終身または一定期間使用できる権利）が新設された（第1028条～第1036条）。配偶者が遺産分割において居住建物の所有権を取得するのではなく、より評価額の低い居住権を取得することで、そのほかの預貯金等の遺産も老後の生活資金として取得できるというメリットがある。また、配偶者が被相続人の建物に無償で住んでいた場合には、被相続人が死亡した後も一定期間（最低でも6か月）はその建物に無償で住み続けることができる配偶者短期居住権も創設された（第1037条～第1041条）。

配偶者相続人と並んで相続人となるのが血族相続人である。血族相

〈図１－２－３〉 法定相続分

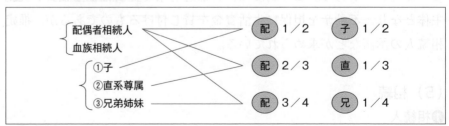

（筆者作成）

続人には順位があり、第一順位は、⑦被相続人の子である（第887条第1項第1号）。実子であると養子であるとを問わない。被相続人に配偶者がいる場合、子と配偶者は共同相続し、その割合は、子が2分の1、配偶者が2分の1である。子が複数いる場合は平等に分ける（均分相続）。複数の子の中に嫡出子と非嫡出子（例えば、愛人との間に生まれた子）がいる場合でも相続分は平等である。[*123]

第一順位の子がいない場合、第二順位の血族相続人は、①被相続人の直系尊属（父母、祖父母など）である（第889条第1項第1号）。ただし、直系尊属間ではより親等の近い直系尊属が優先するので、例えば、父母がいる場合に祖父母は相続人とならない。配偶者と直系尊属が共同相続する場合、その割合は、配偶者が3分の2、直系尊属が3分の1となる。直系尊属が複数いる場合は平等に分ける。[*124][*125]

子も直系尊属もいない場合、血族相続人の第三順位は、⑦被相続人の兄弟姉妹である（第889条第1項第2号）。配偶者相続人と兄弟姉妹が共同相続する場合は、配偶者が4分の3、兄弟姉妹が4分の1となる。[*126]兄弟姉妹が複数いる場合も原則において平等に分ける。ただし、兄弟姉妹の中に、父母の双方を共通とする兄弟姉妹（全血兄弟姉妹）と、父母の一方のみを共通とする兄弟姉妹（半血兄弟姉妹。例えば、父とその再婚相手との間に生まれた子）がいる場合は、後者の相続分は前者の2分の1となることには注意を要する（第900条第4号ただし書）。

なお、相続人になれるのは、相続開始時（被相続人死亡時）にこの世に生存している者だけである（同時存在の原則）が、例外として、（まだこの世に生まれていない）胎児も相続人になれる（第886条第1項）。ほぼ生まれてくることが確実な胎児が相続から排除されるのは不公平だからである。

②代襲相続

ところで、被相続人Aの死亡時にすでに子Bが死亡していても、さらにBに子C（Aの孫）がいれば、CはAの相続人になれる（第887条第2項）。これを代襲相続といい、Cを代襲相続人という。通常はBはAよりも長生きするはずであり、Aの財産はBを経ていずれCに承継されるというCの期待に応えるとともに、Cの生活保障にも配慮した制度である。同様に、兄弟姉妹がすでに死亡している場合でも、さらにその子（おい・めい）がいれば、代襲相続人になれる[*127]（第889条第2項）。ただし、代襲相続人の相続分は、被代襲者（代襲される人）の

---

*123
例えば、遺産が6,000万円、妻と子Aと子Bが相続人であるとき、妻が3,000万円、BとCがそれぞれ1,500万円ずつの相続分となる。

*124
また、実父母であると養父母であるとを問わないので、普通養子の場合は、実父母・養父母の双方が相続人となり得る。

*125
例えば、遺産が6,000万円、父母と妻が相続人であるとき、妻が4,000万円、父が1,000万円、母が1,000万円の相続分となる。

*126
例えば、遺産が6,000万円、妻と兄（全血）と妹（半血）が相続人であるとき、妻が4,500万円、兄が1,000万円、妹が500万円の相続分となる。

*127
なお、被相続人の子の子についてはさらに再代襲があるが（孫がいなければひ孫、ひ孫がいなければ玄孫〔やしゃご・ひ孫の子〕……）、兄弟姉妹の代襲は一代限りである（第887条第3項）。

*128
例えば、遺産が6,000万円、妻、子A、子B（被相続人よりも先に死亡）の子C・Dが相続人であるとき、妻が3,000万円、Aが1,500万円、CとDがそれぞれ750万円ずつの相続分となる。

相続分と同じである[*128]（第901条）。

　なお、代襲相続は、相続人が死亡した場合以外にも、相続欠格や相続人の廃除があった場合にも起こるが、相続放棄の場合には起こらない（第887条第2項）。例えば、親の借金を子が放棄した場合に、さらに孫も借金を放棄しなければならないのは煩雑だからである（放棄は自分の系統の相続を拒否しているといえる）。

　ちなみに、相続欠格とは、被相続人などを殺害したり、被相続人に遺言書を無理やり書かせたり、遺言書を偽造するなど、相続秩序を侵害した相続人の相続資格を当然に剥奪する制度である（第891条）。他方、相続人の廃除とは、被相続人に対する虐待や重大な侮辱、その他の著しい非行があった場合に、被相続人が家庭裁判所に相続人の廃除を請求し、家庭裁判所が相当と認めた場合に相続資格が（遺留分も含めて）剥奪される制度である（第892条）。ただし、兄弟姉妹を廃除することはできない。なぜならば、遺留分を有しない兄弟姉妹については、財産が行かないように遺言をしておけばたりるからである（廃除と同様の効果が得られる）。

③相続の選択

　相続人は被相続人の財産を必ず受け継がなければならないわけではない。相続は、被相続人の死亡によって（相続人の意思とは無関係に）開始するものの（第882条）、その後一定期間内であれば、相続放棄（財産の承継を全面的に拒否すること）をしたり、限定承認（相続財産がプラスなのかマイナスなのかすぐにはわからないとき、相続財産を清算してみてプラスの財産が残るならばこれを相続すること）をすることもできる[*129]。

　この一定期間を「熟慮期間」というが、熟慮期間を経過してしまうと、単純承認（借金などのマイナスの財産も含めて相続財産を全面的に承継すること）をしたものとみなされる（第921条）[*130]。熟慮期間は、「自己のために相続の開始があったことを知った時」から3か月間である（第915条）。

④相続人の不存在

　なお、相続人が全くいない（あるいは全員が放棄した）場合は、相続財産それ自体が法人（権利主体）となり、利害関係人の請求によって家庭裁判所が選任する「相続財産管理人」が債権者への債務の弁済などを行う（第951条〜第958条の2）。それでもなお余りがあれば、特別縁故者（内縁配偶者、事実上の養子など）に分与されることがあ

*129
限定承認が最も合理的な方法のように思われるが、限定承認は共同相続人全員でしなければならず（第923条）、財産目録を作成したり（第924条）、相続財産管理人を選任したり（第936条第1項）、被相続人の債権者に対して催告をしたりと（第927条）、手続が複雑で面倒であり、現実には単純承認が圧倒的に多い。

*130
それ以外にも、相続財産を処分した場合や、放棄後に財産を隠匿するなどの背信的行為があった場合も、単純承認したものとみなされる（「法定単純承認」とよばれる）。

る（第958条の3）。しかし、特別縁故者への分与もなされなかった（あるいは分与されたがなお余った）場合は、国庫（国の財産）に帰属する（第959条）。

❷相続財産

　以上の相続人は、相続において何を相続するのか。第896条は「相続人は、相続開始の時から、被相続人の財産に属した一切の権利義務を承継する」と規定する（包括承継）。したがって、土地や建物の所有権などの物権や、銀行預金などの債権はもちろん、借金などの債務も原則において引き継ぐことになる。なお、預貯金債権は当然には分割されず、遺産分割の対象となる（最高裁平成28年12月19日決定）。もっとも、遺産分割前に生活費や葬儀費用の支払いが必要となる場合、遺産に属する預貯金債権（口座ごとのもの）の3分の1にその相続人の法定相続分を乗じた額については単独で払い戻すことができる（第909条の2。仮払い制度）。また、家庭裁判所が必要と認めるときも、預貯金の全部または一部を仮に取得させることができる（家事事件手続法第200条の仮分割の仮処分制度）。

　包括承継の例外として、一身専属権（第896条ただし書）と祭祀財産（第897条）がある。前者は扶養請求権など、本人以外の者が承継することになじまない権利であり、相続の対象にならない（本人の一代限りの権利）。後者は、仏壇、位牌、墓などの財産であり、これらは相続人ではなく祭祀主宰者が承継する。[*131]

❸相続分

①法定相続分・指定相続分

　相続財産はどのような割合で相続されるのか。法定相続人の相続分についてはすでに述べた（**図1-2-3**参照）。もっとも、被相続人は、遺言によって、共同相続人の相続分を指定することもできる（第902条第1項。相続分の指定）。

②具体的相続分－特別受益と寄与分

　以上の相続分は、さらに、特別受益（第903条）と寄与分（第904条の2）によって修正され得る。例えば、被相続人からその生前に相続人の一人が多額の贈与を受けていた場合、特別受益によって相続分が修正され得る。[*132]

　あるいは、介護施設に入所していた被相続人のためにその利用料を

*131
祭祀主宰者は、被相続人の指定があればそれに従い、指定がなければ慣習に従う。慣習もなければ、家庭裁判所が定める。なお、遺骨や遺体も祭祀主宰者に帰属する。

*132
例えば、遺産が5,000万円、妻と子A・Bが相続人であるが、Aは被相続人から生前に1,000万円（生計の資本）の贈与を受けていたとする。この場合の計算方法は、まず遺産の5,000万円に1,000万円の贈与を加算した6,000万円を相続財産とみなし（この加算を「持ち戻し（もちもどし）」といい、加算した6,000万円を「みなし相続財産」という）、これに各人の相続分を乗じて「一応の相続分」を出す（妻が3,000万円、AとBが1,500万円ずつ）。さらに、特別受益者Aについては、一応の相続分から特別受益分（1,000万円）を控除するので、結果として、妻が3,000万円、Aが500万円、Bが1,500万円の相続分になる。

＊133
例えば、遺産が5,000万円、妻と子A・Bが相続人であるが、Aには1,000万円の寄与が認められたとする。このような場合、まず遺産の5,000万円から1,000万円を控除した4,000万円を相続財産とみなし、これに各人の相続分を乗じて「一応の相続分」を出す（妻が2,000万円、AとBが1,000万円ずつ）。さらに、寄与者Aについては寄与分（1,000万円）を加算するので、結果として、妻が2,000万円、Aが2,000万円、Bが1,000万円の相続分になる。

相続人の一人が負担してきた場合、寄与分によって相続分が修正され得る。これらの事情を度外視した相続分はいかにも不公平であるので、これらの事情を考慮した相続分の修正が認められている。[133]

　なお、平成30（2018）年の民法改正によって、婚姻期間が20年以上の夫婦間で、居住用不動産の遺贈または贈与がされたときは、特別受益の「持ち戻しの免除」の意思表示があったものと推定する規定が設けられた（第903条第4項）。持ち戻しの免除とは、その贈与や遺贈を特別受益として考慮しない（相続分から控除しない）ということであり、配偶者の老後の生活保障を手厚くする趣旨の改正である。

　また、寄与分は共同相続人についてしか認められないため、例えば長男の妻は、いくら被相続人の介護に尽くしたとしても寄与分は認められない。そこで、平成30年改正では、相続人以外の親族であっても被相続人に対して無償で療養看護等を行い、被相続人の財産の維持または増加について特別の寄与があったと認められるときは、相続人に対して金銭請求をすることができることになった（第1050条。特別寄与料）。

❹遺産分割

　以上の相続分に従って、具体的に誰がどの財産を取得するかを決めるのが遺産分割である。遺産分割は、まずは当事者の協議によるが（第907条第1項）、協議がまとまらなければ、家庭裁判所の審判による（同条第2項）。

　ところで、令和3（2021）年の民法改正では、相続開始から10年を経過した後にする遺産分割は、特別受益や寄与分を考慮した具体的相続分ではなく、法定相続分を基準にして行うこととされた（第904条の3）。この改正によって、具体的相続分による分割を求める相続人に早期の遺産分割を促すこと、相続開始後長期間経過した遺産分割が法定相続分という画一的割合を基準とすることで円滑に行われることが期待されている。

＊134
同様に、保佐人と被保佐人、補助人と被補助人との間で利益が相反する行為についても、それぞれ臨時保佐人、臨時補助人を選任しなければならないが、保佐監督人、補助監督人が選任されている場合は、この限りではない（第876条の2第3項、第876条の7第3項）。

　なお、成年被後見人が相続人となっている場合、遺産分割は成年後見人が代理人として行うことになるが、成年後見人も相続人の一人であるときは、裁判所が選任する特別代理人に一時的に代理してもらわなければならない（第860条。利益相反行為）。ただし、後見監督人が選任されている場合は、後見監督人が代理するので（第851条第4号）、特別代理人を選任する必要はない[134]（第860条ただし書）。

（6）遺言

　以上に述べた相続に関する法定原則は、被相続人の**遺言**によって修正され得る。遺言は本人の死後に効力を生ずるので、民法は、遺言者の真意を確保するため、その方式については厳格に定める（**図1−2−4**）。

(a)「自筆証書遺言」は、①原則として全文を自分で書く、②日付を書く（日付が特定できればよい。例えば、「2020年こどもの日」など）、③署名をする、④印を押す（認印、拇印でもよい）ことで作成できる簡便な遺言である（第968条）。ただ、簡便である反面、紛失、偽造、方式の不備（日付の書き忘れなど）などの恐れがある。このような恐れがない[*135]のが、(b)「**公正証書**遺言」である（第969条）。公正証書遺言は、①証人2人以上の立会いの下、②遺言者が遺言の趣旨を口授（くじゅ）し、③公証人がその口授を筆記し、これを遺言者・証人に読み聞かせ、または閲覧させ、④遺言者・証人が筆記の正確なことを承認し、各自これに署名・押印し、⑤公証人が、所定の方式に従ったものであることを付記し、署名・押印することで作成できる[*136]。確かに、手続がやや面倒で（印鑑証明、証人を要する）費用もかかるが、公証人に作成してもらい公証役場で保管されるので、より安心である。

　なお、(c)「秘密証書遺言」とは、自筆証書遺言と公正証書遺言の中間のような遺言であるが、ほとんど使われていない[*137]（第970条）。

　以上の普通方式の遺言に対して、特殊な事情にある人のために特別方式の遺言がある。(d)「一般危急時遺言」は、病気など臨終の危急に迫った人が書く遺言（第976条）、(e)「難船危急時遺言」は、遭難した船の中で死亡の危急に迫った人が書く遺言（第979条）、(f)「伝染病隔離者遺言」は、伝染病で隔離されている人が書く遺言（第977条）、(g)「在船者遺言」は、船舶の中にいる人が書く遺言（第978条）であり、いずれも普通方式よりも要件が緩和されている。

[*135]
紛失や偽造の問題に対応するため、平成30年改正では、自筆証書遺言の原本の保管を法務局に委ねることができる制度が創設された（「法務局における遺言書の保管等に関する法律」）。

[*136]
なお、聴覚・言語の機能に障害がある者は、手話通訳や筆談によって「口授」や「読み聞かせ」をすることができる（第969条の2）。

[*137]
本人が作成した遺言を封印して公証人にその存在を明確にしてもらう遺言。保管は自分でしなければならない。

〈図1−2−4〉 **遺言の方式**

```
          ┌ （a）自筆証書遺言 ※保管制度あり
   普通方式 ┤ （b）公正証書遺言
          └ （c）秘密証書遺言

          ┌ 死が差し迫った ┬ （d）一般危急時遺言
          │ 人が書く遺言   └ （e）難船危急時遺言
   特別方式 ┤
          │ 離れた場所で  ┬ （f）伝染病隔離時遺言
          └ 書く遺言     └ （g）在船者遺言
```

（筆者作成）

遺言は、未成年者でも15歳以上であれば単独ですることができる（第961条）。成年被後見人も、能力回復時に医師2人以上の立ち会いがあれば単独でできる[138]（第973条）。できるだけ本人の最終意思を尊重しようとする趣旨である。遺言は、遺言者が死亡した時点から効力が発生するが（第985条第1項）、それまでは自由に撤回することができる（第1022条）。

遺言書の保管者・発見者は、家庭裁判所に検認を申し立てなければならない（第1004条第1項）。これは、遺言書が存在すること、ならびにそれがどのような内容のものかを確認する手続であり、内容の有効性までもチェックするものではない。その趣旨は、遺言書の偽造や変造を防止することであり、偽造や変造の恐れのない公正証書遺言について検認は必要でない[139]（同条第2項）。また、封印された遺言書も家庭裁判所で開封しなければならない（同条第3項）。検認や開封の手続を経なかった場合、5万円以下の過料に処せられるが（第1005条）、遺言それ自体が無効になるわけではない。

（7）遺留分

遺言や生前贈与を使えば、相続人の一部や相続人以外の第三者に多額の財産を与えることもできるが、これには一定の制限がある。すなわち、配偶者や子などの相続人には、相続財産のうちの一定割合が留保されており、これを「**遺留分**」という。例えば、被相続人が愛人に全財産を遺贈しても、配偶者や子は一定の財産を愛人から取り戻すことができる。遺留分制度の趣旨は、これまで死者の財産に依存してきた家族の生活保障や、死者名義の財産における家族の協力の評価（相続人の潜在的持分の清算）にある。

遺留分は、兄弟姉妹以外の法定相続人に認められ（第1042条。胎児、代襲者を含む）、相続欠格、廃除、放棄があった者には認められない。遺留分の割合（遺留分率）は、相続人が直系尊属のみの場合は遺産の3分の1、それ以外の場合は遺産の2分の1である[140]（第1042条）。

遺留分は、被相続人による遺贈のみならず生前贈与をも追及する。さもなければ、死亡直前の多額の贈与によって、遺留分制度が骨抜きにされる恐れがあるからである。したがって、遺留分率を乗ずる遺留分算定の基礎財産は、「相続開始時の積極（プラス）財産」＋「贈与財産」－「債務」となる（第1043条第1項）。なお、ここに加算される贈与財産は、相続開始前の1年間における贈与であるが（第1044条第1項前段）、当事者双方が遺留分権利者に損害を加えることを知ってなされた贈与につ

*138
被保佐人・被補助人も保護者の同意がなくともすることができる（第962条）。

*139
なお、新設された自筆証書遺言の保管制度においては、保管されている遺言書についての検認は不要である（法務局における遺言書の保管等に関する法律第11条）。

*140
例えば、遺産が6,000万円、妻とA・B・Cの3人の子が相続人であるとき、「相続人が直系尊属のみ」以外の場合なので、遺留分率の2分の1を乗じて、3,000万円が遺留分となる。さらに、これに各人の法定相続分を乗じて、妻が1,500万円、A・B・Cがそれぞれ500万円の遺留分となる。

76

いては、それより古いものも加算される（第1044条第１項後段）。なお、従前、共同相続人への特別受益（婚姻や生計の資本のため）の贈与は、贈与の時期や侵害の認識とは無関係にすべて加算されていたが、平成30年改正では、このような贈与についても時期的限定を設けるべきとの理由から、特別受益の贈与も相続開始前の10年間にされたものに限り加算されることになった（第1044条第３項）。

　以上の方法で算出された遺留分額が、相続において最終的に取得する金額（純取り分額）に満たない場合、その差額が遺留分侵害額となり、遺留分権利者はこの侵害額を受遺者や受贈者に請求することができる[141]（侵害部分が当然に無効となるわけではない）。

*141
例えば、遺産が3,000万円、債務が600万円、子A・B・Cが相続人であるが、被相続人は死亡6か月前に第三者Dに3,000万円を贈与していたとする。この場合における遺留分算定の基礎財産は5,400万円となり（3,000万円〔積極財産〕＋3,000万円〔贈与額〕－600万円〔債務〕）、A・B・Cそれぞれの遺留分は900万円となる（5,400万円×1/2〔遺留分率〕×1/3〔法定相続分〕）。他方、A・B・Cそれぞれがこの相続において取得する額は、相続分の1,000万円（3,000万円〔遺産〕×1/3〔法定相続分〕）から200万円（600万円〔債務〕×1/3〔法定相続分〕）を控除した800万円となるので、結局、A・B・Cそれぞれの遺留分侵害額は100万円（900万円〔遺留分額〕－800万円〔純取り分額〕）となる。

第1部　第2章

✏️**BOOK 学びの参考図書**

●道垣内弘人『リーガルベイシス民法入門　第５版』日本経済新聞出版、2024年。
　　身近な例をあげながら、日常の言葉で説明されている民法の入門書。１冊で民法全体を網羅できる。
●高橋朋子・床谷文雄・棚村政行『民法7　親族・相続 第７版』有斐閣、2023年。
　　民法の親族・相続編（家族法）の内容について過不足なく説明してくれる教科書。最新の法改正や裁判例がフォローされており、多くの具体例が理解を助けてくれる。

第4節 行政法

1 行政行為及び行政手続

（1）行政法とは何か

　行政法は、国家作用としての行政に関する法である。日本には「行政法」という名の実定法がなく、行政法（学）は、行政に関する膨大な数の法を広く扱う分野としての特徴をもつ。それは、例えば、憲法学が日本国憲法を、民法学が実定法としての民法をそれぞれ対象とするのとは異なっている。行政法は、行政に関する法を総称する概念としても用いられ、行政組織法・行政作用法・行政救済法という3分野から構成される法分野として把握されている。

　行政組織法は、行政の組織編成に関する法であり、行政を担う組織としていかなる組織を置き、各組織がいかなる任務を分担するかを定める法である。行政組織法に属する法律の例として、国家行政組織法、内閣府設置法、厚生労働省設置法があげられる。

　行政作用法は、行政が行う作用（行政活動）に関する法であり、各活動を行う権限の所在を明らかにし、行政がいかなる場合にいかなる活動を行う権限を有するかを定める。現代国家における行政の役割は、社会保障、教育、環境保全、経済活動の規制、警察、防衛等、広範囲に及んでおり、多様な活動分野において行われる行政活動の種類や数は膨大である。このため行政作用法は、行政法に属する法のうちでも最も多数の法令を擁する分野となっている。例えば、社会福祉分野に限っても、障害者の日常生活及び社会生活を総合的に支援するための法律（障害者総合支援法）、身体障害者福祉法、知的障害者福祉法、精神保健及び精神障害者福祉に関する法律、発達障害者支援法、子ども・子育て支援法、児童福祉法、老人福祉法等、多数にのぼる。

　行政救済法は、違法・不当な行政活動により不利益を受けた私人の権利利益の保護・救済と、当該活動の是正に関する法であり、その主な法律が、行政不服審査法、行政事件訴訟法、国家賠償法という3法である。

（2）行政法の基本原理－法治主義

　行政権は、立法権と司法権との間で、コントロールに服すべき存在である。このコントロールの中心を成す法原理は、行政が法に従って行わ

れなければならないという、法治主義の原理である。つまり、行政は、議会（国会）が制定する法律によって活動の根拠が与えられる一方、法律に基づき行われるはずの行政活動が法律に違反して行われ、当該活動の相手方たる私人の権利利益を害する結果を生じさせる場合には、これを裁判所における訴訟手続を通じて是正し、権利利益を害された私人への救済が与えられなければならない。

　法治主義には、行政活動には法律による授権が存在しなければならないとする思想が含まれている。「授権」とは、文字どおり、行政活動を行う権限を授けることである。これは、「法律による行政の原理」とよばれる考え方に基づいており、次の3原則から成る。

　第1は、法規としての性質をもつ規範は、議会（国会）で制定されなければならないとする「法律の法規創造力」、第2は、行政について法律の定めがある場合は当該法律の定めに反することは許されないとする「法律の絶対的優先」、第3は、行政活動には法律の根拠を要するとする「法律の留保」の各原則である。

　このうち法律の留保については、法律の根拠を要する行政活動の範囲をめぐり、明治期の旧憲法の時代から議論が重ねられてきた。当初は、人の自由や財産を侵害する作用、ないしは人の権利を制限し義務を賦課する作用には法律の根拠を要するとする「侵害留保説」が支配的であったが、日本国憲法が基本的人権の尊重と国民主権を基本原理とするなかで、これらの基本原理と整合性を図るべく、学説の積極的展開がみられるようになった。そこでは、権力的作用に法律の根拠を要するとする「権力行政留保説」、すべての作用に法律の根拠を求める「全部留保説」、社会保障分野の作用について法律の根拠が必要であるとする「社会留保説」等、全体として、法律の根拠を要する行政作用の範囲を広げる方向で論じられてきた。

　現在の支配的見解は「権力行政留保説」であるが、これへの批判もあり、「重要事項留保説」も有力である。しかし、行政や立法の実務をみると、依然として「侵害留保説」に基づき行われている現状があり、課題がある。

（3）行政の行為形式

　日々大量に行われる行政活動が法に従い正しく行われるには、多様な活動を類型化し、類型ごとにあり方を追究する方法が有効である。このような発想から、行政法学は、多様な行政活動のうち、法的性質を同じ

*142
法規とは、国民の権利・義務に関する規範をいう。

*143
「重要事項留保説」は「本質性留保説（本質性理論）」ともよばれ、国家行政の重要事項については議会（国会）が定めるべきとする立場である。

くするものを一つの行為形式として総体的に把握し分析する「行政の行為形式」の理論を用いて、行為形式ごとにそのあり方を考察してきた。この理論のもと、行政活動は、次の❶〜❺の行為形式に分けられる。

❶行政行為

　行政行為とは、行政が、その相手方たる私人に対し、その者の法的地位（権利及び義務）を一方的かつ具体的に変動させる作用をいう。[*144]「一方的」とは、相手方たる私人の同意や合意なしに行われることをさす。このように相手方の意思とは無関係に一方的に行われるという法的性質は、行政法学上、「権力性（公権力の行使としての性質）」とよばれる。

　行政作用にみられる権力性は、民法の適用を受けて契約という双方の合意によって法律関係が形成される私人間の関係とは異なる、行政作用に特有のものであるため、日本の行政法理論の生成期にあたる明治期から、行政法学の関心の中心を占めてきた。民法学よりも遅れて成立する歴史をたどった行政法学にとって、固有の理論としての行政の権力性や行政行為に関する理論は、行政法学のアイデンティティの中核を成すものとされ、現行法がしばしば「公権力の行使」概念を用いて制度化され、権力的行政作用について特別な法的取扱いをしているのも、このことと深く結び付いている（その例として、[*145]「処分」について定める行政手続法、行政不服審査法及び行政事件訴訟法の各規定があげられる）。

❷行政立法

　行政活動の大半は、法律の定めを具体的に実現する、法の執行作用であるが、しばしば行政は、自ら一般的・抽象的な規範の制定を行うことがある。立法作用は立法府たる議会の役割であるにもかかわらず、である。行政立法とは、このような行政による規範制定行為、または当該行為の結果として制定された規範それ自体をさす。

　行政法学上、行政立法は、「法規命令」と「行政規則」に分けられ、法規命令は、法規としての性質を備えた規範として、広く国民等の私人に対し法的拘束力をもつ。法規命令の代表例は、内閣が定める政令、各省の長たる大臣が定める省令である。

　一方、行政規則は、法規としての性質がなく、行政組織内部においてのみ効力（法的拘束力）をもつ規範をさす。行政規則の例としては、審査基準、処分基準、通達、要綱がある。[*146]

　そもそも法律は、定めるべき事柄のすべてを細部まで規律し尽くして

---

*144
行政行為は、行政活動のうち特定の性質を備えたものをさす概念である。したがって、行政行為は、行政活動一般をさす用語ではないことに注意してほしい。

*145
「処分」とは、「行政庁の処分その他公権力の行使に当たる行為」のことをさし、行政手続法第2条第2号、行政不服審査法第1条第2項及び行政事件訴訟法第3条第2項がそれぞれ規定を置く。行政行為と処分の概念は近似するが、処分概念のほうが行政行為概念よりもやや広い（逆に、行政行為概念は処分概念に包含される）。

*146
審査基準と処分基準を合わせて裁量基準ともいう。裁量基準は、法令により行政に認められた裁量権の行使を適切なものとするために、行政組織内部で定められる裁量権行使の基準である。

おらず、法律では大枠を定めるにとどめ、より詳細な事項は下位規範た
る政省令等に委ねるスタイルをとっている。例えば、生活保護法は、政
令である同法施行令や厚生労働省令である同法施行規則に、それぞれ詳
細を委ねている。ただし、行政が法規性を有する規範の制定を許される
ためには、憲法第41条との関係で、基本的に法律の委任が不可欠と解さ[147]
れている。このとき、どの範囲の事項を法律で定めておくべきかは、法
治主義にかかわる重要問題であるから、少なくとも人の権利・義務の内
容にかかわる事項は法律で規定すべきであり、これらの事項を安易に法
規命令に委ねることは許されない。

　また、行政規則は、私人への法的拘束力をもたないが、実際にはそれ
が行政組織内では拘束力をもつために、間接的に私人に対して事実上の
影響を及ぼし得る。このような事情から、通達に基づいてされた処分に
よって不利益を受けた私人が、通達が違法であるとしてその取消しを求
めて争うことが可能かという問題が生じ得るが、判例は、通達の処分性
を否定しており、これを抗告訴訟で争うことを認めていない。[148]

❸行政契約

　行政がその相手方との間で双方の合意を前提として結ぶ取り決めを、
行政契約という。したがって、行政契約は、相手方との意思の合致に基
づき行われる非権力的性質をもつ行政活動に分類され、行政行為や法規
命令のような権力的性質をもたない。

　行政契約の例としては、行政が必要な物品を購入する契約のように、
私人間で一般的にみられる売買契約と同様の物品調達を目的とするもの
もあるが、法令上の規制よりも厳しい上乗せ規制や法令上は規制対象外
とされている事業活動に規制を及ぼすことを意図する「公害防止協定」
のように、行政が私人との間で規制目的で結ぶものもある。ただし、規
制手段としての行政契約は、双方の合意が成立しているとはいうものの、
法令によらずに法令よりも強度の規制を及ぼすことを認めるものである
ため、協定の法的性質が問題となる。この点をめぐっては、従来は協定
のルールに拘束力を認めない「紳士協定説」が優勢であったが、現在で
は、特にこれを許容すべきでないとする事情のない限り、双方の合意に
拘束力を認める立場（行政契約説）が有力である。[149]

❹行政指導

　行政指導とは、相手方に情報を提供したり一定の事項を要請したりす

──

*147
行政法学は、法規命令
を、人の権利・義務の
内容に関する法律の定
めを補う「委任命令」
と、法律の定める手続
的事項を補う「執行命
令」とに区分した上で、
委任命令には法律の具
体的委任が、執行命令
には一般的委任が、そ
れぞれ必要であると考
えている。

*148
最高裁は、行政事件訴
訟法第3条第2項に基
づき提起された、通達
の取消訴訟において、
墓地埋葬法に基づく通
達の処分性を否定し、
この訴えを不適法とし
て却下した（最高裁昭
和43年12月24日判決、
民集22巻13号3147頁）。

*149
最高裁は、町と廃棄物
処理業者が締結した公
害防止協定の法的拘束
力を肯定した（最高裁
平成21年7月10日判決、
判時2058号53頁）。

る行為であって、これに従うか否かを相手方の任意とする、法的拘束力のない行為をいう。行政指導は、相手方の同意や合意なしには効果を生じない行為であることから、行政契約と同様、非権力的作用に分類されるが、事実行為である点において行政契約と異なる。

　行政指導に関する定めを置く行政手続法は、行政指導を、「行政機関がその任務又は所掌事務の範囲内において一定の行政目的を実現するため特定の者に一定の作為又は不作為を求める指導、勧告、助言その他の行為であって処分に該当しないもの」（第２条第６号）と定義する。

　行政指導は、規制的行政指導、助成的行政指導、調整的行政指導の３類型に区分される。規制的行政指導は、相手方に対し一定の行為をするよう、またはしないよう求める行政指導であり、法令違反等の不適切な行動をしている私人に対し、その是正や中止を求める「勧告」や「警告」とよばれる活動が、その例である。助成的行政指導は、相手方に情報や助言を与えて支援する行政指導であり、児童福祉法に基づく保健所の権限として行うべきものとされている保健指導（第12条の６第１項第２号）や、児童の療育に係る指導（同第３号）が、その例である。調整的行政指導は、マンション建設の是非をめぐる地域紛争のように、地域住民と建設を行おうとする私人（事業者）との間で対立が生じた場合において、両者を調整する目的でされる行政指導が、その例である。

　行政指導は、法的拘束力のない事実行為であり、行政指導に従うか否かは相手方の任意であることから、行政行為とは区別される。ただし、規制的行政指導のなかには、従わない者への制裁的措置が制度化されているものがあり、このような行政指導には事実上の強制力がはたらく面がある。その例として、介護保険法に基づき都道府県知事が行う、指定居宅サービス事業者に対して期限を定めて一定の措置を講ずべきことを求める勧告（第76条の２第１項）がある。この勧告は、当該事業者が所定の期限内に勧告に従わない場合にはその旨を公表できる（同第２項）。このほかにも、生活保護法に基づき、保護の実施機関が被保護者に対して行う指導・指示（第27条第１項）は、被保護者の自由を尊重し、必要最少限度にとどめるべきであり、意に反してこれを強制できないとされているが（同第２・３項）、これに従わない者には保護の変更、停止または廃止が可能である（第62条第３項）。

　以上のように、不服従の場合に相手方に不利益的措置を講ずることが法制化されているものについては、その法的性質に揺らぎが見られ、これらの行為については、行政争訟上、「公権力の行使」にあたると解し

て処分性を認めた上で、抗告訴訟において行政指導の相手方である私人の救済を図る余地がある。[*150]

❺行政計画

行政活動が行われる際の時系列の流れを「行政過程」とよぶが、行政過程の初期段階において、その後に行われる行政過程の全体を計画的に進めるために、あらかじめ行政活動の目標とその実現手段を総合的に設定する作用がしばしば行われる。このような行政活動の目標と実現手段を総合的に設定する作用のことを、行政計画という。

行政計画は、現代的な行政の行為形式として特徴付けられる。それは、近代から現代へと時代が進むにつれて行政の守備範囲が広がるなかで、多岐にわたる活動を展開することを余儀なくされた行政が、自身に課された役割を計画的に遂行するために、行政の計画化が求められるようになったことによる。このようにして現在では、あらゆる行政の活動分野において、まず、行政計画が策定され、その上で、個別具体的な行政活動を進めるあり方が、一般的な行政のスタイルとなっている。

行政計画にはさまざまな種類があり、将来の国や地方自治体の政策目標を定める計画のように抽象度の高い内容を定める計画のほか、抽象的な政策目標をより詳しく具体化する計画もある。前者のような行政計画は「基本計画」、後者のような行政計画は「実施計画」とよばれる。また、計画期間の長短もさまざまで、5年、10年といった中長期的な計画もあれば、単年度の短期的計画もある。いずれにせよ行政計画は、後に行われる個別具体的な行政活動を包括する全体目標を明らかにするために策定され、以後の活動が計画的に進められるようにする作用であるから、その抽象性ゆえに法的拘束力をもたないのが通例である。

しかし、ごく例外的に、法律上、行政計画に法的拘束力が付与されていると解される場合がある。例えば、社会保障分野では、社会保険方式をとる医療・介護分野において医療・介護の提供体制をコントロールする基準として、法律上、法的拘束力を付与された行政計画としての、都道府県が策定する医療計画（医療法第30条の4）、市町村が策定する介護保険事業計画（介護保険法第117条）、及び都道府県が策定する介護保険事業支援計画（同第118条）がある。介護保険法は、上記計画を、サービス事業者の指定や、介護保険施設の開設許可の基準として位置付けている（居宅サービス事業者について第70条第4項、介護老人保健施設について第94条第5項等）。

[*150] 最高裁は、勧告の処分性について、医療法第30条の7に基づく病院開設中止勧告が行政指導であることを認めつつも、勧告に従わずに病院を開設した場合には、「相当程度の確実さをもって」健康保険法上の保険医療機関の指定が受けられなくなるという結果に着目し、勧告の処分性を認めた（最高裁平成17年7月15日判決、民集59巻6号1661頁）。

第1部
第2章

＊151
社会福祉分野の行政計
画ではないが、判例が
処分性を認めた計画と
して、土地区画整理法
第52条第1項に基づき
策定される土地区画整
理事業計画がある。最
高裁平成20年9月10日
大法廷判決、民集62巻
8号2029頁。

　このように、行政計画には、法的拘束力のないものが大半である一方、拘束力が認められるものもあることから、その法的性質は一様ではない。[151]このため、行政計画について、他の行為形式と同列にとらえることに慎重な見方もある。しかし、現代の行政過程において行政計画が果たしている機能をふまえると、これを一つの行為形式としてとらえ、そのあり方を論じる必要性は高く、その法的統制を考えていく意義がある。

（4）行政行為

　さまざまな行政の行為形式があるなか、私人の法的地位に直接具体的かつ一方的に変動を及ぼす作用として大きな影響力をもつのが、行政行為である。以下では、より詳しく、その特徴を社会福祉分野に即してみていく。

❶給付の手段として用いられる行政行為

　社会福祉の行政活動は、さまざまな生活上の困難を抱える私人への給付やサービスの提供を行うことを通じて、当事者が個人として尊重され（憲法第13条）、また、当事者の生存権（憲法第25条）が保障されることをめざしている。社会福祉分野において何よりもまず重要な行政活動は、私人への給付やサービスの提供に係る活動である。

　私人への給付やサービスの提供に係る作用として行われる行政行為を見ると、仕組みの異なる2種類の行政行為が存在することがわかる。その第1のタイプとして、介護保険法に基づいて保険者たる市区町村が行う要介護認定（第27条第7項）があげられ、第2のタイプとして、老人福祉法に基づいて市町村が行う、福祉の措置（第10条の4、第11条）があげられる。つまり、要介護認定は、被保険者等からの申請行為を前提として、保険者が一定の審査過程を経てこれへの応答として行う行政行為であるのに対し、福祉の措置の決定は、申請を前提とせず、市町村が自らの判断で行う行政行為である。福祉の措置のように、行政自らの判断で行うものを、職権による行政行為という。

　このように行政行為には、私人からの申請に対する応答としての行政行為（申請に対する処分）と、職権による行政行為（職権処分）の2類型がある。

❷規制の手段として用いられる行政行為

　社会福祉の行政活動には、❶で見たような、支援を要する者への給付

やサービスの提供として行われる行政行為のほかに、私人に対する規制権限行使の手段として行われる行政行為がある。これらの行為もまた、支援を要する者の権利保障に資する活動として重要である。

　規制手段として行われる行政行為の例として、各サービス事業者に対して行われる指定や許認可がある。これらはいずれも申請に対する処分であり、その例としては、介護保険法に基づき都道府県知事が行う指定居宅サービス事業者の指定（第70条第1・2項）があげられる。また、先に見た❶と同様に、職権処分として行われるものもある。例えば、指定居宅サービス事業者に対してされる命令（第76条の2第3項）、指定の取消し・停止（第77条第1項）である。

　1990年代中ごろからの「措置から契約へ」とよばれた福祉の契約化等を内容とする「社会福祉基礎構造改革」のもと、日本の社会福祉行政は、行政行為を通じてサービスを提供することによって行政自らがサービス提供主体となるあり方から、サービス提供主体としての民間事業者の参入を積極的に推進し、これらを規制・監督するあり方へと大きくシフトしてきた。

（5）行政手続

　行政活動は、国民・住民の権利利益の実現のため、法的に正しく行われなければならない。以下では、行政活動の適法性要件としての適正手続のルールをみていく。

❶行政活動の実体的適法性と手続的適法性

　行政活動の適法性とは、行政活動が実体と手続の両面で正しく行われることを意味する。これらはそれぞれ、実体的適法性、手続的適法性とよばれる。実体的適法性は、行政活動が法の規定に従い内容上正しく行われることであり、手続的適法性は、行政活動が行われる際の手順が適正に行われることをさす。

　例えば、生活保護法は、申請保護の原則を採用し（第7条）、申請による保護の開始について定めている（第24条）。同法は、「保護の開始の申請があったときは、保護の要否、種類、程度及び方法を決定し、申請者に対して書面をもって、これを通知しなければならない」（第24条第3項）と規定し、その場合において「決定の理由を付さなければなら」ず（同第4項）、また、決定通知は「申請のあった日から14日以内にしなければならない」（同第5項）と定めている。このように、生活保護

の開始決定については、そこにおける「保護の要否、種類、程度及び方法」の決定が各々正しく判断され、決定に際しての理由提示と、申請から決定までの処理期間を14日以内とすべきことが求められている。保護の開始決定がその内容において正しいこと、すなわち「保護の要否、種類、程度及び方法の決定」が適切に行われることは、実体的適法性の問題である。これに対して、決定を申請日から14日以内に行い、かつ、決定通知に理由を記すことは、決定の手続的適法性の問題である。

　この例のように、行政活動には、その内容面での判断の正しさという次元の要件（実体的適法性要件）と、その判断が行われる過程でふまれた手順の正しさという次元の要件（手続的適法性要件）が、双方満たされねばならず、実体または手続のいずれかに瑕疵があれば違法の評価を受ける。このうち、手続的適法性要件については、行政手続法（以下、行手法）が一般法として置かれており、その内容を理解しておくことが重要である。

❷行政手続法が定める手続ルール

　行手法は、行政活動が適法に行われるためにふむべき一連の手続を定めた法律である。行手法は、「行政運営における公正の確保と透明性の向上」と「国民の権利利益の保護に資すること」を目的とする（第1条）。「透明性」とは、「行政上の意思決定について、その内容及び過程が国民にとって明らかであること」である。

　行手法は、行政活動のうち、処分、行政指導及び届出に関する手続と、命令等を制定する際の手続を規律する。同法は、1990年代初めの規制緩和政策と日米構造協議の際のアメリカからの外圧に後押しされ、平成5（1993）年、制定をみた歴史がある。これは、欧米諸国に比べ、極めて遅いタイミングであった。また、制定された行手法には行政計画や行政契約に係る手続規定がなく、これらを個別法にもっぱら委ねるなど、当初から課題を残していた。行手法が定める手続の仕組みは、次のとおりである。

　①申請に対する処分手続

　　行手法は、処分を、「行政庁の処分その他公権力の行使に当たる行為」と定義し（第2条第2号）、これを「申請に対する処分」と「不利益処分」に分け、各々の手続ルールを置いている。

　　申請とは、「法令に基づき、行政庁の許可、認可、免許その他の自己に対し何らかの利益を付与する処分（略）を求める行為であって、当該行為に対して行政庁が諾否の応答をすべきこととされているも

の」をいう（第2条第3号）。申請に基づき、これへの諾否の応答と
してされる許認可等が「申請に対する処分」とよばれ、行手法は、第
2章（第5〜11条）で、行政庁が当該処分を行う際にふむべき手続を
定めている。その主なものは、次のとおりである。

　㋐審査基準の設定・公表（第5条）
　　申請に対する処分に係る権限を有する行政庁は、いかなる場合に
　許認可等を行うかを判断するための「審査基準」をあらかじめ設定
　し、これを公にしておかなければならない。

　㋑標準処理期間（第6条）
　　行政庁は、申請がその事務所に到達してから許認可等の処分を行
　うまでに通常要すべき標準的な期間（標準処理期間）をあらかじめ
　定める努力義務を負い、当該期間を定めた場合にはこれを公にする
　義務を負う。

　㋒申請の到達主義（第7条）
　　行政庁は、申請がその事務所に到達したときは、遅滞なく当該申
　請の審査を始める義務を負い、このような申請手続のあり方を到達
　主義という。到達主義のもとでは、申請書類の記載事項等に形式的
　不備があれば相当の期間を定めて申請者に補正を求めるか、許認可
　等を拒否しなければならず、形式的不備以外の理由で申請書類を受
　け付けない対応は許されない。申請の到達主義は、申請者の申請権
　侵害を防ぐ仕組みである。
　　行手法が申請の到達主義の考え方を明らかにしたことにより、行
　政実務において従来みられた、申請の受理・不受理に係る裁量権の
　行使は、違法な実務として許されなくなった。例えば、生活保護の
　実務において、申請意思をもって福祉事務所を訪れた住民に対し、
　その意思を萎縮させる言動により申請を阻む窓口対応として批判さ
　れてきた「水際作戦」は、これが申請権侵害にあたる場合には、行
　手法第7条違反の評価を受けることとなる。

　㋓理由の提示（第8条）
　　行政庁は、申請により求められた許認可等を拒否する処分をする
　場合には、申請者に対し、当該処分の理由を示さなければならない。
　処分時の理由提示義務の制度は、処分を行う行政庁の判断の恣意を
　抑制して公正さと慎重さを担保し、また、後に相手方私人が処分を
　行政争訟において争う場合の便宜を与えるものとしても重要である。

*152
行政庁とは、国または
地方公共団体といった
行政主体の内部を構成
する行政組織である行
政機関のうち、行政主
体のために意思決定を
行い、その意思決定に
ついて行政組織の外部
に対して表明する権限
を有する機関のことを
いう。したがって行手
法は、申請に対する処
分及び不利益処分を行
う権限をもつ行政機関
として、「行政庁」の文
言を用いて定めを置い
ている。

*153
行手法は、私人が法令
に基づき行う届出に係
る手続としても、到達
主義によるべきことを
明示している（第37条）。

*154
申請に対する拒否処分
の際の理由提示義務は、
一般法としての手続ルー
ルである。したがっ
て、個別法に異なる定
めがある場合には、こ
れによる。その例とし
て、生活保護法第24条
第4項は、生活保護の
開始決定においても理
由の提示義務を課す。

②不利益処分手続

　行手法上、不利益処分とは、「行政庁が、法令に基づき、特定の者を名あて人として、直接に、これに義務を課し、又はその権利を制限する処分」のことをいい（第2条第4号）、ここに申請に対する拒否処分は含まれない。つまり、行手法上の不利益処分は、職権処分として行われる不利益処分のみをさす。不利益処分の手続としては、次の⑦～⑤が重要である。

　⑦処分基準（第12条）

　行政庁は、不利益処分を行う際の基準として「処分基準」を定め、これを公にしなければならない。また、処分基準を定める際は、不利益処分の性質に照らしてできる限り具体的なものとすることが求められる。ただし、処分基準の設定・公表は、審査基準の設定・公表のように法的義務ではなく、努力義務にとどまっている（第12条第1項）。

　④聴聞と弁明の機会の付与（第13条）

　行手法は、不利益処分を行う前に、当該処分の相手方の意見を聴く手続を義務付ける。その手続として、聴聞（第13条第1項第1号）と弁明の機会の付与（同第2号）の2種類がある。

　このうち聴聞は、処分の相手方を出頭させて直接意見を聴く手続であり、弁明の機会の付与は、書面で意見を聴く手続である。聴聞のほうが手続としてより手厚いため、行手法は、許認可等を取り消す処分や資格や地位を剥奪する処分等、相手方に与える不利益の程度の大きい処分を行う際には、聴聞を義務付けている。

　⑤理由の提示（第14条）

　行手法は、申請に対する拒否処分を行う場合と同様に、不利益処分を行う際にも理由の提示義務を課している。したがって、行政庁は、不利益処分を行う場合には、処分の相手方に対し、処分理由を示すよう義務付けられている。[*155]

③行政指導手続

　行政指導は、その法的性質ゆえに法律の根拠が不要とされ、行政にとっては使い勝手のよい行政活動である面がある。そのため、地域において住民と事業者が対立する地域紛争を抱える地方自治体は、しばしばその紛争解決を図るため、調整的行政指導を用いてきた。そのようななか、行手法制定前には、マンション建設に反対する住民らからの陳情を受けた地方自治体が、建築業者から出された建築確認申請に

*155
行手法第14条第1項において求められる理由の程度について、最高裁は、「当該処分の根拠法令の規定内容、当該処分に係る処分基準の存否及び内容並びに公表の有無、当該処分の性質及び内容、当該処分の要因となる事実関係の内容等を総合考慮してこれを決定すべき」とする判断基準を示した。その上で、本件で争われた建築士法に基づく一級建築士免許取消処分に付すべき理由について、「処分の原因となる事実及び処分の根拠法条に加えて、…（略）…処分基準の適用関係が示されなければ」ならず、「いかなる理由に基づいてどのような処分基準の適用によって免許取消処分が選択されたのか知ること」ができない本件処分は違法であり「取消しを免れない」と結論付けた（最高裁平成23年6月7日判決、民集65巻4号2081頁）。

対する確認処分を直ちに行わず処分を留保する対応をとる一方、当該留保期間中、建築業者に対して住民への説明を行うよう求める行政指導を続けたことについて、建築業者から当該行政指導が違法であるとして損害賠償訴訟が提起され、最高裁が当該行政指導を違法とする判決を下すといった動きも生じていた。[*156]

*156
最高裁昭和60年7月16日判決、民集39巻5号989頁。

第1部 第2章

そこで行手法は、行政指導に携わる行政機関の基本的なあり方として、次のようなルールを定めることとした。すなわち、「いやしくも当該行政機関の任務又は所掌事務の範囲を逸脱してはならないこと」、及び「行政指導の内容があくまでも相手方の任意の協力によってのみ実現されるものであること」に留意すべきとし（第32条）、申請の取下げや内容の変更を求める行政指導について、「申請者が当該行政指導に従う意思がない旨を表明したにもかかわらず当該行政指導を継続すること等により当該申請者の権利の行使を妨げるようなことをしてはならない」とし（第33条）、許認可等の権限に関連してされる行政指導について、「当該権限を行使し得る旨を殊更に示すことにより相手方に当該行政指導に従うことを余儀なくさせるようなことをしてはならない」とする（第34条）。

④命令等の制定手続

命令等の制定手続は、平成17（2005）年行手法改正で新設された手続類型であり、行手法は、その手続の名称を「意見公募手続」と定めている。「命令等」とは、告示を含む法律に基づく命令、審査基準、処分基準、行政指導指針の総称である（第2条第8号）。

制定当初の行手法は、処分や行政指導等をめぐり行政と相手方である私人との間で形成される二面関係における、相手方の権利保護のための手続を定めるのみであった。このように、もともと行手法は、不特定多数の私人が行政の意思決定過程に関与することを認める民主主義的な手続ルールを規定していなかった。このため、意見公募手続の新設は、広く不特定多数の私人から寄せられる意見や情報を考慮して命令等の制定を行う仕組みを置くことにより、従来の行手法の手続保障の水準を高める改正であったといえる。

意見公募手続の基本構造は、命令等の制定をしようとする行政機関が、命令等の案を公示し、30日以上の意見提出期間を設けて広く一般から意見を求め（第39条第1項・第3項）、提出意見を十分に考慮して命令等を制定するよう義務付けるものである（第42条）。意見公募手続は、命令等の案の公示→一般からの意見提出→提出意見の考慮結

果とその理由の公表（第43条）、という流れを経ることから、「一往復半」の手続と特徴付けられる。

　つまり、行政の意思決定過程において伝統的に行われてきた意見書提出手続等は、提出意見の処理過程が不透明な点に課題があったが、「意見公募手続」は、真に提出意見が考慮され得るかに関して課題もないではないが、少なくとも「一往復半」の手続構造である点で、従前の手続水準を向上させたといえる。

❸実体的適法性要件

　行政活動の実体的適法性は、当該活動が根拠法令の定める要件を満たしているか否かにより判断されるが、社会福祉の行政活動は憲法上の人権との結び付きが深いため、しばしば、憲法の人権諸規定との抵触問題も、実体的適法性の問題として念頭に置かれるべきものとなる。

　また、法治主義のもと、行政活動には原則として法律の根拠が置かれることとなるが、根拠規定があっても、その規律が緩やかで幅のある場合には、いかなる場合に当該活動に係る行政権限を行使するかという要件判断のレベルや、法律上の要件を満たすと判断される場合であってもいかなる行政活動を行うかという行為選択のレベルにおいて、各々、判断余地（判断の幅）が生じることとなり、行政に与えられた裁量権が適切に行使されることもまた、行政活動の実体的適法性要件の一つとなる。この点について行政事件訴訟法第30条は、「行政庁の裁量処分については、裁量権の範囲をこえ又はその濫用があった場合に限り、裁判所はその処分を取り消すことができる」と定め、裁量権の範囲の逸脱または濫用が違法性を導くことを明らかにしている。

（6）行政上の義務履行確保と即時強制（行政強制）

　行政行為によって義務を課された者が、当該義務を履行せずに放置していることは、公益に反する事態である。私人間の契約関係において債務の履行を怠る私人がいる場合、その義務の強制執行は、裁判所における手続を経て行われる（司法的執行）。これに対し、行政法関係においては、行政上の義務について、当該義務履行の実効性確保について定める法律が置かれている場合には行政による自力執行が可能であり（行政的執行）、私人間の法関係のように裁判手続を経る必要はない。

❶行政上の強制執行

　行政上の義務の強制執行の制度としては、代執行、直接強制、強制徴収、執行罰の4種類がある。

　その第1は、行政代執行法に基づき、行政上の義務のうち代替的作為義務について行われる「**代執行**」である。法律上禁じられているにもかかわらず不法投棄された廃棄物の撤去や、除却命令が出された違法建築物を除却する場合がその例である。いずれの場合も、法律に基づいて発せられた撤去命令や除却命令によって課された義務を義務者が自ら履行しないため、行政が当該義務を代わって行うものである。また、行政代執行法第1条は、「行政上の義務の履行確保に関しては、別に法律で定めるものを除いては、この法律の定めるところによる」（傍点筆者による）と定めていることから、行政上の強制執行制度を置くことができるのは「法律」によってのみであり、地方自治体が条例で行政上の強制執行制度を置くことは許されない。

　第2は、個別法に基づき、あらゆる義務を対象として行われる「直接強制」である[157]。直接強制は、行政が、義務者の身体や財産に対して直接に実力を行使することにより、義務が履行された状態を実現するものである。

　第3は、金銭の納付義務を強制的に履行させる「強制徴収」であり、国税通則法と国税徴収法が定める、税の滞納処分の制度がある。滞納処分は、税金を強制的に徴収するための手段として定められているものであるが、この強制徴収の制度は、国の金銭債権の強制的な履行の仕組みとして、国民皆保険皆年金の体制のもと、医療保険、介護保険、年金等の各社会保険制度においても用いられている[158]。

　第4は、「執行罰」であり、義務を履行しない者に、心理的圧迫を加えて義務履行を間接的に強制するものである。近年ではその活用を求める議論もみられるが、現行法上は、ごく限られた例しかない[159]。

❷行政罰

　行政罰は、行政上の義務を履行しない者がある場合において、この者に対し制裁として科すことが認められている罰であり、刑法上に刑名があるものを「行政刑罰」という。また、「過料」という名の制裁を科すものを「行政上の秩序罰」という。

　行政刑罰も行政上の秩序罰も、法律の定めがある場合に限り科すことが可能であるが、地方自治体の条例の場合には、条例違反を犯した者に

[157]
個別法の例として、成田国際空港の安全確保に関する緊急措置法第3条第6項。

[158]
これらの社会保険制度においては、「滞納処分の例による」旨の規定が置かれている。その例として、介護保険の保険料は、地方自治法第231条の3第3項に定める「歳入」として「地方税の滞納処分の例により処分することができる」とされている（介護保険法第144条）。

[159]
現行法上の唯一の例が、砂防法第36条に基づく執行罰である。

対しては、行政刑罰については「2年以下の懲役もしくは禁錮、100万円以下の罰金、拘留、科料若しくは没収の刑」を、行政上の秩序罰については「5万円以下の過料」の規定を設けることができる旨が定められており（地方自治法第14条第3項）、科し得る行政罰の上限が決められている。

❸その他の実効性確保手段

上に述べたもののほか、行政上の義務違反に対する制裁として一定の不利益を課す手段が、個別法にみられる。法律が特に認めているものとして、道路交通法上の反則金（第125条以下）、国税通則法上の通告処分（第157条）、公正取引委員会が行う課徴金（私的独占の禁止及び公正取引の確保に関する法律第7条の2、第20条の2～6）の制度がある。

このほか、法律のみならず条例にもしばしば置かれるのが「公表」である。前述のとおり、公表は、行政指導に従わない者について、その事実を公表する措置としても用いられるが、行政指導は相手方の任意性を前提に行政目的を達する作用であるから、このような制裁を伴って間接的に強制することに対しては慎重でなければならない。また、このような観点から、公表の事前手続として、聴聞のような意見聴取手続が保障されることが望ましい。

❹即時強制

行政上の義務履行確保の手段とは異なるが、これと類似の機能を果たすものとして、「即時強制」がある。即時強制は、相手方に義務を課すことなしに、人の身体または財産に実力を行使する手段である。即時強制は、相手方に対する義務の賦課を前提としない手段である点で、先に見た行政上の義務履行確保のための行政上の強制執行とは異なる性質をもつが、相手方の身体や財産に実力を加える点において共通する面がある。このため、行政上の義務履行確保の各手段と即時強制とを合わせて、「行政強制」と総称されることがある。

即時強制の例としては、警察官等から通報があった場合に都道府県知事が精神障害者に対して行う措置入院（精神保健及び精神障害者福祉に関する法律第29条第1項）、入国警備官が収容令書をもって不法入国・滞在の外国人に対して行う収容（出入国管理及び難民認定法第39条第1項）、消防職員が延焼の恐れのある物件等を強制的に処分する破壊消防（消防法第29条第2項）、泥酔者や行倒れ等の人の保護（警察官職務執行

法第3条第1項）がある。

2 行政救済法

（1）行政救済法の全体像

　行政救済法は、違法・不当な行政活動がされたこと（または、されようとしていること）に起因して不利益を被った者（または、将来的に不利益を被ることを危惧する者）が自ら裁断機関への申立てを行うことを契機として手続が進められる、当該行政活動の是正（または予防）と権利利益の救済を図る法であり、行政争訟、国家補償及び行政上の苦情処理の3分野から成る。

　ここで裁断機関として想定されるのは、行政機関または裁判所であり、裁断機関への申立てを行う者の大多数は、国民・住民等の私人である。[*160]

（2）行政争訟

❶行政上の不服申立て

　行政上の不服申立ては、私人の側から行政活動に関する不服の申立てが行政機関に対してなされると、行政自らが行政の自己統制として、その申立てに理由があるか否かを審査・判断することにより、私人の権利利益の救済と行政の適法性確保を図るものである。不服申立ての手続は、個別法に特別の定めがある場合を除き、**行政不服審査法**（以下、行審法）が定めており、行審法は、処分に関する不服申立ての一般法である。

　行審法は、明治憲法下の訴願法が訴願事項の制限列挙主義や訴願前置主義を定めるなど、行政救済制度としては課題があったため、昭和37（1962）年に制定された。しかし、そもそも行政上の不服申立ては、裁判手続に比べ、手続の簡易・迅速性や、違法のみならず不当も審査可能であるというメリットが認められる反面、行政の自己統制であるがゆえに審査における第三者性が弱く、このことが救済率の低さを招いているといった課題も抱えていた。

　そのような状況が続くなか、平成26（2014）年、手続の公正性と使いやすさの向上を図るため、約50年ぶりの大改正がされ、手続の基本構造が大きく改められた。

　手続の公正性の向上を図る観点から、この改正で盛り込まれた仕組みとして重要なのは、係争対象処分に関与しない職員に審理を進めさせる「審理員」の制度（第9条）と、審査庁が裁決を行う前に諮問を義務付

*160
ただし、行政事件訴訟法第6条の機関訴訟のように、国や地方公共団体の機関が原告となって争われる訴訟があり、行政救済法において申立てを行う資格をもつ者は、必ずしも私人に限られるわけではない。

*162
旧行審法は、異議申立てと審査請求の２種類の不服申立手続を置いていた。

*163
処分庁が不服申立期間について誤って法定期間よりも長い期間を教示した場合に関して、行審法は特に定めを置いていないが、このような場合には、「正当な理由」（行審法第18条第１項ただし書）があるとして法定の期間内にされたものとみなす対応が妥当と解される。

ける第三者機関としての「行政不服審査会」の制度（第43条）である。[161]また、不服申立ての審理手続が書面審理原則をとる点は従前どおりであるが、審査請求人または参加人から申立てがあった場合に行われる口頭意見陳述においてすべての審理関係人の招集が義務化され（第31条第２項）、口頭意見陳述において審査請求人に質問権が認められる（同第５項）等、審理手続における審査請求人の権利が強化された。

また、この制度の使いやすさの向上を図る観点からは、審査請求期間の60日から３か月への延長（第18条第１項）、不服申立手続の**審査請求**への一元化[162]（第２・３条）、審査請求がその事務所に到達してから当該審査請求に対する裁決をするまでに通常要すべき期間としての標準審理期間の設定・公表に係る規定の新設（第16条）が行われた。

以上のような改正がされ、現在、審査請求の手続の流れは、**図１−２−５**のとおりである。

国民等にとって、審査請求の手続は決してわかりやすいものでなく、制度に不案内であるがゆえに争う機会を失うような事態は、避けなければならない。そこで行審法は、処分時に、①不服申立てが可能であること、②不服申立てをすべき行政庁、③不服申立てをすることができる期間を、書面で教示するよう処分庁に義務付け（第82条）、処分庁が教示を怠り、または誤った教示をした場合の救済の定めを置く[163]（第22・83条）。

〈図１−２−５〉審査請求の手続の流れ

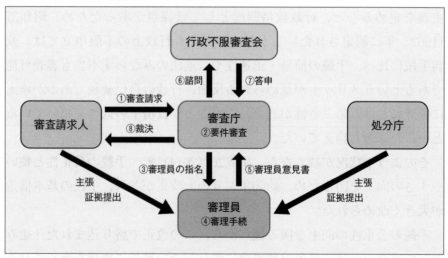

（出典）内閣府大臣官房政府広報室・政府広報オンライン「より公正に、より使いやすくなりました。『行政不服審査制度』をご利用ください」をもとに一部改変

❷行政事件訴訟（行政訴訟）

　行政事件訴訟（単に「行政訴訟」ともいう）は、行政活動の効力や行政活動に係る法関係をめぐり争われる訴訟である。行政訴訟に特有の訴訟手続上の取扱いは、行政事件訴訟法（以下、行訴法）が定めている。

　行訴法が定める行政訴訟の全類型は、**表１－２－３**のとおりである。このうち、主観訴訟とは、当事者が自己の権利利益の救済を求めて提起する訴訟であり、客観訴訟とは、行政の法令適合性ないしは客観的な法秩序の維持を求めて提起する訴訟である。

①抗告訴訟

　行政訴訟の中心を成すのは、公権力の行使に関する不服の訴訟である抗告訴訟（第３条第１項）であり、このうち、取消訴訟（第３条第２・３項）がその中核を占め、行訴法のうち最も多くの条文数をもつ（第８〜35条）。

　取消訴訟は、処分後に当該処分の取消しを求めることについて法律上の利益を有する者のみが提起できる（第９条）。ただし、出訴期間の制限があり、原則として処分または裁決があったことを知った日から６か月を経過すると提起できなくなる（第14条第１項）。このため、出訴期間を過ぎた場合、期間の定めのない訴訟である無効等確認訴訟（第３条第４項）を提起することになるが、処分の無効の瑕疵は、処分が違法であるとして取り消される場合の瑕疵よりも程度が著しく、判例は、これを「重大かつ明白な瑕疵」ととらえていることから、無効等確認訴訟において勝訴判決を得ることは決して容易ではない。

　また、社会福祉分野における処分について、取消訴訟で争う際に注意すべき点として、審査請求前置との兼ね合いがある。行訴法は、処

〈表１－２－３〉**行政事件訴訟法における行政訴訟の全体像**

行政訴訟	抗告訴訟	処分・裁決取消訴訟	主観訴訟
		無効等確認訴訟	
		不作為違法確認訴訟	
		非申請型義務付け訴訟	
		申請型義務付け訴訟	
		差止訴訟	
	当事者訴訟	形式的当事者訴訟	
		実質的当事者訴訟	
	民衆訴訟		客観訴訟
	機関訴訟		

（筆者作成）

分について審査請求をするか取消訴訟を提起するかは当事者が選択できるとする、自由選択主義の原則をとる（第８条第１項）が、社会福祉分野には、しばしば「この法律に基づく処分の取消訴訟は、審査請求に対する裁決を経た後でなければ提起できない」との定めを置くものがあり、この場合、いきなり取消訴訟を提起することは許されない。平成26（2014）年行審法大改正の際、審査請求前置は、国民の裁判を受ける権利を不当に制限する制度として見直しの対象とされたが、依然として個別法上、審査請求前置の制度が残されているものがある。その例として、生活保護法第69条、介護保険法第196条、障害者総合支援法第105条がある。[164]

　また、このほかの訴訟類型として、法令に基づく申請をした者が、相当の期間が経過してもなお何ら応答のない状態に置かれている場合に提起できる、不作為違法確認訴訟（第３条第５項）がある。不作為違法確認訴訟は、たとえ勝訴しても不作為状態が違法である旨の確認判決が得られるにとどまるため、救済手段としては迂遠といわざるを得ない。

　そもそも社会福祉のように給付やサービスを求める行政分野では、すでにされた処分の取消しや不作為状態の違法確認を求めるだけでは、救済の実効性がない。そこで有効であるのが、義務付け訴訟である。特に、申請に対する処分において、すでにされた処分に不服のある者や、申請に対する応答がされないまま相当の期間が経過した状態に置かれている者は、申請型義務付け訴訟（第３条第６項第２号）を、処分取消訴訟や不作為違法確認訴訟と併合して提起し（第37条の３第３項）、具体的な給付を直接に求める訴訟を提起することが得策である。実際、社会福祉分野では、申請型義務付け訴訟を提起して勝訴判決を得て、直ちに新たな給付やサービスの受給・利用が認められたケースが多数ある。[165]

　以上のほか、訴訟要件として「重大な損害」や「ほかに適当な方法があるか否か」といった要件が加重されている点で決して使い勝手がよいとはいえないが（第37条の２、第37条の４）、非申請型義務付け訴訟（第３条第６項第１号）と差止訴訟（第３条第７項）がある。前者は、申請権のない者が原告となって、第三者に対する不利益処分や自らに対する利益処分を求める場合に提起することが想定される訴訟であり、後者は、主として、自らに対して不利益処分をされる恐れのある者が、これを防ごうとして提起することが想定される訴訟である。

＊164
一方、審査請求前置が廃止されたものとして、子ども・子育て支援法、児童扶養手当法等がある。平成26（2014）年の行審法改正前は96法律が審査請求前置の制度を置いていたが、審査請求と再審査請求の二重前置を一重化する改正を含め、審査請求前置を維持した法律は49法律となり、全体として削減された。

＊165
東京地裁平成18年10月25日判決、判タ1233号117頁、和歌山地裁平成24年４月25日判決、判時2171号28頁・判タ1386号184頁等。

②抗告訴訟以外の訴訟

　行訴法は、抗告訴訟以外の主観訴訟として、当事者訴訟（第4条）の制度を置く。当事者訴訟のうち第4条前段の訴訟を「形式的当事者訴訟」といい、その例は、土地収用法第133条第3項に基づく収用に対する損失補償の額に不服がある場合の訴訟のように、限られている。

　他方、「実質的当事者訴訟」とよばれる第4条後段の訴訟は、処分性が認められない行政活動に対する権利救済において、広く有効性を発揮し得る。具体的には、処分性のない行政活動の違法確認や、当該行政活動が違法であることを前提とした現在の法律関係の確認を求める訴訟や、処分以外の方法で提供される給付やサービスについて一定の給付やサービスを行うよう求める給付訴訟等が考えられる。

　そして、広く行政の適法性の確保を求めて争う客観訴訟の類型に属する訴訟として、民衆訴訟（第5条）と機関訴訟（第6条）がある。客観訴訟は、法律が特に認めた場合に限り提起できる。民衆訴訟の例として、選挙に関する訴訟（公職選挙法第203条以下）や、住民訴訟（地方自治法第242条の2）がある。一方、機関訴訟は、文字どおり、行政機関相互間の訴訟であり、首長と議会の間での訴訟（地方自治法第176条7項）、地方公共団体に対する国の関与に関する国・地方公共団体間の訴訟（地方自治法第251条の5）等がある。

（3）国家補償

　国家補償は、適法または違法な国家作用によって私人の身体、財産等に生じた損失や損害の金銭的填補を通じて救済を図る分野である。国家補償に属する行政救済法には、「損失補償」と「国家賠償」の2分野があり、さらに、両分野のいずれともとらえ難い、両分野の谷間に置かれる第三のものとして「結果責任に基づく国家補償」[166]がある。

❶損失補償

　財産権の保障を定める日本国憲法は、私有財産が公共の用に供される場合において正当な補償が与えられなければならない旨を定めている（第29条第3項）。損失補償は、憲法第29条第3項の具体的実現に直結する行政救済法である。「公共のために用ひる」（第29条第3項）とは、道路や公共施設の建設等のように、国、地方自治体等が行う公共事業のために私有財産が用いられることである。このように、公共事業を行うこと自体は必要かつ合理的な公共目的の実現に資するものである限り適法

＊166
結果責任に基づく国家補償は、適法か違法かを問わず国家作用に起因して生じた被害の填補を図るものであり、刑事補償法のように個別法が置かれているものもあるが、一般法はなく、体系的な法整備がされているとは言い難い。また、「谷間」の問題の具体例として、予防接種禍訴訟があるが、予防接種の副反応は、たとえ医師が十分に注意を払っても予測不可能な面があり、過失の認定がむずかしい。これについて最高裁は、過失の認定要件を緩和して、国家賠償による救済の途を広げている（最高裁平成3年4月19日判決、民集45巻4号367頁）。

な国家作用といえるが、そのために財産権の制限を受ける者に対し、財産権保障の一環として、損失の補填を行うことが求められ、これを損失補償という。

このとき、補償の要否の基準として用いられてきたのが、「特別の犠牲」の観念である。これは、社会全体的な公平負担の見地から、当該損失に対し補償をしないことが公平の理念に反すると解される場合、「特別の犠牲」に当たるとして補償対象とする観念である。[*167]

損失補償の法的根拠は、憲法第29条第3項であるが、行審法や行訴法のように、損失補償について定めた一般法は存在しない。したがって、個別法があればこれに基づく所定の手続と要件のもとで補償がなされるが、個別法が不在の場合には、憲法第29条第3項に基づいて直接補償を求め得る。[*168]損失補償の個別法として最も代表的なものは、土地収用法である。

❷国家賠償

国家賠償は、違法な国家作用により生命・身体・財産等に係る損害を受けた者に対する金銭賠償の仕組みであり、**国家賠償法**が、民法の特別法として規定を置く。国家賠償法上、国家賠償責任には、公務員の違法な公権力の行使に対する責任と、道路や河川等の公の営造物の設置・管理の瑕疵に対する責任の2類型があり、被害を受けた私人は、国または公共団体に対し、損害賠償を求めて出訴できる。

社会福祉分野においては、保育や介護の現場での事故に対する救済がしばしば求められるが、行政が自らサービス提供者になる機会は限られている。このような事情のもと、行政からの委託等を受けてサービス提供に従事した私人のもとで生じた事故について、当該サービス提供が本来的に国または公共団体の公務に該当することが認められる場合には、国家賠償法第1条に基づく責任が認められている。[*169]

（4）行政上の苦情処理

行政上の苦情処理は、その手続を定めた一般法がなく、また、私人から申し出られた苦情の終局的解決が裁判所における判決のように拘束力を有する判断としてなされない、インフォーマルな仕組みとしての特徴をもつ。このため、当事者の権利利益とは無関係な行政運営への不平・不満といった事項についても広く申し出ることが可能である。

その具体例には、国のものとして、総務省設置法及び行政相談委員法

＊167
具体的には、財産権侵害行為の目的、侵害行為の個別性ないし特殊性、侵害行為の強度等を総合考慮して判断される。

＊168
「直接憲法第29条第3項を根拠にして、補償請求をする余地がないではない」とする、最高裁昭和43年11月27日判決、刑集22巻12号1402頁。

＊169
最高裁は、社会福祉法人の運営する児童養護施設内での事故について、県の国家賠償責任を肯定した（最高裁平成19年1月25日判決、民集61巻1号1頁）。

に基づき総務大臣により委嘱される行政相談委員が行う行政相談制度があり、地方レベルのものとして、オンブズマン制度がある。

　行政相談は、広く国の行政全般に対する苦情や意見・要望を受け付け、行政相談委員が相談者へ助言を与えるとともに関係行政機関に対して必要な改善の申入れを行うことを通じて、行政の制度や運営の改善を図るものである。

　一方、オンブズマンは、職権行使の独立性が保障された独任制のオンブズマンが、住民からの申出に応じて、調査・あっせん・勧告を行い、行政運営の改善をめざすものである。平成2（1990）年に設置された川崎市市民オンブズマンがその最初の例とされるが、その後、福祉分野に特化したオンブズマン制度を置く例もみられる等、地方レベルで導入が進んできた。行政争訟のように申立ての手続や要件が厳格な仕組みには乗りづらい案件にも対応でき、福祉サービスの提供過程で生じる苦情への解決の仕組みとして、固有の意義があるといえる。

3 行政組織と地方自治法

（1）国の行政組織

　行政組織法は、行政組織の編成と当該組織の任務を定める法分野である。そして、当該任務に具体的に従事する職員の身分等について規律する公務員制度[170]もまた、ここに含まれる。したがって、行政組織法は、国家の行政担当組織の編成と任務、及びこれに従事する者に関する法の総体である。

　憲法上、「行政権は、内閣に属する」とされ（第65条）、これに基づき、行政作用は究極的には内閣によって担われる。その一方で、憲法は、「地方公共団体は、その財産を管理し、事務を処理し、及び行政を執行する権能を有し、法律の範囲内で条例を制定することができる」（第94条）とし、地方自治を保障する。憲法は、「地方公共団体」について、特段の定義をしていないが、ここには都道府県と市町村が含まれるとするのが一般的な理解である。こうして、あらゆる行政活動が、国と地方との間で分担され、行われている。

　国の行政組織の中心は、内閣であるが、そのもとに置かれる行政組織の編成について定める法として、国家行政組織法がある。国家行政組織法は、内閣の統轄のもとにおける行政機関のうち、内閣府及びデジタル庁以外のものを規定する。具体的には、同法別表が定めるとおり、国の

[170] 具体的には、国家公務員法と地方公務員法の2法がある。

99

中央省庁として、総務・法務・外務・財務・文部科学・厚生労働・農林水産・経済産業・国土交通・環境・防衛の11省を置き、各省について、その外局として置かれる委員会及び庁の組織編成を定めている。そして、同法と並んで、内閣府設置法が、内閣の重要政策に関する内閣の事務を助けることを任務とする国家行政の組織として、内閣府の設置根拠を置き、令和3（2021）年に新たな国の行政組織として発足したデジタル庁については、デジタル庁設置法が、その設置根拠を置く。

　社会福祉行政の所管省は厚生労働省であり、同省の任務については厚生労働省設置法に定めが置かれているが、このうち、内閣の重要政策とされるものについては内閣府も役割を負っている。具体的には、障害者基本法に基づき置かれる「障害者政策委員会」や、高齢社会対策基本法に基づき置かれる「高齢社会対策会議」といった社会福祉にも深く関連する機関が、内閣府には複数置かれ、主として政策の大方針を立案する役割を担っている。また、令和5（2023）年4月には、内閣府の外局として、新たに「こども家庭庁」が設置され[171]、内閣府の政策における子ども・子育て政策の重要度が高まっている。

*171
令和5（2023）年度時点において、内閣府の外局として置かれているのは、こども家庭庁のほか、公正取引委員会、国家公安委員会、個人情報保護委員会、カジノ管理委員会、金融庁、消費者庁である。

（2）地方自治法

❶住民自治と団体自治

　地方自治保障の総則規定である憲法第92条は、「地方公共団体の組織及び運営に関する事項は、地方自治の本旨に基づいて、法律でこれを定める」とする。ここにいう「法律」の中心を成すのが、**地方自治法**である。憲法第8章は、地方自治保障について、4か条しか規定しておらず、第92条にあるように、組織と運営に係る事項のあり方は、「地方自治の本旨」に従い、法律で具体化すべきものとされている。

　「地方自治の本旨」には、住民自治と団体自治という2つの自治の原則が含まれている。住民自治は、地方自治体の区域における公共的事務を当該区域の住民の意思で自主的に処理すべきとする原則である。団体自治は、国とは別個の法人格をもつ統治団体としての地方自治体の存在を認め、この団体が当該区域内の公共的事務を自主的に処理すべきとする原則である。したがって、地方自治法の立法化にあたっては、両原則との整合性が求められる。

　なお、住民自治は、地方自治保障の目的を表す原則であり、その実現手段として団体自治の原則があると考えられている。

❷地方分権改革と現行地方自治法

　地方自治法は、地方公共団体の種類について、普通地方公共団体と特別地方公共団体の2種類を定める（第1条の3）。普通地方公共団体は、都道府県及び市町村であり、これは、前述のように、憲法上の地方公共団体と一致するというのが大方の見方である。

　現行の地方自治法は、平成11（1999）年に、制定以来初ともいわれる抜本的改正がされ、現在の基本構造を形成するに至っている。この改正の背景には、旧法下での国・地方関係が上下・主従関係であり対等でないことが、憲法の保障する地方自治の理念と整合せず、また、1990年代の国家構造改革の一環としての国の役割の重点化政策とも相俟って「地方分権改革」とよばれる政策が進められるなか、国と地方の対等・平等の実現がめざされたという事情がある。その際、旧法が国・地方関係を不平等なものとしてきた根源が、「機関委任事務」の制度にあることが認識され、その廃止が改正の焦点とされた。

　そこで平成11（1999）年改正においては、国の事務を地方自治体の機関に委任して処理させる機関委任事務を廃止し、これと同時に、それまで自治体の担当事務の約7割もの部分を占めてきた機関委任事務を可能な限り自治事務化する、国から地方への権限移譲も進められた。この結果、現行地方自治法では、地方自治体の担当事務（第2条第2項）を、「**自治事務**」と「**法定受託事務**」の2つに新たに再編し、法定受託事務には、「法律又はこれに基づく政令により都道府県、市町村又は特別区が処理することとされる事務のうち、国が本来果たすべき役割に係るものであって、国においてその適正な処理を特に確保する必要があるものとして法律又はこれに基づく政令に特に定めるもの」（同第9項第1号）との定義が与えられた。

　以上の改正の結果、地方自治体が担う事務のうち、自治事務が約6割、法定受託事務が約4割という比率になり、地方自治体の自主性を発揮し得る領域が拡大した。

　また、機関委任事務の廃止は、憲法上保障された条例制定権の範囲を拡大させる効果ももたらした。旧法下では、機関委任事務に係る条例化について、当該事務の根拠法による条例への委任がなければ許されない、と解されてきた。なぜなら、機関委任事務は、国の事務だからである。しかし、機関委任事務に代わって新設された法定受託事務は、国の事務を委任して地方自治体の機関に処理させるという構造をもたず、当該事務は、自治事務と同様、地方自治体に帰属するとされた。

このような事務区分の見直しによって、地方自治体の条例制定権は、従来から認められてきた自治事務に加え、法定受託事務にも及ぶこととなり、条例制定権の範囲は一気に拡大した。

❸国と地方の関係

このように、現在の地方自治法は、国と地方の対等性を実現する面があるが、ただし、前述の法定受託事務の定義規定にあるように、法定受託事務の処理については、国が一定の関心を払い、利害関係をもつ事務として整理されている。このため、地方自治法は、当該事務を担当する主務大臣がさまざまな関与権を行使することを認めている（第11章）。

具体的には、地方自治体の事務処理に関して、国の行政機関が行使可能な関与として、助言・勧告、資料の提出の要求、是正の要求、同意、許可・認可・承認、指示、代執行、協議等の権限が認められている。これらのうち、助言・勧告や資料の提出要求といった非権力的関与を除く関与は、その程度の差こそあれ、権力性を備えた関与類型として、特に、法定受託事務について、必要に応じて行使され得ることが念頭に置かれている。

これらの関与類型が明示されたことの意義は、旧法下の機関委任事務制度における包括的な指揮監督権の仕組みを通じて、国から法的拘束力のある関与を受けてきた地方自治体にとっては、極めて大きいといえる[*172]が、その運用次第では、旧法下におけるような国・地方の力関係に再び陥る懸念もないではない。

そこで、このような懸念へのいわば「代償」として置かれているのが、平成11（1999）年改正で新設された、国地方係争処理の制度である。これは、地方自治体の長その他の執行機関が、その担任事務に関する国の関与のうち「是正の要求、許可の拒否その他の処分その他公権力の行使に当たるもの」に不服がある場合において、総務省に置かれる「国地方係争処理委員会」（第250条の7）に対し、国の行政庁を相手どって、審査の申出ができる仕組みである（第250条の13）。また、委員会の結論に不服がある場合等において、高等裁判所を第一審とする機関訴訟（行訴法第6条）としての関与の取消し等を求める訴えも提起可能となった（第251条の5）。

近年、この係争処理手続の利用例が増えつつあり、いわゆる「ふるさと納税」の取扱いをめぐる泉佐野市長と総務大臣との争いについて、市の主張を認容する判決が出され、注目を浴びたことは記憶に新しい[*173]。

*172 行政の行為形式の一つである「行政規則」のうち、現実の行政運営に事実上の強い影響力を及ぼしているのが通達である。旧法下における通達は、国・地方間で発せられることも多く、この場合には、法的拘束力あるものとして機能してきた。しかし、現行法は、機関委任事務制度を廃止し、地方分権改革の理念であった国と地方の対等性を基本として制度設計されており、国の機関が地方公共団体の機関に対して国の事務を委任して指揮監督権を及ぼすという関係にはもはやない。したがって現在、国の機関から地方の機関に対して発せられる通達は、法令に基づく事務処理のあり方を助言するものとして、拘束力を有するものではなく、当該事務を担当する地方公共団体の機関においては、必要と認める場合には、いつでも自主的な法令解釈権を行使した行政運営が可能である。

*173 本件について最高裁は、泉佐野市の主張を認容する判断を示した（最高裁令和2年6月30日判決、民集74巻4号800頁）。

📖**BOOK 学びの参考図書**

●藤田宙靖『行政法入門（第7版）』有斐閣、2016年。
　行政の組織法・作用法・救済法の各分野の基礎的事柄が網羅された、行政法の入門書である。初学者にとって読みやすい配慮がなされている。

●原田大樹『例解 行政法』東京大学出版会、2013年。
　行政法教科書には、さまざまな行政分野の区別を超えた普遍的原理・概念を解説したものが多く、個別分野の法に焦点を当てて解説するものは少ない。そのようななか、本書は、個別の行政分野の法の仕組みに焦点を当て、社会保障についても1章を設けて解説した行政法教科書であり、より深く、社会保障行政の仕組みを学ぶことができる。

第1章

成年後見制度

学習のねらい

　高齢者や障害者は、心身の状態や障害の種類によっては、自らの財産の管理や処分などの法律行為（例えば、賃貸借契約や売買契約の締結）を行うのに必要な判断能力が不十分である場合がある。施設入所や社会福祉サービス利用にあたっても、契約等の法律行為が必要となる。こうした場合、高齢者や障害者の自己決定を可能な限り尊重しながら、本人保護を図るのが法定成年後見などの仕組みである。

　社会福祉に携わる人は、成年後見人等との間で本人へのサービス提供の要否や内容などを話し合ったり、成年後見人等がついていない場合、成年後見人等を選任する方向で本人、家族、その他支援者などと話し合ったりする場合があり得る。社会福祉士として、自ら成年後見人の職務を行いたいと希望する人もいるだろう。

　本章では、法定後見・任意後見といった成年後見制度を学ぶとともに、権利擁護制度の全体像もあわせて学ぶことをねらいとする。

第1節　権利擁護の意義

1 権利擁護制度とは

社会には、判断能力が不十分であったり、従属的な立場に置かれたりしているために、個人としての権利や法的利益を十分に享受できない人々が存在している。そのような人々に対しては、社会的な支援システムを設けて、個人としての権利や法的利益の非実現状態を解消していかなければならない。そのための支援システムが権利擁護制度である。

判断能力が不十分な人は、自己の権利を侵害されやすい立場にあり、権利が侵害された場合に権利を回復することが困難である。また、自ら契約して権利を実現することも困難である。

したがって、判断能力が不十分な人に対しては、権利侵害に対する権利回復の支援と意思決定支援を含む権利実現の支援が必要となる。従属的な立場に置かれている人は、自己の権利を主張することもそれを実現することも困難である。したがって、従属的な立場に置かれている人に対しては、権利代弁を含む権利実現の支援が必要になる。

権利擁護制度は、さまざまな形で設けられてきたのであり、常に構築途上にある。権利や法的利益の非実現状態が制度として解消されるような仕組みが整っていない場合、システム・アドボカシーなどに基づいて、権利や法的利益の非実現状態を解消するための新しい制度をつくったり、新しい制度に改正したりしていかなければならない。

現在設けられているそれぞれの制度は、さまざまな課題や問題を抱えているのが現状であって、なぜそのような課題や問題が生じるのか、課題や問題を解決するには、今後どのような制度化を構想しなければならないのか等について、最近の動向などを見極めることによって考える必要がある。

2 狭義の権利擁護制度

判断能力が不十分な人は、自己決定すること自体が困難であり、自己決定したとしてもそれを実現することも困難なのであるから、自己決定することを支援すること（自己決定過程の支援）と自己決定したことを代弁すること（自己決定主張段階の支援）とを権利擁護制度の中核に据

〈図2-1-1〉 権利擁護制度の全体像

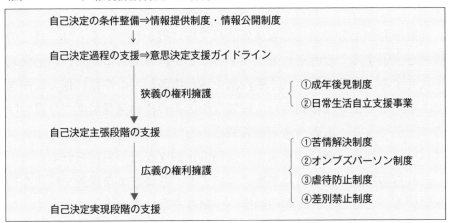

（筆者作成）

えるべきである。それらの支援を包含するシステムを狭義の権利擁護制度と位置付けることができる。判断能力が不十分な人に対する権利回復支援と権利実現支援を包含する狭義の権利擁護制度としては、**成年後見制度**と**日常生活自立支援事業**がある。

　成年後見制度と日常生活自立支援事業は、ともに判断能力が不十分な人の権利回復支援と権利実現支援を行う点で共通の目的を有している。しかし、日常生活自立支援事業は、成年後見制度を単に補完するためのシステムなどではなく、この事業独自の守備範囲をもっていることに注意すべきである。

　まず、成年後見人の介入が認められない日常生活に関する行為につき（民法9条ただし書）、その範囲に守備範囲を限定して、自己決定権の尊重を最大限に重視して支援するものである。次に、本人の日常生活に関する支援であるため、福祉の専門家による支援を予定している。したがって、日常生活自立支援事業は、本人に必要な日常的な事務を守備範囲として福祉的な支援を行うものと考えるべきである。

　なお、この第2部では、判断能力が不十分な人に対する権利回復支援制度及び権利実現支援制度を狭義の権利擁護制度としてとらえ、成年後見制度と日常生活自立支援事業を取り上げることとする。また、狭義の権利擁護制度の自己決定を支える制度として、意思決定支援ガイドラインについても解説することとする。

3 広義の権利擁護制度

　判断能力が十分であっても従属的な立場に置かれている人は、自己の権利を主張することもそれを実現することが困難であるから、自己決定を代弁することを含む権利主張段階を権利擁護制度の中核に据えるべきである。そのような権利実現支援制度を広義の権利擁護制度と位置付けることができる。広義の権利擁護制度としては、苦情解決制度、オンブズパーソン制度、虐待防止制度、差別禁止制度などがあげられる。

　これらの広義の権利擁護制度についても、さまざまな課題や問題を抱えている。ここでも、現在の制度の仕組みを単に覚えるのではなく、なぜそのような課題や問題が生じるのか、課題や問題を解決するにはどのような制度化が必要なのかなども含めて考えることにより、新たな権利擁護制度を構築していく努力を継続することが重要である。本書の第2部では、各制度についてできるだけわかりやすく解説するとともに、それぞれの制度が抱えている課題や問題も考えることとする。

（1）苦情解決制度・オンブズパーソン制度

　苦情解決制度には、都道府県段階の苦情解決制度[1]と事業者段階の苦情解決制度[2]がある。また、介護保険法に基づいて設置されている国民健康保険団体連合会（国保連）の苦情処理制度[3]もある。

　オンブズパーソンとは、市民の代弁者として行政等に対し、苦情を受け付け、あるいは、自ら苦情を申し立て、必要に応じて行政対応の改善を図る第三者機関をさしている。このような第三者機関が法令等によって定められている場合に、オンブズパーソン制度とよばれることが多い。

　自治体の中には、条例に基づいて、さまざまなオンブズパーソン制度を設けているものがあるが、福祉サービスに対する福祉オンブズパーソン制度を設けているものに関しては、自治体による苦情解決制度の一種と位置付けることができる[4]。

（2）虐待防止制度

　虐待防止制度は、虐待事件が発生している場合に、早期発見に基づく被虐待者の権利救済を図るとともに、虐待事件を再発させないように、養護者を支援するなどの措置を規定する制度である。つまり、虐待予防法というより、虐待再発防止法という性格が強い。家庭内虐待に対しては、「児童虐待の防止等に関する法律（児童虐待防止法）」「配偶者から

[1]
本書第2部第2章第2節参照。都道府県段階の苦情解決制度として設けられた運営適正化委員会の役割は、福祉サービスに対する苦情解決と同章第1節の日常生活自立支援事業の運営監視を含む。

[2]
本書第2部第2章第3節参照。

[3]
[1]に同じ。

[4]
[2]に同じ。

の暴力の防止及び被害者の保護等に関する法律（配偶者暴力防止法）」「高齢者虐待の防止、高齢者の養護者に対する支援等に関する法律（高齢者虐待防止法）」「障害者虐待の防止、障害者の養護者に対する支援等に関する法律（障害者虐待防止法）」の４法が成立している。[*5]

　家庭内虐待に対する法律は、ローマ法以来の「法は家庭に入らず」とする原則を修正し、むしろ「虐待がある場合には法が家庭に入らなければならない」ことを明確にしている。また、高齢者虐待防止法では、施設内虐待も対象とされ、障害者虐待防止法では、施設内虐待と働いている障害者に対する使用者による虐待も対象とされている。

　なお、被措置児童に対する施設内虐待については、児童虐待防止法ではなく、児童福祉法第33条の10以下に規定が設けられている。

（3）差別禁止制度

　差別禁止制度としては、まず、平成16（2004）年及び平成23（2011）年の障害者基本法改正により、障害を理由とする差別禁止が定められた。次に、平成20（2008）年５月に発効した障害者権利条約を受けて、平成25（2013）年６月に**障害者差別解消法**が成立し、平成28（2016）年４月１日から施行されている。[*6]

　障害者に対する不当な差別的取扱いが禁止されるのは当然であるが、障害者差別解消法において非常に重要な概念となっているのが、「合理的配慮」という概念である。障害者に対して合理的配慮をなすことが求められており、**合理的配慮**を否定することが差別となるという考え方である。

　ただし、障害者差別解消法では、「負担が過重でないとき」には社会的障壁の除去の実施について「必要かつ合理的な配慮」を要するとされており、負担が過重であるときには合理的配慮を行わなくてもよいとされているため、負担が過重であるとはどのような場合をさすのか解釈上問題となる。

＊5
本書第２部第２章第４節では、DV防止法を除く３法を解説している。

＊6
本書第２部第２章第５節参照。

第2節　成年後見の概要

1 成年後見とは

成年後見とは、一般に、精神上の障害により判断能力が低下し、契約等の法律行為における意思決定が困難になった場合に、その判断能力を補い、契約等の法律行為を行うことをサポートする制度のことをいう。[*7]
同じく判断能力が低下したため法律行為における意思決定が困難である未成年者をサポートする制度として、親権及び未成年後見があるところ、精神上の障害により判断能力が低下したため法律行為における意思決定が困難であるのは、事実上もっぱら成年者であるため成年後見とよばれる。[*8]

サポートの仕方は2つある。第1は、判断能力が低下した者が自分で行った不利な内容の契約等を取り消すことができるという形でサポートするものである（取消しによるサポート）。第2は、第三者が判断能力の低下した者に代わって、代理人として契約締結等を行うという形でサポートするものである（代理によるサポート）。[*9]

2 任意後見と法定後見

成年後見は、大きく**任意後見**と**法定後見**に分けられる（**図2-1-2**）。判断能力が低下し、自分ではもはや契約等の法律行為をすることができなくなる場合に備えて、あらかじめ自分で、信頼できる人に代理権を与える旨の委任契約をしておくことが考えられる。任意後見契約に関する法律に基づく任意後見は、このような場合に関する制度である。任意後見によってサポートされる者を本人、サポートする機関を任意後見人、任意後見人を監督する機関を任意後見監督人という。

もっとも、任意後見では、代理によるサポートしかないため、取消しのサポートが必要となる場合には対応できない。また、代理によるサポートも事前に与えた代理権の範囲に限定されるので、それを超えて代理によるサポートが必要となった場合には対処がむずかしくなる。そもそも、このような事前の契約を締結していない場合も当然考えられる。そこで、民法では、判断能力の程度に応じて、後見（成年後見）・保佐・補助の3つの制度を用意している。これらの3つの制度をまとめて法定

〈図2-1-2〉 成年後見制度の概要

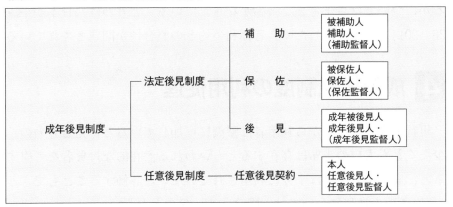

(出典) 小林昭彦ほか 編著『新成年後見制度の解説 (改訂版)』金融財政事情研究所、2017年、26頁

　後見という。後見は、通常判断能力を欠く状況である場合を対象とし、取消し及び代理によるサポートを広い範囲で与えている。保佐は、判断能力が著しく不十分な場合を対象とし、一定の行為について取消しによるサポートを原則としながら、代理によるサポートを付加できる仕組みになっている。補助は、判断能力が不十分な場合を対象とし、①特定の行為について取消しによるサポートだけ、②特定の行為について代理によるサポートだけ、③①と②の組み合わせ、というようにかなり柔軟なサポートの形が認められている。

　後見・保佐・補助において、サポートされる者をそれぞれ成年被後見人・被保佐人・被補助人といい、サポートする機関をそれぞれ成年後見人・保佐人・補助人という (以下、成年被後見人・被保佐人・被補助人をまとめていう場合、成年被後見人等ないし本人といい、また成年被後見人等になるべき者を本人という。成年後見人・保佐人・補助人をまとめていう場合、成年後見人等という)。また、成年後見人等には、それらを監督する機関が付く場合がある。成年後見監督人、保佐監督人、補助監督人がそれであり、これらをまとめていう場合には、成年後見監督人等という。

3 成年後見の理念

　このような成年後見制度は、できる限り本人の自己決定を尊重するとともに、本人に対して必要かつ十分な保護を与えることを可能にする制度の構築をめざしたものである (「自己決定の尊重」の理念と「本人保

*10
ここでは、立法当初新しい理念として提示されていた、本人の意思の尊重、残存能力の活用、ノーマライゼーション等を含めた意味で、「自己決定の尊重」という用語を用いている。

護」の理念との調和）。もっとも、現行制度の調和のあり方が適切であるかについてはさまざまな議論がなされている。とりわけ、日本が平成26（2014）年に批准した障害者権利条約との整合性が問題とされている。[11]

4 成年後見制度の利用促進

　現行制度になってから利用者は堅調に増加しているといえるものの、少なくとも人口の1％は存在するともいわれる潜在的な対象者を考慮すると、成年後見制度は十分に利用されていないと評価することもできる（利用者数の推移については、**図2−1−3**のとおり）。

　そこで、平成28（2016）年に「**成年後見制度の利用の促進に関する法律**」（以下、促進法）が制定された。この法律は、「成年後見制度の利用の促進について、その基本理念を定め、国の責務等を明らかにし、及び基本方針その他の基本となる事項を定めること等により、成年後見制度の利用の促進に関する施策を総合的かつ計画的に推進することを目的とする」（促進法第1条）。

〈図2−1−3〉成年後見制度の利用者数の推移

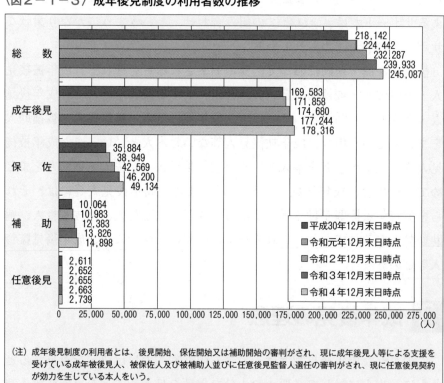

（注）成年後見制度の利用者とは、後見開始、保佐開始又は補助開始の審判がされ、現に成年後見人等による支援を受けている成年被後見人、被保佐人及び被補助人並びに任意後見監督人選任の審判がされ、現に任意後見契約が効力を生じている本人をいう。

（出典）最高裁判所事務総局家庭局「成年後見関係事件の概況−令和4年1月〜12月」2023年、13頁

　ここでいう基本理念として、①成年後見制度の理念の尊重[*12]、②地域の需要に対応した成年後見制度の利用促進、③成年後見制度の利用に関する体制の整備、が掲げられている（促進法第3条）。

　そして、この基本理念のもと、11の基本方針（㋐成年後見制度の3類型が適切に選択されるための方策、㋑権利制限に係る制度の見直し、㋒成年被後見人等であって医療、介護を受けるにあたり意思を決定することが困難なものの支援、㋓成年被後見人等の死亡後に成年後見人等の事務の見直し、㋔任意後見制度の積極的な活用、㋕国民に対する周知、㋖地域住民の需要に応じた利用の促進、㋗地域において成年後見人等となる人材の確保、㋘成年後見実施機関の活動に対する支援、㋙関係機関等における監督体制等の充実強化、㋚関係機関等の相互の密接な連携の確保）が定められている（促進法第11条）。

　平成29（2017）年3月24日、成年後見利用促進法に基づく「**成年後見制度利用促進基本計画**」が閣議決定された。

　この計画は、平成29（2017）年度から令和3（2021）年度までのおおむね5年間を念頭に置いたものであり、
①利用者がメリットを実感できる制度・運用の改善（意思決定支援・身上保護も重視した適切な後見人の選任・交代、本人の置かれた生活状況等をふまえた診断内容について記載できる診断書のあり方の検討等）、
②権利擁護支援の地域連携ネットワークづくり（制度の広報・制度利用の相談・制度利用促進〔マッチング〕・後見人支援等の機能の整備、本人を見守る「チーム」、地域の専門職団体の協力体制〔「協議会」〕、コーディネートを行う「中核機関〔センター〕」の整備）、
③不正防止の徹底と利用しやすさとの調和（後見制度支援信託に並立・代替する新たな方策〔預貯金の払戻しに後見監督人等の関与を可能とする仕組み：後見制度支援預貯金〕の検討等）、
④医療・介護等に係る意思決定が困難な人への支援等の検討、成年被後見人等の権利制限に係る措置の見直し等、
があげられていた。

　この計画に基づき、①については、「認知症の人の日常生活・社会生活における意思決定支援ガイドライン」（2018年）や「意思決定支援を踏まえた後見事務のガイドライン」（2020年）の策定、診断書の様式の見直しと「本人情報シート」の運用等が実現した。また、②の地域連携ネットワークと中核機関の整備が全国的に推進され、③の後見制度支援預貯金についても普及が進んでいる。④については、「身寄りがない人

第2部 第1章

*12
促進法では、成年後見制度の理念として、①ノーマライゼーション、②自己決定の尊重、③身上の保護があげられている（第3条第1項参照）。

〈図２−１−４〉第二期成年後見制度利用促進基本計画の工程表とKPI

第二期計画の工程表とKPI ①

		KPI※1 （令和６年度末の 数値目標）	令和４年度	令和５年度	令和６年度※2	令和７年度	令和８年度
優先して取り組む事項※3	**任意後見制度の利用促進** ・周知・広報	・全1,741市町村 ・全50法務局・ 　地方法務局 ・全286公証役場	市町村、法務局、地方法務局、公証役場等における リーフレット・ポスターなどによる制度の周知			関係機関等による周知の継続	
	・適切な運用の確保に関する取組	−	利用状況等を踏まえ、制度趣旨に沿った適切な運用の確保策の検討				
	担い手の確保・育成等の推進		市民後見人養成 研修カリキュラム の見直しの検討				
	・都道府県による担い手（市民後見人・法人後見実施団体）の育成の方針の策定	・全47都道府県	都道府県による担い手（市民後見人・法人後見）の育成方針の策定			都道府県による担い手の 継続的な確保・育成等	
	・都道府県における担い手（市民後見人・法人後見実施団体）の養成研修の実施	・全47都道府県	都道府県における担い手（市民後見人・法人後見）の養成研修の実施				
	市町村長申立ての適切な実施と成年後見制度利用支援事業の推進 ・都道府県による市町村長申立てに関する研修の実施	・全47都道府県	都道府県による市町村長申立てに関する研修の実施			都道府県による研修の継続実施	
			市町村長申立ての実態等の把握、必要に応じた実務の改善				
	・成年後見制度利用支援事業の推進	・全1,741市町村	全国で適切に実施 する方策の検討				
			市町村による適切な実施のための必要な見直し等の検討 ※見直しを終えた市町村は、適時その内容に応じて実施			市町村による実施	
	権利擁護支援の行政計画等の策定推進 ・市町村による計画策定、第二期計画に基づく必要な見直し	・全1,741市町村	市町村による計画策定・必要な見直し			策定状況等のフォローアップ	
	都道府県の機能強化 ・都道府県による協議会設置	・全47都道府県	都道府県による都道府県単位等での協議会の設置			都道府県による協議会の継続的な運営	

第二期計画の工程表とKPI ②

		KPI※1 （令和６年度末の 数値目標）	令和４年度	令和５年度	令和６年度※2	令和７年度	令和８年度
制度等の見直しに向けた検討等	**成年後見制度等の見直しに向けた検討**	−	成年後見制度等の見直しに向けた検討				
	総合的な権利擁護支援策の充実	−	日常生活自立支援事業の実施体制の強化、新たな支援策の検討。左記検討等を踏まえ、 福祉の制度・事業の必要な見直しの検討				
制度の運用改善等	**意思決定支援の浸透** ・都道府県による意思決定支援研修の実施	・全47都道府県	都道府県による意思決定支援研修の実施			都道府県による研修の継続実施	
	・各種意思決定支援ガイドラインの普及、啓発	−	各種意思決定支援ガイドラインの普及、啓発				
	・基本的考え方の整理と普及	−	各ガイドライン共通 の基本的考え方を整 理した資料の作成	保健、医療、福祉、介護、金融等幅広い関係者・ 地域住民への普及、啓発			
	適切な後見人等の選任・交代の推進等 ・柔軟な後見人等の交代の推進 　（苦情対応を含む）	−	市町村・都道府県における柔軟な後見人等の交代の推進策の検討と対応				
	・適切な報酬の算定に向けた検討及び報酬助成の推進等	−	適切な報酬の算定に向けた早期の検討 地域支援事業・地域生活支援事業等の早期 検討		成年後見制度等の見直しに向けた検討に併 せた検討		
	不正防止の徹底と利用しやすさの調和 ・成年後見制度支援信託・支援預貯金の普及	−	後見制度支援信託・支援預貯金の普及				
	・保険の普及等事後救済策の検討	−	関係団体による保険の導入の検討、必要に応じた事後救済策の普及方策の検討				
地域連携ネットワークづくり	**地域連携ネットワークづくり** ・制度や相談窓口の周知	・全1,741市町村	市町村による制度や相談窓口の周知			市町村による周知の継続	
	・中核機関の整備とコーディネート機能の強化	・全1,741市町村	市町村による中核機関の整備			市町村による中核機関の運営	
			中核機関のコーディネート機能の強化				
	・後見人等候補者の適切な推薦の実施	−	市町村・都道府県における後見人等候補者の受任者調整の協議の実施				
	・権利擁護支援チームの自立支援の実施	−	市町村・都道府県における権利擁護支援チームへの支援体制の構築				
	・包括的・多層的な支援体制の構築	−	取組を連携して行う際の 留意点の明示、好事例の収集等	権利擁護支援の取組状況等も踏まえた 重層事業の効果的な取組方策の検討			

※1　KPIは、工程欄の色付き矢印に対応するもの。
※2　専門家会議は、令和６年度に、各施策の進捗状況を踏まえ、個別の課題の整理・検討を行う。
※3　優先して取り組む事項とは、全ての項目に対し、令和６年度までのKPIを設定して推進するもの。

（出典）厚生労働省「第二期成年後見制度利用促進基本計画」（令和４年３月25日閣議決定）、別紙

の入院及び医療に係る意思決定が困難な人への支援に関するガイドライン」（2019年）が公表され、また、成年被後見人等に係る欠格条項の廃止がおおむね実現されるに至った。

　令和4（2022）年3月25日には、「第二期成年後見制度利用促進基本計画～尊厳ある本人らしい生活の継続と地域社会への参加を図る権利擁護支援の推進」（以下、第二期基本計画。対象期間は令和4〔2022〕年度から令和8〔2026〕年度までの5年間）が閣議決定された。

　第二期基本計画では、成年後見制度の利用促進にあたっての基本的な考え方として、①地域共生社会の実現に向けた権利擁護支援の推進、②尊厳のある本人らしい生活を継続できるようにするための成年後見制度の運用改善等、③法による権利擁護支援などを身近なものにする仕組みづくりが掲げられている。

　②の成年後見制度の運用改善については、㋐財産管理のみではなく、本人の特性に応じた、本人の自己決定権の尊重、意思決定支援・身上保護も重視した制度運用、㋑後見類型の終了原因の限定性や一時的な利用を可能とする制度の必要性等の指摘をふまえ、成年後見制度利用の本人にとっての必要性や成年後見制度以外の権利擁護支援による対応の可能性も考慮した適切な成年後見制度利用のための連携体制等の整備、㋒成年後見制度以外の権利擁護支援策の総合的な充実、㋓任意後見制度及び補助・保佐類型の利用促進、㋔安心・安全な成年後見制度利用のための不正防止等の方策の推進、を基本として取り組むとされている。

　そして、このような基本的な考えをふまえ、今後の施策の目標として、①障害の有無にかかわらず尊厳のある本人らしい生活の継続や本人の地域社会への参加等のノーマライゼーションの理念を十分考慮した成年後見制度等の見直しに向けた検討、②成年後見制度の運用改善等及び地域連携ネットワークづくりへの積極的な取り組みが掲げられ、より具体的な検討事項とともに、5年間の工程表やKPI（重要業績評価指標）が示されている（**図2－1－4**）。

　成年後見制度利用促進専門家会議[*13]が引き続きこの計画の進捗状況を検証しており、また、このような流れを受けて「成年後見制度の在り方に関する研究会」が起ち上げられ、成年後見制度の改正に向けた議論が積み重ねられている。[*14]

*13
関係行政機関相互の調整を行うことにより、成年後見制度の利用の促進に関する施策の総合的かつ計画的な推進を図るために「成年後見制度利用促進会議」が設けられ、その調整を行うに際し意見を聴取するための機関として、成年後見制度の利用の促進に関し専門的知識を有する者によって構成される「成年後見制度利用促進専門家会議」が設けられている。いずれの会議も、厚生労働省が庶務を担当する（促進法第13条参照）。

*14
「第二期基本計画」やそれに至る議論の状況及びその後の議論の状況については、厚生労働省ホームページ「成年後見制度利用促進」参照。「成年後見制度の在り方に関する研究会」の議論の状況については、公益社団法人商事法務研究会ホームページ「成年後見制度の在り方に関する研究会」参照。

第3節　法定後見

1 法定後見を開始する要件

（1）事理弁識能力の低下

　後見が開始されるための実体的な要件は、精神上の障害により**事理弁識能力**を欠く常況（通常判断能力を欠く状況）にあることであり（民法第7条。以下、明記なきときは同法）、保佐においては、精神上の障害により事理弁識能力が著しく不十分であること（第11条）、補助においては、精神上の障害により事理弁識能力が不十分であること（第15条）である（**表2−1−1**、**表2−1−2**）。

（2）審判の必要性

　法定後見が開始されるためには、事理弁識能力が実際に低下しただけではたりず、申立権者の申立てに基づく、家庭裁判所による審判が必要である[*15][*16]（第7条・第11条・第15条）。

　なお、後見・保佐・補助開始の審判の申立ては、公益性の見地及び本

*15
申立ての具体的な手続・費用等については、各家庭裁判所のホームページ参照。東京家庭裁判所については、「成年後見・保佐・補助申立ての手引」（2022年）参照。なお、提出書類とされる診断書については、最高裁判所事務総局家庭局「成年後見制度における診断書作成の手引・本人情報シート作成の手引」（2022年）参照。

*16
令和4（2022）年のデータによれば、成年後見関係事件の終局事件（3万9,503件）のうち、約95.4%が認容で終局しており（最高裁判所事務総局家庭局「成年後見制度の概況−令和4年1月〜12月」2022年、2頁）、また、2か月以内に終局したものが全体の約71.9%、4か月以内に終局したものが全体の約93.7%である（同3頁）。

〈表2−1−1〉法定後見の対象者の具体例

	後見（成年後年）	保佐	補助
具体例	①通常は日常の買物も自分ではできず誰かに代わってやってもらう必要がある者 ②ごく日常的な事柄（家族の名前、自分の居場所等）が分からなくなっている者 ③完全な植物状態にある者	①日常の買物程度は自分でできるが、重要な財産行為は、自分では適切に行うことができず、常に他人の援助を受ける必要がある者 ②いわゆる「まだら」状態の認知症の中で重度の者	①重要な財産行為について、自分でできるかもしれないが、適切にできるかどうか危惧がある者 ②いわゆる「まだら」状態の認知症の中で軽度の者

（出典）小林昭彦ほか 編著『新成年後見制度の解説（改訂版）』金融財政事情研究所、2017年、109頁

〈表2−1−2〉法定後見の開始原因別割合

開始原因別割合	
認知症	約63.2%
知的障害	約9.4%
統合失調症	約8.7%
高次脳機能障害	約4.1%
遷延性意識障害	約0.6%
その他	約14.0%

（出典）最高裁判所事務総局家庭局「成年後見関係事件の概況−令和4年1月〜12月」2023年、7頁をもとに作成

人保護の観点から、家庭裁判所の許可なく取り下げることはできない（家事事件手続法〔以下、家事事件法〕第121条第1号・第133条・142条）。

　申立権者は、本人・配偶者・四親等内の親族・検察官等（第7条・第11条・第15条第1項参照）のほか、市（区）町村長（本人の「福祉を図るため特に必要があると認めるとき」〔例えば、①本人に配偶者や四親等内の親族がいない場合、②これらの親族がいても音信不通等で、審判の申立てを期待できない場合等〕に可能〔老人福祉法第32条等〕）、任意後見受任者・任意後見人・任意後見監督人（任意後見契約に関する法律10条第2項）である。補助開始の審判をするためには、自己決定の尊重という観点から、本人の申立て以外の場合には本人の同意が必要とされている（第15条第2項）（**表2－1－3**）。

　なお、後見・保佐開始の審判をするためには、原則として、本人の精神状況について鑑定（一定の手続に従った、裁判所に対し専門的知見を提供する証拠調べ）をする必要があり、「明らかにその必要がないと認めるとき」に限って不要とされる（家事事件法第119条1項・第133条）。これは、後見・保佐においては、本人の行為能力が制限されることから、本人保護のため、本人の能力に関する判断を信憑性の高い資料によって慎重に行う必要があると考えられたためである。これに対して、補助の場合には、本人の申立てまたは同意を要件としており、それによって本人保護が図られているといえることから、本人の精神の状況に関する医師その他の適当な者の意見を聴くことで足りる（家事事件法第138条）。

　また、後見・保佐・補助開始の審判をする場合には、自己決定の尊重の観点から、原則として、本人の陳述を聴かなければならないとされている（家事事件法第120条第1項第1号・第130条第1項第1号・第139条第1項第1号）。

　任意後見監督人選任の申立てを含めた過去5年（平成30〔2018〕年から令和4〔2022〕年）の申立件数は、**図2－1－5**のとおりである。後見開始の申立ての全体に占める割合が減少する傾向にあるものの、なお7割程度あること、保佐開始・補助開始・任意後見は増加傾向にあること、もっとも任意後見の割合は一貫して低いことなどが注目される。申立ての動機は、**表2－1－4**のとおりである。

*17
同居する子がいる場合においても、その子による本人の介護状況が極めて不適切であることから、市（区）町村長申立てを認めた裁判例（東京高裁平成25年6月25日決定、判タ1392号218頁）がある。

*18
鑑定については、最高裁判所事務総局家庭局「成年後見制度における鑑定書作成の手引」（2021年）参照。

*19
令和4（2022）年のデータによれば、成年後見関係事件の終局事件のうち、鑑定を実施したものは、全体の約4.9％にすぎない（最高裁判所事務総局家庭局「成年後見関係事件の概況―令和4年1月～12月」2023年、9頁）。鑑定の費用は10万円以下が約86.9％であり、鑑定の期間は1か月以内のものが全体の約53.5％を占める。

〈表２−１−３〉申立人と本人の関係
（令和４〔2022〕年）

申立人と本人との関係	
市（区）町村長	約23.3%
本人	約21.0%
子	約20.8%
兄弟姉妹	約11.3%
その他の親族　（注）	約10.9%
親	約4.8%
配偶者	約4.3%
法定後見人等	約1.8%
任意後見人等	約1.7%
検察官	約0.0%

〈表２−１−４〉申立ての動機
（令和４〔2022〕年）

申立ての動機	
預貯金等の管理・解約	約31.6%
身上保護	約24.2%
介護保険契約	約14.0%
不動産の処分	約11.9%
相続手続	約8.5%
保険金受取	約5.5%
訴訟手続等	約1.9%
その他	約2.5%

（注）配偶者、親、子及び兄弟姉妹を除く、四親等内の親族をいう。
（表２−１−３・４出典）最高裁判所事務総局家庭局「成年後見関係事件の概況−令和４年１月～12月」2023年、４頁・８頁をもとに作成

〈図２−１−５〉過去５年における申立件数の推移

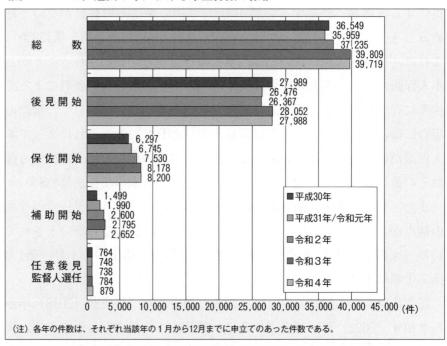

（注）各年の件数は、それぞれ当該年の１月から12月までに申立てのあった件数である。

（出典）最高裁判所事務総局家庭局「成年後見関係事件の概況−令和４年１月～12月」2023年、１頁

2 成年後見人等の選任

　後見・保佐・補助開始の審判がなされた場合には、本人のために、家庭裁判所は、職権で、それぞれ**成年後見人・保佐人・補助人**を選任しなければならない（第８条・第843条第１項、第12条・第876条の２、第16

条・第876条の6）。

　成年後見人等を選任する際にあたっては、本人の心身の状態ならびに生活及び財産の状況、成年後見人等となる者の職業及び経歴ならびに本人との利害関係の有無、本人の意見その他いっさいの事情（例えば、成年後見人候補者の心身の状態や財産状況、本人との親族関係、成年後見人候補者自身の意見等）を考慮しなければならない（第843条4項・第876条の2第2項・第876条の7第2項）。自己決定の尊重の観点から、本人の「意見」が考慮事情として明記されている点に注目すべきである。

　本人をサポートする際の多様なニーズに対応するため、第1に、複数の成年後見人等を選任することが可能とされており、この場合の権限関係の調整規定が置かれている[20]（第859条の2・第876条の5第2項・第876条の10第1項参照）。すでに成年後見人等が選任されている場合でも、その後追加的に成年後見人等を選任することも可能である（第843条第3項・第876条の2第2項・第876条の7第1項）。第2に、法人が成年

*20
成年後見人等が複数いる場合に、家庭裁判所は、職権で、権限の共同行使または分掌の定めをすることができる（第859の2第1項・第876条の5第2項・第876条の10第1項）。複数成年後見人が選任される場合としては、弁護士・司法書士等の専門職後見人と親族後見人を選任し、専門職後見人に財産管理に関する事務を分掌させ、親族後見人に身上監護に関する事務を分掌させることが多い。

〈図2－1－6〉成年後見人等と本人との関係別件数・割合（令和3〔2021〕年）

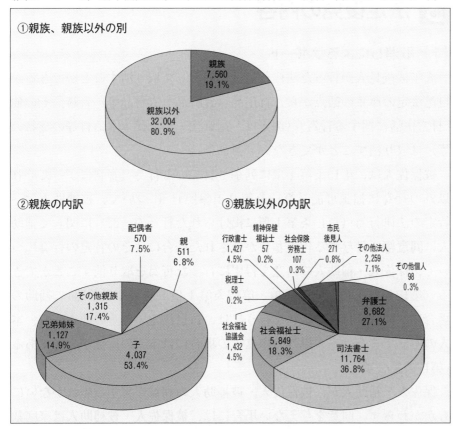

①親族、親族以外の別

親族
7,560
19.1%

親族以外
32,004
80.9%

②親族の内訳

配偶者
570
7.5%

親
511
6.8%

その他親族
1,315
17.4%

兄弟姉妹
1,127
14.9%

子
4,037
53.4%

③親族以外の内訳

行政書士
1,427
4.5%

精神保健
福祉士
57
0.2%

社会保険
労務士
107
0.3%

市民
後見人
271
0.8%

その他法人
2,259
7.1%

税理士
58
0.2%

その他個人
98
0.3%

社会福祉
協議会
1,432
4.5%

社会福祉士
5,849
18.3%

弁護士
8,682
27.1%

司法書士
11,764
36.8%

（出典）最高裁判所事務総局家庭局「成年後見関係事件の概況－令和4年1月～12月」2023年、10-11頁

<table>
<tr><td>

＊21
法人の成年後見人等は、関係者間の対立が激しいなど個人で対応することが困難なケース、本人が若く長期間のサポートが必要なケースなどにメリットがあるとされている。

＊22
適切な後見人の選任・交代のあり方については、第二期成年後見制度利用促進基本計画（以下、第二期基本計画）の13頁以下参照。市民後見人・法人後見の活用については、第二期基本計画の50頁以下参照。なお、利用促進計画については、本章第2節4参照。

＊23
成年後見人等の具体的な実務については、各家庭裁判所のホームページ等参照。東京家庭裁判所に関しては、東京家庭裁判所後見センター・東京家庭裁判所立川支部後見係「成年後見人・保佐人・補助人ハンドブック(Q＆A付き)」(2022年)参照。

＊24
民法第13条1項各号で列挙される行為は、次の行為（ただし、日常生活に関する行為は除く）である。①元本の領収・利用、②借財・保証、③不動産その他重要な財産に関する権利の得喪を目的とする行為、④訴訟行為、⑤贈与・和解・仲裁合意、⑥相続の承認・相続放棄・遺産の分割、⑦贈与の申込みの拒絶・遺贈の放棄・負担付贈与の申込みの承諾・負担付遺贈の承認、⑧新築・改築・増築・大修繕、⑨第602条に定める期間を超える賃貸借、⑩①～⑨の行為を制限行為

</td><td>

後見人等になることも可能とされている。[21]成年後見人等となるべき法人の資格に制限はないが（営利法人も可能）、選任の際には、その法人の事業の種類及び内容ならびにその法人及びその代表者と本人との利害関係の有無等（第843条4項・876条の2第2項・876条の7第2項）が考慮されることになる。

成年後見人等の欠格事由として、①未成年者、②家庭裁判所で免ぜられた法定代理人、保佐人または補助人、③破産者、④本人に対して訴訟をし、またはした者ならびにその配偶者及び直系血族、⑤行方の知れない者、があげられている（第847条・第876条の2第2項・第876条の7第2項）。

令和4（2022）年の成年後見人等と本人との関係は、**図2－1－6**のとおりである。親族以外が成年後見人等に選任されたものは全体の約80.9％とかなり高い割合になっていること、親族以外では、司法書士・弁護士・社会福祉士の3士業で8割以上を占める一方、市民後見人は1％程度にすぎないこと、**法人後見**については社会福祉協議会の割合が多いことなどが注目される。[22]

3 法定後見の内容[23]

（1）取消しによるサポート

成年被後見人が行った法律行為は原則として取り消すことができるが、自己決定の尊重の観点から、日用品（食料品・衣料品等）の購入その他「日常生活に関する行為」（例えば、電気代・ガス代・水道料等の支払い等）は取り消すことができない（第9条）。

被保佐人は、第13条第1項に列挙されている行為[24]（審判によってそれ以外の行為に拡張可能〔第13条第2項参照〕）について、被補助人は、特定の法律行為（第13条第1項に掲げられた行為の一部）に関して補助人に**同意権**を付与する旨の審判がなされた場合にはその特定の行為について、保佐人・補助人の同意を得ずに行った行為を取り消すことができる[25]（第13条第1項・同第4項・第17条第1項・同第4項参照）。補助の場合に、同意権付与の審判を行うには、自己決定の尊重の観点から、本人の申立てまたは本人以外の申立ての場合には本人の同意が必要である（第17条第2項）。

保佐人・補助人が、被保佐人・被補助人の利益を害する恐れがないにもかかわらず、同意を与えない場合には、被保佐人・被補助人は家庭裁判所に保佐人・補助人の同意に代わる許可を求めることができる（第13

</td></tr>
</table>

〈表2−1−5〉法定後見制度の概要

		補助開始の審判	保佐開始の審判	後見開始の審判
要件	対象者（判断能力）	精神上の障害（認知症・知的障害・精神障害等）により判断能力が不十分な者	精神上の障害により判断能力が著しく不十分な者	精神上の障害により判断能力を欠く常況にある者
開始の手続	申立権者	本人、配偶者、四親等内の親族、検察官等 任意後見受任者、任意後見人、任意後見監督人（任意後見契約を締結している場合） 市町村長（整備法）		
	本人の同意	必　要	不　要	不　要
機関の名称	本　人	被補助人	被保佐人	成年被後見人
	保護者	補　助　人	保　佐　人	成年後見人
	監督人	補助監督人	保佐監督人	成年後見監督人
同意権・取消権	付与の対象	申立ての範囲内で家庭裁判所が定める「特定の法律行為」	民法13条1項各号所定の行為	日常生活に関する行為以外の行為（同意権はなし）
	付与の手続	補助開始の審判＋同意権付与の審判＋本人の同意	保佐開始の審判	後見開始の審判
	取消権者	本人・補助人	本人・保佐人	本人・成年後見人
代理権	付与の対象	申立ての範囲内で家庭裁判所が定める「特定の法律行為」	同　左	財産に関する全ての法律行為
	付与の手続	補助開始の審判＋代理権付与の審判＋本人の同意	保佐開始の審判＋代理権付与の審判＋本人の同意	後見開始の審判
	本人の同意	必　要	必　要	不　要
責務	身上配慮義務	本人の心身の状態および生活の状況に配慮する義務	同　左	同　左

（出典）小林昭彦ほか 編著『新成年後見制度の解説（改訂版）』金融財政事情研究所、2017年、32頁（別表1）をもとに一部改変

条第3項・第17条第3項）。これは、自己決定の尊重の観点から、保佐人・補助人と被保佐人・被補助人の意見が対立した場合における関係の調整を家庭裁判所の判断に委ねることにしたものである。

　本人のほか、成年後見人・保佐人・補助人も本人のした行為を取り消すことができる（第120条）。成年後見人・保佐人・補助人は、本人のした行為を確定的に有効にするために、追認することもできる（第122条・第124条第2項第1号）。本人は、行為能力者となった後（第122条・第124条第1項）、また、被保佐人・被補助人は保佐人・補助人の同意を得て、追認することがきる（第122条・第124条第2項第2号）。

　以上のような取消しによるサポートでは、裏返していえば、本人が行った行為は取り消すことができる行為となり、本人は単独で完全に有効

な行為ができなくなることを意味する。そのため、成年被後見人・被保佐人・被補助人は、行為能力（単独で完全に有効な行為をなし得る資格）が制限されているということができ、制限行為能力者（未成年者を含む）ともよばれる。

（2）代理によるサポート

　成年後見人は、成年被後見人の財産に関する法律行為について包括的な代理権（及びそれに付随する財産管理権）を有している（第859条第1項）。したがって、狭義の財産管理を目的とする法律行為（預貯金の管理・払戻し、不動産その他の重要な財産の処分、遺産分割等）のみならず、生活・療養看護（身上監護[26]）を目的とする法律行為（例えば、介護契約・施設入所契約・医療契約の締結等）も**代理権**の範囲に含まれる[27]。

　保佐人・補助人は、特定の法律行為について代理権を付与する旨の審判がなされた場合に限って、その範囲で代理権（及びそれに付随する財産管理権）を有するにすぎない。この審判をする場合には、自己決定の尊重の観点から、本人の申立てまたは本人以外の申立ての場合には本人の同意が必要とされる（第876条の4・第876条の9）。

　成年後見人等が本人の居住用の不動産について、売却・賃貸・賃貸借の解除・抵当権の設定等の処分をする場合には、本人の身上面に与える影響の大きさを考慮して、家庭裁判所の許可が必要とされている（第859条の3・876条の5第2項・876条の10第1項）。また、成年後見人等がする代理行為が、本人の行為を目的とする債務を生ずべき場合（例えば、雇用契約等）には、本人の同意が必要である（第859条第2項・民876条の5第2項・第876条の10第2項・第824条ただし書）。

（3）成年後見人等の義務等

　成年後見人等は、権限の対象となっている身上監護・財産管理に関する事務を行うにあたって、善管注意義務を負うほか（第869条・876条の5第2項・876条の10第1項）、本人の「意思を尊重し、かつ、その心身の状態及び生活の状況に配慮しなければならない[28]」（第858条・第876条の5第1項・第876条の10第1項）（本人意思尊重義務・身上配慮義務）。この規定は、善管注意義務の内容を敷衍し明確にするとともに、本人の意思の尊重及び身上への配慮が成年後見人等の事務処理の指導原理であることを明示するものとして、特に重要なものとされる。

　なお、ここでいう身上監護に関する事務には、現実の介護等の事実行

[26]
促進法では、「監護」がパターナリスティックな印象があることから、「身上の保護」という用語を用いている。そのため、近時は身上監護ではなく「身上保護」の用語が用いられることも多くなっている。

[27]
これらの法律行為に関連する公法上の行為（例えば、不動産の処分の際の登記の申請、介護契約の際の要介護認定の申請等）も代理権の対象となり得るとされている。これに対して、遺言や婚姻等の身分行為等の一身専属的な行為は、代理権の対象とならない。

[28]
令和2（2020）年10月30日、最高裁判所、厚生労働省及び専門職団体（日本弁護士連合会、公益社団法人成年後見センター・リーガルサポート及び公益社団法人日本社会福祉士会）をメンバーとするワーキング・グループ（意思決定支援ワーキンググループ）による「意思決定支援を踏まえた後見事務のガイドライン」が公表されている。

為は含まれず、また、一般には、医的侵襲に対する医療同意、居所指定[*29]等も含まれないと解されている。すなわち、成年後見人等は、親権者・未成年後見人が有する身上面に関する権限（**身上監護権**）（第820〜823条・第857条）を有していない。成年後見人は、あくまで介護契約等の法律行為（及びこれに当然に伴う事実行為）を行う権限があるにすぎない。[*30]

　成年後見人等またはその代表する者と本人との利益相反行為（例えば、成年後見人と本人との間での売買契約、成年後見人が自己の債務の担保のために成年被後見人所有の不動産に抵当権を設定する行為等）については、本人の利益が害されるおそれが強いため、ほかの者を選任してその者に行為の適否を判断させる仕組みとなっている。すなわち、成年後見人等と本人との利益が相反した場合には、成年後見監督人等がいるときを除き、成年後見人は特別代理人、保佐人は臨時保佐人、補助人は臨時補助人の選任を家庭裁判所に請求しなければならない（第860条・第824条、第876条の2第3項、第876条の7第3項）。

（4）成年後見人に特有の権限・義務等

　包括的な代理権を有する成年後見人に特有の次のようなルールがある。

　第1は、成年後見人の代理権の制限にかかわるものである。成年後見人が成年被後見人に代わって営業もしくは第13条第1項各号に掲げる行為（元本の領収を除く）をするには、成年後見監督人がいるときは、その同意を得なければならない（第864条）。これに違反してなされた行為は、成年被後見人または成年後見人が取り消すことができる（第865条）。

　第2に、成年後見人は、成年被後見人宛の郵便物等に関して一定の権限を有している。すなわち、家庭裁判所は、成年後見人がその事務を行うにあたって必要があると認めるときは、成年後見人の請求により、信書の送達の事業を行う者に対し、期間を定めて、成年被後見人に宛てた郵便物等を成年後見人に配達すべき旨を嘱託することができる（第860条の2第1項）。

　これは、成年被後見人宛郵便物等の中にはクレジットカードの明細等、成年後見人が成年被後見人の財産状況を把握し適切な財産管理を行う上で極めて重要な役割を果たすものが含まれることから認められたものである。成年被後見人の通信の秘密に対する配慮から、転送の嘱託の期間は6か月を超えることはできないものとし（同第2項）、家庭裁判所は、転送の嘱託の審判後に事情に変更が生じたときは、成年被後見人等の請

*29
医療等に係る意思決定が困難な場合における成年後見人等の役割については、「身寄りがない人の入院及び医療に係る意思決定が困難な人への支援に関するガイドライン」（2019年、23頁以下）参照。

*30
もっとも、ほかの法律で身上面にかかわる一定の権限が認められることがある（戸籍法第87条第2項、精神保健及び精神障害者福祉に関する法律第33条、行政機関の保有する個人情報の保護に関する法律第12条第2項、戸籍法第31条第1項等参照）。

求のほか、職権で転送の嘱託を取消しまたは変更することができるとされている（同第3項）。

　また、成年後見人には、成年被後見人宛郵便物の開封権限が認められている（第860条の3第1項）。成年被後見人の通信の秘密に対する配慮から、成年後見人は転送を受けた成年被後見人宛郵便のうち成年後見人の事務に関しないもの（例えば、友人からの私信など）については、速やかに成年被後見人に交付しなければならず（同第2項）、成年被後見人は成年後見人が受け取った郵便物等について閲覧を請求することができるとされている（同第3項）。

　第3に、成年後見人に就職した直後に一定の義務がある。成年後見人は、就職後遅滞なく成年被後見人の財産の調査に着手し、着手後1か月以内にその調査を終え、財産目録を作成しなければならず[*31]（家庭裁判所は期間の伸長可）、成年後見監督人がいる場合は、財産調査・財産目録の作成は、成年後見監督人の立会いをもってしなければならない（第853条）。また、成年後見人は就職の初めに、成年被後見人の生活、療養看護及び財産の管理のために毎年支出すべき金額を予定しなければならない（第861条第1項）。

（5）成年後見人等の報酬等

　成年後見人等の報酬については、家庭裁判所は、成年後見人等及び本人の資力その他の事情（例えば、成年後見人等と本人との関係、当該事務の内容等）によって、本人の財産の中から、相当な報酬を与えることができるとされている[*32]（第862条・第875条の5・第876条の10）。また、成年後見人等が事務を行うために必要な費用（例えば、通信費、交通費等）は、本人の財産の中から支出することができる（第861条第2項・第876条の5・第876条の10）。

（6）成年後見人等の監督

　家庭裁判所及び**成年後見監督人**等は、成年後見人等に対して事務報告や財産目録の提出を求め、成年後見人等の事務や成年被後見人等の財産状況を調査することができ、家庭裁判所は、成年後見人等の事務について必要な処分を命じることができる（第863条、第876条の5第2項、第876条の10第1項）。家庭裁判所は、職権で成年後見人等を解任することもできる（第846条・876条の2第2項・876条の7第2項）。

　成年後見監督人等は必須の機関ではなく、家庭裁判所が必要と認める

31 実務上は、保佐人・補助人についても、付与された代理権の範囲で、財産目録や年間の収支予定の提出が求められている。

32 成年後見人等の報酬は家庭裁判所の裁量によって定められるが、各家庭裁判所において一定の目安が公表されている（東京家庭裁判所・東京家庭裁判所立川支部「成年後見人等の報酬のめやす」〔2013年〕等参照）。報酬のあり方については、第二期基本計画の15頁以下参照。

場合に選任されるものである（第849条、876条の3、876条の8）。成年後見監督人等の職務は、①成年後見人等の事務を監督することのほか、②成年後見人等が欠けた場合に、遅滞なくその選任を家庭裁判所に請求すること、③急迫の事情がある場合に、必要な処分をすること、④成年後見人等またはその代表する者と本人との利益が相反する行為について本人を代理すること（保佐・補助の場合は同意することも含む）である（第851条・第876条の3第2項・第876条の8第2項）。成年後見監督人等については、委任の規定（善管注意義務〔第644条〕、応急善処義務〔第654条〕、委任終了の対抗〔第655条〕）、及び成年後見人に関する規定（辞任〔第844条〕・解任〔第846条〕・欠格事由〔第847条〕[*33]、費用〔第861条第2項〕・報酬〔第862条〕、選任の基準〔第843条第4項〕、複数の場合の権限の行使等〔第859条の2〕、居住用不動産の処分〔第859条の3〕）が準用される（第852条・第876条の3第2項・第876条の8第2項）。

　なお、主に親族後見人（成年後見人・未成年後見人）による不正を事前に防止するために、平成24（2012）年2月から後見制度支援信託の制度が導入された（保佐・補助・任意後見では利用できない）。これは、本人の財産のうち、日常的な支払いをするのに必要十分な金銭を預貯金等として後見人が管理し，通常使用しない金銭を信託銀行等に信託する仕組みで、信託財産の払戻し等には家庭裁判所の指示書を必要とするものである[*34]。平成30（2018）年から、これと同様の仕組みを用いた後見制度支援預貯金の制度も開始されている[*35]。

4 法定後見の終了

（1）終了事由

　法定後見自体が終了する場合（絶対的終了）として、①後見等審判の取消し[*36]、②本人の死亡がある。当該成年後見人等との関係で法定後見が終了するが、審判によって開始された法定後見自体は終了しない場合（相対的終了）として、①成年後見人等の死亡等、②選任審判の取消し、③欠格事由の発生、④辞任（第844条・第876条の2第2項・第876条の7第2項）、⑤解任（第847条・第876条の2第2項・第876条の7第2項）がある。成年後見人等が欠けた場合には、家庭裁判所は、成年被後見人・その親族・その他の利害関係人の請求により、または職権で成年後見人等を選任することになる（第843条第1項・第876条の7第2項・

*33
さらに、成年後見監督人等の配偶者、直系血族及び兄弟姉妹は、成年後見監督人等になることができないとされている（第850条・第876条の3第2項・第876条の8第2項）。

*34
家庭裁判所パンフレット「後見制度において利用する信託の概要」2013年参照。

*35
これらの制度の現在の利用状況については、裁判所ホームページ「後見制度支援信託等の利用状況等について」参照。第二期基本計画の18頁以下参照。

*36
後見・保佐・補助の原因が消滅した場合には、家庭裁判所は、本人・配偶者・四親等内の親族・成年後見人等・成年後見監督人等・検察官等の申立てにより、後見・保佐・補助開始の審判を取り消さなければならない（第10条・第14条・第18条）。なお、すでに後見・保佐・補助のいずれかの開始の審判を受けている場合について、それと異なる開始の審判がなされたときには、審判相互の重複・抵触を回避するため、家庭裁判所は従前の開始の審判を職権で取り消さなければならない（第19条）。

第876条の7第2項）。

（2）辞任・解任

　成年後見人等は、正当な事由（例えば、職業上の必要等から遠隔地に転居した場合、老齢・疾病等の場合、本人やその親族との間に不和が生じた場合等）があるときは、家庭裁判所の許可を得て、その任務を辞することができる（第844条・第876条の2第2項・第876条の7第2項）。また、成年後見人等に、著しい不行跡（ふぎょうせき）その他任務に適しない事由があるときは、家庭裁判所は、成年後見監督人・成年被後見人・成年被後見人の親族・検察官の請求または職権で成年後見人等を解任することができる[*37]（第846条・第876条の2第2項・第876条の7第2項）。

（3）終了後の事務等

　成年後見人等の任務が終了したときは、成年後見人等またはその相続人は、2か月以内（家庭裁判所は期間の伸長可）にその管理の計算をしなければならない[*38]（第870条・第876条の5第3項・第876条の10第2項）。

　成年後見人等が本人に返還すべき金額及び本人が成年後見人等に返還すべき金額には、後見等の計算が終了したときから、利息を付さなければならず、成年後見人等が自己のために本人の金銭を消費したときは、その消費したときから、利息を付さなければならない（損害があるときは、その賠償の責任を負う。第873条・第876条の5第3項・第876条の10第2項）。

　委任に関する規定（応急善処義務〔第654条〕及び委任終了の対抗〔第655条〕）が準用される（874条・876条の5第3項・876条の10第2項）。

（4）成年被後見人死亡後の成年後見人の権限

　成年後見人は、成年被後見人が死亡した場合において、必要があるときは、成年被後見人の相続人の意思に反することが明らかなときを除き、相続人が相続財産を管理することができるに至るまで、①相続財産に属する特定の財産の保存に必要な行為（例えば、相続財産に属する債権についての時効中断等）、②相続財産に属する債務（弁済期が到来しているものに限る）の弁済（例えば、成年後見人が入院していた際の医療費等）ができ、さらに家庭裁判所の許可を得た上で、③その死体の火葬または埋葬に関する契約の締結その他相続財産の保存に必要な行為（例え

*37
家庭裁判所への報告に遅延・虚偽報告があった場合、使途不明金を発生させた場合、利益相反行為を行った場合などに、成年後見人等が解任されている。

*38
成年後見監督人等がいる場合には、この計算は、成年後見監督人の立会いをもってしなければならない（第871条・第876条の5第3項、第876の10第2項）。

ば、債務を弁済するための預貯金〔成年被後見人名義〕の払戻しなど）ができる（第873条の2）。これは、成年被後見人が死亡した場合には、成年後見人は原則として代理権等の権限を喪失するが、応急善処義務（第874条・第654条参照）の範囲で一定の行為を成し得るところ、成年被後見人死亡後も実務上成年後見人は一定の事務を行うことが期待され、また、応急善処義務の範囲も明確でないことから、一定の範囲の死後事務に関する成年後見人の権限を明らかにしたものである。また、③については、相続人等に与える影響が大きいことに鑑みて、家庭裁判所の許可を必要とした。

第4節　任意後見

任意後見は、特殊な委任契約である任意後見契約をベースとして認められる後見制度である。日本においては、通説的な見解によれば、本人の意思能力喪失後も、委任契約は消滅せず、受任者は任意代理権を行使することができるはずである（第112条・第653条参照）。しかしながら、本人の判断能力が低下した場合には、代理人をコントロールすることが事実上できなくなってしまう。そこで、本人の判断能力低下後に、本人に代わって代理人を監督する公的機関を制度的に構築するために、「任意後見契約に関する法律」（以下、任後法）が制定された。制度の概要は**図2−1−7**を参照。

1 任意後見契約の締結

　任意後見契約とは、委任者（本人〔任後法第2条第2号参照〕）が受任者（任意後見契約の効力発生後は「任意後見人」・発生前は「任意後見受任者」〔同第3号・第4号〕）に、①精神上の障害により事理弁識能力が不十分な状況における自己の生活・療養看護（身上監護）及び財産管理に関する事務の全部または一部を委託し、その委託に係る事務について代理権を付与する委任契約であり、②任意後見監督人[*40]が選任されたときからその効力を生ずる旨の定めのあるものである（同第1号）。

　任意後見契約は、**公正証書**によって行う必要がある（任後法第3条）。これは、本人の真意による適法かつ有効な契約が締結されることを制度的に担保するなどのためである。

　任意後見契約は、あくまで委任契約をベースとしており、法人を任意後見人に選任することも、複数の任意後見人を選任することも解釈上当然に可能である。[*41]

2 任意後見の開始

　任意後見契約は、家庭裁判所の審判によって任意後見監督人が選任されたときからその効力を生じる（任意後見監督人選任の審判）。この審判がなされるためには、①任意後見契約が登記されていること、②精神上の障害により判断能力が不十分な状況になること、③申立権者（本

*39
任意後見契約の利用形態として、①移行型（通常の任意代理の委任契約から任意後見契約に移行する場合）、②即効型（任意後見契約の締結の直後に契約の効力を発生させる場合）、③将来型（将来の判断能力低下の時点で任意後見契約の効力を発生させる場合）があるとされる（小林昭彦ほか編『新成年後見制度の解説（改訂版）』〔金融財政事情研究所、2017年〕238頁以下参照）。①について、適切な時機に任意後見監督人選任の申立てがなされていないという問題が指摘されている。この問題への対応については、第二期基本計画の49頁以下参照。

*40
令和4（2022）年の任意後見契約の登記件数は、1万4,730件である（データは、「政府統計の総合窓口」ホームページから入手可能）。これに対して、同年の任意後見監督人選任の申立件数は879件である（**図2−1−5**参照）。任意後見制度の利用促進については、第二期基本計画の49頁以下参照。

*41
任意後見制度の利用実態については、法務省民事局「成年後見制度の利用促進に関する取組について−令和4年6月以降」（2023年）参照。

〈図2-1-7〉任意後見制度の概要

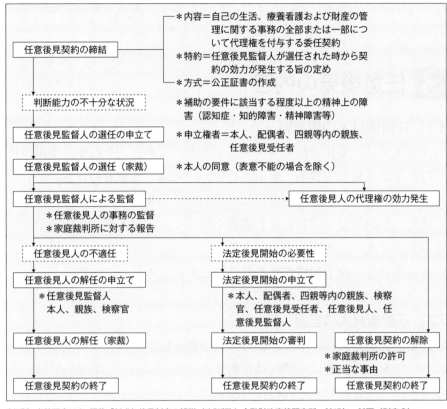

（出典）小林昭彦ほか　編著『新成年後見制度の解説（改訂版）』金融財政事情研究所、2017年、36頁（別表2）

人・配偶者・四親等内の親族・任意後見受任者）による申立て（検察
官・市〔区〕町村長が含まれていない点に留意）、④本人以外の申立て
の場合には、（本人が意思を表示することができないときを除き）本人
の同意が必要である（任後法第4条）。

　また、①本人が未成年者である場合、②本人が成年被後見人、被保佐
人または被補助人である場合において、後見・保佐・補助を継続するこ
とが本人の利益のため特に必要であると認める場合、③任意後見受任者
が、ⓐ民法第847条各号（後見人の欠格条項）に掲げる者、ⓑ本人に対
して訴訟をし、またはした者及びその配偶者ならびに直系血族、ⓒ不正
な行為、著しい不行跡その他任意後見人の任務に適しない事由がある者
である場合には、任意後見監督人は選任されない。

　任意後見監督人選任の際の考慮事情については、成年後見人に関する
民法第843条が準用されている（任後法第7条第4項）。

　なお、家庭裁判所は、任意後見監督人選任の審判をするためには、本

＊42
任意後見監督人選任の
申立ては、家庭裁判所
の許可なく取り下げる
ことができない（家事
事件法第221条）。

＊43
申立ての具体的な手続・
費用等については、各
家庭裁判所のホームペ
ージ参照。東京家庭裁
判所については、同ホ
ームページ「任意後見
監督人選任の申立てを
される方へ」（2022年）
参照。

人の精神の状況に関する医師その他適当な者の意見を聴かなければならない（家事事件法第219条）。また、原則として、本人の陳述を聴かなければならない（家事事件法第220条第1項第1号）。

3 任意後見の内容

（1）任意後見人の義務等

　任意後見は、委任契約をベースとするものであり、その他の事項（例えば、任意後見人の報酬・費用等）については、当事者の合意があればそれに従い、それがない場合には民法の委任の規定に従うことになる。

　また、任意後見人は善管注意義務を負うことになるが（民法第644条）、任後法第6条は、善管注意義務を敷衍し、法定後見の場合と同様の本人意思尊重義務・身上配慮義務を負うことを明らかにしている。

（2）任意後見人の監督

　任意後見監督人は、①任意後見人の事務を監督すること、②その事務について家庭裁判所に定期的に報告することのほか、③急迫の事情がある場合に、任意後見人の代理権の範囲内において、必要な処分をすること、④任意後見人またはその代表する者と本人との利益が相反する行為について本人を代理することを職務とする（任後法第7条第1項）。

　任意後見監督人は、任意後見人に対しいつでも事務報告を求め、任意後見人の事務や本人の財産状況を調査することができる（任後法第7条第2項）。これに対し、家庭裁判所は、任意後見監督人の職務について必要な処分を命ずることができるにすぎない（同第3項）。すなわち、任意後見の場合には、法定後見の場合と異なり、家庭裁判所は、任意後見監督人の監督を通じて、間接的に任意後見人を監督する仕組みになっている。

　これは、法定後見とは異なり、家庭裁判所に選任権のない任意後見人に対して、家庭裁判所が直接的な監督を行うことは困難であることなどを理由とする。

　任意後見監督人については、委任に関する規定（善管注意義務〔民法第644条〕、応急善処義務〔第654条〕、委任の終了の対抗〔655条〕）及び成年後見人に関する規定（選任の基準〔第843条第4項〕、辞任〔第844条〕・解任〔第846条〕、欠格事由[*44]〔第847条〕、複数の場合の権限行使等〔第859条の2〕、費用〔第861条第2項〕・報酬〔第862条〕）が準用され

*44
さらに、任意後見受任者または任意後見人の配偶者、直系血族及び兄弟姉妹は、任意後見監督人となることができない（任後法第5条）。

*45
る（任後法第7条第4項）。

4 任意後見の終了

（1）解任

　任意後見人にその任務に適しない事由があるときは、家庭裁判所は、任意後見監督人・本人・その親族・検察官の請求により、任意後見人を解任することができる（任後法第8条）。法定後見と異なり、家庭裁判所は職権で任意後見人を解任することができない。

（2）任意後見契約の解除

　任意後見監督人の選任前においては、本人または任意後見受任者は、いつでも、公証人の認証を受けた書面によって、任意後見契約を解除することができる（任後法第9条1項）。これに対して、選任後は、本人または任意後見人は、正当な事由がある場合に限り、家庭裁判所の許可を得て、任意後見契約を解除することができる（任後法第9条2項）。委任契約は各当事者がいつでも解除することができるのが原則であるが（民法第651条）、選任後に、任意の解除に委ねることは本人保護の趣旨に反する結果となるおそれがあるため、また、選任前については、任意後見契約の締結が公正証書による要式行為とされていることとのバランスから、当事者の真意に基づく解除であることを担保するため、このようなルールが置かれている。

（3）法定後見との関係

　任意後見と法定後見との関係については、どちらが先行するかを問わず、必ず家庭裁判所の判断を介在させた上で、任意後見制度による保護を選択した本人の自己決定を尊重するという観点から、原則として任意後見が優先し（任意後見優先の原則）、「本人の利益のため特に必要で（が）あると認めるとき」に限って法定後見が優先することとされている（任後法第4条第1項第2号・第10条第1項参照）。ここでいう、「本人の利益のため特に必要で（が）あると認めるとき」とは、①本人が任意後見人に与えた代理権の範囲を超える法律行為について代理によるサポートが必要とされるが、本人がそれについて代理権を与えることが困難な状況にある場合や、②本人について取消しによるサポートが必要な場合などが考えられる。*46

そして、権限の抵触を回避する等の観点から、任意後見と法定後見は併存させない仕組みになっている（任後法第4条第1項・同第2項・第10条第3項参照）。

（4）契約当事者の死亡・破産等

任意後見契約は委任契約をベースとするので、委任契約の終了事由によって終了する。したがって、本人・任意後見人（任意後見受任者）の死亡、破産手続開始決定があれば任意後見契約は終了し、また、任意後見人（任意後見受任者）が後見開始の審判を受けた場合も終了する（民法第653条）。

（5）代理権消滅の対抗要件

任意後見人の代理権の消滅は、登記をしなければ善意の第三者に対抗することができない（任後法第11条）。

5 後見登記

成年後見制度においては、保護期間の類型や権限が多様化・複雑化しており、取引安全のためには、それが公示される必要があるともいえる。また、旧制度では、本人の戸籍に記載されることになっていたが、プライバシー保護の観点から強い批判があった。そこで、取引の安全とプライバシー保護との調和を図るという観点から、後見登記の制度が構築されている。^{*47}

*47
後見登記事務は、法務大臣の指定する法務局等が行うことになっているが（後見登記等に関する法律第2条）、現在は東京法務局が全国で唯一登記所として指定を受けている。証明書の交付は、全国の法務局・地方法務局で受けることができる。

（1）後見等の登記

家庭裁判所が後見・保佐・補助開始の審判をした場合、原則として、裁判所書記官の嘱託により後見登記等ファイルに登記される（家事事件法第116条）。後見登記等ファイルには、①法定後見の種別、開始の審判の確定年月日等、②本人の氏名・住所等、③成年後見人等の氏名・住所、複数の成年後見人等の権限行使に関する定め等、④成年後見監督人の氏名・住所等が磁気ディスクに調製されて記録される（後見登記等に関する法律〔以下、後見登記法〕第4条）。

（2）任意後見契約に関する登記

公証人が任意後見契約に係る公正証書を作成したときは、原則として、

当該公証人からの嘱託により後見登記等ファイルに登記される（公証人法第57条の3）。その後、家庭裁判所で任意後見監督人の選任等が行われた場合には、原則として裁判所書記官の嘱託によりその旨の登記がなされる（家事事件法第116条）。後見登記等ファイルには、①本人の氏名・住所等、②任意後見受任者または任意後見人の氏名・住所、代理権の範囲等、③任意後見監督人の氏名・住所及び選任の審判の確定年月日等が記録される（後見登記法第5条）。

（3）証明書の交付

　登記された事項について証明する場合には、登記官に対し、登記事項証明書ないし登記されていないことの証明書の交付を請求することができるが、プライバシー保護の観点から、登記事項証明書等の交付を請求できるのは、登記記録に記載されている者（例えば、成年被後見人等、成年後見人等、成年後見監督人等）のほか、本人の配偶者・四親等内の親族等に限られる（後見登記法第10条）。

＊48
交付の際にかかる手数料は、窓口請求及び郵送請求の場合、登記事項証明書550円、登記されていないことの証明書300円である。

📖BOOK 学びの参考図書

●裁判所ホームページ「後見ポータルサイト」。
（https://www.courts.go.jp/saiban/koukenp/index.html）
　後見に関するさまざまな情報にアクセスできる。資料・ビデオのページには、各種パンフレット、毎年最高裁判所事務総局が公表している「成年後見関係事件の概況」等へのリンクがあり、成年後見制度の概要や成年後見人等の職務等についての動画がアップされている。

●平田　厚『成年後見ハンドブック』法曹会、2020年。
　近年の動きをふまえて、裁判所において新たに作成された成年後見制度申立てに関する統一書式を掲載・解説するとともに、成年後見制度全体を取り巻くさまざまな問題について、権利擁護支援の現場の実感に基づき検討した書籍。

●松原正明・浦木厚利 編著『実務成年後見法』勁草書房、2020年。
　家庭裁判所で成年後見事件を担当していた裁判官等が、制度の理念・あり方をふまえ、問題点を指摘しつつ最新の実務の運用を解説したもの。

●赤沼康弘・鬼丸かおる 編著『新版 成年後見の法律相談』学陽書房、2022年。
　成年後見制度利用促進法以降の成年後見実務の重要な変更点をふまえ、最新の実務に不可欠な情報を、Q＆Aの形式で提供するもの。

第5節　成年後見制度利用支援事業

成年後見制度利用支援事業とは、市（区）町村長が、成年後見制度の利用が有用であると認められるが、成年後見制度の利用が必要な低所得の高齢者や成年後見制度利用に要する費用について援助を受けなければその利用が困難な知的障害者・精神障害者を対象に、成年後見制度の申立てにかかわる費用（登記手数料、鑑定費用等）や成年後見人等の報酬の全部または一部を助成することを主な内容とするものである。

現在この事業は、高齢者については、介護保険法の実施のための厚生労働省老健局長が定めた「地域支援事業実施要綱」に基づく市（区）町村の任意事業として実施され、知的障害者及び精神障害者については、障害者総合支援法で定められた「地域生活支援事業」として実施されている（「地域生活支援事業実施要綱」参照。なお、平成24〔2012〕年度から必須事業とされている）。[*49][*50]

多くの市（区）町村では、「成年後見制度利用支援事業実施要綱」を作成し、この事業を実施している。もっとも、上記「地域支援事業実施要綱」及び「地域生活支援事業実施要綱」では制限されていないにもかかわらず、助成の対象を、市（区）町村長が申し立てた場合に限る、成年後見監督人等の報酬が対象とされてない、といった限定的な運用がなされるケースがあること、また、この事業に対する予算措置が不十分であること等の問題があるとされ、この事業を拡充する必要性が指摘されている。[*51]

*49
令和4（2022）年4月1日現在、1,699市町村で実施されている（厚生労働省「令和4年度成年後見制度利用促進施策に係る取組状況調査結果〔概要版〕〔令和5年7月〕」）。

*50
令和4（2022）年4月1日現在、1,703市町村で実施されている（厚生労働省資料、*49に同じ）。

*51
事業の課題等については、第二期基本計画16頁以下及び57頁以下参照。事業の実施の実態については、「令和4年度成年後見制度利用促進施策に係る取組状況調査結果(詳細版)」(厚生労働省)参照。

第2章

権利擁護を支える仕組み

学習のねらい

　権利擁護を支える仕組みは、平成12（2000）年の社会福祉法改正（社会福祉基礎構造改革）以降、福祉サービスの適切な利用の仕組み、苦情解決の仕組み、児童、高齢、障害分野の虐待防止法制の施行、差別解消法の施行や意思決定支援に関する各ガイドラインが発出されるなど、さまざまな形で本人の権利擁護を支える仕組みが整備されてきている。特に、本人に代わり決定する支援から、意思決定を導く支援としての権利擁護が注目されていることを学習する。

　なかでも、第1節の日常生活自立支援事業は、平成11（1999）年10月の施行当初より、本人の立場に徹しながら、市民も参画し、地域の中で生活者の意思決定支援を進めてきた。こうした支援の原則を貫くための法制度、事業の仕組み、実践者の視点と利用の実態や課題を学習する。

　また、虐待防止法、差別解消法では自治体や社会福祉施設・事業所の役割として、権利擁護の体制、養護者への支援が求められている法制度の内容と体制を学習する。

　さらに、近年、関心の高まりを見せている意思決定支援ガイドラインは、本人への支援は自己決定の尊重に基づき行うことを原則とし、職員等関係者等チームでこれらにかかわることのプロセスが重要であることを学習する。

第1節　日常生活自立支援事業

1　日常生活自立支援事業の根拠法令等

　平成12（2000）年の社会福祉基礎構造改革以降、社会福祉分野では、特に判断能力が十分ではない人々（認知症高齢者、知的障害者、精神障害者等福祉サービス利用者）の権利擁護を支える仕組みが構築された。それが「**日常生活自立支援事業**[*1]」であり、全国各地の社会福祉協議会（以下、社協）に展開されている。

　また、日常生活自立支援事業は、平成12（2000）年の社会福祉法成立により第2条第3項第12号に「**福祉サービス利用援助事業**」が創設されたことに伴い、これを法的根拠に、また、事業の運営方法や費用は「生活困窮者自立相談支援事業等の実施について」[*2]を根拠に都道府県・指定都市社会福祉協議会を実施主体として実施されている。

　ここでは、制度開始以降20年が経過した日常生活自立支援事業について、事業が創設された背景、必要性、基本的な仕組み、専門員、生活支援員の役割、日常生活自立支援事業の動向について述べ、ソーシャルワーカーの役割、各領域、地域福祉との関係（高齢者・障害者等への支援、市民参加、包括的支援体制の整備や地域福祉型福祉サービスとしての役割）をみていくこととする。

2　日常生活自立支援事業とは

　「日常生活」「自立支援」という言葉が重なった日常生活自立支援事業について、事業内容を知らない読者は、どのようなイメージを浮かべるのであろうか。日常生活とは毎日繰り返される生活のこととされるのが一般的であるし、自立支援とは、自立については障害学、あるいは介護分野でも用いられ、自立支援は介護報酬改定等政府の議論の場でも用いられている。これらが一体的な言葉で表された日常生活自立支援事業の創設の背景はどういったものだったかについて述べる。

（1）権利擁護システムの必要性
　1990年代に入り、ノーマライゼーションの理念が具体的に政策に反映される時代を迎え、なかでも判断能力が不十分な人の権利を護るシステ

＊1
平成11（1999）年の創設当初の国庫補助事業の名称は「地域福祉権利擁護事業」であり、平成19（2007）年に現在の名称に改称された。名称は変わっても、「定期的な訪問による生活変化の察知（見守り）」が援助内容として明示されたほか、基本的枠組みの改変はない。

＊2
厚生労働省社会・援護局長通知（平成29年5月17日／社援0517第1号）。

ムの必要性が指摘され始めた。当時、判断能力の不十分な高齢者や障害者の財産・年金の搾取や消費者被害が相次いだ。しかし、対応できる公的な制度は不十分で、身近に接していた民生委員や近隣住民、ホームヘルパーやソーシャルワーカー等が役割や職務を逸脱する形でやむを得ず対応していた実情があったのである。

　そのようななか、平成3（1991）年10月に、東京都社協を運営主体とする権利擁護センター[*3]が開設された。このセンターでは、知的障害者や認知症高齢者の権利侵害に対応するため、弁護士による専門相談や紹介業務、生活アシスタントの紹介、財産保管サービス等が実施された。同時期、東京都内の区市町村段階においても、預貯金の出し入れや公共料金の支払い等手続の代行を行うサービスが開始され始めた。

　平成9（1997）年10月には、大阪府社協を運営主体とする大阪後見支援センターが開設された。大阪後見支援センターでも、東京都と同様、弁護士等による専門相談のほか、経済生活サポーターが在宅高齢者の預金の払出しや医療費の支払いを代行するといった、経済生活支援サービスが開始された。このサービスは、日常生活自立支援事業のモデルの一つとなった。

　こうして、高齢者、障害者を支える新しい権利擁護システムは、ひとり暮らし、認知症高齢者、高齢者夫婦世帯、知的障害者、精神障害者等を対象に、財産保全や管理も含め、後見的な支援をどう地域に整備するかという問題に地方が取り組んだことから始まった。

　これらの動きを受けて、国レベルでは、平成12（2000）年の介護保険法施行を前に、社会福祉基礎構造改革において「自己決定能力が低下している者については、その者の権利を擁護し、本人の意向を尊重したサービスの利用が可能となる制度[*4]」として、「無料又は低額な料金で自己決定能力が低下している者などの権利擁護のために行われる相談援助事業」を新たに社会福祉事業と位置付け、「社会福祉の分野においても、[*5]成年後見制度の利用や、高齢者、障害者、児童等による各種サービスの適正な利用などを援助する制度の導入、強化を図る[*6]」という報告が取りまとめられた。その後厚生労働省、全国社会福祉協議会（以下、全社協）で具体的な検討や研究が進められ、[*7][*8]平成11（1999）年10月、全国各地でこのサービスが利用できるよう日常生活自立支援事業（当時の名称は「地域福祉権利擁護事業」）が制度化された。

　日常生活自立支援事業は、社会福祉法上「福祉サービス利用援助事業」に位置付けられている。その理由は、この事業を第二種社会福祉事

*3
平成3（1991）年10月設置当時の正式名称は「東京精神薄弱者・痴呆性高齢者権利擁護センター」で、その後、愛称を「すてっぷ」と定めた。

*4
社会福祉事業等の在り方に関する検討会「社会福祉の基礎構造改革について（主要な論点）」平成9（1997）年11月25日。

*5、6
中央社会福祉審議会社会福祉構造改革分科会「社会福祉基礎構造改革について（中間まとめ）」平成10（1998）年6月17日。

*7
厚生労働省に「社会福祉分野における日常生活支援事業に関する検討会」が設置され「社会福祉分野における権利擁護を目的とした日常生活支援について」（平成10〔1998〕年11月25日）がまとめられた。

*8
全国社会福祉協議会に「地域福祉権利擁護事業の基盤整備に関する調査研究委員会」が設置され、制度の実施に必要な契約書諸様式やガイドライン等を開発した（平成11〔1999〕年9月）。

業として法律に規定することでその適正な運営を確保し、信頼性を高めるとともに、一定の税制上の優遇措置が受けられるようにするなど、福祉関係者が取り組みやすいようにするためである。

（2）日常生活自立支援事業の基本的な仕組み

＊9
厚生労働省社会・援護局長通知「生活困窮者自立相談支援事業等の実施について」（平成29年5月17日／社援0517第1号）。

日常生活自立支援事業の実施にあたっては、厚生労働省の通知が定められている。基本的には、次のような仕組みとなっている（**図2－2－1**）。

❶実施主体と一部の事業の委託先

日常生活自立支援事業の実施主体は、各都道府県・指定都市社協と定められている。その理由は、この制度が全国あまねく利用できる体制を整えるためであり、各市区町村にもネットワークをもち、全国的な組織である社協を中心とする公費が投入された事業としているのである。

その上で、都道府県・指定都市社協は利用者の利便性を考慮し、市区町村社協だけでなく、地域のNPO（非営利組織）や当事者組織に事業の一部を委託できることとしており、これらを**基幹的社会福祉協議会**

〈図2－2－1〉日常生活自立支援事業の基本的な仕組み

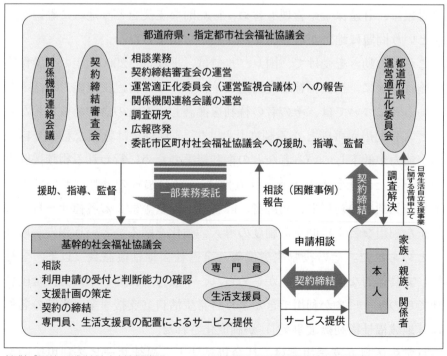

（出典）『2020年 日常生活自立支援事業推進マニュアル〔改訂版〕』全国社会福祉協議会地域福祉部、2020年、7頁をもとに一部改変

（基幹的社協）と称している。

❷事業の対象者

厚生労働省の通知では、日常生活自立支援事業の対象者を、以下の2つに当てはまる者としている。

①判断能力が不十分な者

（認知症高齢者、知的障害者、精神障害者等であって、日常生活を営むのに必要なサービスを利用するための情報の入手、理解、判断、意思表示を本人のみでは適切に行うことが困難な者）

②日常生活自立支援事業の契約の内容について判断し得る能力を有していると認められる者

❸援助内容

日常生活自立支援事業の援助内容を一覧にしたものが**図2-2-2**であり、一般的に日常生活自立支援事業の範囲は「福祉サービスの利用援助」「日常的金銭管理サービス」「書類等の預かりサービス」及び「定期的な訪問による生活変化の察知（見守り）」に大別することができる。

①福祉サービスの利用援助

日常生活自立支援事業の援助の範囲は、福祉サービスの利用援助、福祉サービスの利用に関する苦情解決制度の利用援助、住宅改造、居住家屋の賃借、日常生活上の消費契約及び住民票の届出等の行政手続に関する援助、そのほか、福祉サービスの適切な利用のために必要な一連の援助としている。

②日常的金銭管理など

①に伴う援助内容として、預貯金の払戻し、預貯金の解約、預貯金の預入れ手続等、日常生活費の管理（日常的金銭管理）、定期的な訪問による生活変化の察知（見守り）がある。

③書類等の預かり

さらに、実施主体の判断で、預貯金通帳の保全（書類預かりサービス）を福祉サービスの利用援助に付随するものとして実施できることとなっている。

上記の①～③について、情報提供、助言、契約手続、利用手続等の同行または代行による援助と、本人から代理権を授与された上で代理による援助を行うこととされている。

〈図2-2-2〉日常生活自立支援事業で実施する援助の内容

福祉サービスの利用援助	① 福祉サービスを利用し、または利用をやめるために必要な手続き ② 福祉サービスについての苦情解決制度を利用する手続き ③ 住宅改造、居住家屋の賃借、日常生活上の消費契約及び住民票の届出等の行政手続きに関する援助、その他福祉サービスの適切な利用のために必要な一連の援助 ④ 福祉サービスの利用料を支払う手続き
日常的金銭管理サービス	① 年金及び福祉手当の受領に必要な手続き ② 医療費を支払う手続き ③ 税金や社会保険料、公共料金を支払う手続き ④ 日用品等の代金を支払う手続き ⑤ ①～④の支払いに伴う預貯金の払戻、預貯金の解約、預貯金の預け入れの手続き
書類等の預かりサービス	（保管できる書類等） ① 年金証書 ② 預貯金の通帳 ③ 権利証 ④ 契約書類 ⑤ 保険証書 ⑥ 実印・銀行印 ⑦ その他、実施主体が適当と認めた書類（カードを含む）

（右側に縦書き）定期的な訪問による生活変化の察知（見守り）

（出典）『2020年 日常生活自立支援事業推進マニュアル〔改訂版〕』全国社会福祉協議会地域福祉部、2020年、19頁をもとに一部改変

❹利用者と社会福祉協議会との関係

　日常生活自立支援事業は、本人と社協とが書面で約束をし、サービスを提供する。つまり契約を結んだ上で利用できるという契約関係にある。この契約は本人と法人である社協との間の民法上の委任契約といえる。社協には日常生活自立支援事業の実際の援助を行う「専門員」と「生活支援員」が配置されている。

❺監督体制など

　日常生活自立支援事業は、**図2-2-1**や**図2-2-3**にあるように「契約締結審査会」「運営監視合議体」という機能を独自に有している。この2つの機能は、判断能力が不十分な人を対象に金銭管理や手続支援を行うサービスにおいて、利用者が安心して利用できる仕組みを整えているという意味で、事業の透明性、公平性の担保や苦情解決が図られる

〈図２－２－３〉 日常生活自立支援事業の援助の流れ

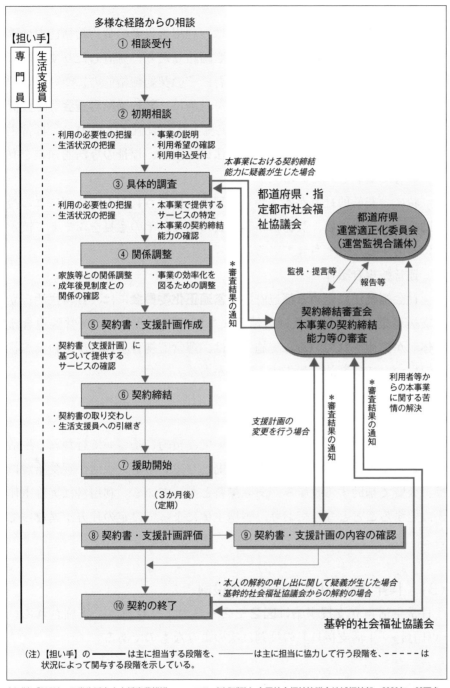

（注）【担い手】の ━━━ は主に担当する段階を、──── は主に担当に協力して行う段階を、– – – – – は
　　　状況によって関与する段階を示している。

（出典）『2020年　日常生活自立支援事業推進マニュアル〔改訂版〕』全国社会福祉協議会地域福祉部、2020年、22頁を
　　　　もとに一部改変

システムとして極めて重要である。

①契約締結審査会

　日常生活自立支援事業においては、利用対象者の契約締結能力の確認が不可欠となる。そこで、契約を締結したり、見直したりする際に、利用者の判断能力に疑義がある場合、その契約締結能力について専門的見地から審査し、確かめることを目的に「**契約締結審査会**」を設置している。「契約締結審査会」は実施主体が設置するもので、日常生活自立支援事業の対象者に関する法律、医療、福祉の専門的知識を有する者で構成されている。

　特に、基幹的社協が本人から代理権を授与された上で代理による援助を行う場合には、契約締結審査会に諮り、その意見をふまえて慎重に対応することとされている。

②運営監視合議体

　社会福祉法に定める都道府県**運営適正化委員会**には、日常生活自立支援事業の運営監視及び苦情解決を図る機関として「運営監視合議体」が設置されている。実施主体は、運営監視合議体に事業の実施状況について定期的に報告する義務がある。

❻利用料

　日常生活自立支援事業の利用において、契約に基づいて行われる生活支援員による援助は、自己負担を原則としているが、生活保護受給者には、公費で補助する仕組みがあり無料となっている。利用料は実施主体が設定することとなっており、実施主体によって設定の仕方が異なっている。

（3）「専門員」「生活支援員」の役割

　日常生活自立支援事業は**図2-2-3**のような流れで実施される。「専門員」「生活支援員」の役割は次のようなものである。

❶「専門員」と「生活支援員」

　「**専門員**」と「**生活支援員**」は社協に雇用された者であり、本人と社協との契約における、社協（法人）の履行補助者である。

　「専門員」は、主に日常生活自立支援事業の利用契約に関する初期の相談、契約締結能力の確認、必要な援助内容を特定し「支援計画」を作成するなど契約締結に関する業務を行う。専門員は、原則として社会福

*10
履行補助者とは、債務者により債務の履行のために使用される者のことをさす。そうすると、日常生活自立支援事業の契約が締結された場合、履行補助者である専門員等の行為の責任については、債務者である社協に自動的に帰属することとなる。しかし、その専門員等の行為を不法行為ととらえると、社協が負うべきなのは使用者責任となり、条文上は使用者の免責規定がある。履行補助者と考える場合のほうが使用者責任よりも重くなってしまうのはおかしいのではないかという議論もあるが、判例によれば使用者責任の免責規定はほとんど適用されておらず、実質的な効果にはほとんど差異がないといってよい。

祉士、精神保健福祉士等であって、一定の研修を受けた者とされている。

「生活支援員」は、支援計画に基づき、定期的にあるいは本人から依頼を受けて援助する。生活支援員は、日常生活自立支援事業が地域のさまざまな人によって支えられるよう、保健・福祉、行政、教育、金融、法律関係に従事した者など幅広い地域の人的資源の参加を得ることとし、全社協が作成したマニュアル等を参考に各実施主体が創意工夫の上、積極的に研修を実施することとされている。

援助の流れから専門員、生活支援員の役割を見ると、まず、地域の介護支援専門員、介護サービス事業所、福祉事務所、民生委員、近隣住民、親族や本人・家族等から社協に相談が寄せられる。これらの相談のなかから日常生活自立支援事業による援助が必要な場合には、基幹的社協の「専門員」が訪問するなどして、利用者との相談を経て契約書、支援計画を作成し、契約締結審査会等を経由して契約が結ばれる。その後「生活支援員」による福祉サービス利用援助等のサービスが提供される。これらの流れのなかで、契約締結までは「専門員」、支援計画に基づく実際のサービス提供は主に「生活支援員」の役割であるといえる。

❷福祉サービスの利用援助における「専門員」「生活支援員」の行動規範

①「専門員」「生活支援員」は、本人の意思決定を導く援助を行う

この契約は、福祉サービスの利用手続における本人の権利擁護を主目的としている。では、利用手続を援助するとはどういうことであろうか。例えば、どの種類の福祉サービスを利用するかという利用者の選択、そして、ひとたび利用した福祉サービスが思っていた内容と違うため改善、もしくは解約したい場合に、判断能力が不十分なことが理由で手続や交渉をすることが困難となり、適切に福祉サービスの利用ができない状態を避ける、という援助である。

②援助する福祉サービスの範囲は契約制度、措置制度等を問わない

また、契約によって利用するサービスのみではなく、措置に基づく福祉サービスの利用手続も援助の範囲となる。措置は「やむを得ない事由」などの要件において市町村が行う制度である。通常、措置とは行政処分であり、本人が利用するサービスを選択できないとしても、利用者から同意を得ることは必要と考えられることから、措置制度においても本人の意思に反した支援はできないと解され、あわせて費用徴収や保険料の支払いなどの支援を必要とする者が日常的金銭管理等

を必要としていることから、利用援助の範囲に含めることができると解されている。

③「専門員」「生活支援員」は利用者の側に立つことに徹する

さらに、介護保険制度では介護支援専門員がケアマネジメントを行っているが、現状では居宅介護支援事業所と訪問介護事業所を兼ねている事業者も少なくない。つまり、これら居宅介護支援事業所と訪問介護事業所が利益相反の関係にある場合、利用者の立場に立って援助する制度上の仕組みが重要である。また、居宅介護支援では日常的金銭管理ができないため、成年後見制度または日常生活自立支援事業が必要となるのである。[*11]

④利用者の意思決定能力への配慮

「専門員」「生活支援員」が「契約締結判定ガイドライン」[*12]を用いて援助するにあたっては、契約締結時に、次の3点を確認することが必要であると同時に、いったん契約をした後でも、生活支援員はこの3点を常に確認し、疑問が生じた場合は専門員に相談し、契約締結審査会の協議を求めなくてはならないとしている。

第一点は、本人が契約を結ぶ能力があるかどうかを評価するということである。これは、契約できる能力とは、利用者が嫌であった場合は嫌だと発言する能力が必要だということである。さらに、必要な能力の程度とは、福祉サービスの利用やその利用料の支払いの援助を受ける契約の場合と、これに加えて日常的な金銭管理や書類を預ける場合とで異なるということである。そして、認知症高齢者などで、契約時点では相当の能力があるとされても、近い将来その能力が失われる可能性の高い利用者に対しては、能力喪失後も利用者の状況に応じた確実な援助がなされるよう、成年後見制度の利用も含めた適切な方法を選択できるよう援助するということが含まれる。

第二点は、本人の意思に従うことが困難な場合の対応である。サービス利用者の思考や判断が、幻覚や妄想などの病的な体験に影響されている場合など、利用者の意思にそうことがむずかしいと予測できる場合や、本人の社会生活力の程度により、本人の意思に反して必要なサービスの提供が必要だということが予測される場合は、ほかの有効な援助手段を活用するよう努めるということである。

第三点は、契約書や支援計画を超えた援助が必要な場合、本人が契約の解除を申し出た場合に、サービスを終了したことで本人や家族、関係者に切迫した危険や著しい不都合が生じると予測できる場合には、

*11
一方、現実問題として、日常生活自立支援事業を行う社協が訪問介護事業等を行っており、その双方を本人が利用している場合がある。この状況で、利用者の立場に立つことに徹するという契約の忠実義務が果たせるかという問題が生じることとなる。この場合は、契約書への利益相反の明記や運営監視合議体の監督要件を条件に双方の利用を認めている。

*12
本節3（5）❶参照。

ほかの有効な援助手段を活用するよう努めるということである。

こうした「専門員」「生活支援員」の役割を明らかにすることによって、日常生活自立支援事業は、利用者を抱え込まず、必要な制度、有効な援助手段との連携をとるという視点で自己決定支援を行うという基本的な姿勢を作り上げているのである。

③ 日常生活自立支援事業の動向

（1）制度創設以来の事業実績（相談、契約等）

日常生活自立支援事業は、全国あまねく実施される体制をとるため、都道府県・指定都市社会福祉協議会を実施主体とし、多くは市区町村社会福祉協議会に専門員・生活支援員が配置され展開されている。全国社会福祉協議会では、平成11（1999）年10月から統計を蓄積し現在に至っている。統計内容は、相談や利用に関する、問い合わせ・相談件数、新規契約締結件数、契約終了件数、現在の契約者総数と事業の基盤となる、基幹的社協数、専門員数、生活支援員数となっている。

（2）相談、利用件数等

日常生活自立支援事業は、制度開始以来、問い合わせ・相談件数は2,700万件を超えている。近年では年間200万件程度の相談件数である。また、制度開始以来、利用者数は約21万件を超えており、現在の利用者数は約5万6,500人である（平成11〔1999〕年10月から令和5〔2023〕年3月現在までの状況を全社協地域福祉部が調べたもの。**表2－2－1**、**図2－2－4**）。

❶問い合わせ・相談

問い合わせ・相談件数における障害の状況は、認知症高齢者等が約78万件（約34％）、知的障害者等が約59万件（約25％）、精神障害者等が80万件（約34％）となっており、精神障害者等の相談が増加している（令和4〔2022〕年度1年間の状況を全社協地域福祉部が調べたもの）。

❷利用契約

年間利用者数における障害等の状況は、認知症高齢者等が約2.1万人（約38％）、知的障害者等が約1.4万人（約25％）、精神障害者等が1.7万人（約30％）、その他が0.3万人（約5.4％）となっており、認知症高齢

〈表2-2-1〉「日常生活自立支援事業」実施状況　　　　　　　令和4年度累計

		令和4年度累計		平成11年10月からの累計	
問合せ・相談件数		2,331,881	100.0%	27,957,995	100.0%
認知症高齢者等		786,230	33.7%	11,408,614	40.8%
知的障害者等		587,787	25.2%	6,205,928	22.2%
精神障害者等		803,149	34.4%	8,338,786	29.8%
不明		133,046	5.7%	1,473,171	5.3%
本事業以外の相談		21,669	0.9%	531,496	1.9%
（再掲）初回相談件数		(35,467)	(1.5%)	(624,083)	(2.2%)
新規契約締結件数		10,866	100.0%	213,383	100.0%
認知症高齢者等		5,971	55.0%	125,840	59.0%
知的障害者等		1,633	15.0%	32,571	15.3%
精神障害者等		2,712	25.0%	43,570	20.4%
その他		550	5.1%	11,052	5.2%
（再掲）生活保護受給者		(4,614)	(42.5%)	(86,165)	(40.4%)
生活保護受給者（再掲）の内訳	認知症高齢者等	2,338	50.7%	9,645	50.6%
	知的障害者等	585	12.7%	2,330	12.2%
	精神障害者等	1,454	31.5%	5,859	30.7%
	その他	237	5.1%	1,222	6.4%
終了件数		10,748			
現在の契約件数※3月末		56,550	100.0%		
認知症高齢者等		21,496	38.0%		
知的障害者等		14,384	25.4%		
精神障害者等		17,638	31.2%		
その他		3,032	5.4%		

※生活保護受給者（再掲）の内訳については令和元年度から

基幹的社協数	1,596
専門員数	4,016
生活支援員数	15,388

（全国社会福祉協議会調べ）

〈図2-2-4〉「年度末時点の実利用者数（契約件数）」の年次推移

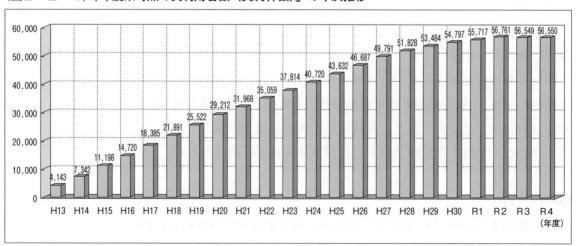

（全国社会福祉協議会調べ）

者等の割合が約４割となっている（令和４〔2022〕年度１年間の状況を全社協地域福祉部が調べたもの）。また、利用にあたっては、本人が相談、利用を希望する場合もあるが、多くは、各種相談機関等（地域包括支援センター、保健所、居宅介護支援事業所、相談支援事業所等）、民生委員・児童委員、社会福祉施設・事業所、医療機関、消費生活相談員、金融機関等の周辺からの情報提供によるアウトリーチ相談から始まる場合も少なくない。特に、認知症高齢者、知的障害者、精神障害者のひとり暮らし世帯や、高齢者夫婦世帯、複合的な課題がある家族等への本制度の周知と利用支援が重要である。

❸生活困窮の状況

年間の新規契約締結者のうち、生活保護を受給している割合は42.5%である。日常生活自立支援事業の利用者の実態は、利用当初から経済的困窮状況と権利擁護の両面の支援が必要である者が約半数である実態にある。そうした意味でも、生活保護行政や生活困窮者自立支援制度との連携が必要である。

（3）基幹的社協、専門員、生活支援員数、財源

❶基幹的社協

基幹的社協は主に市区町村社会福祉協議会に設置されるもので、都道府県・指定都市によって配置の考え方は異にしている。全市区町村で実施する場合もあれば、広域、隣接する市町村に配置する状況となっている。現在、1,596の社協が基幹的社協となっている（令和４〔2022〕年度１年間の状況を全社協地域福祉部が調べたもの）。

❷専門員、生活支援員数

専門員は、現在、4,016名が配置され、生活支援員は、現在、１万5,388名の養成、配置がなされている（令和４〔2022〕年度１年間の状況を全社協地域福祉部が調べたもの）。

❸財源

日常生活自立支援事業に係る費用は、生活支援員の訪問等による利用料が必要（生活保護受給者は国等の予算で負担され、利用料を求めない仕組み）となっているが、利用者負担は一部にすぎない。また、社会保険方式の制度に位置しているものでもなく、財源は、毎年の国、都道府

県・指定都市が編成する予算と都道府県社協の持ち出しによる財源に依拠している。そのため、基幹的社協の配置、専門員・生活支援員の設置、配置数は各自治体、各都道府県・指定都市社会福祉協議会の現状による。

（4）効果と課題

❶効果

日常生活自立支援事業は、平成12（2000）年以降の利用選択方式、申請方式等による福祉サービスの利用方法に対する支援制度、その利用料の支払い等日常的な金銭管理を支える制度としてマスコミ、社会福祉士、精神保健福祉士、ケアマネジャー、介護職員等さまざまな職種の教育場面で、成年後見制度と同様、注目され、活用について周知されてきた。

市町村社会福祉協議会は、日常生活自立支援事業の実施により、福祉サービスの潜在的利用者の発見と気付きの仕組み（地域支援）を構築したり、判断能力が十分ではないために日常生活に支障があり、権利擁護を支える仕組みが必要な住民に積極的に接近できたりするソーシャルワーカーの採用と配置（専門員）が進むこととなった。

さらに加えて、住民（利用者）に最も近い存在である地域住民（市民）が、生活支援員として、認知症高齢者、知的障害者、精神障害者等の生活支援のサポートネットワークの一員としてかかわることとなった。

今日、地域の生活者の日常生活には、20年前のような、個人を対象にした消費生活被害や福祉サービスの利用援助以外に、さまざまな課題が浮上している。巧妙化する消費生活被害がますます増加するなか、依然としてある行政の世話にはなりたくないという意識等から福祉サービス利用に躊躇・拒否する人々や、親族間の財産トラブル、財産の自己管理能力の欠如、生活環境の悪化による日常生活の不安定、近隣・知人等とのトラブル、そして同居する家族内に生活課題・福祉課題を複合的に有する家族等である。こうした課題を、これまで日常生活自立支援事業の専門員が調整し、主に地域住民でもある生活支援員が定期的な訪問を継続して生活を安定化させることで、再びそうした事態にならないように日常生活の変化の察知（見守り）をし、それらが地域福祉のサービスとして根付いてきていることは評価できる。

❷課題

　日常生活自立支援事業の利用者は、自ら利用を求める者もいるが、一方で、利用を躊躇する、利用を拒否する人も少なくない。また、途中で利用を中断あるいは終了するといった状況にある人も少なくない。自らの金銭の管理を他者に委ねるということは、安定した生活を送ることができる環境が整う一方で、自由が制約される感覚ももち得るものであることを支援者は理解しておく必要がある。

　また、体制が整っていないことから利用を待っている人も存在しているし、周囲がその人に権利擁護が必要だということに気付いておらず、利用に結び付いていないという人も存在している。権利擁護が必要な人々に対する、地域の関係機関、地域住民等の発見と気付きの仕組みが相まって、日常生活自立支援事業の利用につながり、権利擁護の効果が表れるのである。

　加えて、利用を待機している実態もあるなかで、権利擁護の仕組みを支える、国、地方自治体による財源も課題としてあげられる。

　毎年度の国、都道府県の日常生活自立支援事業の予算は、利用を希望する人々すべてに届けられるような安定した財源構造とはいえない。現場は、事業自体の必要性、有効性を認識しつつも、運営面ではかなり苦慮し、ソーシャルワーク能力の高位な専門員を嘱託として雇用しているところも少なくない。また、生活支援員は、制度創設当初は住民参加による仕組みを想定し、金融機関との調整もあるために雇用形態をとる形での採用方式となっているが、その方法も維持しつつ、不足する担い手に負担のない雇用形態を模索する必要もある。今後、日常生活自立支援事業の財源等、権利擁護の仕組みの財源については、それらを安定して整備するため、市町村による財源確保、民間財源の活用等さまざまな工夫が求められる。

（5）成年後見制度、各領域の権利擁護の仕組み　　地域福祉と包括的支援体制との関係

❶成年後見制度との関係

　日常生活自立支援事業は、社会福祉分野における日常生活支援を目的とし、判断能力を補う等、権利擁護を支える仕組みであるが、判断能力が全くない人は成年後見人との契約を除き利用対象とならない。つまり、利用者には、契約締結能力が求められる。成年後見制度でいうと、補助、保佐レベルと重なり、任意後見制度を利用しようとする者も一部重なる

ことが想定される。

　成年後見制度と日常生活自立支援事業のどちらを本人が利用するかは、判断能力の程度のみによって決めるものではない。端的にいえば、現行の日常生活自立支援事業は、㋐判断能力が不十分であることにより生じる支援ニーズが福祉サービスの利用援助とそれに付随する日常生活上の援助に限られており、㋑専門員や生活支援員が本人の福祉サービス利用のための諸手続きをお手伝いすることと、そのための利用料がかかることを理解できる人が利用できるのである。上述の㋐よりも必要とする支援の範囲が広い人や、より踏み込んだ支援が必要な人、同様に㋑について十分に理解できない人は、原則として日常生活自立支援事業の範囲を超えると考えられるのである。

　なお、日常生活自立支援事業の範囲を超える主な場合とは、次の3点のいずれかに該当する場合である。

　①契約締結能力が著しく不十分

　　日常生活自立支援事業は、前述のとおり、利用者との契約により必要な支援を行う事業であるため、本人の契約締結能力が不十分な状態である場合には契約を締結することができず、同事業の利用（支援）を開始することができない。また、利用開始後に利用者の意思能力が低下し、情報提供・助言・代行といった日常生活自立支援事業の基本的な援助方法では利用者のニーズに対応できなくなったり、契約内容の理解がむずかしくなったりした場合も同様である。

　②多額の財産管理（重要な財産行為）

　　日常生活自立支援事業は、福祉サービスの利用援助等の日常生活に必要な範囲での援助を目的とした事業であるため、多額の財産管理や重要な財産行為の援助は想定していない。例えば、家屋・土地の売買や、アパートの賃貸収入や修繕費の管理は、基本的に本事業の対象外である。

　③居所の変更等、大きな生活の変化を伴うことに関する支援

　　日常生活自立支援事業は、居住している不動産の処分に伴う居住地の変更や、福祉施設への入所手続きの代理等、利用者の生活に大きな変化をもたらす行為の支援は想定していない。

　専門員が利用契約時に、利用希望者の判断能力の程度を確認する「契約締結判定ガイドライン」があるが、これは日常生活自立支援事業が利用できる能力を確かめるものであり、判断能力が十分ではないことを明確化するためのものではない。

　これらのことから、日常生活自立支援事業では、利用者のもつ判断能力を活かし、専門員・生活支援員は、利用者本人の意思決定を導く役割を担うものとして、さらにその専門性と援助方法の確立を図る必要がある。一方、日常生活自立支援事業の利用者の判断能力がさらに低下し、成年後見制度における代理、取消、同意といった法律行為の援助が必要な場合は、適切に制度間のつなぎができるよう、切れめない支援を進めることも重要である。

❷各領域の権利擁護の仕組み、地域福祉と包括的支援体制との関係

　平成12（2000）年の社会福祉法の成立以降、個人の尊厳の保持、選択する福祉サービス、自立支援を基本とした福祉政策が進むなかで、福祉サービスへの苦情解決の仕組み、児童・高齢者・障害者等へのDVや虐待防止の仕組み、さらには成年後見制度利用促進の仕組みが構築され、判断能力が十分ではない人への権利擁護の支援の仕組みが拡充されている。それらの法制度の対象と、日常生活自立支援事業との関係は、虐待防止法制は緊急的な支援と介入であり、日常生活自立支援事業は安定的な状態への支援と変化の察知による支援が特徴といえる。また、権利擁護の仕組みを利用する人々は、権利侵害を受け、生活困窮状態（経済的、社会的孤立の両面）にある場合もある。生活困窮者自立支援制度との連携も必要である。

　また、社会福祉法の改正により、地域福祉の推進において、地域生活課題、支援関係機関、包括的支援体制の整備といった地域における相談の包括的な体制が進められようとしている。日常生活自立支援事業は、利用者個人の生活を支え、その家族の生活や地域社会の支援についても実際に対応している。そうした意味で、日常生活自立支援事業は、断らない相談の一つでもあり、かつ、さまざまなアプローチにより展開される地域福祉型福祉サービスの一つとして地域を基盤としたソーシャルワークを展開するなかで、その役割・機能が発揮される仕組みでもあることを認識しておく必要がある。

BOOK 学びの参考図書

●『2020年日常生活自立支援事業推進マニュアル［改訂版］』全国社会福祉協議会地域福祉部、2020年。

　日常生活自立支援事業を担う関係者の実務書。制度の全容、契約書や契約締結判定ガイドラインなどの解説がなされている。平成11（1999）年10月に刊行され、その後改訂されており、全国共通の資料として現場で使用されている。

第2節 福祉サービスの適切な利用

1 適切な利用を促す社会福祉法上の仕組み

　社会福祉法では、第8章「福祉サービスの適切な利用」において、第1節で「情報の提供等」（第75条～第79条）を、第2節で「福祉サービスの利用の援助等」（第80条～第87条）等を定めている。

　そもそも、福祉サービスの利用にあたって、福祉サービス利用者と事業者との関係において配慮しておかなければならないことがある。それは、両者それぞれの間にある、情報の非対称性と判断能力の不十分性である。どのような福祉サービスがあるのか、どのように利用できるのか、その費用はどれくらいか、そもそもどのように申し込めばよいのか、といったことである。また、重ねて、認知症等の理由で、利用の仕方が理解できにくい場合はそれらへの配慮も必要となる。このことからも、利用に際しては、事業者が、情報の提供、利用契約の申込み時の説明、契約書面の交付をていねいに行うことが重要なのである。

（1）情報の提供（第75条関係）

　社会福祉事業の経営者は、経営する社会福祉事業に関し、情報の提供を行うよう努めなければならない。それは、福祉サービス利用者が、適切かつ円滑に、福祉サービスを利用できるようにするためである。

　また、国及び地方公共団体は、福祉サービスの情報の提供に関する取り組み（例えば、福祉サービスを利用しようとする者が必要な情報を容易に得られるような仕組み）を講ずるよう努めなければならない。

（2）利用契約の申込み時の説明（第76条関係）

　社会福祉事業の経営者は、提供する福祉サービスの利用を希望する者から申込みがあった場合には、当該福祉サービスを利用するための契約の内容及びその履行に関する事項について、その者に説明するよう努めなければならない。

（3）利用契約の成立時の書面の交付（第77条関係）

　福祉サービスの利用者と社会福祉事業の経営者との間で福祉サービスの利用契約が成立したときは、社会福祉事業の経営者は利用者に対し、

遅滞なく、①当該社会福祉事業の経営者の名称及び主たる事務所の所在地、②当該社会福祉事業の経営者が提供する福祉サービスの内容、③当該福祉サービスの提供につき利用者が支払うべき額に関する事項、④その他厚生労働省令で定める事項が掲載された書面を交付しなければならない。[*13]

*13
書面の交付に代えて、政令の定めるところにより、当該利用者の承諾を得て、当該書面に記載すべき事項を電磁的方法により提供することができる。

第2部
第2章

（4）福祉サービスの質の向上のための措置等（第78条関係）

　社会福祉事業の経営者は、自らその提供する福祉サービスの質の評価を行う等して、常に福祉サービスを受ける者の立場に立って良質かつ適切な福祉サービスを提供するよう努めなければならない。そして国は、社会福祉事業の経営者が行う福祉サービスの質の向上のための措置を援助するために、福祉サービスの質の公正かつ適切な評価の実施に資するための措置を講ずるよう努めなければならない。

　これら、質の向上のための取り組みとして、自己評価のほか、福祉サービス第三者評価事業の推進等が図られている。

（5）誇大広告の禁止（第79条関係）

　社会福祉事業の経営者は、提供する福祉サービスについて広告をするときは、広告された福祉サービスの内容等が、著しく事実に相違する表示をし、または実際のものよりも著しく優良であり、もしくは有利であると人を誤認させるような表示をしてはならない。

（6）福祉サービスの利用の援助等（第80・81条関係）

　日常生活自立支援事業に関連し、福祉サービス利用援助事業を行う者は、当該事業を行うにあたっては、利用者の意向を十分に尊重するとともに、利用者の立場に立って公正かつ適切な方法により行わなければならない。また、都道府県社協は、福祉サービス利用援助事業を行う市町村社協その他の者と協力し、都道府県の区域内においてあまねく福祉サービス利用援助事業が実施されるために必要な事業を行い、これとあわせて、当該事業に従事する者の資質の向上のための事業ならびに福祉サービス利用援助事業に関する普及及び啓発を行うことが定められている。日常生活自立支援事業は、指定都市も実施主体となっていることから、上記の都道府県社協と同様の取り組みが求められる。

（7）運営適正化委員会（第83〜85条関係）

　苦情が事業者・施設段階では解決に至らない場合、**図2−2−5**にあるとおり、福祉サービスの利用者等は、相談等ができる仕組みも整えら

〈図2−2−5〉苦情解決における当事者間の解決と運営適正化委員会の関係

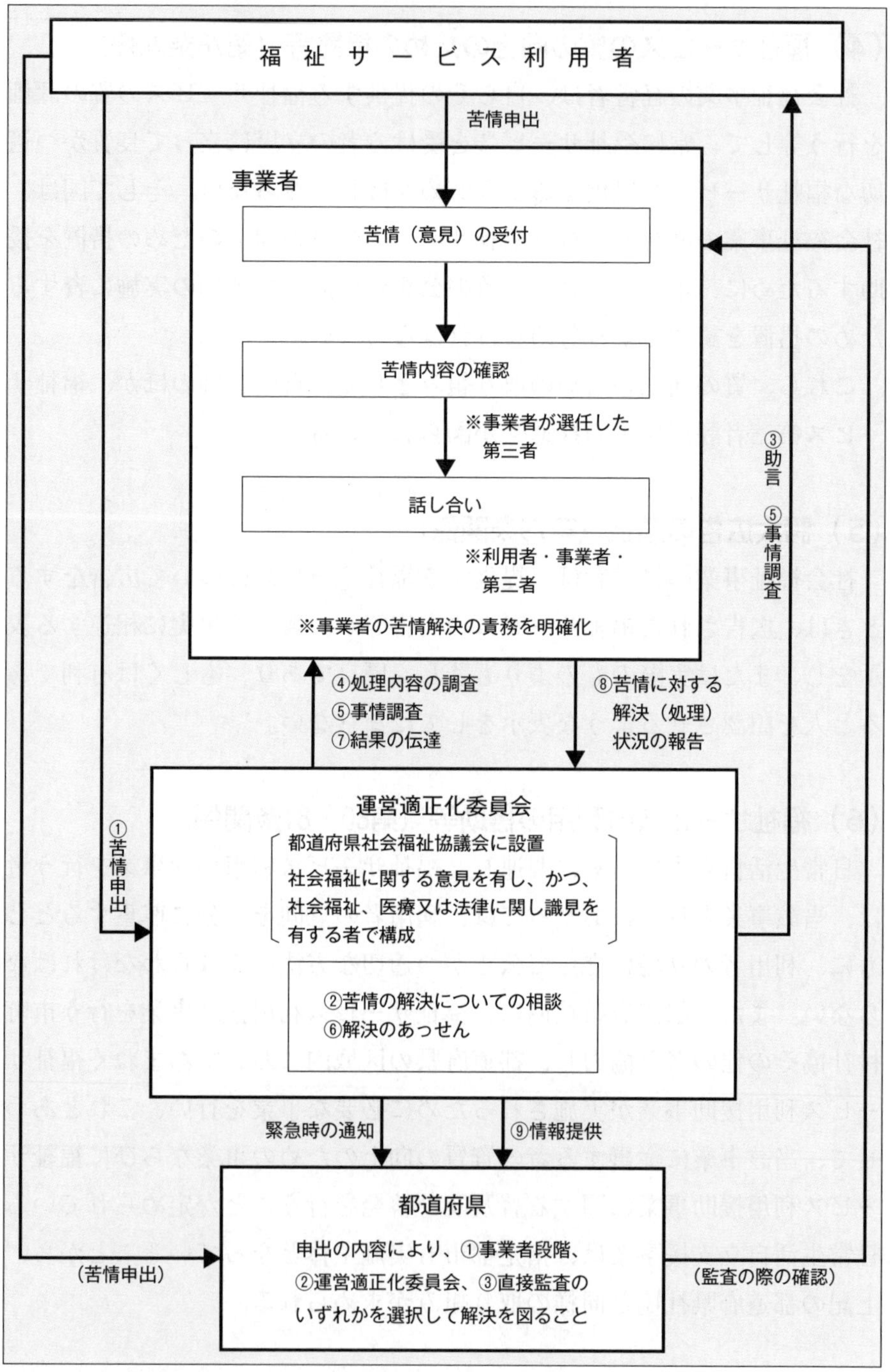

（出典）厚生労働省資料

れており、その一つに運営適正化委員会がある。

運営適正化委員会は、都道府県社協に設置され、福祉サービスの苦情解決や日常生活自立支援事業の運営監視をする役割として位置付けられ、都道府県の区域内において、福祉サービスに関する利用者等からの苦情を適切に解決するための第三者機関として設置されている。

❶苦情解決

運営適正化委員会は、福祉サービスに関する苦情について解決の申出があったときは、その相談に応じて、申出人に必要な助言や当該苦情に係る事情を調査する機関である。その上で、運営適正化委員会は、申出人とその申出人に対し福祉サービスを提供した者の同意を得て、苦情の解決のあっせんを行うことができる機能も有する。

ここで想定する苦情は、特定の利用者からの福祉サービスに係る処遇の内容に関する苦情や福祉サービスの利用契約の締結、履行または解除に関する苦情のほか、不特定の利用者に対する福祉サービスの提供に関して、福祉サービスに係る処遇の内容に関する申立てや福祉サービスの利用契約の締結、履行または解除に関する申立てである。

また、実質的な苦情解決が困難なものは対象として取り扱わないことができるとされている。その対象は、①苦情に係る紛争について、裁判所において係争中または判決等がなされた場合、②行政不服審査法の規定による不服申立てがなされているまたは不服申立てによる裁決、決定があった場合、③他の苦情解決機関においてすでに受理され、審査等が行われている場合、④すでに当該運営適正化委員会において、審査等がなされ、対応が終了している場合、⑤苦情の原因となった事実から一定期間が経過するなど、確実な事情調査を実施することが困難と判断される場合、⑥業務上の過失に該当するか否かの調査の要求を主たる内容とする場合、⑦他機関での対応が優先されるべき内容である場合、である。

あわせて、運営適正化委員会は、これらの取り組みを経て、苦情の解決にあたり、当該苦情に係る福祉サービスの利用者の処遇につき不当な行為が行われている恐れがあると認めるときは、都道府県知事に対し、速やかに、その旨を通知しなければならない。

❷運営監視

また、運営適正化委員会は、福祉サービス利用援助事業（日常生活自立支援事業）の適正な運営を確保するため、当該福祉サービス利用援助

155

事業を行う者に対して必要な助言または勧告をすることができ、福祉サービス利用援助事業を行う者は、運営適正化委員会（運営監視合議体）からの勧告を受けたときにこれを尊重しなければならないとされている。

2 地方自治体、国民健康保険団体連合会における苦情解決

　福祉サービスを対象範囲とした運営適正化委員会のほかに、介護保険制度においては、都道府県、市町村、**国民健康保険団体連合会**（国保連）等における苦情解決の仕組みが介護保険法や基準省令、運営基準等において定められている。介護保険では、サービス等についての苦情を処理する仕組みが制度的に位置付けられており、サービス事業者、居宅介護支援事業者、市町村、国保連合会等の各主体が利用者からの苦情への対応を行っている。これらは、介護サービスを利用する者の権利擁護のためにも望ましいことである。どの苦情解決の仕組みを利用するかについては、利用者の選択が基本である。

❶市町村

　市町村は、介護保険を運営している保険者、つまり介護保険の実施主体であり、また、地域住民に最も身近な苦情相談の窓口である。運営基準省令においては、第一次的窓口として定められ、介護保険に関する相談はもちろん、介護サービスの利用についての相談・苦情等を受け付ける。

　それとともに、地域内の事業者に対し調査、指導及び助言を行う役割をもっている。地域密着型サービス事業者、介護予防支援事業者に対しては、事業者指定や必要に応じた指定取消を、居宅介護支援事業所に対しては、指定取消及び効力の停止などの行政処分を行う権限を有する。また、自ら実施する介護予防・日常生活支援総合事業について、苦情の窓口・指定権者として事業者等に対する調査・指導・助言を実施する。

　一方で、地域包括支援センターは、地域住民の心身の健康の保持及び生活の安定等を包括的に支援することとされており、高齢者にとって身近な相談窓口としての役割をもっている。また、介護予防・日常生活支援総合事業においては、介護予防ケアマネジメントを行うものとして、利用者・事業者等から事情を聞き対応を検討するとともに、必要に応じて利用者に対応経過等を説明し、国民健康保険団体連合会への苦情申立

てについての援助を行う。

❷都道府県

　都道府県は、サービス事業者の指定基準違反に関する苦情案件を担当
し、サービス事業者の指定、改善指導、指定の取消し、国保連合会の相
談・苦情処理体制の支援、市町村の行政処分に対する不服審査等の役割
を担う。

　都道府県は、介護保険審査会を設置し、保険給付、要介護（要支援）
認定などの行政処分に対する不服申立て（審査請求）に関する事務を行
っている。

❸国民健康保険団体連合会

　国民健康保険団体連合会は、介護サービスの利用者等からの相談に応
じるとともに、苦情申立てに基づき指定事業者等に対し、介護サービス
等の質の向上を目的とする調査、指導及び助言（苦情対応業務）を行う。

　また、市町村が実施する介護予防・日常生活支援総合事業について、
市町村等と適宜調整しつつ、市町村で対応できない苦情等の相談を実施
するとともに、事業者指定の方法で実施する介護サービスについては、
利用者等からの苦情申立てに基づき、事業者等に対する指導・助言等
を実施する（介護保険法第176条）。

　このように、福祉サービスの適切な利用における苦情解決の仕組みの
運用にあたっては、利用者の権利擁護を図る観点から、さまざまな苦情
解決機関等との連携を十分に確保していくことが必要である。

第3節 苦情解決の仕組み（当事者間）

　ここまで、当事者間以外の苦情解決の仕組みを述べてきたが、あわせて整備されておかなければならないのは、事業者と利用者間の当事者段階の苦情解決の仕組みである。

　事業者による苦情解決については、社会福祉法第82条で定められている。そこでは、社会福祉事業の経営者は、常に、その提供する福祉サービスについて、利用者等からの苦情の適切な解決に努めなければならないとされ、苦情受付担当者、苦情解決責任者を配置することになっている。また、事業者でもなく、利用者でもないという意味で、第三者委員を配置することとなっている。

　福祉サービスの利用者は、利用する福祉サービスに不満があったとき、事業者（福祉サービス提供者）に苦情を言うことができるというのは、一般的な消費契約等における仕組みと同様である。

　しかし、そもそも苦情を申し出ること自体、少なからずストレスが生じるものである。ましてや、日々、自らの自立支援のため利用する福祉サービスの事業者に対して苦情を申し出ることには、その後の関係性にも影響してしまわないかと躊躇することさえあろう。

　そこで、当事者間での苦情解決の仕組みについては、社会福祉法と関係通知において定められ、苦情が申し出やすい環境を整備している。

　利用者等は、担当者や苦情受付担当者（重要事項説明書などに記されている）に苦情を申し出たり、事業所・施設が開催する利用者懇談会で発言したり、社会福祉施設によっては施設内に投書箱を設置し受け付けている。また、苦情解決のための「**第三者委員**」に相談する（施設内にポスターを掲示するなどして周知されている。第三者委員が置かれていない事業者もある）こともできる。

　第三者委員は、苦情受付担当者から受け付けた苦情内容の報告や聴取、苦情内容の報告を受けた旨の苦情申出人への通知、利用者からの苦情の直接受付、苦情申出人への助言、事業者への助言、苦情申出人と苦情解決責任者の話し合いへの立ち会いや助言、苦情に係る事案の改善状況等の報告聴取、日常的な状況把握と意見傾聴が職務内容として想定されている。

　事業者は、苦情に適切に対応することにより、利用者にとっての福祉サービスに対する満足感を高めることや、職員等の不適切な対応への対策、早急な虐待防止対策が講ぜられること等、利用者ニーズの把握や提供サービスの妥当性の検証が可能となることも期待できる。

　そうした意味でも、苦情解決の仕組みの整備と運用は、福祉サービスの質の向上を図り、利用者と事業者の双方にとって有益なものになるといえよう。なお、事業者にとって、苦情解決の仕組みの整備は、結果、リスクマネジメントとしての意味合いをあわせもつことにもなるのである。

第4節 虐待防止法

＊14
「保護者」とは、「親権を行う者、未成年後見人その他の者で、児童を現に監護するものをいう」（第2条）。

＊15
たまたま路上で見知らぬ者が児童に暴力をふるっても、第2条にいう「児童虐待」にはあたらない。また、経済的虐待は、高齢者虐待防止法と障害者虐待防止法には記されているが、児童虐待防止法には記されていない。

＊16
「配偶者に対する暴力」とは、配偶者（事実婚を含む）の「身体に対する不法な攻撃であって生命又は身体に危害を及ぼすもの及びこれに準ずる心身に有害な影響を及ぼす言動をいう」（第2条第4号）。

＊17
第3条でいう「虐待」は、第2条の「児童虐待」のみならず、児童の福祉を害する行為（児童福祉法第34条や児童買春・ポルノ禁止法に掲げる禁止事項、暴行罪、傷害罪、保護責任者遺棄罪、強制わいせつ罪等）をも広く含む。厚生労働省「子ども虐待対応の手引き」（平成25〔2013〕年改正）参照。

＊18
令和4（2022）年12月の民法改正により、親権者の懲戒権を定める第822条が削除されるとともに、「親権を行う者は、前条の規定による監護及び教育をす

日本には、3つの虐待防止法がある。すなわち、「児童虐待の防止等に関する法律」（以下、児童虐待防止法）と、「高齢者虐待の防止、高齢者の養護者に対する支援等に関する法律」（以下、高齢者虐待防止法）と、「障害者虐待の防止、障害者の養護者に対する支援等に関する法律」（以下、障害者虐待防止法）である。

1 児童虐待防止法

児童虐待防止法は、児童虐待の社会問題化や児童の権利に関する条約の批准（平成6〔1994〕年）を背景に、平成12（2000）年5月に成立し、同年11月から施行された。

「この法律は、児童虐待が児童の人権を著しく侵害し、その心身の成長及び人格の形成に重大な影響を与えるとともに、我が国における将来の世代の育成にも懸念を及ぼすことにかんがみ、児童に対する虐待の禁止、児童虐待の予防及び早期発見その他の児童虐待の防止に関する国及び地方公共団体の責務、児童虐待を受けた児童の保護及び自立の支援のための措置等を定めることにより、児童虐待の防止等に関する施策を促進し、もって児童の権利利益の擁護に資することを目的とする」（第1条）。

（1）児童虐待の定義

児童虐待とは、保護者がその監護する児童（18歳に満たない者）に行う、㋐身体的虐待、㋑性的虐待、㋒放棄・放置（ネグレクト）、㋓心理的虐待をいう（第2条第1号～第4号）。

㋐とは、「児童の身体に外傷が生じ、又は生じるおそれのある暴行を加えること」をいう。

㋑とは、「児童にわいせつな行為をすること又は児童をしてわいせつな行為をさせること」をいう。

㋒とは、「児童の心身の正常な発達を妨げるような著しい減食又は長時間の放置、保護者以外の同居人による㋐㋑㋓と同様の行為の放置その他の保護者としての監護を著しく怠ること」をいう。

㋓とは、「児童に対する著しい暴言又は著しく拒絶的な対応、児童が

同居する家庭における配偶者に対する暴力[16]（略）その他の児童に著しい心理的外傷を与える言動を行うこと」をいう。

（2）虐待・体罰の禁止

第3条は、「何人も、児童に対し、虐待をしてはならない」と定め、すべての人に対して児童への虐待を禁止する。[17]

第14条は、「児童の親権を行う者[18]は、児童のしつけに際して、児童の人格を尊重するとともに、その年齢及び発達の程度に配慮しなければならず、かつ、体罰その他の児童の心身の健全な発達に有害な影響を及ぼす言動をしてはならない」と定め、第15条は、虐待防止・被虐待児保護の観点から親権喪失制度は適切に運用されねばならないとする。[19]

（3）児童虐待の発見・通告

第5条第1項は、児童虐待の早期発見に関する努力義務を規定する。すなわち、本条項は、学校、児童福祉施設、病院、都道府県警察などの団体や、学校の教職員、児童福祉施設の職員、医師、歯科医師、保健師、助産師、看護師、弁護士、警察官、婦人相談員などの個人は、「児童虐待を発見しやすい立場にあることを自覚し、児童虐待の早期発見に努めなければならない」と定める。

第6条第1項は、児童虐待の発見者の通告義務の規定である。すなわち、同項は、「児童虐待を受けたと思われる児童を発見した者は、速やかに、これを市町村、都道府県の設置する福祉事務所若しくは児童相談所又は児童委員を介して市町村、都道府県の設置する福祉事務所若しくは児童相談所に通告しなければならない」と定める[20][21]（なお同条第3項において、この通告が医師や保育士等の守秘義務違反にはあたらないことを規定している）。

その通告を福祉事務所が受けたときの措置を定めたのが、第8条第1項である。すなわち、同項は、「市町村又は都道府県の設置する福祉事務所が（略）通告を受けたときは、市町村又は福祉事務所の長は、（略）当該児童との面会その他の当該児童の安全の確認を行うための措置を講ずるとともに」、必要に応じて、「児童を児童相談所に送致する」（同項第1号）といった措置や、「一時保護の実施が適当であると認めるものを都道府県知事又は児童相談所長へ通知する」（同項第2号）といった措置をとる、と定める。

また、上記の通告または送致を児童相談所が受けたときの措置を定め

るに当たっては、子の人格を尊重するとともに、その年齢及び発達の程度に配慮しなければならず、かつ、体罰その他の子の心身の健全な発達に有害な影響を及ぼす言動をしてはならない」と、新たに規定された（第821条）。なお、国連の児童の権利委員会は、対日総括所見（2019年2月1日採択）の中で、「民法及び児童虐待防止法は、特に、適切なしつけの行使を許容し、体罰の許容性を明確にしていない」ことを深刻に懸念し、「家庭、代替的監護及び保育環境、並びに刑事施設を含め、あらゆる環境において、法律、特に児童虐待防止法及び民法によって、どんなに軽いものであっても、全ての体罰を明示的かつ完全に禁止すること」を要請していた（訳語は政府の和文仮訳による）。

* 19
家庭裁判所は、子・親族・未成年後見人・未成年後見監督人・検察官の請求により、①「虐待又は悪意の遺棄があるときその他父又は母による親権の行使が著しく困難又は不適当であることにより子の利益を著しく害するときは」、「親権喪失の審判」ができる（民法第834条）とともに、②「親権の行使が困難又は不適当であることにより子の利益を害するときは」、2年以内の期間で「親権停止の審判」ができる（第834条の2）。①と②のどちらも、児童虐待防止の観点から「子の利益」に言及する。

* 20
厚生労働省によると、

令和3年度の児童相談所での児童虐待相談対応件数は20万7,660件で過去最多となり（前年度は20万5,044件）、その60%（12万4,724件）を心理的虐待が占めた。

＊21
同項に定める通告の義務に違反しても、罰則はない。

＊22
いわゆる「通告受理後48時間以内の安全確認ルール」に関して、厚生労働省が実施した平成30（2018）年7月〜令和元（2019）年6月の調査では、48時間以内の安全確認が全体の90.9%（13万9,617人）を占めた。

＊23
保護者が、正当な理由なく第9条第1項の執行を拒否した場合は、50万円以下の罰金に処することとされる（同条第2項）。

たのが、第8条第2項である。すなわち、同項は、「児童相談所が（略）通告又は（略）送致を受けたときは、児童相談所長は、（略）当該児童との面会その他の当該児童の安全の確認を行うための措置を講ずるとともに、必要に応じ次に掲げる措置を採る」と定める。その措置には、「当該児童の一時保護を行い、又は適当な者に委託して、当該一時保護を行わせること」（同項第1号）や、「当該児童のうち（略）通告を受けたものを市町村に送致すること」（同項第2号）などが含まれる。

第8条第3項は、上記の「安全の確認（略）、送致又は一時保護を行う者は、速やかにこれを行う」と定める。往々にして、児童虐待には緊急な対応が必要となるからである。[*22]

（4）児童虐待のおそれ・疑い

児童虐待防止法は、児童虐待の「おそれ」や「疑い」がある場合に、児童の安全確認のために、以下のような都道府県知事の権限を定める。

まず、出頭要求と立入調査である。すなわち、都道府県知事は、「児童虐待が行われているおそれがあると認めるときは」「当該児童の保護者に対し、当該児童を同伴して出頭することを求め、児童委員又は児童の福祉に関する事務に従事する職員をして、必要な調査又は質問をさせることができる」（第8条の2）とともに、「児童委員又は児童の福祉に関する事務に従事する職員をして、児童の住所又は居所に立ち入り、必要な調査又は質問をさせることができる」[*23]（第9条第1項）。

また、再出頭要求と臨検・捜索もある。すなわち、都道府県知事は、保護者が正当な理由なく「児童委員又は児童の福祉に関する事務に従事する職員の立入り又は調査を拒み、妨げ、又は忌避した場合に」「児童虐待が行われているおそれがあると認めるときは、当該保護者に対し、当該児童を同伴して出頭することを求め、児童委員又は児童の福祉に関する事務に従事する職員をして、必要な調査又は質問をさせることができる」（第9条の2第1項）とともに、「児童虐待が行われている疑いがあるときは、当該児童の安全の確認を行い、又はその安全を確保するため、児童の福祉に関する事務に従事する職員をして、（略）裁判官があらかじめ発する許可状により、当該児童の住所若しくは居所に臨検させ、又は当該児童を捜索させることができる」（第9条の3第1項）。

（5）保護者の面会制限・接近禁止

児童虐待防止法は、保護者に対する面会・通信の制限や接近禁止命令

の規定も設けている。

　まず、児童虐待を受けた児童について「施設入所等の措置」[*24]がとられ、または「一時保護」[*25]が行われた場合に、必要があるときは、児童相談所長及び「施設入所等の措置」に係る施設の長は、児童虐待を行った保護者に対して、当該児童との面会・通信の全部または一部を制限できる（第12条第1項）。

　また、都道府県知事または児童相談所長は、児童虐待を受けた児童について「施設入所等の措置」がとられ、または「一時保護」が行われ、かつ、保護者に対して当該児童との面会・通信の全部が制限されている場合に、特に必要があるときは、6か月を超えない期間で、当該保護者に対し、当該児童へのつきまといの禁止または当該児童の居所等の付近のはいかいの禁止を命令できる[*26]（第12条の4第1項）。

2 高齢者虐待防止法

　高齢者虐待防止法は、平成17（2005）年11月に成立し、平成18（2006）年4月から施行された。

　「この法律は、高齢者に対する虐待が深刻な状況にあり、高齢者の尊厳の保持にとって高齢者に対する虐待を防止することが極めて重要であること等にかんがみ、高齢者虐待の防止等に関する国等の責務、高齢者虐待を受けた高齢者に対する保護のための措置、養護者の負担の軽減を図ること等の養護者に対する養護者による高齢者虐待の防止に資する支援(以下「養護者に対する支援」という。)のための措置等を定めることにより、高齢者虐待の防止、養護者に対する支援等に関する施策を促進し、もって高齢者の権利利益の擁護に資することを目的とする」（第1条）。この法律は、「高齢者」を65歳以上の者と定義する[*27]（第2条第1項）。

（1）高齢者虐待の定義

　高齢者虐待とは、養護者による高齢者虐待（以下、①）と、養介護施設従事者等による高齢者虐待（以下、②）をいう[*28]（第2条第3項）。

　①にいう養護者とは、「高齢者を現に養護する者であって養介護施設従事者等（略）以外のものをいう」（第2条第2項）。養護者の例としては、金銭の管理、食事・介護の世話など、高齢者の世話をしている家族、親族、同居人等があげられる。②にいう「養介護施設従事者等」とは、

[*24]
児童福祉法第27条第1項第3号。

[*25]
児童福祉法第33条第1項・第2項。

[*26]
第17条は、「第12条の4第1項（略）の規定による命令（略）に違反した者は、1年以下の懲役又は100万円以下の罰金に処する」と定める。

[*27]
ただし、65歳未満の者であっても、養介護施設に入所し、その他養介護施設を利用し、またはその他養介護事業に係るサービスの提供を受ける障害者は、「高齢者」とみなされる（第2条第6項）。

[*28]
障害者虐待防止法とは異なり、高齢者虐待の中には使用者による虐待は含まれていない。

老人福祉法及び介護保険法に規定する特定の施設・事業等（すなわち、養介護施設又は養介護事業）の業務に従事する者をいう。

　①及び②にいう虐待の種別には、㋐身体的虐待、㋑放棄・放置（ネグレクト）、㋒心理的虐待、㋓性的虐待、㋔経済的虐待がある（第２条第４項第１号・第２号及び同条第５項第１号）。ただし、㋐～㋔の規定内容を見ると、①と②の間には若干の違いもある。例えば、①の場合は、㋑の例示として、「㋐㋒㋓と同様の行為の放置」が明記されているが、②の場合はそうではない。

　以下では、①に関して、㋐～㋔それぞれの規定内容を見てみる。

　㋐とは、養護者が「高齢者の身体に外傷が生じ、又は生じるおそれのある暴行を加えること」をいう。

　㋑とは、養護者が「高齢者を衰弱させるような著しい減食又は長時間の放置、養護者以外の同居人による㋐㋒㋓と同様の行為の放置等養護を著しく怠ること」をいう。

　㋒とは、養護者が「高齢者に対する著しい暴言又は著しく拒絶的な対応その他の高齢者に著しい心理的外傷を与える言動を行うこと」をいう。

　㋓とは、養護者が「高齢者にわいせつな行為をすること又は高齢者をしてわいせつな行為をさせること」をいう。

　㋔とは、「養護者又は高齢者の親族が当該高齢者の財産を不当に処分することその他当該高齢者から不当に財産上の利益を得ること」をいう。

（２）高齢者虐待の発見・通報

　高齢者虐待防止法は、高齢者虐待の早期発見の努力義務を規定する。すなわち、第５条第１項は、養介護施設、病院、保健所等の団体や、養介護施設従事者等、医師、保健師、弁護士等の個人は、「高齢者虐待を発見しやすい立場にあることを自覚し、高齢者虐待の早期発見に努めなければならない」と定める。

　また、以下のように、高齢者虐待防止法は、①養護者による高齢者虐待[*29]と、②養介護施設従事者等による高齢者虐待[*30]のそれぞれについて、高齢者虐待の防止や、高齢者の安全の確認・保護等のための手続を定めている。

❶養護者による高齢者虐待

　市町村は、①養護者による高齢者虐待の防止及び①を受けた高齢者の保護のため、「高齢者及び養護者に対して、相談、指導及び助言を行う」

[*29]
厚生労働省の「令和３年度『高齢者虐待の防止、高齢者の養護者に対する支援等に関する法律』に基づく対応状況等に関する調査」によれば、①に関して、市町村への相談・通報件数は３万6,378件（前年度より604件増加）であり、虐待判断件数は１万6,426件（前年度より855件減少）であった。また、①に関する被虐待高齢者（１万6,809人）は、75.6％が女性で、67.3％が身体的虐待を受けていた。

[*30]
厚生労働省の令和３年度調査（*29に同じ）によると、②に関して、市町村への相談・通報件数は2,390件（前年度より293件増加）であり、虐待判断件数は739件（前年度より144件増加）であった。また、②に関する被虐待高齢者（1,366人）は、71.3％が女性で、51.5％が身体的虐待を受けていた。

（第6条）。また、①を受けたと思われる高齢者を発見した者は、「当該高齢者の生命又は身体に重大な危険が生じている場合は、速やかに、これを市町村に通報しなければなら」ず（第7条第1項）、そうでない場合は、通報の努力義務を負う（同条第2項）。

　そして、虐待発見者から上記の通報を受けた場合や、高齢者から①を受けた旨の届出を受けた場合に、市町村は、「速やかに、当該高齢者の安全の確認その他当該通報又は届出に係る事実の確認のための措置を講ずるとともに、（略）『高齢者虐待対応協力者』^{*31}（略）とその対応について協議を行うものと」し（第9条第1項）、また市町村または市町村長は、①によって「生命又は身体に重大な危険が生じているおそれがあると認められる高齢者を一時的に保護するため」、迅速な施設入所等、所定の措置を適切に講じる（同条第2項）。そのほかに、市町村は、①を受けた高齢者について、「老人福祉法（略）による措置を採るために必要な居室を確保するための措置を講ずる」（第10条）。

　市町村長は、①によって「高齢者の生命又は身体に重大な危険が生じているおそれがあると認めるときは」「地域包括支援センターの職員その他の高齢者の福祉に関する事務に従事する職員をして、当該高齢者の住所又は居所に立ち入り、必要な調査又は質問をさせることができる」（第11条第1項）。そして、市町村長は、この「立入り及び調査又は質問」にあたり、「必要があると認めるときは、（略）警察署長に対し援助を求めることができる」（第12条第1項）。また、市町村長または養介護施設の長は、①を行った養護者について、「高齢者との面会を制限することができる」（第13条）。

　養護者への支援については、市町村は、「養護者の負担の軽減のため、養護者に対する相談、指導及び助言その他必要な措置を講ずる」（第14条第1項）。そして、ここでいう措置として、市町村は、「養護の負担の軽減を図るため緊急の必要があると認める場合に高齢者が短期間養護を受けるために必要となる居室を確保するための措置を講ずる」（同条第2項）。

❷養介護施設従事者等による高齢者虐待

　養介護施設の設置者または養介護事業を行う者は、②養介護施設従事者等による高齢者虐待の防止などのための措置（「研修の実施」や「苦情の処理の体制の整備」など）を講じなければならない（第20条）。

　養介護施設従事者等は、自身と同じ施設において従事する養介護施設従事者等が行った高齢者虐待を発見した場合には、速やかに、市町村に

第2部

第2章

*31
高齢者虐待対応協力者とは、老人介護支援センター、地域包括支援センターその他関係機関、民間団体等（同法第16条）をさし、「市町村と連携協力する者」をいう（第9条第1項）。

165

通報しなければならない（第21条第1項）。加えて、②を受けたと思われる高齢者を発見した者は、「高齢者の生命又は身体に重大な危険が生じている場合は、速やかに、これを市町村に通報しなければなら」ず（同条第2項）、そうではない場合には、速やかに、市町村に通報する努力義務を負う^{＊32}（同条第3項）。また、②を受けた高齢者は、市町村に届け出ることができる（同条第4項）。

　市町村は、上記の通報または届出を受けたときは、都道府県に報告しなければならない（第22条第1項）。また、市町村が上記の通報・届出を受けたり、都道府県が上記の報告を受けたりしたときは、市町村長または都道府県知事は、通報・届出対象の高齢者に対する②の防止及び当該高齢者の保護を図るために、老人福祉法または介護保険法による権限を適切に行使する（第24条）。都道府県知事は、毎年度、②の状況や②があった場合にとった措置などを公表する（第25条）。

　なお、厚生労働省老健局は、平成18（2006）年4月に「市町村・都道府県における高齢者虐待への対応と養護者支援について」と題するマニュアルを作成したが、法施行後の制度の運用状況をふまえ、平成30（2018）年3月にこのマニュアルを改訂した^{＊33}。

3 障害者虐待防止法

　障害者虐待防止法は、平成23（2011）年6月に成立し、平成24（2012）年10月から施行された。

　「この法律は、障害者に対する虐待が障害者の尊厳を害するものであり、障害者の自立及び社会参加にとって障害者に対する虐待を防止することが極めて重要であること等に鑑み、障害者に対する虐待の禁止、障害者虐待の予防及び早期発見その他の障害者虐待の防止等に関する国等の責務、障害者虐待を受けた障害者に対する保護及び自立の支援のための措置、養護者の負担の軽減を図ること等の養護者に対する養護者による障害者虐待の防止に資する支援（以下「養護者に対する支援」という。）のための措置等を定めることにより、障害者虐待の防止、養護者に対する支援等に関する施策を促進し、もって障害者の権利利益の擁護に資することを目的とする」（第1条）。

　この法律に定義する「障害者」は、障害者基本法第2条第1号に規定する障害者と同じである（第2条第1項）。障害者には、障害者手帳を取得していない者や18歳未満の者も含まれる^{＊34}。

＊32
養介護施設従事者等は、第21条第1項～第3項に定める通報を理由として、解雇その他不利益な取扱いを受けない（同条第7項）。

＊33
このマニュアルは、改訂の前も後も、②（特に身体的虐待）の例として、「緊急やむを得ない場合」以外の身体拘束・抑制をあげている。この場合に該当するには、「切迫性」（利用者等の生命または身体が危険にさらされる可能性が著しく高い）、「非代替性」（ほかに代替する介護方法がない）、「一時性」（行動制限が一時的である）の3要件すべてを満たす必要がある。

＊34
厚生労働省「市町村・都道府県における障害者虐待防止と対応の手引き」（平成30〔2018〕年6月。以下、自治体向け障害者虐待手引き）。

（1）障害者虐待の定義

　この法律において「障害者虐待」とは、養護者による障害者虐待（以下、①）、障害者福祉施設従事者等による障害者虐待[*36]（以下、②）、使用者による障害者虐待[*37]（以下、③）をいう（第2条第2項）。

　①にいう養護者とは、「障害者を現に養護する者であって障害者福祉施設従事者等及び使用者以外のものをいう」（同条第3項）。「養護者」の例として、障害者の身辺世話、身体介助、金銭管理などをしている障害者の家族、親族、同居人等があげられる。また、同居していなくても、現に身辺の世話をしている親族・知人等が養護者に該当する場合がある[*38]。

　②にいう障害者福祉施設従事者等とは、障害者の日常生活及び社会生活を総合的に支援するための法律などに規定する「障害者福祉施設」または「障害福祉サービス事業等」に係る業務に従事する者をいう（同条第4項）。

　③にいう使用者は、「障害者を雇用する事業主（略）又は事業の経営担当者その他その事業の労働者に関する事項について事業主のために行為をする者をいう」（同条第5項）。ここでいう「事業主」には、国・地方公共団体は含まれないが、派遣労働者による役務の提供を受ける事業主は含まれる。

　さて、①②③にいう虐待の種別には、㋐身体的虐待、㋑性的虐待、㋒心理的虐待、㋓放棄・放置（ネグレクト）、㋔経済的虐待がある（同条第6項第1号・第2号、同条第7項、同条第8項）。ただし、㋐〜㋔の規定内容を見ると、①②③の間には若干の違いもある。例えば、②③の場合には、㋒の例示として「不当な差別的言動」が明記されているが、①の場合はそうではない。

　以下では、①に関して、㋐〜㋔のそれぞれの規定内容を見てみる。

　㋐とは、養護者が「障害者の身体に外傷が生じ、若しくは生じるおそれのある暴行を加え、又は正当な理由なく障害者の身体を拘束すること」をいう。

　㋑とは、養護者が「障害者にわいせつな行為をすること又は障害者をしてわいせつな行為をさせること」をいう。

　㋒とは、養護者が「障害者に対する著しい暴言又は著しく拒絶的な対応その他の障害者に著しい心理的外傷を与える言動を行うこと」をいう。

　㋓とは、養護者が「障害者を衰弱させるような著しい減食又は長時間の放置、養護者以外の同居人による㋐から㋒までに掲げる行為と同様の行為の放置等養護を著しく怠ること」をいう。

第2部
第2章

*35
①に関して、全国の相談・通報件数は6,556件（市区町村6,494件、都道府県62件）であり、虐待判断事例（1,768件）の67.1%を身体的虐待が占めた。①に関する被虐待者（1,775人）は、63.9%が女性で、47.5%が知的障害者であった（厚生労働省『令和2年度『障害者虐待の防止、障害者の養護者に対する支援等に関する法律』に基づく対応状況等に関する調査結果報告書』）。

*36
②に関して、全国の相談・通報件数は2,865件（市区町村2,615件、都道府県250件）であり、虐待判断事例（632件）の52.8%を身体的虐待が占めた。②に関する被虐待者（890人）は、61.9%が男性で、71.6%が知的障害者であった（令和2年度調査結果報告書、*35に同じ）。このように、被虐待者数が女性よりも男性に多い点に、②の特徴がある。

*37
③に関して、全国の相談・通報件数は564件（市区町村364件、都道府県200件）であった（令和2年度調査結果報告書、*35に同じ）。

*38
*34と同様。

㋔とは「養護者又は障害者の親族が当該障害者の財産を不当に処分することその他当該障害者から不当に財産上の利益を得ること」をいう。

（2）障害者虐待の禁止・発見・通報

障害者虐待防止法は、「何人も、障害者に対し、虐待をしてはならない」（第3条）と定め、広くすべての人に対して障害者への虐待を禁止する。[*39]

障害者虐待防止法は、障害者虐待の早期発見の努力義務を規定する。すなわち、第6条は、「国及び地方公共団体の障害者の福祉に関する事務を所掌する部局その他の関係機関」（第1項）や、「障害者福祉施設、学校、医療機関、保健所その他障害者の福祉に業務上関係のある団体並びに障害者福祉施設従事者等、学校の教職員、医師、歯科医師、保健師、弁護士その他障害者の福祉に職務上関係のある者及び使用者」（第2項）は、「障害者虐待を発見しやすい立場にあることを自覚し」、「障害者虐待の早期発見に努めなければならない」と定める。

また、以下に述べるように、障害者虐待防止法は、①養護者による障害者虐待、②障害者福祉施設従事者等による障害者虐待、③使用者による障害者虐待それぞれについて、障害者虐待の防止や、障害者の安全確認・保護等のための手続を定めている。[*40]

❶養護者による障害者虐待

①養護者による障害者虐待を受けたと思われる障害者を発見した者は、速やかに、市町村に通報しなければならない（第7条第1項）。

市町村は、その通報を受けたとき、または①を受けた旨の障害者の届出を受けたときは、速やかに、「障害者の安全の確認その他当該通報又は届出に係る事実の確認のための措置を講ずるとともに」、「市町村障害者虐待対応協力者」とその対応について協議をする（第9条第1項）。[*41]

また、市町村は、上記の通報または届出があった場合に、①によって「生命又は身体に重大な危険が生じているおそれがあると認められる障害者を一時的に保護するため迅速に（略）障害者支援施設等に入所させる等、適切に、（略）措置を講ずる」（同条第2項）。加えて、市町村は、この「措置を採るために必要な居室を確保するための措置を講ずる」（第10条）。

市町村長は、①によって「障害者の生命又は身体に重大な危険が生じているおそれがあると認めるときは、障害者の福祉に関する事務に従事

*39
第3条で禁止される「虐待」は、第2条に定める「障害者虐待」よりも範囲が広いと解されている（自治体向け障害者虐待手引き）。

*40
精神科病院での虐待についての通報義務等を新たに定める、精神保健及び精神障害者福祉に関する法律の改正案を含む、「障害者の日常生活及び社会生活を総合的に支援するための法律等の一部を改正する法律案」が、令和4（2022）年12月10日に可決成立した。

*41
相談・通報・届出を受けてから48時間（「0日（当日）」「1日（翌日）」「2日」の合計）以内に事実確認を行った割合は68.3%であった（令和2年度調査、*35に同じ）。

する職員をして、当該障害者の住所又は居所に立ち入り、必要な調査又は質問をさせることができる」(第11条第1項)。[*42]

❷**障害者福祉施設従事者等による障害者虐待**

　②障害者福祉施設従事者等による障害者虐待を受けたと思われる障害者を発見した者は、速やかに、市町村に通報しなければならない（第16条第1項）。また、②を受けた障害者は、その旨を市町村に届け出ることができる（同条第2項）。市町村は、これらの通報または届出を受けたときは、都道府県に報告しなければならない[*43]（第17条）。

　市町村が上記の通報または届出を受けたり、都道府県が上記の報告を受けたりしたときは、市町村長または都道府県知事は、通報・届出対象の障害者に対する②の防止及び当該障害者の保護・自立の支援を図るために、社会福祉法や障害者の日常生活及び社会生活を総合的に支援するための法律などの規定による権限を適切に行使する（第19条）。都道府県知事は、毎年度、②の状況や②があった場合にとった措置などを公表する（第20条）。

❸**使用者による障害者虐待**

　事業主は、労働者の研修の実施、苦情の処理の体制の整備など、③の防止等のための措置を講じなければならない（第21条）。

　③を受けたと思われる障害者を発見した者は、速やかに、市町村または都道府県に通報しなければならない（第22条第1項）。また、③を受けた障害者は、市町村または都道府県に届け出ることができる（同条第2項）。市町村は、それらの通報または届出を受けたときは、都道府県に通知しなければならない（第23条）。

　都道府県は、それらの通報・届出・通知を受けたときは、都道府県労働局に報告しなければならない（第24条）。そして都道府県労働局がこの報告を受けたときは、都道府県労働局長または労働基準監督署長・公共職業安定所長は、報告対象の障害者に対する③の防止及び当該障害者の保護・自立の支援を図るために、労働基準法や障害者の雇用の促進等に関する法律、個別労働関係紛争の解決の促進に関する法律などの規定による権限を適切に行使する（第26条）。また、厚生労働大臣は、毎年度、③の状況や③があった場合にとった措置などを公表する（第28条）。

*42
①に関して「事実確認調査を行った事例」(5,687件)のうち、第11条に基づく「立入調査を行った事例」は1.4%(80件)であった(令和2年度調査、*35に同じ)。

*43
第17条及び同法施行規則第2条により、②に関する通報または届出を受けた市区町村は、当該通報または届出に係る事実確認を行って、②が認められた場合またはさらに都道府県と共同して事実の確認を行う必要が生じた場合に、都道府県へ報告しなければならない。令和2年度において、その報告件数は719件であった（令和2年度調査、*35に同じ）。

（3）市町村・都道府県のセンター

市町村障害者虐待防止センターは、①②③に関する通報または届出を受理し（第32条第2項第1号）、①の防止及び①を受けた障害者の保護のため、「障害者及び養護者に対して、相談、指導及び助言を」行い（同項第2号）、広報その他の啓発活動を行う（同項第3号）。

都道府県障害者権利擁護センターは、③に関する通報または届出を受理する（第36条第2項第1号）ほか、障害者及び養護者への各種支援や情報提供、啓発活動を含め、障害者虐待防止のために必要な支援を行う。

（4）対日総括所見

国連障害者権利委員会は令和4（2022）年9月2日に対日総括所見を採択した。その中で、同委員会は、「教育、医療、刑事司法の場における、障害のある児童及び女性を含む、障害者に対する暴力の防止、報告及び調査が排除されているという、障害者虐待の防止、障害者の養護者に対する支援等に関する法律の範囲及び有効性の欠如」を懸念し、「あらゆる環境における障害者に対する暴力の予防の範囲を拡大するため、また、障害者に対する暴力及び虐待の調査や、被害者に法的な救済を提供するための措置を確立するために、障害者虐待の防止、障害者の養護者に対する支援等に関する法律を見直すこと」を日本に勧告した（訳語は政府の和文仮訳による）。

第5節　障害者差別解消法

1 法制定の経緯等

障害者差別禁止を重要な柱に据える障害者の権利に関する条約（以下、権利条約）は、2006年12月に国連総会において採択された。日本政府は、平成19（2007）年9月28日に権利条約に署名し、平成26（2014）年1月20日に批准した。

障害者基本法[*44]は、権利条約が国連総会で採択される前の平成16（2004）年に改正された際に、障害差別その他の権利利益を侵害する行為をしてはならない、という差別禁止規定（第3条第3項）などを導入することになった。

その後、障害者基本法は、権利条約の批准に向けて平成23（2011）年に改正されたことにより、新たに第4条第2項で権利条約の求める合理的配慮義務[*45]が設けられるとともに、新たに第4条第3項で、国が差別禁止に係る啓発と知識の普及のために、情報の収集、整理及び提供を行う、と定められた。なお、改正後の第4条第1項は、改正前の第3条第3項と同じ規定内容である。

このような改正後の障害者基本法の差別禁止規定（合理的配慮義務を含む）は、障害を理由とする差別の解消の推進に関する法律（以下、**障害者差別解消法**）と、改正障害者の雇用の促進等に関する法律（以下、改正障害者雇用促進法）において具体化された。どちらも平成25（2013）年6月に成立し、平成28（2016）年4月から施行された。

障害者差別解消法は、第3章「差別解消措置」（本節4参照）や第4章「差別解消支援措置」（本節6参照）などを行政機関等と事業者にとらせることにより、障害（者）差別の解消を推進しようとするもので、それによって共生社会の実現に役立つことを目的にしている。そして政府は、障害差別解消の推進に関する施策を総合的かつ一体的に実施するため、同法第6条により基本方針を定める（平成27〔2015〕年2月24日閣議決定。令和5〔2023〕年3月14日閣議決定により改正）。

令和3（2021）年5月28日に同法の改正法が成立した[*46]。改正法の公布日は同6月4日で、施行日は令和6（2024）年4月1日である。改正法の提出理由は、障害差別解消のいっそうの推進を図るため、事業者に合理的配慮を義務付け（第8条第2項）、行政機関相互間の連携の強化を

[*44]
障害者基本法は、当初は心身障害者対策基本法という名称で、昭和45（1970）年に制定された。平成5（1993）年に法律名が現在の障害者基本法へと改められた。

[*45]
第4条第2項（合理的配慮義務）は、社会的障壁のために制限を受けている障害者が現実に存在して、その障壁をなくすための負担が大きすぎないときは、差別とならないように、その障壁をなくすために必要かつ合理的な配慮がなされなければならない、と定める。

[*46]
令和3年法律第56号。

171

＊48
障害者差別解消法における「障害者」と「社会的障壁」の定義は、障害者基本法に定めるこれらの定義と同じである。

＊49
事業者とは、同種の行為を反復継続する意思をもって行う者をいう。例えば、個人事業者、対価を得ない無報酬の事業を行う者、非営利事業を行う社会福祉法人なども対象となり、対面やオンラインなどサービス等の提供形態の別も問わない（基本方針）。

＊50
障害者差別解消法第13条は、「行政機関等及び事業者が事業主としての立場で労働者に対して行う障害を理由とする差別を解消するための措置については、障害者の雇用の促進等に関する法律（昭和35年法律第123号）の定めるところによる」と定める。障害者雇用促進法第34条及び第35条の下で、すべての事業主は、募集及び採用に関して、障害者に均等な機会を与えなければならず、また、賃金の決定、教育訓練の実施、福利厚生施設の利用その他の待遇に関して、障害者であることを理由に不当な差別的取扱いをしてはならない。また、同法第36条の2から第36条の4までの規定に基づき、すべての事業主は合理的配慮を提供しなければならない。

図り「差別解消支援措置[47]」を強化することにある。以下、必要に応じて改正法に言及しつつ、障害者差別解消法の概要を述べる。

2 障害者等の定義

障害者差別解消法において、障害者とは、「身体障害、知的障害、精神障害（発達障害を含む。）その他の心身の機能の障害（以下「障害」と総称する。）がある者であって、障害及び社会的障壁により継続的に日常生活又は社会生活に相当な制限を受ける状態にあるものをいう」（第2条第1号）。ここでいう社会的障壁とは、「障害がある者にとって日常生活又は社会生活を営む上で障壁となるような社会における事物、制度、慣行、観念その他一切のものをいう」（第2条第2号）。[48]

この障害者の定義は、障害者の受ける制限は、心身の機能の障害のみに起因するのではなく、社会的障壁と相対することによって生ずるとしており、障害の社会モデルを反映している。また、障害者は、障害者手帳の所持者に限られない（基本方針）。

3 義務主体と対象分野

行政機関等と事業者は不当な差別的取り扱いをしてはならず、合理的配慮義務を負う。行政機関等とは、「国の行政機関、独立行政法人等、地方公共団体（略）及び地方独立行政法人をいう」（第2条第3号）。事業者とは、「商業その他の事業を行う者（国、独立行政法人等、地方公共団体及び地方独立行政法人を除く。）をいう」（第2条第7号）。[49]

障害者差別解消法は、障害者の自立と社会参加にかかわるあらゆる分野（教育、医療、福祉、公共交通、雇用などを含む）を対象としている。ただし、雇用分野の差別解消措置、すなわち、行政機関等や事業者が事業主としての立場で、労働者に対して行う差別解消措置に関しては、障害者雇用促進法の関係規定に委ねられる。[50]一方で、障害者差別解消法の差別解消支援措置の一つとして位置付けられている障害者差別解消支援地域協議会の対象分野には雇用分野も含まれることになった（内閣府「障害を理由とする差別の解消の推進に関する法律Q＆A集＜地方公共団体向け＞」）。

4 差別解消措置

　障害者差別解消法は、差別解消措置として、2つの形態の差別を禁止する。

（1）不当な差別的取扱い

　一つは、不当な差別的取扱いの禁止である。この法律の下で、行政機関等（第7条第1項）と事業者（第8条第1項）は、その事務・事業を行うにあたり、「障害を理由として障害者でない者と不当な差別的取扱いをすることにより、障害者の権利利益を侵害してはならない」。

　不当な差別的取扱いにいう「不当な」の文言は、正当な理由がないことを意味する。正当な理由があるといえるのは、障害を理由として財・サービスや各種機会の提供を拒否することなどが、客観的に見て正当な目的の下に行われたものであり、その目的に照らしてやむを得ないといえる場合である。

　正当な理由にあたるか否かについては、個別具体的な事案や状況ごとに、障害者、事業者、第三者の権利利益（例：安全の確保、財産の保全、事業の目的・内容・機能の維持、損害発生の防止など）及び行政機関等の事務・事業の目的・内容・機能の維持などの観点に鑑み、総合的・客観的に判断することが必要となる。

　行政機関等や事業者は、正当な理由があると判断した場合には、その理由を障害者にていねいに説明し、理解を得ることに努めることが望ましい（以上は基本方針による）。

（2）合理的配慮の不提供

　もう一つの差別形態は、**合理的配慮**の不提供である。法成立時は、合理的配慮の提供は、行政機関等（第7条第2項）については義務とされ、事業者（第8条第2項）については努力義務とされた。[*51] それ以外の点では、合理的配慮の規定の内容は、行政機関等と事業者はほぼ同じであった。上記のとおり、令和3（2021）年の法改正で事業者も合理的配慮の提供が義務化された（令和6〔2024〕年4月施行）。

　さしあたり、行政機関等の合理的配慮義務規定を見ておくと、第7条第2項は、「行政機関等は、その事務又は事業を行うに当たり、障害者から現に社会的障壁の除去を必要としている旨の意思の表明があった場合において、その実施に伴う負担が過重でないときは、障害者の権利利

*51
内閣府「障害を理由とする差別の解消の推進に関する法律Q＆A集＜地方公共団体向け＞」によると、障害者差別解消法は「事業分野を特定せず、包括的に事業者に対して障害者に対する合理的配慮を求めるものであるが、障害者と事業者との関係は事業分野ごとに様々であり、求められる配慮も多種多様であることから、自公民の3党における議論において、本法においては、事業者については努力義務としている」。これに対して、障害者雇用促進法が適用される「雇用分野については、障害者の自立や社会参加にとって極めて重要な分野であり、労働者と事業主とは雇用契約における継続的な関係にあることなどを踏まえて、事業主等の合理的配慮の提供を義務としたところである」とされる。なお、東京都障害者への理解促進及び差別解消の推進に関する条例など一部の条例では、民間の事業者も合理的配慮の義務を負う。

益を侵害することとならないよう、当該障害者の性別、年齢及び障害の状態に応じて、社会的障壁の除去の実施について必要かつ合理的な配慮をしなければならない」と定める。

　ここでいう「社会的障壁の除去の実施について（の）必要かつ合理的な配慮」を略した言葉が、合理的配慮である。その例としては、車いす利用者のために段差に携帯スロープを渡したり、コミュニケーションのために筆談、読み上げ、手話などを用いたり、ルールや慣行を柔軟に変更したりすることなどがあげられる。

　もしも社会的障壁の除去の実施に伴う負担が過重であれば、合理的配慮を提供する義務は生じない。その負担が過重であるか否かは、個別具体的な事案や状況ごとに、①事務・事業への影響の程度（事務・事業の目的・内容・機能を損なうか否か）、②実現可能性の程度（物理的・技術的制約、人的・体制上の制約）、③費用・負担の程度、④事務・事業規模、⑤財政・財務状況といった諸要素を考慮し、総合的・客観的に判断することが必要となる。[*52]

　行政機関等や事業者は、過重な負担にあたると判断した場合には、その理由を障害者にていねいに説明し、理解を得ることに努めることが望ましい（以上の説明は基本方針による）。

*52
基本方針は、次のようにも記す。「合理的配慮は、行政機関等及び事業者の事務・事業の目的・内容・機能に照らし、必要とされる範囲で本来の業務に付随するものに限られること、障害者でない者との比較において同等の機会の提供を受けるためのものであること、事務・事業の目的・内容・機能の本質的な変更には及ばないことに留意する必要がある」。

5 環境の整備

　障害者差別解消法は、個々の障害者を主な対象とする合理的配慮を的確に行うために、不特定多数の障害者を主な対象とする環境の整備（事前的改善措置）の努力義務も定めている。すなわち、第５条は、「行政機関等及び事業者は、社会的障壁の除去の実施についての必要かつ合理的な配慮を的確に行うため、自ら設置する施設の構造の改善及び設備の整備、関係職員に対する研修その他の必要な環境の整備に努めなければならない」と定める。

　環境の整備の例として、「高齢者、障害者等の移動等の円滑化の促進に関する法律（バリアフリー法）」に基づくバリアフリー化や、コミュニケーションを支援するためのサービス・介助者等の人的支援、情報アクセシビリティの向上などがあげられる（基本方針）。

6 差別解消支援措置

障害者差別解消法は、差別解消支援措置として、以下のような規定を設けている。

第14条は、「国及び地方公共団体は、障害者及びその家族その他の関係者からの障害を理由とする差別に関する相談に的確に応ずるとともに、障害を理由とする差別に関する紛争の防止又は解決を図ることができるよう必要な体制の整備を図るものとする」と定める。令和3（2021）年の法改正で、本条中の「を図ることができるよう」の下に「人材の育成及び確保のための措置その他の」が加わった。

第15条は、国及び地方公共団体は必要な啓発活動を行う、と定める。

第16条は、国は、差別解消の取組に資するよう、情報の収集、整理及び提供を行うものとする、と定める。令和3（2021）年法改正で、本条に次の一項が加わった。「地方公共団体は、障害を理由とする差別を解消するための取組に資するよう、地域における障害を理由とする差別及びその解消のための取組に関する情報の収集、整理及び提供を行うよう努めるものとする」（第16条第2項）。

第17条は、国及び地方公共団体の機関は、障害差別を解消するための取組を効果的かつ円滑に行うため、関係機関により構成される**障害者差別解消支援地域協議会**を組織することができる、と定める。すなわち、地域におけるさまざまな関係機関は、地域における障害を理由とする差別の解消の機運醸成を図り、それぞれの実情に応じた差別の解消のための取り組みを主体的に行うネットワークとして、この協議会を組織できる、とされている（基本方針）。この協議会は、都道府県及び指定都市においてはすべて設置済みであるが、今日、一般市の設置率は約7割、町村の設置率は約5割である。また、協議会の開催実績が乏しい市町村もある。そこで、協議会の設置や活性化に向けた後押しが進められている。[53]

*53
『令和4年版 障害者白書』第1章参照。

7 対日総括所見

国連障害者権利委員会は、対日総括所見（令和4〔2022〕年9月2日採択）の中で、合理的配慮の提供を義務化した障害者差別解消法とその改正法を評価し、裁判所における障害を理由とする差別の解消の推進に関する対応要領（2016年）等を歓迎した。その一方で、同委員会は、障害者差別解消法に複合的・交差的な差別の禁止が含まれていないことや、

障害者の定義の範囲が限定的であること、障害差別の被害者のための利用しやすい申立て救済の仕組みがないこと等を懸念した。その上で同委員会は、複合的・交差的な差別や合理的配慮の否定を含む障害差別を本条約に従って禁止するために障害者差別解消法を見直すこと、あらゆる活動分野でのすべての障害者に対する合理的配慮の提供を確保するために必要な措置をとること、障害差別の被害者のために司法及び行政手続を含む利用しやすい効果的な仕組みを設け、包括的救済を提供すること等を日本に勧告した。

第6節　意思決定支援ガイドライン

　障害者の権利に関する条約は、「全ての障害者が他の者と平等の選択の機会（自由）をもって地域社会で生活する平等の権利を有することを認める」（第19条）とともに、代行意思決定（substitute decision making）から支援された意思決定（supported decision making）へのパラダイム転換（第12条）を締約国に求めた。

　このことも一つの大きな契機として、近時、日本において**意思決定支援**への関心がますます高まっており、厚生労働省等の主導によって、いくつもの意思決定支援ガイドラインが策定されている。

　まず、日常生活や社会生活における意思決定支援に関するものとして、「障害福祉サービス等の提供に係る意思決定支援ガイドライン」（平成29〔2017〕年3月）や、「認知症の人の日常生活・社会生活における意思決定支援ガイドライン」（平成30〔2018〕年6月）がある。

　また、医療・介護従事者が、人生の最終段階を迎える本人や家族等を支えるために用いるものとして、「人生の最終段階における医療・ケアの決定プロセスに関するガイドライン」（平成30〔2018〕年3月改訂）がある。

　加えて、身寄りがない場合等に、医療機関や医療関係者が患者に必要な医療を提供できるために用いるものとして、「身寄りがない人の入院及び医療に係る意思決定が困難な人への支援に関するガイドライン」（令和元〔2019〕年5月）がある。

　最後に、後見事務を行う際に活用するものとして、「意思決定支援を踏まえた後見事務のガイドライン」（令和2〔2020〕年10月）がある。

　以下において、これらの概要を述べる。

1 障害福祉サービス等の提供に係る意思決定支援ガイドライン

　平成23（2011）年に改正された障害者基本法は、国・地方公共団体が障害者の意思決定の支援に配慮する旨を定めた（第23条）。また、平成24（2012）年に改正された障害者の日常生活及び社会生活を総合的に支援するための法律（以下、障害者総合支援法）は、障害者が「どこで誰と生活するかについての選択の機会が確保」される旨（第1条の2）と

ともに、指定障害福祉サービス事業者、指定障害者支援施設等の設置者、指定相談支援事業者が障害者の意思決定の支援に配慮するように努める旨を定めた（第42条、第51条の22）。加えて、障害者総合支援法附則は、法施行後3年めの見直し項目の一つとして、障害者の意思決定支援のあり方を掲げた。そして、社会保障審議会障害者部会報告書「障害者総合支援法施行3年後の見直しについて」（平成27〔2015〕年）なども経て、厚生労働省社会・援護局障害保健福祉部は平成29（2017）年3月に「**障害福祉サービス等の提供に係る意思決定支援ガイドライン**」を公表した。以下において、本ガイドラインのポイントを4点あげる。

　第1に意思決定支援の定義は次のとおりである。「意思決定支援とは、自ら意思を決定することに困難を抱える障害者が、日常生活や社会生活に関して自らの意思が反映された生活を送ることができるように、可能な限り本人が自ら意思決定できるよう支援し、本人の意思の確認や意思及び選好を推定し、支援を尽くしても本人の意思及び選好の推定が困難な場合には、最後の手段として本人の最善の利益を検討するために事業者の職員が行う支援の行為及び仕組みをいう」[54][55]。

　第2に、意思決定支援の枠組みは、①意思決定支援責任者の配置、②意思決定支援会議の開催、③意思決定の結果を反映したサービス等利用計画・個別支援計画（意思決定支援計画）の作成とサービスの提供、④モニタリングと評価及び見直し、の4要素から構成される。この枠組みを用いて作成された意思決定支援計画に基づき、日頃から本人の生活にかかわる事業者の職員が、すべての生活場面の中で、意思決定に配慮しながらサービス提供を行うことになる。

　第3に、意思決定支援の基本的原則は次の3つである。①「本人への支援は、自己決定の尊重に基づき行うことが原則である」。②「職員等の価値観においては不合理と思われる決定でも、他者への権利を侵害しないのであれば、その選択を尊重するよう努める姿勢が求められる」。③「本人の自己決定や意思確認がどうしても困難な場合は、本人をよく知る関係者が集まって、本人の日常生活の場面や事業者のサービス提供場面における表情や感情、行動に関する記録などの情報に加え、これまでの生活史、人間関係等様々な情報を把握し、根拠を明確にしながら障害者の意思及び選好を推定する。本人のこれまでの生活史を家族関係も含めて理解することは、職員が本人の意思を推定するための手がかりとなる」。

　第4に、最後の手段として「本人の最善の利益」を判断する際には、

＊54
このように、本ガイドラインは、「最後の手段として本人の最善の利益を検討するために事業者の職員が行う支援」も、意思決定支援の中に含めているところに特徴がある。

＊55
国連の障害者権利委員会は、対日総括所見（2022年9月2日採択）で、本ガイドラインにおける「本人の最善の利益」という言葉の使用に懸念を示した。

以下の3点に留意する必要がある。①「最善の利益は、複数の選択肢について、本人の立場に立って考えられるメリットとデメリットを可能な限り挙げた上で、比較検討することにより」導き、②「二者択一の選択が求められる場合においても、一見相反する選択肢を両立させることができないか考え、本人の最善の利益を追求」し、③「選択可能な中から、障害者にとって自由の制限がより少ない方を選択する」。

2 認知症の人の日常生活・社会生活における意思決定支援ガイドライン

　成年後見制度の利用の促進に関する法律に基づき、平成29（2017）年3月24日に閣議決定された成年後見制度利用促進基本計画は、「今後とも意思決定の支援の在り方についての指針の策定に向けた検討等が進められるべきである」とした。認知症の人の意思決定支援に関しては、平成27（2015）〜29（2017）年度に老人保健健康増進等事業において研究がなされ、**「認知症の人の日常生活・社会生活における意思決定支援ガイドライン」**が平成30（2018）年6月に策定された。以下において、本ガイドラインのポイントを4点あげる。

　第1に、趣旨・目的として、それは「認知症の人を支える周囲の人において行われる意思決定支援の基本的考え方（理念）や姿勢、方法、配慮すべき事柄等を整理して示し、これにより、認知症の人が、自らの意思に基づいた日常生活・社会生活を送れることを目指すもの」とされる。ここでいう「認知症の人」には、「認知症と診断された場合に限らず、認知機能の低下が疑われ、意思決定能力が不十分な人」が含まれる。

　第2に、利用者については、「認知症の人の意思決定支援に関わる全ての人」（意思決定支援者）が、認知症の人の意思決定を支援する際に用いるべきものである、とされる。意思決定支援者には、ケアを提供する専門職種や行政職員等はもとより、家族、成年後見人、地域近隣の見守り活動を行う人や、本人をよく知る人なども含まれる。

　第3に、意思決定支援の概念であるが、それは認知症の人の意思決定をプロセスとして支援するものだとされる。そのプロセスは、本人が意思を形成することの支援（意思形成支援）と本人が意思を表明することの支援（意思表明支援）を中心とし、本人が意思を実現するための支援（意思実現支援）を含む。これらの各プロセスで、支援方法に困難や疑問が生じた場合には、意思決定支援チーム（後述）のメンバーを中心に

*56
本書第2部第1章第2節4参照。

*57
本ガイドラインは、認知症の人の意思決定を支援する際の基本的な考え方等を示すものであり、「本人の意思決定能力が欠けている場合の、いわゆる『代理代行決定』のルールを示すものではない」とされる。

開かれる話し合い（意思決定支援会議）が行われる。

　第4に、意思決定支援の基本原則は次の3つである。①まず、「本人の意思の尊重」があげられる。本人の示した意思は、それが他者を害する場合や、本人にとって見過ごすことのできない重大な影響が生ずる場合（自宅での生活を続けることで本人が基本的な日常生活すら維持できない場合や、本人が現在有する財産の処分の結果、基本的な日常生活すら維持できないような場合）でない限り、尊重される。

　②次は、「本人の意思決定能力への配慮」である。すなわち、「認知症の症状にかかわらず、本人には意思があり、意思決定能力を有するということを前提にして、意思決定支援をする」とか、「本人の意思決定能力は本人の個別能力だけではなく、意思決定支援者の支援力によって変化することに注意すべきである」とされる。

　③最後は、「チームによる早期からの継続的支援」である。すなわち、「意思決定支援にあたっては、本人の意思を踏まえて、身近な信頼できる家族・親族、福祉・医療・地域近隣の関係者と成年後見人等がチームとなって日常的に見守り、本人の意思や状況を継続的に把握し必要な支援を行う体制」（意思決定支援チーム）が必要である。

3 人生の最終段階における医療・ケアの決定プロセスに関するガイドライン

　平成18（2006）年3月に、富山県射水市民病院で人工呼吸器取りはずし事件が発生した。この事件を大きな契機として、「終末期医療の決定プロセスに関するガイドライン」が平成19（2007）年に策定された。

（1）ACPをふまえた改訂

　本ガイドラインは、平成30（2018）年3月の改訂により、病院での延命治療の場面のみならず、在宅医療・介護の現場でも活用できるものとなった。その際に名称も、**「人生の最終段階における医療・ケアの決定プロセスに関するガイドライン」** に変更され[58]、医療・ケアチームの対象に介護従事者が含まれることが明確になった。

　また、この改訂により、本ガイドラインは、英米諸国を中心に発展しているACP（アドバンス・ケア・プランニング）[59]の取り組みを参考に、本人の意思は変化し得ることをふまえ、医療・ケアの方針や生き方等について、日頃から繰り返し話し合うことの重要性を強調するものとなっ

＊58
なお、この名称変更に先立って、平成27（2015）年3月に、最期まで本人の生き方（＝人生）を尊重し、医療・ケアの提供について検討することが重要であるという観点から、「終末期医療」から「人生の最終段階における医療」へと名称の変更が行われていた。

＊59
本双書第3巻第5章第5節2参照。

た。

　加えて、この改訂では、自ら意思を伝えられない状態になる前に、本人の意思を推定する者（親しい友人を含む、家族等の信頼できる者）を前もって定めておくことの重要性や、繰り返し話し合った内容を文書にまとめて、本人、家族等と医療・ケアチームで共有することの重要性も強調されることとなった。

（2）医療・ケアのあり方

　本ガイドラインは、人生の最終段階における医療・ケアのあり方として、次の4点に言及する。

　第1に、本人に適切な情報の提供と説明がなされ、本人が医療・ケアチームと十分な話し合いを行い、本人によって意思決定がなされることを基本とした上で、人生の最終段階における医療・ケアを進めることが、最も重要な原則となる。また、上記のとおり、本人が特定の家族等を自らの意思を推定する者として前もって定めておくことも重要となる。

　第2に、人生の最終段階における医療・ケアの開始・変更・中止等は、医療・ケアチームによって、医学的妥当性と適切性を基に慎重に判断すべきである。

　第3に、医療・ケアチームにより、可能な限り不快な症状を十分に緩和し、本人・家族等の精神的・社会的な援助も含めた総合的な医療・ケアを行うことが必要である。

　第4に、生命を短縮させる意図をもつ積極的安楽死は、本ガイドラインでは対象としない。

（3）医療・ケアの方針の決定手続

　本ガイドラインによれば、医療・ケアチームは、人生の最終段階における医療・ケアに関する方針を決定する際には、①本人の意思が確認できる場合は、上記のとおり、適切な情報の提供と説明がなされた上で、十分な話し合いをふまえた本人による意思決定を基本とする。これに対して、②本人の意思確認ができない場合には、まず、家族等が本人の意思を推定できるときは、その推定意思を尊重し、本人にとっての最善の方針をとるが、もしそれができないときは、本人に代わる者として家族等と十分に話し合い、本人にとっての最善の方針をとる。また、家族等がいないときや、家族等が判断を医療・ケアチームに委ねるときは、本人にとっての最善の方針をとる。

上記の①及び②のいずれの場合においても、ケアの内容の決定が困難であったり、ケアの内容に合意が得られなかったりするときなどは、「複数の専門家からなる話し合いの場を別途設置し、医療・ケアチーム以外の者を加えて、方針等についての検討及び助言を行うことが必要である」とされる。

4 身寄りがない人の入院及び医療に係る意思決定が困難な人への支援に関するガイドライン

少子高齢化の進展とともに、単身の高齢者が増加している近年にあって、そのような高齢者を対象に、「身元保証・身元引受等」、日常生活支援、死後事務等を担う民間サービスが生まれている。

そうしたなか、消費者被害の防止という観点から取りまとめられた内閣府消費者委員会の建議[*60]や、成年後見制度利用促進基本計画をふまえて、厚生労働省は、平成29（2017）年度厚生労働科学特別研究事業による研究で、医療現場における成年後見制度への理解と、病院が身元保証人に求める役割等について実態把握を行った。

この研究成果をふまえ、平成30（2018）年度厚生労働行政推進調査事業費補助金による研究において、医療機関に勤務する職員向けに策定されたのが、**「身寄りがない人の入院及び医療に係る意思決定が困難な人への支援に関するガイドライン」**である。本ガイドラインは、「身元保証人・身元引受人等」がいないことを前提とした医療機関の対応方法を示すことにより、医療機関が患者に身寄りがいない場合にも必要な医療を提供できるように、また患者側も身寄りがなくても安心して必要な医療を受けられるように、取りまとめられた。[*61]

「身元保証・身元引受等」とは、①緊急連絡先、②入院計画書、③入院中に必要な物品の準備、④入院費等、⑤退院支援、⑥（死亡時の）遺体・遺品の引き取り・葬儀等、に関する役割をさす言葉であり、「身元保証人・身元引受人等」とは、その役割を期待されている人または団体をいう。[*62]

本ガイドラインは、身寄りがない人に対する主な支援として、①医療・ケアチームとの連携、②介護・福祉サービスの相談、③一部負担金の減額・免除、支払猶予等、③支払方法の相談、⑤成年後見制度等の利用相談、をあげる。なお、本ガイドラインの支援の対象となる人には、

＊60
内閣府消費者委員会「身元保証等高齢者サポート事業に関する消費者問題についての建議」（平成29〔2017〕年1月）。

＊61
身元保証人・身元引受人がいないことのみを理由に医療機関に入院を拒否される事例がある。この点、医師法第19条第1項は、「診療に従事する医師は、診察治療の求があつた場合には、正当な事由がなければ、これを拒んではならない」と定めるが、厚生労働省は、ここでいう「正当な事由」は、「医師の不在又は病気等により事実上診療が不可能な場合に限られる」とし、「入院による加療が必要であるにもかかわらず、入院に際し、身元保証人等がいないことのみを理由に、医師が患者の入院を拒否することは、医師法第19条第1項に抵触する」との考えを示している（平成30年4月27日付通知医政医発0427第2号）。

＊62
なお、医療行為の同意については、本人の一身専属性が極めて強く、成年後見人や「身元保証人・身元引受人等」に同意の権限はない。

身寄りがない人に加えて、家族や親類へ連絡がつかない状況にある人や、家族の支援が得られない人も含まれる。

「医療に係る意思決定が困難な人」への支援や医療提供は、医療従事者から本人に適切な情報提供と説明がなされた上で、本人による意思決定や本人意思の尊重に基づき行われることが基本となる[*63]。ただし、本ガイドラインでは、身寄りがない人の意思決定が求められる時点において本人意思が確認できない場合は、「人生の最終段階における医療・ケアの決定プロセスに関するガイドライン」の考え方などもふまえ、関係者や医療・ケアチームの中で慎重な判断を行う必要がある。

5 意思決定支援をふまえた後見事務のガイドライン

成年後見制度利用促進基本計画や成年後見制度利用促進専門家会議を受けて、最高裁判所、厚生労働省及び専門職団体（日本弁護士連合会、成年後見センター・リーガルサポート、日本社会福祉士会）をメンバーとするワーキンググループが設けられ、本人の視点をふまえた指針の策定をめざして、「意思決定支援を踏まえた後見事務のガイドライン」が令和2（2020）年に策定された。

本ガイドラインは、その趣旨・目的として、後見人・保佐人・補助人（以下、後見人等）に就任した者が、「意思決定支援を踏まえた後見事務、保佐事務、補助事務を適切に行うことができるように、また、中核機関や自治体の職員等の執務の参考となるよう、後見人等に求められている役割の具体的なイメージ（通常行うことが期待されること、行うことが望ましいこと）を示すもの」とされる。

本ガイドラインの基本的な考え方は以下の4点である。

第1に、「意思決定支援とは、特定の行為に関し本人の判断能力に課題のある局面において、本人に必要な情報を提供し、本人の意思や考えを引き出すなど、後見人等を含めた本人に関わる支援者らによって行われる、本人が自らの価値観や選好に基づく意思決定をするための活動」を意味する。また、ここでいう「意思決定支援は、本人の意思決定をプロセスとして支援するものであり、通常、そのプロセスは、本人が意思を形成することの支援（意思形成支援）と、本人が意思を表明することの支援（意思表明支援）を中心とする」。

第2に、「意思決定能力とは、支援を受けて自らの意思を自分で決定

*63
医療法第1条の4第1項は、「医師、歯科医師、薬剤師、看護師その他の医療の担い手は、第1条の2に規定する理念に基づき、医療を受ける者に対し、良質かつ適切な医療を行うよう努めなければならない」と定める。医療法第1条の2第1項は、「医療は、生命の尊重と個人の尊厳の保持を旨とし、（略）医療の担い手と医療を受ける者との信頼関係に基づき（略）行われる」と定め、同条第2項は、「医療は、（略）医療を受ける者の意向を十分に尊重し（略）提供されなければならない」と定める。

することのできる能力」を意味し、意思決定を行う場面では、情報の理解、記憶保持、比較検討、意思の表現という4要素が通常必要である。

　第3に、「意思決定支援の基本原則」として、①「全ての人は意思決定能力があることが推定される」、②「本人が自ら意思決定できるよう、実行可能なあらゆる支援を尽くさなければ、代行決定に移ってはならない」、③「一見すると不合理にみえる意思決定でも、それだけで本人に意思決定能力がないと判断してはならない」、という3点があげられる。また、「代行決定への移行場面・代行決定の基本原則」としては、④「意思決定支援が尽くされても、どうしても本人の意思決定や意思確認が困難な場合には、代行決定に移行するが、その場合であっても、後見人等は、まずは、明確な根拠に基づき合理的に推定される本人の意思（推定意思）に基づき行動することを基本とする」、⑤「本人の意思推定すら困難な場合、又は本人により表明された意思等が本人にとって見過ごすことのできない重大な影響を生ずる場合には、後見人等は本人の信条・価値観・選好を最大限尊重した、本人にとっての最善の利益に基づく方針を採らなければならない」、⑥「本人にとっての最善の利益に基づく代行決定は、法的保護の観点からこれ以上意思決定を先延ばしにできず、かつ、他に採ることのできる手段がない場合に限り、必要最小限度の範囲で行われなければならない」、⑦「一度代行決定が行われた場合であっても、次の意思決定の場面では、第1原則に戻り、意思決定能力の推定から始めなければならない」、という4点がある。

　最後に第4として、「後見人等による意思決定支援は、飽くまで後見事務の一環として行われるものである以上、後見人等が直接関与して意思決定支援を行うことが求められる場面は、原則として、本人にとって重大な影響を与えるような法律行為及びそれに付随した事実行為の場面に限られる」、とされる。

第**3**章

権利擁護活動で直面し得る法的諸問題

　高度情報化社会では、無形の情報が流通することで価値をもつ。そのため、個人情報保護法が制定され、個人情報の保護が図られた。また、プライバシーや秘密も守られなければならない。しかし、他方、重要な情報が流通しないと、一般市民が不利益を被る可能性もある。そのため、インフォームド・コンセント（十分な説明を受けての同意）が重要となる。また、公益通報者保護法が制定され、公益的な情報は社会的に流通すべく公益通報者の保護が図られている。

第1節 インフォームド・コンセント

1 インフォームド・コンセントの意味

インフォームド・コンセント（informed consent）とは、「十分な説明を受けての同意」ということである。インフォームド・コンセントの法理とは、身体の医的侵襲を伴う治療行為に関して、患者に対して十分な説明を提供し、患者から同意を得た上で行わなければならないという法理である。昭和48（1973）年にアメリカ病院協会が「患者の権利章典」を公表してから、医療全般においてこの法理が適用されるものとして発展してきた。

わが国でも、1980年代からがん患者の末期医療に関する生命倫理にかかわる問題の一環として注目を集め、その後は医療行為全般にかかわる問題として発展してきた。がん告知の点について、最高裁判決では、基本的に患者の自己決定権を重視する限り、患者本人への告知は必要であろうが、がん告知が患者に与える「精神的打撃と治療への悪影響を考慮」すると、一概に告知すべきだともいえないのであって、本人に告知しないことも不合理とはいえないと判断されている[1]。

しかし、医師が患者に告知すべきではないと判断した場合には、「患者本人やその家族にとってのその診断結果の重大性に照らすと、当該医師は、診療契約に付随する義務として、少なくとも、患者の家族等のうち連絡が容易な者に対しては接触し、同人又は同人を介して更に接触できた家族等に対する告知の適否を検討し、告知が適当であると判断できたときには、その診断結果等を説明すべき義務を負う」と判断されている[2]。

すなわち、医療機関は、患者に重大な治療行為を施すにあたっては、診療契約上の付随義務として、説明義務が課されているものとされており、インフォームド・コンセントは契約上の義務となることが明確にされている。なお、医療法第1条の4第2項は、「医師、歯科医師、薬剤師、看護師その他の医療の担い手は、医療を提供するに当たり、適切な説明を行い、医療を受ける者の理解を得るよう努めなければならない。」と定めている。

2 説明の程度

　以上の判例法理に従うと、医師は、患者が治療行為に関する自己決定をなし得るよう、十分な説明をしなければならないこととなるが、どの程度の説明が必要になるのだろうか。

　この点について最高裁は、医療機関は、患者の生命を預かる者として、基本的に「最善の注意義務[*3]」を負うべきであって、医療慣行に従ったというだけでは不十分であり、「診療当時のいわゆる臨床医学の実践における医療水準[*5]」に従っていなければならないとしている。

　その上で、「当該疾病の専門的研究者の間でその有効性と安全性が是認された新規の治療法が普及するには一定の時間を要し、医療機関の性格、その所在する地域の医療環境の特性、医師の専門分野等によってその普及に要する時間に差異があり、その知見の普及に要する時間と実施のための技術・設備等の普及に要する時間との間にも差異があるのが通例であり、また、当事者もこのような事情を前提にして診療契約の締結に至る」ものである以上、「医療機関の性格、所在地域の医療環境の特性等の諸般の事情[*6]」をも加味すべきだとしている。

　したがって、医師に「臨床医学の実践における医療水準」の知識が要求されている以上、説明の程度も「臨床医学の実践における医療水準」に即していなければならない。また、専門外の疾患を発見したり、十分な治療行為をなす設備や経験等を有しないことがわかったりした場合には、「臨床医学の実践における医療水準」の知識が要求されている以上、医師は他の適切な医療機関に転送すべき義務をも負うこととなる。

3 今後の展望

　医療に対するインフォームド・コンセントの考え方は、一般化していけば、他の分野での自己決定に関する議論にも影響することになる。すなわち、重大な自己決定にかかわる専門家は、その分野における臨床学上の実践水準に基づく十分な説明をなし、それに基づく同意を前提にして業務を行うべきであるという考え方が一般的となってくる。

　社会福祉サービスの分野においても、ソーシャルワークの一環として、インフォームド・コンセントの考え方が有効性をもつことがあり得る。特に、ケアプランに関する説明と同意は、インフォームド・コンセントの法理を適用し得る典型的な領域であろう。

*3
最高裁昭和36年2月16日判決、民集15巻2号244頁。

*4
最高裁平成8年1月23日判決、民集50巻1号1頁。

*5
最高裁昭和57年3月30日判決、判時1039号66頁。

*6
最高裁平成7年6月9日判決、民集49巻6号1499頁。

第2部 第3章

　ただし、ソーシャルワークにインフォームド・コンセントという考え方を持ち込む場合、がん告知と同じような問題が生じる可能性があることにも注意が必要である。なぜなら、さまざまな精神的障害のある人に対して、その障害特性を本人に克明に説明することは、かえって本人に悪影響を与える危険性があることも否定し得ないからである。

　その場合には、本人ではなく、家族に対する説明で十分といってよいのかどうか、医療とは異なるプライバシーの問題もあり得るのであるから、医療とは必ずしもパラレルにとらえきれない問題が生じてくることも考えておかなければならない。

第2節 個人情報・秘密・プライバシー

1 個人情報の保護

　現代社会は、高度情報通信社会とよばれるように、私たちは常に多くの情報に取り囲まれている。多くの情報を容易に得られることは、便利である反面、逆に多くの情報に振り回される危険もある。さらに、個人情報が本人の知らない間に流通してしまう危険をはらんでいる。

　個人の秘密やプライバシーが守られない限り、個人の尊厳は保障し得ない。しかし、個人の秘密やプライバシーが侵害されないとしても、自分に関して不正確な情報が流通するのは不本意である。そこで平成15（2003）年5月、**個人情報保護法**が制定されることとなった。

　個人情報保護法は、個人情報の有用性に配慮しながら、個人の権利利益を保護することを目的としている。個人情報とは、住所・氏名・年齢・職業・生年月日など、生存する特定の個人を識別できる情報のことをさしている。つまり、ある人がどこに住んでいるとか、どこに勤めているとか、必ずしも秘密やプライバシーにかかわるとは言い切れない中立的な情報のことにすぎない。

　したがって、個人情報と秘密・プライバシー情報とは、重なり合う部分もあるが、異なる概念である。高度情報通信社会では、個人情報のような中立的な情報も流通しやすく、知らないところからほしくもない商品のダイレクト・メールや勧誘電話がかかってくることがある。そこで、自分の知らないところで自分に関する情報が勝手に流通しないようにしなければならないこととされたのである。

　個人情報保護法は、当初は、5,000名を超える個人データを保有している場合に保有者は個人情報を適切に管理しなければならないこととした。しかし、平成29（2017）年に個人情報保護法が改正され、保有個人データ数による制限を廃止し、「個人情報データベース等を事業の用に供している者」は「個人情報取扱事業者」に該当するものとし、すべての事業者を対象とすることになった。

　また、平成29（2017）年の個人情報保護法改正では、本人の人種、信条、社会的身分、病歴、犯罪の経歴、犯罪により害を被った事実その他

本人に対する不当な差別、偏見その他の不利益が生じないようにその取り扱いに特に配慮を要する個人情報のことを「要配慮個人情報」とよび、そのような一定のプライバシー情報については、原則として本人の同意がなければ第三者提供できないものと定めて（後述のオプトアウトを認めない）、より厳格なルールを定めることとなった。そのため、要配慮個人情報では、個人情報とプライバシー情報とが重なり合う。

　個人情報保護法が定めている事項で最も重要なのは、個人情報取扱事業者がどのような義務を負うかということである。

　まず、個人情報を取得するときの義務として、第１に、利用目的の特定義務がある。したがって、当初から個人情報を第三者に提供することを予定しているのであれば、取得段階でその旨を明らかにしておく必要がある。

　また第２に、利用目的の通知義務がある。個人情報取扱事業者が個人情報を取得した場合、あらかじめその利用目的を公表している場合を除き、速やかに利用目的を本人に通知または公表しなければならない。

　次に、個人情報を利用するときの義務として、目的外利用の禁止がある。個人情報取扱事業者は、あらかじめ本人の同意を得ないで、上記のように特定された利用目的外で個人情報を取り扱ってはならない。もし特定された利用目的以外の目的で個人情報を取り扱う必要が生じたら、そのつど、本人の同意を得なければならないこととなる。

　さらに、個人データの取り扱いに関する義務として、第１に、正確性を確保すべき努力義務がある。第２に、個人データの安全管理義務があり、これには、自ら安全管理措置を講ずる義務、従業員による侵害に対する安全性の確保義務、委託先による侵害に対する安全性の確保義務がある。そして第３に、個人データの第三者提供の制限がある。本人に通知するなどして第三者提供をなし得る場合（**オプトアウト方式**）や一定の正当性がある場合のほかは、あらかじめ本人の同意を得ないで、個人データを第三者に提供してはならないこととされている。

　保有個人データの取り扱いに関する義務としては、透明性の確保義務がある。個人情報取扱事業者の氏名・名称など一定の事項については、本人が知り得るように、公表することが義務付けられ、データの内容を本人が確認できるように、本人から請求があった場合には開示義務がある。また保有個人データの内容が事実と食い違っている場合、本人から請求があった場合には訂正義務がある。さらに、本人から個人情報保護法違反があることを理由に利用停止・消去の申入れがあった場合、違反

を是正するために必要な限度で対応する義務も定められている。

2 プライバシー情報・秘密の保護

プライバシー情報とは、個人の私生活に関する、みだりに人に知られたくない情報のことである。例えば、利用者本人には犯罪歴がある、利用者の母親は認知症を発症している、利用者の弟には知的障害がある、利用者のある家族が生活保護を受給しているなどという情報は、みだりに人に知られたくない情報である。

秘密とは、一般的には、人に知られていない情報のことをさしているが、法的に保護すべき個人の秘密は、プライバシー情報と重なり合うこととなる。会社の秘密に関しては、営業秘密として不正競争防止法で保護されているが、社会福祉の領域で重要なのは、利用者個人の秘密やプライバシー情報である。

社会福祉にかかわる者は、利用者や利用者の家族に関するプライバシー情報に接する立場にある。また、利用者の支援を適切に行うためには、カンファレンス等で利用者や利用者の家族のプライバシー情報に積極的にふれなければならない立場にもある。

例えば、居宅サービス運営基準第33条第1項は、「指定訪問介護事業所の従業者は、正当な理由がなく、その業務上知り得た利用者又はその家族の秘密を漏らしてはならない」と厳格な守秘義務を課している。これは、社会福祉事業者の役職員だけでなく、社会福祉事業従事者にも重ねて守秘義務が課せられており、プライバシー保護は個人情報保護よりも厳格にされている。

社会福祉にかかわる活動を行っている場合、ある人がどこに住んでいるのか、どこに勤めているのかなどの個人情報だけが重要なのではない。もちろん、利用者に必要な事態が生じ、利用者の家族と連絡を取る必要がある場合には、利用者の家族の連絡先を知らなければならないのであるから、社会福祉事業従事者は、多くの個人情報を保有しておかなければならない。

しかし、社会福祉にかかわる活動でより重要なのは、利用者の家族に連絡を取った上で、利用者の状況に関する情報を共有して、今後の利用者の支援をともに考えていくことにある。したがって、社会福祉にかかわる活動においては、個人情報よりもむしろプライバシー情報の取り扱いが重要になる。

　つまり、個人情報保護法の適用がないとしても、社会福祉事業に従事する限り、プライバシー情報には最大限配慮しておかなければならない。社会福祉事業従事者が、たまたま知り得たプライバシー情報をみだりに漏洩・公開すると、本人の名誉や人格を侵害したとして処罰を受ける可能性（刑事責任）もあり、それによって精神的な損害を被った本人に対して、損害賠償（慰謝料）を支払うべき責任（民事責任）が発生する可能性がある。

　ただし、虐待情報などに関しては、不確かな段階であっても、早期発見・早期介入を行わなければ、本人の生命や身体の安全が危険にさらされてしまうため、例えば、児童虐待防止法第6条第3項のように法律でそのような通報行為は守秘義務違反・プライバシー侵害にならないことを直接的に規定している。

3 個人情報と社会の利益

　個人情報保護が必要とされるようになったのは、本人の知らないところで本人の情報が流通することを阻止するためにすぎない。したがって、個人情報やプライバシー情報を守るには、それらの情報を利用したり、第三者に提供したりする場合に、本人の同意・承諾を得ればたりるのが原則である。

　つまり、「あなたの情報を○○の必要性があるので××のために使っていいですか」と尋ね、「ああ、いいですよ」との答えを得ればそれだけで構わないということである。具体的には、「緊急連絡の必要性があるので連絡網の名簿に電話番号を載せていいですか」というように確認することが必要なのである。また、内容によっては、「あなたの情報は、○○と△△だけ保管しますからね」などと伝えておけば、本人はもっと安心するだろう。

　それにもかかわらず、本人の意向を確認することが煩わしいなどとして、一切本人の意向を確認せず、カンファレンス自体をやめてしまうなどの対応は行うべきではない。それでは全くの本末転倒になってしまう。社会福祉にかかわっている人が必要だと感じていることは、支援を必要とする利用者にとっても必要なことが多いはずである。煩わしいからといって、必要なことをやめてしまうのはおかしい。

　利用者の人格を尊重するには、多くの手間をかけなければならないのであって、極端な言い方をすれば、利用者の人格を尊重するとは利用者

にかかわる事項に手間を惜しまないことである。いいことをしているのだから本人の意向を確認する必要はないなどというのは、利用者の人格を無視していることであって、虐待の一歩手前にいることになる。

　社会福祉サービスが行政的な恩恵でしかなかったような時代には、少なくとも法的には、本人の意向を確認する必要はなかった。しかし、社会福祉サービスの提供を契約に基づいて行う時代となり、本人の意向を法的に確認して尊重しなければならないとしたのが社会福祉基礎構造改革の趣旨である。

　個人情報を保護し、プライバシーを侵害しないためには、本人の同意・承諾を得るのが原則であるが、本人の同意・承諾を得られないほど緊急の場合には、個人情報保護法などの法律で例外的に本人の同意・承諾を必要としない場合も定められている。

　例えば、個人情報保護法第16条は、①法令に基づくとき、②人の生命・身体・財産の保護のために必要がある場合であって本人の同意を得ることが困難であるとき、③公衆衛生の向上または児童の健全な育成の推進のために特に必要がある場合であって、本人の同意を得ることが困難であるとき、④国の機関もしくは地方公共団体またはその委託を受けた者が法令の定める事務を遂行することに対して協力する必要がある場合であって、本人の同意を得ることにより当該事務の遂行に支障を及ぼすおそれがあるとき、には本人の同意は不要とされている。

　要するに、個人情報よりも重要な価値（生命・身体・財産）の安全を図らなければならない場合には、個人情報保護を徹底しなくてもよいということである。

　また、個人情報保護法は、個人情報保護と社会の利益を調整するために、匿名加工情報・仮名加工情報という概念を定めている。匿名加工情報とは、特定の個人を識別することができないように個人情報を適切に加工し、当該個人情報を復元できないようにした情報のことであり、一定のルールの下で本人の同意を得ることなく、データを利用できるというものである。仮名加工情報とは、他の情報と照合しない限り特定の個人を識別することができないように個人の情報を適切に加工して得られる個人に関する情報のことであり、安全性を確保した上でデータを利用することができるようにしたものである。

　なお、**公益通報者保護法**は、労働者が、不正の利益を得る目的、他人に損害を加える目的その他の不正な目的でなく、その労務提供先またはその労務提供先の事業に従事する場合のその役員・従業員・代理人等に

つき、通報対象事実が生じまたはまさに生じようとしている旨を、その労務提供先もしくは労務提供先があらかじめ定めた者、通報対象事実の処分権限を有する行政機関または通報によって対象事実の発生・被害の拡大防止に必要と認められる者などに対し、通報することを保護している。

　つまり、公益通報者保護法は、公益通報をなす内部告発者を保護しなければならないとして、公益通報をしたことを理由とする公益通報者の解雇の無効等ならびに公益通報に関して事業者及び行政機関がとるべき措置を定めることにより、公益通報者の保護を図るとともに、国民の生命・身体・財産その他の利益の保護にかかわる法令の規定の遵守を図り、もって国民生活の安定及び社会経済の健全な発展に資することを目的として制定されたものである。

　したがって、公益通報者保護法は、虐待防止法と同様に、情報提供者を保護することをもって、国民の生命・身体・財産等の安全という、より大きな法益を保護することとしている。

BOOK 学びの参考図書
●岡村久道『個人情報保護法の知識〈第5版〉』日本経済新聞出版、2021年。
　　法律制定の経緯から法律の全体像まで、コンパクトにまとめられており、プライバシー権との差異等についても的確に指摘されている。

第**4**章

権利擁護にかかわる組織、団体、専門職

学習のねらい

　子ども・女性・高齢者・障害者・外国人・生活困窮者などの生活支援場面における権利擁護に関しては、司法や行政の機関との連携が重要である。とりわけ、成年後見制度などの利用支援における家庭裁判所、法律関係の専門職や団体、そして社会福祉士に期待される役割は大きい。本章では、こうした組織、団体、専門職の役割等について学習する。

第1節 家庭裁判所の役割

＊1
野田愛子『家庭裁判所とともに』日本加除出版、2003年、15頁。

＊2
同上、1頁。

＊3
同上、2頁。

『家庭裁判所のしおり』の表紙には「家庭に平和を　少年に希望を」と掲げられている。これは、戦後の司法改革で昭和24（1949）年に家庭裁判所が創設された当時からポスターに書かれている言葉である。この言葉については、日本の家庭裁判所に「福祉的機能」があることを独立性の根拠とする「裁判所らしくない裁判所[1]」を世にアピールした表現だったのではないかと論じられている。今日、家庭裁判所は、司法制度の中でも家事事件と少年事件とを包括的に取り扱う「世界でも最もユニークな、法的にも整備[2]」された裁判所であり、国民に身近な裁判所として位置付けられている。また、これからの家庭裁判所は、「家族の福祉、家族の中の個人の法的な権利擁護と調整[3]」を課題とするといわれている。

1 裁判所の中の家庭裁判所の位置

わが国の司法権は、憲法に定められた**最高裁判所**と下級裁判所から成る（憲法第76条第1項）。下級裁判所とは、**高等裁判所**、**地方裁判所**、**家庭裁判所**、**簡易裁判所**をいい、家庭裁判所も下級裁判所の一つである。これら、最高裁判所及び下級裁判所の構成や権限は、裁判所法で定められている。

最高裁判所は、東京都に置かれている（裁判所法第6条）。最高裁判所は、最高裁判所長官（1名）と最高裁判所判事（14名）の合計15名の裁判官によって構成されている（同法第5条第1項、第3項）。

高等裁判所、地方裁判所、家庭裁判所、簡易裁判所の裁判官は、高等裁判所の長たる裁判官を高等裁判所長官とし、その他の裁判官を判事、判事補及び簡易裁判所判事とするとしている（同法第5条第2項）。

下級裁判所には支部または出張所を置くことができる（同法第22条、第31条）。高等裁判所は全国で8か所の大都市に置かれているほか、6か所の都市に支部が設けられている。地方裁判所は50か所あり、そのほかに支部が203か所ある。家庭裁判所（50か所）とその支部（203か所）は、地方裁判所とその支部の所在地と同じところにあり、そのほかに出張所が77か所ある。簡易裁判所は、438か所に設置されている。また、知的財産権に関する事件を専門に取り扱う裁判所として、平成17（2005）年4月、知的財産高等裁判所が東京高等裁判所の特別の支部と

して設置されている。

2 家庭裁判所の権限・役割

　家庭裁判所は、家事事件に対する家事調停・家事審判・人事訴訟及び少年審判を取り扱う裁判所である。家事事件とは、家族・親族内の紛争であって、離婚、子どもの親権、養子縁組、老親の扶養、相続などに関するさまざまな事件のことをさしている。家事事件は、家族・親族内の親密で合理性を追求しない人間関係の中で発生するものであるから、財産に対するように法律によって割り切った解決を図ることはできない。したがって、審判や調停のように、家庭裁判所の後見的な役割を重視して、家族・親族の権利を保護する手続が設けられている。

　家事審判が行われる例としては、未成年者の養子縁組の許可、後見等の開始審判、後見人などの選任、氏名の変更の許可、遺産の分割、子どもの養育費の審判等があげられる。手続は非公開で、関係者の秘密は守られる。家事調停では離婚、離縁、認知や遺産分割等が取り扱われる。人事訴訟事件とは、調停で解決されなかった離婚等の人事に関する訴訟を取り扱う。人事訴訟は原則公開の法廷で行われる（**図2-4-1**）。

　少年事件では、非行少年（罪を犯した少年や罪を犯す恐れのある少年など）に、調査、審判を行う。調査、審判は保護者にも出席を求め、非公開により、なごやかなうちにも少年に反省を促すよう配慮して行われる。主な家事事件とその管轄家庭裁判所については、**表2-4-1**のとおりである。

　このほか、家庭裁判所の権限としては、社会福祉関係では、児童福祉法第28条事件があげられる。これは、児童虐待に関するものである。都道府県またはその委任を受けた児童相談所長は、保護者に児童を監護させることが著しくその児童の福祉を害する場合で、施設入所等の措置が保護者である親権者等の意思に反するときは、家庭裁判所の承認を得て、施設入所等の措置をとることができる（第28条第1項第1号）。

　なお、保護者が親権者等でないときに、その児童の親権者等に引き渡すことが児童の福祉のために不適当であると認めるときは、家庭裁判所の承認を得て、施設入所等の措置をとることができる（同項第2号）。すなわち、家庭裁判所は、児童虐待の場合に、「子の利益」に配慮する専属機関として位置付けられているのである。

〈図2-4-1〉家事事件と人事訴訟事件の流れ

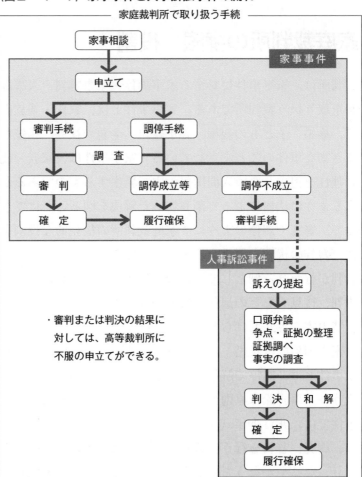

（出典）家庭裁判所『家庭裁判所のしおり』（平成24年12月　最高裁判所）より一部改変

〈表2-4-1〉 主な家事事件とその管轄裁判所一覧表

1　審判だけで取り扱われる事件（申立ての手数料1件800円）

事 件 の 種 類	管 轄 裁 判 所
後見開始、保佐開始及び補助開始に関するもの	後見開始の審判等を受ける人の住所地の家庭裁判所
失踪宣告に関するもの	不在者の従来の住所地または居所地の家庭裁判所
子の氏の変更に関するもの	子の住所地の家庭裁判所
未成年者の養子縁組に関するもの	養子の住所地の家庭裁判所
死後離縁に関するもの	申立人の住所地の家庭裁判所
特別養子縁組の成立及びその離縁に関するもの	養親の住所地の家庭裁判所
未成年後見人の選任に関するもの	未成年者の住所地の家庭裁判所
相続の放棄及び限定承認に関するもの	相続開始地（被相続人の住所地）の家庭裁判所
相続人がない場合における相続財産の管理及び処分に関するもの	同上
遺言に関するもの	同上
任意後見に関するもの	本人（任意後見契約の委任者）の住所地の家庭裁判所
氏または名の変更に関するもの	申立人の住所地の家庭裁判所
就籍に関するもの	就籍しようとする地の家庭裁判所
扶養義務の設定に関するもの	扶養義務者の住所地の家庭裁判所

2　調停でも審判でも取り扱われる事件（申立ての手数料1件1,200円）

事 件 の 種 類	審判の申立てをする場合の管轄裁判所
夫婦の同居その他の協力扶助に関するもの	申立人または相手方の住所地の家庭裁判所
子の監護に関するもの	子の住所地の家庭裁判所
離婚の場合における財産分与に関するもの	申立人または相手方の住所地の家庭裁判所
親権者の指定または変更に関するもの	子の住所地の家庭裁判所
扶養の順位の決定に関するもの	相手方の住所地の家庭裁判所
遺産の分割に関するもの	相続開始地（被相続人の住所地）の家庭裁判所
寄与分に関するもの	遺産分割事件の係属する家庭裁判所

（注1）上記のほか、当事者が合意で定める家庭裁判所も、審判の申立てをする場合の管轄裁判所となる。
（注2）調停の申立てをする場合の管轄裁判所は、相手方の住所地の家庭裁判所または当事者が合意で定める家庭裁判所となる。

3　調停だけで取り扱われる事件（申立ての手数料1件1,200円）

事 件 の 種 類	管 轄 裁 判 所
1、2の事件を除く一切の家事事件（離婚、離縁など）	相手方の住所地の家庭裁判所または当事者が合意で定める家庭裁判所

（出典）家庭裁判所『家事事件のしおり－家事審判・家事調停を利用される方のために』（令和2年10月　最高裁判所）より一部改変

第2節 法務局の役割

1 法務局

法務局とは、法務省の地方組織の一つとして位置付けられ、国民の財産や身分関係を保護する「登記」「戸籍」「国籍」「供託」[*4]の民事行政事務、国の利害に関係のある訴訟活動を行う訴訟事務、国民の基本的人権を守る人権擁護事務を行う組織である。法務局の組織は、全国を8ブロックに分け、その各ブロックを受け持つ機関として「法務局」が、その法務局の下に、都道府県を単位とする地域を受け持つ「地方法務局」（全国42か所）が置かれている。その出先機関として「支局」「出張所」がある。これらの機関を統括する中央機関として、法務省民事局、法務省大臣官房訴訟部門、法務省人権擁護局が設置されている。

法務局、地方法務局及び支局では、登記、戸籍、国籍、供託、訴務、人権擁護の事務を行い、出張所では主に登記の事務が行われている。権利擁護に関連するものとして、東京法務局で行われる成年後見登記がある。

2 成年後見登記

成年後見登記制度は、成年後見人等の権限や任意後見契約の内容などをコンピューターシステムによって登記し、登記官が登記事項を証明した「登記事項証明書」を発行し登記情報を開示する制度である。登記事項証明とは、登記事項の証明ならびに登記されていないことの証明をするものである。例えば、成年後見人が本人に代わって財産管理や介護サービス契約をするときに、銀行や入所施設等に登記事項証明書を提示したり、株式会社の監査役に就任する際に成年後見開始審判を受けていないことを証明したりするために利用することができる。なお、これらの証明書の交付請求は本人のプライバシー保護と取引の安全の保護の観点から、本人のほか限定された者[*5]に限られている。

東京法務局の後見登録課は、全国の成年後見登記事務を行っている。登記は、後見開始の審判がされたとき、任意後見契約の公正証書が作成されたときなどに、家庭裁判所や公証人からの嘱託によって行われる。変更の登記や終了の登記も同様に行う必要があり、この場合は本人の親族なども申請することができる。

*4
「供託」事務とは、選挙供託など、供託金の受け入れ、管理、払渡しを適正に処理することをいう。

*5
請求できるのは、本人（成年被後見人・被保佐人・被補助人・任意後見契約の本人）、成年後見人・保佐人・補助人・成年後見監督人、保佐監督人、補助監督人、任意後見受任者・任意後見人、任意後見監督人である。

200

第3節 市町村の役割－市町村長申立てと体制整備

1 成年後見制度における市町村長申立て

　成年後見制度における申立権者は、本人、配偶者、四親等以内の親族、未成年後見人、未成年後見監督人、成年後見人、成年後見監督人、保佐人、保佐監督人、補助人、補助監督人、検察官、任意後見受任者、任意後見人、任意後見監督人及び市町村長である。

　市町村長申立てとは、65歳以上の者、知的障害者、精神障害者について、その福祉を図るために特に必要があると認めるときは、市町村長は後見開始の審判等の請求ができると規定されたものである（老人福祉法第32条、知的障害者福祉法第28条、精神保健及び精神障害者福祉に関する法律第51条の11の２）。

　市町村長の申立ては、以下の解釈のもとで行われている。

　成年後見制度は、私法上の法律関係を規律するものであるから、本人、配偶者、四親等以内の親族などの本人あるいは身近な当事者による申立てに基づく利用に委ねることが基本である。しかし、実際には、認知症高齢者、精神障害者、知的障害者のうち、身寄りがないなど四親等以内の親族がいない場合、あるいは、本人に親族がいても音信不通で申立てができない場合や親族が本人を虐待していて申立てを期待できない場合などがあり、これらのような場合で「福祉を図るために特に必要があると認めるとき」に市町村長が申し立てることとされている。市町村長の申立ては、こうした状況にある本人に対して、介護サービスその他の高齢者福祉サービスの利用やそれに付随する財産の管理など日常生活上の支援が必要と判断される場合、本人の福祉を図る必要があるため、市町村長が成年後見開始審判の申立てを行うことが想定されている。

　本人の福祉を図る必要がある場合とは、これまでの市町村長の申立てに至った実例から、次のような場合があげられる。認知症高齢者や知的障害者の施設の利用契約の締結、病院の手続の支援、借地契約の更新、有料老人ホームとの契約締結と財産管理、家族による虐待から保護するための施設入所契約の締結、親亡き後の知的障害者・精神障害者の財産管理などである。

② 体制整備

　老人福祉法では、平成24（2012）年4月1日より、市町村は、後見、保佐及び補助の業務を適正に行うことができる人材の育成及び活用を図るため、研修の実施、後見等の業務を適正に行うことができる者の家庭裁判所への推薦等の体制の整備を行うこととされた。また、都道府県は、市町村の実施に関して、助言その他の援助を行うよう努めるものとすることとされた。

　このことにより、市町村は、研修の実施、後見等の業務を適正に行うことができる者の家庭裁判所への推薦、その他必要な措置として、例えば、研修を修了した者（**市民後見人**等）を登録する名簿の作成や、市町村長が推薦した後見人等を支援することなどが考えられる。

　昨今、成年後見制度が十分に利用できる基盤が整備されていない実態、地域共生社会の理念の実現等から、平成28（2016）年に成年後見制度の利用の促進に関する法律が定められ、国・地方自治体等の取り組みが新たに始まることとなった。

　これにより、市町村は、国の成年後見制度利用促進基本計画を勘案して、成年後見制度の利用の促進に関する施策についての基本的な計画を定めるよう努めるとともに、成年後見等実施機関の設立等に係る支援その他の必要な展開を行うよう努めるものとされた。

　都道府県は、市町村の区域を超えた広域的な見地から、成年後見人等となる人材の育成、必要な助言その他の援助を行うよう努めるものとされた。

第4節 中核機関（権利擁護支援における「地域連携ネットワーク」としての中核機関）

　成年後見制度は、認知症、知的障害その他の精神上の障害があることにより財産の管理や日常生活等に支障がある人々を支える制度として構築された重要な手段であるにもかかわらず十分に利用されていない。これに対応し、国は、成年後見制度の利用の促進に関する法律を平成28（2010）年4月15日に公布し、同年5月13日に施行した。

　成年後見制度の利用の促進に関する法律と国基本計画では、市町村に対し、**中核機関**が地域の将来を見据えた全体構想を描きながら、社会福祉関係機関、司法機関や法律家等も協力する体制づくりの進行管理と事務局機能などに取り組むことを求めている。

　国基本計画では、**地域連携ネットワーク**の中核となる機関の必要性や、中核機関の役割・機能と地域連携ネットワークを整備するよう示している。

　国基本計画では、地域連携ネットワークとは、本人を後見人とともに支える「チーム」と、地域における「協議会」等という2つの基本的仕組みを有するものとされ、こうした地域連携ネットワークを整備し適切に協議会等を運営していくためには、「中核機関」が必要であるとされている。

　今後、市区町村段階では、地域における連携ネットワーク及び中核機関について、広報、相談機能、成年後見制度利用促進機能、後見人支援機能について、段階的・計画的に整備されることが求められている。

　中核機関は市町村に体制が整備されることがゴールではない。むしろ、地域連携ネットワークが展開され、そのことによって判断能力が十分でない方の権利擁護が図られ、安心できる地域生活が支えられるようにすることが重要なのである。このことにより、初めて、成年後見制度は利用者にメリットのあるものとなるのである。

第5節 権利擁護に係る相談を受けるさまざまな組織

1 「断らない」相談

　近年、8050問題、ひきこもりなど、個人のみならず、家族、つまり世帯の複合的な生活課題・福祉課題が増加している。こうした家族の課題に対しても、個々人のニーズやライフステージの変化に柔軟に対応できるよう、包括的な支援体制の構築に向けた方策が構築されようとしてる。これは、制度別に設けられている各種支援の一体的実施をめざそうとするもので、いわゆる「断らない」相談支援といわれている。

　1990年代より、市町村社会福祉協議会が展開した「ふれあいのまちづくり事業」では、地域福祉活動コーディネーターが、発見から課題解決までの一連の相談体制を構築する取り組みが進められ、これは「福祉総合相談」ともいわれた。

　権利擁護との関係でいえば、平成11（1999）年10月に開始された地域福祉権利擁護事業（現 日常生活自立支援事業）の実施においても、社会福祉協議会らしい運営をめざすため、対象こそ、判断能力が十分ではない者と限定したものの、利用者本人や家族間における相談内容は、権利侵害、財産管理のほか、社会参加、就労支援、居住支援等多岐にわたった。そうしたことにより、各種関係機関に連絡調整を図ったり、社会資源を創出したり、直接支援をしたりすることによって、権利侵害からの救済、生活課題の解消がめざされた。また、これらは、本人が直接相談に来るものではない場合が多く、発見と気付きの仕組みづくりを地域住民、関係機関と構築して行くことも必要となった。さらには、権利擁護の観点から、課題の解決は、本人に代わって他者が行うのではなく、本人が解決できるようになることを助ける支援が重要とされ、展開されたのである。

　平成12（2000）年以降、社会経済の低迷、非正規雇用や失業者の増加、超高齢化等さまざまな状況を背景に、経済的困窮、社会的孤立、社会的排除といった事象が重なって人々の生活を変容させた。そうしたことから創設された生活困窮者自立支援法では、包括的な相談支援が対個人、対地域に対して展開されようとしている。

　令和22（2040）年には、人口減少・少子高齢化がさらに進展し、単身世帯は4割となり、就職氷河期世代の高齢化等の状況にも直面するといわれている。また、地縁・血縁による助け合いの機能も低下することが予測される。そうなると、従来の縦割りの社会福祉制度では複合化・複雑化した生活課題への対応はますます困難となる。そのため、社会福祉政策では、「断らない」相談（丸ごと相談、なんでも相談、福祉総合相談）の実現のほか、地域共生社会実現に資する取り組みの促進や高齢者も障害者も利用できるサービスの推進を図ることがめざされている。

　こうした体制づくりを実現するため、市町村は、社会福祉法において、包括的な支援体制づくりに努めることが規定された。今後、市町村は、地域住民の地域福祉活動への参加を促進するための環境整備を進めるほか、住民に身近な圏域において、分野を超えて地域生活課題について総合的に相談に応じ、関係機関と連絡調整等を行う体制を構築することが求められる。具体的には、市町村圏域において、生活困窮者自立相談支援機関等の関係機関が協働して、複合化した地域生活課題を解決するための体制を構築することが想定される。

2 児童虐待等に関する相談窓口

（1）児童相談所

❶児童相談所の役割

　児童相談所は、児童福祉法に基づき設置されている。18歳未満の子どもに関する相談であれば、本人、家族、地域住民、福祉・教育諸機関等誰でも相談ができ、都道府県、指定都市には設置が義務付けられ、児童相談所設置市を含め、全国232か所（令和5〔2023〕年4月1日現在）に設置されている行政機関である。

　児童相談所における相談援助活動は、すべての子どもが心身ともに健やかに育ち、そのもてる力を最大限に発揮することができるよう子ども及びその家庭等を援助することを目的としている。また、児童家庭相談の一義的な相談窓口である市町村と適切な役割分担・連携を図りつつ、①市町村を支援する機能、②相談機能、③一時保護機能、④措置機能をもつほか、民法上の権限として、親権喪失宣告の請求、未成年後見人選任及び解任の請求を家庭裁判所に対して行うことができる。

　児童相談所における相談の種類は、子どもの福祉に関するさまざまなものであるが、大別すると、養護相談、障害相談、非行相談、育成相談、

保健相談、その他に分けられている。

❷児童相談所における権利擁護の取り組み

児童虐待の防止等に関する法律の施行を契機に、

①児童の安全確認等のための立入調査等の強化、保護者に対する施設入所等の措置のとられた児童との面会または通信等の制限の強化、児童虐待を行った保護者が指導に従わない場合の措置を明確にするための規定整備（平成19〔2007〕年改正児童福祉法）、

②家庭的保育等子育て支援事業の制度化や要保護児童等に対する家庭的環境における養護の充実等（平成20〔2008〕年改正児童福祉法）、

③児童虐待防止、子どもの権利利益を擁護する観点から、親権の停止制度の創設、法人または複数の未成年後見人選任、親権者等のない里親等委託中または一時保護中の子どもの児童相談所長の親権代行、子どもの福祉のために児童相談所長、施設長、里親等がとる監護の措置と親権との関係の明確化など（平成23〔2011〕年民法等の一部改正、平成24〔2012〕年4月から施行）

が図られている。

また、都道府県等において、子どもの権利擁護の取り組みを推進するため、令和4（2022）年の児童福祉法改正（令和6〔2024〕年4月施行）により、子どもの意見聴取等の仕組みの整備を行うこととされた。改正法施行下では、①子どもの権利擁護の環境整備を行うことを都道府県等の業務として位置づけ、②都道府県知事または児童相談所長が行う措置等の決定時において、子どもの意見聴取等を行うこととし、③子どもの意見表明等を支援するための事業を制度に位置づけ、その体制整備に努めると定められている。

社会福祉士は、児童相談所の職員である児童福祉司（ソーシャルワーカー）等として従事するほか、未成年後見人等に就任している例もある。

（2）市町村の役割

平成16（2004）年の児童福祉法改正により、市町村は児童家庭相談に応じることが明確化され、子ども及び妊産婦の福祉に関し必要な、実情把握、情報提供、相談、調査及び指導等の業務を行うこととなっている。

また、平成19（2007）年の児童福祉法改正により、市町村長は、児童虐待防止法第8条の2の出頭要求、同法第9条第1項の立入調査または児童福祉法第33条の一時保護の実施が適当であると判断した場合、都道

府県知事または児童相談所長に通知する。

　さらに、令和4（2022）年の児童福祉法等の改正（令和6〔2024〕年4月施行）により、市区町村において、既存の子ども家庭総合支援拠点（児童福祉法）と子育て世代包括支援センター（母子保健法）の機能は維持した上で組織を見直し、すべての妊産婦、子育て世帯、子どもへ一体的に相談支援を行う機能を有する機関として「こども家庭センター」の設置に努めることとされた。この相談機関では、妊娠届から妊産婦支援、子育てや子どもに関する相談を受けて支援をつなぐためのマネジメントとして「サポートプランの作成」等を担う。

3 障害者虐待に関する相談窓口

（1）市町村障害者虐待防止センターの概要

　市町村障害者虐待防止センターは「障害者虐待の防止、障害者の養護者に対する支援等に関する法律」（障害者虐待防止法）に基づき設置されている。

　平成24（2012）年10月から全国の市町村に**市町村障害者虐待防止センター**が設置され、障害者本人や養護者、周囲の人からの障害者虐待に関する相談等を受け付けている。

　同センターは、養護者による虐待、障害者福祉施設従事者等による虐待、使用者による虐待等に対し、事実確認及び立入調査、一時保護や支援、養護者の負担軽減を図るための支援等を行う。

　虐待防止相談において、家庭の障害児には児童虐待防止法が、施設入所等障害者には施設等の種類（障害者施設等、児童養護施設等、養介護施設等）に応じて、障害者虐待防止法、児童福祉法または「高齢者虐待の防止、高齢者の養護者に対する支援等に関する法律」（高齢者虐待防止法）が、家庭の高齢障害者には障害者虐待防止法及び高齢者虐待防止法がそれぞれ適用される。

（2）都道府県障害者権利擁護センターの概要

　都道府県障害者権利擁護センターは、障害者虐待防止法に基づき設置されている。平成24（2012）年10月から全国の都道府県に都道府県障害者権利擁護センターが設置され、市町村が行う障害者虐待対応についての連絡調整や情報提供、助言等を行う。また、障害者が働く職場で発生した虐待については、直接通報や届出等を受け付けている。

　　障害者福祉施設で発生した障害者虐待は、市町村障害者虐待防止セン
ターで相談や通報、届出を受け、市町村と都道府県が連携して事実確認
を行う。虐待の事実が確認された場合は、市町村と都道府県が障害者総
合支援法や社会福祉法に基づき、虐待が発生した施設や事業所に対して、
立入調査や改善命令、勧告、認可（指定）取消などの権限を行使する。

　　職場で発生した障害者虐待は、市町村障害者虐待防止センターととも
に、都道府県障害者権利擁護センターでも通報や届出を受け付けている。
市町村・都道府県は連携して、通報内容の事実確認や障害者の安全確認
を行うとともに、使用者による障害者虐待について速やかに都道府県労
働局に報告し、都道府県労働局は都道府県との連携を図りつつ、労働基
準法等関係法規の規定による権限を適切に行使する。

4 高齢者虐待に関する相談窓口

（1）地域包括支援センターにおける権利擁護の概要

　　市町村段階での高齢者虐待に関する相談窓口は、市町村により異なる
が、その多くは福祉事務所、市町村の福祉関係課と**地域包括支援センタ
ー**である。

　　地域包括支援センターは、介護保険法に基づき設置されている。地域
包括支援センターには、保健師、社会福祉士、主任介護支援専門員が配
置され、権利擁護の取り組みも業務の範囲としている。具体的には、高
齢者虐待の早期発見、防止、成年後見制度などの活用促進、悪質商法な
どの消費者被害の防止である。

5 配偶者からの暴力被害に関する相談窓口

（1）配偶者暴力相談支援センターの概要

　　配偶者暴力相談支援センターは、「配偶者からの暴力の防止及び被害
者の保護等に関する法律」（**配偶者暴力防止法**）に基づき、都道府県の
婦人相談所などの適切な施設が、その機能を果たしている。市町村が設
置しているセンターもある。婦人相談所は、売春防止法に基づき、各都
道府県に必ず1つ設置されている。[6]DV防止法に基づき、被害者及びそ
の同伴家族の一時保護を婦人相談所または厚生労働大臣が定める基準を
満たす施設で行っている。また、配偶者からの暴力の被害者以外にも、
帰住先がない女性や、人身取引被害者等の一時保護を行っている。

*6
困難な問題を抱える女
性の支援に関する法律
により、婦人相談所は
令和6（2024）年度よ
り女性相談支援センタ
ーとなる。

第6節　弁護士の役割

1　弁護士

　弁護士は、基本的人権を擁護し、社会正義を実現することを使命としている（弁護士法第1条第1項）。平成16（2004）年より、法科大学院修了を前提とした新しい法曹養成制度が始まった。これは、法科大学院で法曹としての教育を受け、法科大学院を修了した者が新しい司法試験を受験し、合格者が司法研修所において司法修習を受け、その終わりに行われる考試に合格するという方式である。なお、その後に弁護士会に登録しなければならない。

　また、法科大学院を経由していない者に対して、予備試験制度という制度も始まり、この予備試験に合格すれば新司法試験を受験することができる。

2　弁護士の役割と取り扱う事案

　弁護士は、法廷活動、紛争予防活動、人権擁護活動、立法や制度の運用改善に関する活動のほか、企業や地方公共団体などの組織内での活動など、社会生活のあらゆる法律関連分野で活動している。弁護士は、依頼者の立場に立って、依頼者が守られるべき利益を擁護し、その紛争を解決するために活動する。

　弁護士の取り扱う事案には、主として民事事件と刑事事件とがある。

　民事事件では、金銭のトラブル、不動産の賃貸借や売買、交通事故、住宅問題、医療過誤、介護事故などの市民の生活上で起こる法的紛争に対応する。このほか、離婚、相続などの家事事件や労働問題、行政訴訟などにも対応する。これらの事件について、法律相談、和解や示談の交渉、訴訟や行政への不服申立てといった法律事務を行う。

　一方、刑事事件とは、罪を犯した疑いのある人の捜査や裁判に関する事件のことをいう。刑事事件で弁護士は、弁護人として被疑者や被告人の弁護活動をする。ここで最も重要なのは、冤罪の防止である。冤罪とは、無実の市民が罪を問われたことにより自由が奪われ、その人及びその親族など周辺の人にも被害が及ぶ状態のことである。確かに捜査機関が犯人として逮捕した多くの人は、犯罪を行っていたとして適切に処罰

されているとしても、年に数例は捜査機関に無辜（むこ）の市民が犯人だと思い込まれ、罪を問われてしまう場合もある。

　このように、無罪の可能性を追求する弁護人の役割も、人権擁護と社会正義を実現する弁護活動において極めて重要である。特に、性的犯罪や放火事件などについて、障害のある人に対して何の根拠もなく嫌疑がかけられてしまい、本人が適切に自分を防御できなくなってしまった事件も過去に存在したことに注意が必要である。

3 権利擁護における弁護士の役割

　東京都社会福祉協議会（社会福祉協議会は以下、社協）や大阪府社協に設置された権利擁護機関では、弁護士が法律専門相談として高齢者・障害者の家族内問題、施設など福祉サービスの利用における権利侵害問題、消費者被害の問題などにも対応してきた。その他の都道府県の社協や弁護士会、市区町村の社協などでも、権利擁護センターを設置し、さまざまな法的問題に対応しようとする動きが活発である。

　また、弁護士個人も成年後見人や成年後見監督人を受任し、権利擁護にかかわっている。ただし、成年後見人や成年後見監督人という立場は、責任無能力者の監督義務者として法的責任を負う存在でもあり（民法第714条）、そのリスクを受け止めて、本人に対して適切な身上配慮義務を尽くすべく努力しなければならない。このリスクを回避しようとすると、本人の身上配慮が不十分となってしまうのではないか、というところに専門家後見のジレンマがあるといえよう。

第7節　司法書士の役割

1 司法書士

　わが国では、欧米と異なり、古くから歴史的に法律専門職を細分化しており、**司法書士**は、明治時代には「代書人」などとよばれていた。

　司法書士とは、司法書士法に基づき、他人の依頼を受けて行う、登記または供託に関する手続の代理、及び、裁判所・検察庁・法務局または地方法務局に提出する書類の作成などの法律事務を業とする。

　さらに、法務大臣が実施する簡裁訴訟代理能力認定考査で認定を受けた司法書士（認定司法書士）はこれらの業務のほかに、簡易裁判所における訴訟代理及び紛争の目的の価格が140万円を超えないもの（裁判所法第33条第1項第1号）について相談に応じ、または裁判外の和解について代理すること等もできる。

　司法書士になるには、法務省が実施する司法書士試験に合格する場合のほか、一定の職にあった者の中から考査の上で司法書士資格を取得することもできる。司法書士は、資格取得後、事務所所在地を管轄する都道府県司法書士会に入会し、日本司法書士連合会が行う司法書士名簿への登録を受けなければ司法書士としての業務を行うことができない。

2 権利擁護における司法書士活動

　成年後見制度において、司法書士は、成年後見制度創設以来、全国的に公益社団法人成年後見センター・リーガルサポートを設立し、このセンターに登録する司法書士が成年後見活動や成年後見相談を実施している。また、全国組織である点を生かして、法人後見としてリーガルサポート自体が受任すべきケースを類型化するなど、成年後見制度の積極的な運用を工夫してきている。

第8節 社会福祉士の活動の実際

1 社会福祉士の働く組織における権利擁護活動

（1）地域包括支援センター

　介護保険法に定める地域包括支援センターは、権利擁護との関連でいうと、介護保険法に規定する被保険者の虐待防止等の権利擁護事業を担っていると解することができる。地域包括支援センターの設置主体は市町村であるが、運営主体の6割以上は民間である。職員は、保健師、社会福祉士、主任介護支援専門員が配置され、これらの3職種が協働して、地域の医療・福祉サービスをインフォーマルサービスと結び付けることによって、総合的重層的な生活支援のネットワークを構築することを目的としている。

　なかでも必須業務の中に「総合相談支援業務」「権利擁護業務」があり、これは社会福祉士に期待されている役割といえよう。これらは必須の事業であり、本書第2部第1章で説明した「成年後見制度利用支援事業」は市町村の任意事業である。

（2）社会福祉協議会

　社協においては、都道府県社協に日常生活自立支援事業の担当者として、基幹的社協に日常生活自立支援事業の専門員・生活支援員として、その他、総合相談事業、地域包括支援センター、介護保険事業所や施設などにも社会福祉士を配置している。

（3）権利擁護センター、成年後見センター

　市区町村レベルでは、社協や特定非営利活動法人、一般社団法人などが権利擁護センターや成年後見センターを設置し、そこで社会福祉士が採用される動きがみられる。

（4）その他の非営利組織などでの福祉オンブズマン活動

　複数の入所施設と協力し、入所施設での権利擁護活動を行うための組織として、福祉オンブズマン活動も始まっており、そこで社会福祉士も相談援助活動を行っている。

2 独立型社会福祉士

　独立型社会福祉士について、日本社会福祉士会は、地域を基盤として独立した立場でソーシャルワークを実践する者である、としている。つまり、独立型社会福祉士は、あらかじめ利用者などと締結した契約により相談援助などを提供し、その内容やその質に責任を負い、対価として直接、もしくは第三者から報酬を受けてソーシャルワークを実践する社会福祉士といえる。日本社会福祉士会によると、独立型社会福祉士の仕事は多種多様で、契約の相手先別に見ると、①個人との契約、②公的サービスや行政からの委託、③社会福祉法人、企業、学校などとの契約、④ボランタリーな活動、に大別できるとしている。

　具体的には、個人との契約では、任意後見、任意代理のほか、個別相談やサービスの提供があげられる。公的サービスや行政からの委託は、ケアプランの作成、要介護認定調査の委託、介護認定審査会委員、自治体の福祉関係委員、成年後見の受任、介護保険法や障害者総合支援法に基づくサービスの提供、研修による福祉・介護従事者の育成、福祉サービス利用支援事業があげられる。

　社会福祉法人、企業、学校などとの契約によるものとは、福祉サービスの第三者評価、施設や事業所の苦情解決のためのオンブズマンや第三者委員、コンサルタント、アドバイザー、スーパーバイザー、福祉などに関する企画・立案、専門調査の実施、教育機関の講師、施設等の職員研修講師、団体などの講演会講師などがあげられる。

　ボランタリーなものとは、地域でのネットワーク形成、当事者組織支援、地域啓発活動、社会資源開発、ホームレスの支援などがあげられる。

BOOK 学びの参考図書

● 野田愛子 著『家庭裁判所とともに』日本加除出版、2003年。
　日本で、女性初の高等裁判所長官となった著者が、家事事件と少年事件を包括的に扱う家庭裁判所に長年かかわり、そこから見えてきた家族の福祉、家族の中の個人の法的な権利擁護と調整がこれからの家庭裁判所の課題とした。また、成年後見制度についても、地方自治体と福祉関係機関の役割との関係ですでに現在の課題に言及している名著であり、貴重な一冊である。

● 小澤 温ほか 編『事例で学ぶ 障がいのある人の意思決定支援―地域生活を支える成年後見活動』現代人文社、2017年。
　意思決定支援とそれをふまえた権利擁護の活動について、事例やエピソードをとおして意思決定支援とは何かについてまとめられている。

第2部　第4章

第1章
刑事司法・少年司法

学習のねらい

　罪を犯したなどとして刑事司法・少年司法にかかわることとなった当事者に福祉的な支援を行うことの重要性が、近年強く認識されてきている。実際、福祉的な支援があることで罪を犯す必要などもなく自分らしい生活を送ることができる場合が多くみられる。そのため、現在、刑事司法・少年司法の各段階で、福祉的な支援を積極的に行う試みがなされている。そうした支援において社会福祉士の果たす役割は大きい。

　本章では、こうした刑事司法と福祉の関係性をはじめに確認した上で、刑事司法・少年司法の基本構造を理解してもらうことをねらいとしている。まず、刑法の基本的な内容を解説し、刑事事件の手続と処遇が実際どのように行われるのかを説明する。次に、成人の場合との違いに注目しながら、少年法の基本的な内容について解説し、少年事件の手続と処遇の枠組みについて説明することにしたい。なお、少年法に関しては、児童福祉法との関係にも留意しつつ説明していく。

第1節　刑事司法と福祉の関係性

1　刑事司法における福祉の必要性の高まり

　罪を犯したとして刑事司法にかかわることとなった当事者に福祉的な支援が必要なことは、監獄の出所者を支援する免囚保護事業など、古くは明治期から意識されてはいた。ただ、直接「福祉」との関係性が認識されるようになったのはそう古いことではない。

　少年法に関しては、昭和期から「司法福祉」の呼称の下で少年司法と福祉の関係性が指摘されていた。それは特に、家庭裁判所調査官が、ケースワーク（個別援助技術）を用いて少年事件に対応していることが背景にあった。また、少年法の下での手続や処遇のもつ「福祉的機能」は、戦後の少年法制定当時から強く意識されていた。

　しかし、平成期もなかばの2000年代に入ると、刑務所における「福祉を必要としている人たち」の存在に注目が集まり、成人の犯罪者を対象とする刑事司法においても新たな対応の必要性が論じられるようになった。そうした生きづらさを抱えた人たちが、社会の中でうまく福祉につながることができず、結果的に刑務所から出たり入ったりを繰り返している「負の回転ドア」現象が起こっていると各方面から指摘された。そして、刑事司法における高齢者や障害者の支援の必要性が強く認識されるようになったのである。

2　刑事司法と福祉の連携の実際

　そこで現在では、刑事司法と福祉との連携を構築することが非常に重要であるとされている。

　例えば、刑事司法上の事件処理における流れの中の2つの場面で、対象者を福祉へつなげていくことがとりわけ試みられている。

　1つは、いわゆる「出口支援」であり、刑務所から出る場面で、福祉につなげていく取り組みが行われている。**地域生活定着促進事業**[*1]（元地域生活定着支援事業）として、各都道府県に地域生活定着支援センターが設置されることとなった。高齢であったり障害を有する対象者について、矯正施設に在所中から保護観察所等とも連携を取りつつ、同センターが出所後の生活のために調整を図り、受け入れ先の福祉施設等につ

なげている。

　もう1つは、いわゆる「入口支援」であり、刑務所に入る前の場面で、福祉につなげていくことも試みられている。検察庁における社会福祉士等の配置や保護観察所と連携し福祉につなげていく取り組みが行われている。

　また、刑事司法機関で勤務する福祉職の重要性も高まっている。検察庁、刑務所や少年院といった矯正施設、保護観察所に社会福祉士等が配置されている。さらに、更生保護施設に関しても、高齢または障害によって特に自立が困難な刑務所出所者等に対して特別な処遇を実施するものとして指定を受けた施設では、社会福祉士等の職員の配置が行われており、またバリアフリー等の必要な施設整備などがなされている。

　さらに、都道府県や市区町村といった地方自治体とのかかわりでも、刑事司法と福祉の関係性は広がっている。再犯防止は、従来、国の責務としてのみ理解されがちであったが、平成28（2016）年に成立した「**再犯の防止等の推進に関する法律**」では、地方自治体の責務でもあることを明記した。そのため、現在、刑事司法にかかわる国の機関が、地方自治体の福祉部局との連携を図ることが必要となっている。また、社会福祉協議会などの社会福祉にかかわる団体との連携も求められている。

　罪を犯したとして刑事司法にかかわることとなった当事者も、福祉の支援者と同じ地域社会の住民として、当然、福祉の利用者にもなり得る。犯罪や非行という「ラベル」は、あくまでも刑事司法上で事件処理のために便宜的に付けられたものであって、「ラベル」を貼られていた人の福祉ニーズもほかの住民と変わらないのである。

　ただ、こうした「再犯防止」という表現は刑事司法の側の視点での言い方ともいえる。福祉や地方自治体の側からすれば「更生支援」などの表現が適切かもしれない。福祉を必要としている人であれば「ラベル」にかかわりなく誰でも支援が受けられるような、地域社会に住む当時者を中心とした支援の形が必要であろう。

第2節 刑法

1 刑法

（1）刑法とは

　ある成人で20歳以上のＡさんが家の近くのコンビニエンスストアで万引きをしたとしよう。

　その行為は、確かに「万引き」ではあるが、刑法上は「窃盗」という名称でよばれることになる。ほかにも、無銭飲食（食い逃げ）は「詐欺」罪、放置自転車の乗り回しは「占有離脱物横領」罪等にあたることになる。このように刑法上では、私たちの日常の言葉とは異なる用語で扱われる。犯罪となるような事件を処理し行った人を処罰するためにつくられた用語であり、日常の言葉とはズレがある。例えば、動機はかなり違うであろうが下着泥棒も「窃盗」にあたることになる。

　刑法は、こうした犯罪と、それに対する刑罰を定めている法である。刑法には、一般刑法と特別刑法の区別がある。前者は、文字通り「刑法」との名称の付いた法律であり、後者は、「軽犯罪法」や「盗犯等の防止及び処分に関する法律」など数多く存在する。なお、この「盗犯等の防止及び処分に関する法律」には「常習累犯窃盗」罪の規定があり、繰り返し窃盗をしている者を窃盗罪よりも重く処罰できるようになっている。

（2）刑法の基本原理

　Ａさんが行った行為は、窃盗罪にあたるといえるが、刑法の第235条を見てみると、「他人の財物を窃取した者は、窃盗の罪とし、10年以下の懲役又は50万円以下の罰金に処する」と定められている。このように法律に定めておくことのそもそもの意味はどこにあるのだろうか。

　刑法の基本原理として、「罪刑法定主義」がある。これは、一定の行為を犯罪とし、それに対して刑罰を科すためには、あらかじめ法律によって定めておかなければならないというものである。

　刑法は、人々の行動の自由を大きく制約するものなので、自由主義の要請から（行動の前に予見できるように）「あらかじめ」、また民主主義の要請から（議会によってつくられる）「法律によって」定めておく必要がある。こうすることで、どういう行為が犯罪にあたるのかわかるの

＊2
最近の動向として、令和5（2023）年の刑法改正により、強制わいせつ罪・強制性交等罪・準強制わいせつ罪・準強制性交等罪が、不同意わいせつ罪・不同意性交等罪に改められた。これにより、①暴行・脅迫、②心身の障害、③アルコール・薬物の影響、④睡眠その他の意識不明瞭、⑤同意しない意思を形成、表明または全うするいとまの不存在、⑥予想と異なる事態との直面に起因する恐怖・驚愕、⑦虐待に起因する心理的反応、⑧経済的または社会的関係上の地位に基づく影響力による不利益の憂慮といったいずれかを原因として、同意しない意思を形成、表明または全うすることが困難な状態にさせることなどによって、わいせつな行為あるいは性交等をした場合に処罰されることになった。また、これにあたらなくとも、相手が13歳未満の者の場合、あるいは相手が13歳以上16歳未満の者で行為者が5歳以上年長である場合には、不同意わいせつ罪・不同意性交等罪が成立する。これらの改正内容は、同年7月から施行されている。

で私たちが安心して行動できるのである。

この「罪刑法定主義」には、派生的原則がいくつかある。①遡及処罰の禁止（法律で処罰を定める前の行為についてさかのぼって処罰してはならない）、②慣習刑法の禁止（法律ではなく慣習的なルールによって処罰してはならない）、③類推解釈の禁止（類推して解釈することで処罰範囲を広げてはならない）、④絶対的不定期刑の禁止（刑種や刑期を全く定めない不定期刑は許されない）、⑤明確性の原則（処罰規定は明確な文言で定められていなければならない）、⑥内容の適正の原則（犯罪と刑罰とが均衡していなければならない）があげられる。

（3）犯罪の成立要件と責任能力

次に、Ａさんが行った行為について、窃盗罪が成立するためには何が必要なのか。

刑法学上は、犯罪が成立するためには、「構成要件に該当し、違法かつ有責な行為」である必要がある、といわれる。これを分解して見ていこう。

第1に、行った行為が刑法に定められているそれぞれの犯罪の枠組みに当てはまることが必要である（これを「構成要件該当性」という）。

第2に、法によって守られるべき個人的、社会的、または国家的な利益を侵害し、行為が社会的に相当といえないものであったこと、いわば「悪いこと」を行ったものといえなければならない（これを「違法性」という）。だから、「正当行為」（法令または正当な業務による行為。刑法第35条）、「正当防衛」（急迫不正の侵害に対して、自己または他人の権利を防衛するため、やむを得ずにした行為。刑法第36条第1項）、「緊急避難」（自己または他人の生命、身体、自由または財産に対する現在の危難を避けるため、やむを得ずにした行為。ただし、これによって生じた害が避けようとした害の程度を超えなかった場合に限る。刑法第37条第1項）などが認められた場合には違法性がないとして、無罪となる。

第3に、行った行為が非難されるべきものであることも求められる（これを「有責性」という）。特に有責性の中でも、犯行時の責任能力の有無が問題となる場合がある。責任能力とは、弁識能力及び制御能力をさすものとされる。言い換えるなら、行為の良し悪しがわかり、かつそれに従って自分の行動をコントロールできる能力が必要であるということである。両方またはどちらかが欠けていれば「心神喪失」となる。また、いずれかの能力が著しく低下していれば「心神耗弱」となる。Ａ

さんがもし心神喪失の場合には、刑法上の犯罪が成立しないため無罪となるが、心神耗弱の場合には、刑が減軽される（刑法第39条）。また、刑事責任年齢に達しない14歳未満の者の行為についても、定型的に責任能力に欠けるものとして、犯罪とならない（刑法第41条）。

（4）刑罰

前に述べたように、窃盗罪の場合、刑法上で「10年以下の懲役又は50万円以下の罰金」と定められているが、「懲役」や「罰金」とはどのような刑罰なのだろうか。[*3]

犯罪に対して科される刑罰の種類として、刑法上、死刑・懲役・禁錮・罰金・科料・拘留・没収の7種類がある。没収以外は「主刑」として単独で科すことができるが、没収は「付加刑」として他の刑に付随して科される。

これらのうち懲役・禁錮・拘留は、自由を奪う刑なので自由刑とよばれる。懲役と禁錮には、無期と有期があり、有期の場合1月以上20年以下（加重された場合等には30年以下）の期間とされる。また、懲役と禁錮は、いずれも刑事施設に拘置される点では共通しているが、懲役の場合には所定の作業を行わなければならない。一方、拘留は、1日以上30日未満の拘置といった短期間の自由刑である。

また、罰金・科料・没収は、財産を奪う刑なので財産刑とよばれる。罰金は、1万円以上、科料は千円以上1万円未満のものである。没収は、覚醒剤のように犯罪行為を成り立たせている物、凶器のように犯罪行為のために利用された（または利用されようとした）物などが対象となる。

２ 刑事事件の手続と処遇

（1）刑事手続

Aさんが行った万引きが発覚した。そこで、コンビニエンスストアの店主が警察に被害届を出した。このような場合、どのような手続で事件が処理されていくのだろうか。次に、刑事手続の流れを見ていきたい。

刑事手続について書かれているのが刑事訴訟法であるが、刑事訴訟法とは、刑法を実現するための手続が定められている法といえる。

被害者による被害届・告訴、犯人による自首、第三者による告発など捜査の端緒があった後、捜査が行われる。

捜査においては、来るべき公判に向けて、捜索・押収・検証・鑑定に

[*3] 令和4（2022）年の刑法改正により、懲役と禁錮が単一化され、拘禁刑が創設された。拘禁刑にも、無期と有期があり、有期の場合、1月以上20年以下（加重された場合等には30年以下）の期間とされる。拘禁刑は、刑事施設に拘置されることを内容とし、拘禁刑に処せられた者には、「改善更生を図るため、必要な作業を行わせ、または必要な指導を行うことができる」ものとされる。なお、拘留に処せられた者にも、同様に、作業・指導ができるものとされた。本改正内容は、令和7（2025）年6月から施行される予定である。

より証拠を収集する。また、被疑者が罪を犯したことを疑うに足りる相当な理由があり、かつ被疑者の逃亡防止・罪証隠滅の防止を図る必要性がある場合に、逮捕状による逮捕（通常逮捕）が認められる（刑事訴訟法第199条、刑事訴訟規則第143条の３）。なお、一定の軽微な犯罪については、被疑者が住居不定か捜査機関の出頭要求に応じない場合に限られる。また、現行犯の場合、誰でも逮捕状なく逮捕することができる（現行犯逮捕。刑事訴訟法第213条）。

　警察が被疑者を逮捕した場合に、身体拘束の必要があると判断されるなら、48時間以内に身柄を検察官に送致しなければならない。そして、検察官も、身体拘束の必要があると判断される場合、警察からの送致後24時間以内に裁判官に勾留請求をする必要がある。起訴前の勾留は、原則として10日間であるが、さらに10日間までの延長が可能である。

　なお、「被疑者」という用語は起訴前の者に使われ、「被告人」という用語は起訴後の者に使われる。

　警察段階では、微罪処分という制度がある。所定の軽微な財産犯については、警察段階で事件処理を終わらせることができるというものである。万引きの事案は、場合によっては微罪処分で処理されることがある。

　検察段階に移り、検察官が事件について裁判所に対し訴えを提起する、つまり起訴（公訴提起）すると判断した場合、裁判所に起訴状を提出する。起訴しないと判断する場合には、犯罪の嫌疑なし・嫌疑不十分などのときのほかに、検察官の裁量により不起訴とする起訴猶予のこともある。

　起訴後の勾留は、２か月ごとに何回でも更新可能である。また、起訴後の勾留には、保釈が認められている。

　裁判所が被告人に起訴状の謄本を送達し、裁判長が第１回公判期日を指定する。

　裁判員裁判の場合もあり得、裁判員対象事件は第１回公判期日前に必ず公判前整理手続が行われる。その場合には、裁判所が争点を整理し、証拠調べの順序などを決定する。

　公判では、初めに①冒頭手続として、（人違いでないことを確かめるための被告人に対する）裁判長による人定質問、検察官の起訴状朗読、裁判長による黙秘権等の告知、そして被告人・弁護人の陳述（罪状認否など）が行われる。

　次に②証拠調べ手続では、まず検察官の冒頭陳述が行われ、今後証拠によって証明しようとする事実が説明される。その後、検察官が裁判所

に証拠調べの請求を行い、裁判所が弁護側の意見を聞いて証拠を決定する。そして、その証拠について検察官が立証することになる。また、弁護側も裁判所に必要な証拠の取調べを請求し、裁判所が検察官の意見を聞いた上で証拠を決定する。そして、その証拠について弁護側も立証を行うことになる。

最後に③弁論手続として、検察官が事実及び法律の適用について意見を陳述する論告求刑を行い、最終弁論（弁護人の弁論と被告人の最終陳述）が行われることになる。

裁判官と裁判員は、事実認定を行うとともに量刑の判断も行う。裁判員裁判の場合には、評議を行い、最終的には評決によって決まる。

そして、被告人に対して判決の言渡しが行われることになる。その後、裁判の執行へとつながる。

なお、有罪判決の場合、実刑とならず執行猶予が付くこともある。執行猶予には、刑の全部の執行猶予と一部の執行猶予がある。刑の全部の執行猶予の場合、保護観察の付かない単純執行猶予と保護観察付執行猶予に分けられる。刑の一部の執行猶予とは、刑期の一部は実刑として刑事施設に収容されるが、残りの刑期は執行猶予とされるという制度である。薬物自己使用事犯の場合、執行猶予の期間について、保護観察が必要的に付けられることになる。

また、上で述べた公判手続とは別に略式手続も多用されている（道路交通法違反事件など）。これは、簡易裁判所が検察官の請求により略式命令により100万円以下の罰金または科料を科することができる手続である。略式手続では、事件は、非公開の審理により迅速に処理されることになる。なお、被疑者に異議がないことがこの手続の条件となる。

（2）刑事施設内での処遇

Aさんが、例えばもし常習累犯窃盗罪にあたると認定され、刑務所に収容された場合、どのような処遇を受けるのだろうか。

刑事施設には3種類があり、刑務所・少年刑務所・拘置所がある。少年に対する刑を執行する少年刑務所も、少年受刑者自体は非常に少なく、ほとんど成人の受刑者が収容されている。また、拘置所は、裁判が確定していない被疑者・被告人などが収容されているが、施設の運営に必要な作業に従事する受刑者も生活している。

刑事施設では、刑の執行開始時に、受刑者に対して処遇調査が行われ、その結果に基づいて受刑者ごとに処遇指標が指定される。この処遇指標

は、矯正処遇の種類及び内容、また受刑者の属性及び犯罪傾向の進度によって構成される。例えば、犯罪傾向の進度では、「犯罪傾向が進んでいない者」と「犯罪傾向が進んでいる者」とに分けられ、前者はA指標、また後者はB指標と符合が付けられている。さらに、処遇調査の結果をふまえて、受刑者ごとに処遇要領が作成され、この処遇要領に基づいて矯正処遇が計画的に実施される。処遇要領では、矯正処遇の目標とその基本的な内容・方法が定められる。

　刑事施設で実施される矯正処遇は、作業・改善指導・教科指導の3種類によって構成される。

　第1に、作業として、木工・印刷などの生産作業、公園の除草作業などの社会貢献作業、刑事施設の運営に必要な炊事・介助等の自営作業に従事するほか、職業訓練を受けることもある。

　第2に、改善指導には、講話・面談等の受刑者全般を対象とした一般改善指導と、薬物依存者や暴力団員など特定の問題の改善を図る特別改善指導とがある。

　第3に、教科指導には、義務教育レベルの教育を行う補習教科指導と、高等学校以上のレベルの教育を受けられる特別教科指導とがある。

> **BOOK 学びの参考図書**
> ● 三井　誠・瀬川　晃・北川佳世子 編『入門刑事法　第8版』有斐閣、2022年。
> 　刑法・刑事訴訟法・刑事政策から構成される刑事法の全体について実務家の観点もふまえながら学べる入門書。基本的な事項だけでなく、性犯罪や特殊詐欺など刑事司法の最新の動きについても取り上げられている。

第3節　少年法

1　少年法

（1）少年法とは

　ある少年のBさんが家の近くのコンビニエンスストアで万引きをしたとしよう。以下では、本章第2節で紹介した成人で20歳以上のAさんの場合と異なる点に注目しながら検討していきたい。

　まず、**少年法**は、非行少年に対して健全育成を図るための法である。非行少年に対する特別な保護・教育のための手続と、少年に対する刑事手続の特則を規定している。このように少年法には、成人で20歳以上の者による犯罪の場合と異なる手続や処遇が定められている。なお、現在の少年法では、20歳未満の者を「少年」としている。

（2）少年法の基本原理

　それでは、Bさんに対して成人で20歳以上の者と異なる手続と処遇があるのは、そもそもなぜなのだろうか。

　少年法第1条の目的規定を見ると、少年の健全育成という理念が掲げられていることがわかる。

　さらにその土台には、保護主義とよばれる基本原理がはたらいているとされてきた。その意味するところとして、従来から「国親（パレンス・パトリエ）」（parens patriae）思想があげられている。これは、国が親代わりになって非行少年の保護・教育を行うべきとする考え方である。

　ただ、近時は、国親思想が国による過剰な介入・干渉を許容することになるとの疑念が示されてきた。

　そこで、少年が非行として自らの福祉を害する行動をとっているため、それを防ぐために国が介入・干渉して保護・教育を行うべきとする考え方である「パターナリズム」（paternalism）を保護主義の意味するところとする見解も有力に主張されている。

（3）児童福祉法との関係

　さて、児童福祉法では18歳未満の者を「児童」としており、Bさんは「児童」ということもあり得る。児童福祉法は少年法とどういう関係に

あるのだろうか。

　児童福祉法と少年法は密接な関係にあり、児童福祉法上の手続から少年法上の手続へと事件が移行することもあれば、逆のこともある。児童福祉法でも健全育成という理念は共通しているのであり、その理念に従って少年・児童にふさわしい処遇・援助につながるように両者が協働しているものといえる。

2 少年事件の手続と処遇

（1）非行少年に対する手続

　それでは、こうしたBさんの事件はどのように処理されていくのだろうか。

❶「非行少年」の種類

　まず、少年審判に付される「非行少年」には、犯罪少年・触法少年・虞犯少年という3つの種類がある（少年法第3条第1項）。

　第1に、**犯罪少年**とは、14歳以上で罪を犯した少年である。

　第2に、**触法少年**とは、14歳未満で刑罰法令に触れる行為を行った少年である。刑事責任年齢に達しておらず犯罪が成立しないので、「刑罰法令に触れる行為」という言い方になる。

　第3に、**虞犯少年**とは、保護者の正当な監督に服しない性癖のあることや正当の理由がなく家庭に寄り付かないことなどの所定の事由に該当し、かつ将来、犯罪または刑罰法令に触れる行為をするおそれのある少年である。虞犯にあたるような行状・性癖は、法に触れている訳ではないので成人であれば放っておかれるだろう。しかし、少年法では、健全育成の理念からそうした行状・性癖でも少年審判の対象とされる。

　Bさんは、法に触れる行為をしているので、14歳以上であれば犯罪少年、14歳未満であれば触法少年ということになる。

❷非行少年に対する手続：発見－送致・通告段階

　次に、非行少年に対する手続について順を追って見ていこう。

　非行が発見された場合、犯罪少年の事件については、すべて家庭裁判所に送致しなければならない。これを「全件送致主義」という。Bさんが犯罪少年ということになれば、家庭裁判所に事件が送られることになる。

　ただ、軽微な犯罪少年の事件をすべて同様に家庭裁判所で処理するこ

とには限界がある。そこで、少年の場合には、簡便な書面を利用して事件を家庭裁判所に送致する簡易送致手続もある。これは、事件処理が警察段階で終わる成人で20歳以上の者の場合の微罪処分とは異なる。

触法少年の事件、また14歳未満の虞犯少年の事件については、都道府県知事または児童相談所長から送致を受けない限り、家庭裁判所で審判ができない（少年法第3条第2項）。そのため、児童相談所での対応が優先される。

14歳以上18歳未満の虞犯少年については、警察官または保護者が、いずれが適当かを見極めた上で、家庭裁判所に送致・通告するか、あるいは児童相談所に通告するかを選ぶことができる。

❸非行少年に対する手続：調査−審判段階

家庭裁判所で受理した後には、調査が行われる。家庭裁判所調査官による調査では、少年の環境上の非行化要因を明らかにすることも重視されており、社会調査ともよばれる。なお、審判開始決定後には、調査の一環として少年の行状を観察する試験観察を行うこともあり、その場合には民間の団体等において身柄付きで補導委託を受けることもあり得る。

さらに、調査の段階で、必要に応じて、観護措置の決定により、少年鑑別所に収容され、身柄の保全とともに鑑別を受けることもある。

調査の後には、審判開始決定を受けて審判が行われることになる。一方、非行にあたる事実が認められない場合などには審判不開始決定を受け、手続は終了となる。

また、調査または審判の段階で、20歳に達した場合または刑事処分が相当な場合には検察官送致決定を受け（これを「逆送」ともいう）、あるいは福祉処分が相当である場合には都道府県知事または児童相談所長送致決定を受け、それぞれ事件が送致され、非行少年に対する手続としては終わる。

審判は、公判手続とは異なり、非公開であるとともに、あくまでも裁判官の主導で進むのであり、厳格に決められた手続に従っている訳ではない。方式としては、懇切を旨としてなごやかに行うとともに、非行少年に対して自己の非行について内省を促すものとしなければならないとされている（少年法第22条第1項）。

やはり非行事実が認められなかった場合などには不処分決定を受けるが、非行事実と要保護性（少年の非行性とその除去の可能性）が認められる場合には、保護処分決定を受けることになる。保護処分としては、

保護観察、児童自立支援施設又は児童養護施設送致、少年院送致の３種類がある（少年法第24条第１項）。

❹「特定少年」のための特別な手続

　令和３（2021）年に少年法が改正され、**「特定少年」**（18歳以上の少年）のための特別な手続が設けられた（少年法第62～68条）。この改正は、令和４（2022）年から改正民法の施行により成年年齢が18歳に引き下げられることを考慮して行われた。

　なお、特定少年には、虞犯の適用はない。

　この特別な手続では、まず、18歳未満の少年の場合と違い、検察官送致決定の対象が死刑、懲役または禁錮に当たる罪の事件に限定されないとともに、原則的に検察官送致決定とする事件の類型も広い範囲で認めている。

　また、特定少年の保護処分には、６か月の保護観察、２年の保護観察、少年院送致の３種類がある（少年法第64条第１項）。２年の保護観察では、その期間中に少年の行状が悪化した場合には、この少年を少年院に収容することができる。そのため、この保護処分の決定時に、家庭裁判所は、あらかじめ１年以下の少年院収容期間を定めなければならない。さらに、少年院送致の保護処分でも、その決定時に、家庭裁判所は、３年以下の少年院収容期間を定めるものとしている。

（2）少年鑑別所、少年院での処遇

　Ｂさんがもし少年鑑別所や少年院に収容された場合には、どのような処遇を受けるのだろうか。

❶少年鑑別所

　少年鑑別所とは、①鑑別を実施し、②所定の対象者を収容して必要な観護処遇を行い、また③非行及び犯罪の防止に関する援助を実施する施設である。

　鑑別とは、専門的知識・技術に基づいて、対象者の非行や犯罪に影響を及ぼした資質上・環境上問題となる事情を明らかにした上で、その事情の改善に寄与するため、その者の処遇に資する適切な指針を示すものである（少年鑑別所法第16条第１項）。この鑑別には、家庭裁判所の求めに応じて行う審判鑑別と、家庭裁判所以外の関係機関の求めに応じて行う処遇鑑別とがある。在宅で来所させて鑑別を行うことなどもあるが、

観護措置の決定を受けた者等は収容して鑑別を実施する。

　収容に際しては、それぞれの法的地位に応じた処遇を行っている。健全育成に配慮し、少年の特性に応じた適切なはたらきかけを実施している。少年院とは異なり、主として終局決定前の少年であるので悪化防止が図られることになる。

　また、現在、少年鑑別所では、「法務少年支援センター」の名称の下で、地域社会における非行及び犯罪の防止に関する援助にも取り組んでいる。少年・保護者等の個人からの相談だけでなく、福祉関係も含む各種の機関・団体からの依頼にも応じている。

❷少年院

　次に、**少年院**とは、主に家庭裁判所の保護処分決定によって送致された少年を収容し、矯正教育を行う施設である。閉鎖型の施設といえる。

　少年院には、第1種から第5種まで5つの種類がある（少年院法第4条第1項）。第1種から第3種までと第5種は、保護処分の執行を受ける者が対象とされるが、第4種は、16歳未満の（つまり義務教育年齢にまだある）ため少年院において刑の執行を受ける者を収容する施設である。さらに、第1種は、心身に著しい故障がないおおむね12歳以上23歳未満の者、第2種は、心身に著しい故障がない犯罪的傾向が進んだおおむね16歳以上23歳未満の者、第3種は、心身に著しい故障があるおおむね12歳以上26歳未満の者、第5種は、「特定少年」として2年の保護観察の保護処分の執行を受け、かつ、行状が悪化したため少年院に収容される決定を受けた者をそれぞれ収容する施設である。これらの種類は、1つの少年院で複数指定されることもある。

　少年院では、矯正教育課程が少年院の種類ごとに指定されている。これは、一定の共通する特性を有する在院者の類型別に矯正教育の重点的な内容や標準的な期間を定めたものである。そして、個人別矯正教育計画が、在院者ごとに定められる。これは、在院者の特性に応じて定められる矯正教育の目標・内容・期間・実施方法に関する具体的な計画である。

　矯正教育は、在院者の犯罪的傾向を矯正するとともに、在院者に対して健全な心身を培わせ社会生活に適応するのに必要な知識・能力を習得させることが目的とされている（少年院法第23条第1項）。この矯正教育は、生活指導・職業指導・教科指導・体育指導・特別活動指導の5つの分野から成る。このうち生活指導については、在院者が抱えている特定の事情（薬物非行や性非行など）の改善に資するため特定生活指導も

実施されている。

（3）児童福祉法による措置

　Bさんが低年齢であれば、児童福祉法による措置を受ける可能性も高い。その場合、どのような措置になるのか。

　まず、そもそも触法少年と14歳未満の虞犯少年については、都道府県知事または児童相談所長から事件の送致を受けなければ、家庭裁判所で審判ができない。つまり、これらの少年の事件は、児童福祉法による措置が優先されているのである。また、14歳以上18歳未満の虞犯少年についても、まず初めに児童相談所に事件が係属することもあり得る。児童福祉法上の措置自体は、児童福祉司指導、里親委託、児童福祉施設入所措置など、児童とその家庭のニーズに合わせて多岐にわたるものとなっている。

　逆に、家庭裁判所から児童相談所等へと事件が移されて、児童福祉法による措置を受けることになる場合もある。

　一つは、都道府県知事または児童相談所長送致決定を受けた場合である（少年法第18条第1項）。その少年事件について児童福祉法による措置が相当であると認められるときに家庭裁判所から事件を送致することになり、児童相談所でどのような措置が妥当かを判断することになる。

　もう一つは、保護処分決定として児童自立支援施設または児童養護施設送致となる場合である（少年法第24条第1項第2号）。児童自立支援施設も児童養護施設も、児童福祉施設であるが、前者は、不良行為をなし、またはなすおそれのある児童及び家庭環境その他の環境上の理由により生活指導等を要する児童を対象とし、後者は、保護者のない児童、虐待されている児童その他環境上養護を要する児童を対象としている。これらの児童福祉施設は、開放型の施設であり、自立に向けた援助が行われている。

📖BOOK 学びの参考図書

● 裁判所職員総合研修所 監修『少年法入門 7訂 第2補訂版』司法協会、2018年。
　　少年法の全体構造を理解する上で最適な入門書。元は家庭裁判所に勤務する実務家向けに刊行された。非行少年に対する手続の流れにそってわかりやすく解説されている。

第 **2** 章
更生保護制度の概要

学習のねらい

　本章では更生保護の沿革と幅広い業務の概要を学ぶ。更生保護の沿革については、それがわが国の歴史や文化、先駆的な社会事業家の取り組みなどに根ざしつつ、人権思想や人間科学の展開とともに形成されてきたものであり、その上に立って犯罪や非行の変遷に応じてさまざまな制度の構築がなされてきたことが指摘されている。

　また更生保護制度は、地域社会を基盤として幅広い業務から成り立っているが、その中核となる保護観察の目的、方法の具体的内容を理解するとともに、矯正施設収容中から社会復帰の準備のための生活環境の調整を行い、それらをもとに仮釈放の運用を図る考え方、方法を知ることも大切である。

　あわせて刑務所からの満期釈放者等に対する更生緊急保護も、社会生活上のニーズに応ずるという面で社会福祉との接点にある制度として理解しておく必要がある。同時に、更生保護は犯罪被害者等の心情、意見などにかかわりをもって業務を進める制度になっていることも理解したい。

第 1 節　刑事司法の中の更生保護

1 更生保護とは

　更生保護とは、犯罪をした者や非行のある少年を実社会の中で適切に処遇することを通してその再犯・再非行を防ぎ、彼らの自立更生を助けることにより、社会を犯罪の危害から保護し、個人と公共の福祉を増進しようとする活動のことである。

　さまざまな利害関係や感情で結ばれた複数の人間から成る「社会」には、残念ながら犯罪がつきものである。殺人や窃盗、交通事故といった直接の被害者を生じさせる犯罪は言うに及ばず、直接の被害者はいなくても覚醒剤などの薬物使用や無免許運転等もまた、社会秩序を乱し、人々の安心・安全を脅かすという点では同様に、社会にとって有害なものである。

　古来人間は、このように社会生活の平穏を乱す犯罪に対し、一定の制裁を加え、その発生を抑えようと試みてきており、それが刑法典及び刑罰の整備をもたらした。また、この過程で、警察、検察、裁判、矯正などの諸制度の分化・発展も遂げられてきた。

　刑罰の歴史を振り返ると、かつては「目には目を」の言葉に象徴されるように、与えた被害と同等または見せしめのためにそれ以上の苦痛・辱め・不利益を犯罪者に加える応報主義が主流であった。しかし、犯罪者の多くが犯罪前歴者であるという事実に気が付かれるようになり、また人道主義的な思潮の高揚や人間諸科学の発達とも相まって、「犯罪者が犯罪を繰り返すことのないようにするためには、残酷で屈辱的な刑罰を科すのではなく、教育することこそ重要である」という考え方が生まれた。

　さらに近代になると、社会からの隔離や拘禁の期間はなるべく短くして、実社会で必要な指導を加えたほうが本人の更生に役立つという考え方が台頭してきた。これが刑事司法の中の更生保護の萌芽であり、矯正に引き続くまたは矯正と相並ぶ犯罪者処遇の一制度を形づくることになった。

2 わが国における更生保護の歴史

（1）戦前までの取り組み

　わが国における更生保護の歴史は、『日本書紀』に持統天皇が罪囚を赦し給い、布や稲を下賜して更生を命じたとの記述があり、これがわが国における更生保護のルーツと考えても差し支えない。その後の時代の文献にも、犯罪者に対する更生保護的発想に基づいた数々の手当てがなされていたことがうかがえる記述がみられる。江戸時代には、火付盗賊改方の長谷川平蔵が、老中の松平定信に進言して江戸の石川島（佃島）に「人足寄場」を設置した（寛政２〔1790〕年）。この人足寄場では、無宿、浮浪の者や身体刑の執行を終了した者を収容して、仕事を覚えさせて自立のための資金を蓄えさせ、釈放にあたっては適当な就職先を探すなどしてその社会復帰を援助したが、発想において現在の更生保護事業とほとんど変わるところがないといえる。

　明治維新後には西洋に学び、刑法、監獄法などが施行され、犯罪者を裁き監獄（現在の刑事施設）に収容するところまでは法整備がなされた。しかし、彼らの釈放後の生活や要保護少年の保護についてまでは国としては本格的に手を回すことができず、このことに関してはもっぱら民間の活動に頼る形となった。明治16（1883）年に大阪の宗教家である池上雪枝が自宅を開放して「池上感化院」と名付けた少年保護施設を開設したことがわが国における非行少年感化事業の皮切りといわれている。また、成人については、明治21（1888）年に静岡県の実業家の金原明善と静岡監獄副典獄であった川村矯一郎が「静岡県出獄人保護会社」を設立し、出獄人の保護（免囚保護事業）を始めたのが最初であるといわれている。この静岡県出獄人保護会社は、県内に1,700人を超える「保護委員」を委嘱し、各地域で生活する出獄人の保護を依頼するなど、現在の保護司制度の先がけともなった。

　その後、免囚保護事業が全国に広がり、昭和14（1939）年に「司法保護事業」が制定され、その対象も徐々に拡大するとともに、当初は全く民間の保護事業家の善意に委ねられていたものが、国（司法省）の認可・監督を受けるようになるなど国の関与も大きくなっていったが、まだ国が司法保護事業の実施責任者であると明言するまでには至らなかった。

（2）戦後以降の取り組み

　現在の、国の責任において実施する更生保護の制度がつくられたのは

戦後になってからである。憲法を基準とする新たな法スキームのもと、昭和22（1947）年に恩赦法、同24（1949）年に犯罪者予防更生法、同25（1950）年に更生緊急保護法及び保護司法、同29（1954）年に執行猶予者保護観察法と、現行制度の母体となる法律が制定された。

これらの法律による更生保護の枠組みは約50年間継続したが、平成８（1996）年に更生緊急保護法が廃止されて新たに更生保護事業法が施行され、更生保護施設等を運営する法人の体制強化が図られ、また平成20（2008）年には犯罪者予防更生法と執行猶予者保護観察法が廃止されて新たに**更生保護法**が施行され、仮釈放等と保護観察の強化が図られた。

この更生保護法は、平成25（2013）年、刑の一部の執行猶予制度[1]が導入されたのにあわせて一部改正され、薬物依存のある保護観察対象者に対する処遇の特則が設けられるなど保護観察処遇の充実が図られた。

また、令和４（2022）年、「刑法等の一部を改正する法律」により一部改正され（以下、令和４年改正）、保護観察処遇を充実させ、「息の長い」支援を実施するための規定等が令和５（2023）年12月から施行された。なお、再保護観察付執行猶予者の特則に関する改正規定は令和７（2025）年６月までに施行予定である。[2]

加えて、令和６（2024）年４月から「困難な問題を抱える女性への支援に関する法律」が施行され、売春防止法に基づく補導処分が廃止されたことに伴い、婦人補導院からの仮退院者に対する保護観察が廃止された。

3 わが国における更生保護の現状

わが国における更生保護についての国としての実行機関は、法務省の地方支分部局である**地方更生保護委員会**（全国に８か所）及び**保護観察所**（全国の地方裁判所本庁所在地に50か所）であり、国家公務員である保護観察官等が職務に従事している。

さらに、前項でもふれたとおり、わが国の更生保護は民間の善意の活動から発祥し、その力に頼ってきたという歴史的経緯があり、国の責任において実施されるようになった現在でもなお、多くの民間ボランティアの協力を得ながら推進されている。そのような民間ボランティアとしては、保護司、更生保護法人（更生保護施設）役職員、更生保護女性会[3]会員、BBS（Big Brothers and Sisters Movement）会員[3]、協力雇用主[3]があげられるが、それぞれの役割と活動については後述する。

*1
　３年以下の懲役または禁錮の言い渡しをする場合に、刑期の一部の執行を１〜５年間猶予するもの。猶予期間中、初入者（禁錮以上の刑に処せられたことがない者等）は裁判所の裁量により、薬物使用等の罪を犯した累入者（初入者以外の者）は必要的に、保護観察に付される。施設内処遇に引き続き、十分な期間、保護観察を行えることから、犯罪者の再犯防止・改善更生がより一層図られると期待されている。

*2
保護観察付執行猶予の言い渡しを受けた者が再犯した場合の執行猶予は制度上認められていなかったが、令和４年改正により再度の執行猶予を言い渡すことができるようになることから、より的確かつ効果的な保護観察処遇を実施するための特則が設けられるもの。

*3
本書第３部第４章第４節参照。

　また、更生保護は、「保護観察」「生活環境の調整」「仮釈放等」「更生緊急保護、刑執行終了者等に対する援助等」「恩赦」「犯罪予防活動」の6分野から成り立っているが、それぞれの内容についても後述する。

　なお、更生保護法成立前後からの動きとして、2つの点を特筆しておきたい。

　1つは、更生保護における犯罪被害者等施策の実施である。平成17(2005)年に閣議決定された犯罪被害者等基本計画に基づき、平成19(2007)年12月から、犯罪被害者等のために、地方更生保護委員会及び保護観察所において、①意見等聴取、②心情等伝達、③加害者に関する情報の通知、④相談・支援、の4つの制度が運用されるようになった。

　もう1つは、心神喪失等の状態で殺人や放火など重大な他害行為をした精神障害者の社会復帰促進を目的とする医療観察制度を、平成17(2005)年7月から保護観察所において担うこととなったことである。犯罪者・非行少年の立ち直りを助けるという更生保護とは目的を異にし、保護観察官ではなく精神保健福祉士等の国家資格をもった社会復帰調整官がこの業務に専従している。これら2つについても後に詳述する。

4 改正更生保護法の施行

　令和5(2023)年12月に、令和4年改正の一部が施行されたが、その内容は、大きく以下のとおりである。

（1）保護観察処遇の充実

　指導監督として、更生保護事業を営む者等が行う専門的な援助を受けるよう必要な指示等を行うことが可能になる（後述）など、保護観察処遇の充実が図られた。これにより、改善更生・再犯防止の効果を高めるとともに、保護観察中から地域における援助を利用させることにより、保護観察終了後の支援に円滑につながることが期待されている。

（2）被害者等の思いに応える保護観察処遇等の充実

　更生保護法の運用の基準として、「被害者等の被害に関する心情、被害者等の置かれている状況等を十分に考慮」することが定められ、一般遵守事項（後述）の内容に、保護観察官等に対し被害弁償等の状況を申告することが加えられたほか、指導監督の方法に改正が加えられた（後述）。保護観察対象者に被害者等の心情等を理解させることで、反省を

深めさせ、改善更生を促進するとともに、保護観察処遇を通じて、被害者等の思いに適切に対応することが期待されている。

（3）「息の長い」支援の充実

　いずれも後述するが、更生緊急保護制度が拡充されたほか、勾留中の被疑者に対する生活環境の調整、刑執行終了者等に対する援助、更生保護に関する地域援助の規定が新設された。これにより、刑事手続の入口から出口・地域までのシームレスな支援の実施が期待されている。

第2節　保護観察

1 保護観察の目的

保護観察の目的は、国の責任において、犯罪をした者または非行のある少年について、その再犯・再非行を防ぎ、社会の健全な一員として更生するように実社会の中で助けることにある。「実社会の中で」ということは、保護観察に付された者（以下、保護観察対象者）が、一般人と同様に生活者として、家族等親族または雇用主等知人とともにあるいは単独で起居しながら、就労または就学等の社会生活を送り、さまざまな人々とかかわり合い、さまざまな出来事に直面しながら、あるときは喜び、あるときは怒り、悲しみ、また困難を乗り越えつつ日々を送る中でという趣旨である。そのような日々の生活の中で揺れ動く保護観察対象者を、再犯・再非行に陥らせないよう導くことに保護観察の一番の特徴がある。

2 保護観察の方法

保護観察は、更生保護法第49条の定めにより、保護観察対象者に対し、「指導監督」及び「補導援護」を行うことにより実施するものとされている。

（1）指導監督
保護観察における指導監督は、次の方法によって行うものとされている（更生保護法第57条第1項）。

①面接その他の適当な方法により保護観察対象者と接触を保ち、その行状を把握すること

②保護観察対象者が**一般遵守事項**及び**特別遵守事項**を遵守し、並びに生活行動指針に即して生活し、及び行動するよう、必要な指示その他の措置をとること（④に定めるものを除く）

③特定の犯罪的傾向を改善するための専門的処遇を実施すること

④保護観察対象者が、更生保護事業法の規定により更生保護事業を営む者その他の適当な者が行う特定の犯罪的傾向を改善するための専門的な援助であって法務大臣が定める基準に適合するものを受ける

〈図3−2−1〉刑事司法手続の流れ

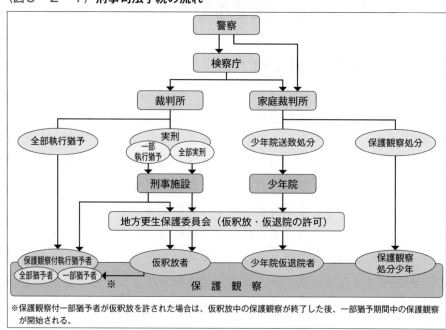

（出典）法務省ホームページ「更生保護とは」をもとに一部改変

　　　よう、必要な指示その他の措置をとること

　⑤保護観察対象者が、当該保護観察対象者が刑又は保護処分を言い渡
　　される理由となった犯罪又は刑罰法令に触れる行為に係る被害者等
　　の被害の回復又は軽減に誠実に努めるよう、必要な指示その他の措
　　置をとること

　②でいう「遵守事項」とは、保護観察対象者が自らの改善更生のため
に保護観察期間中守らなければならない約束ごとである。すべての保護
観察対象者について更生保護法上あらかじめ決められている一般遵守事
項と、保護観察対象者一人ひとりの問題点等に応じて個別に定められる
特別遵守事項とがあり、後者については、保護観察を実施していくなか
で本人の行状や周囲の状況に変化があった場合などには、新たに設定し
たり、変更したり、取り消したりすることができる。

　遵守事項に違反すると、保護観察を取り消して矯正施設に送致する
「不良措置」の手続がとられることがある。

　他方、「生活行動指針」とは、指導監督を適切に行うために必要があ
ると認められる場合に保護観察所の長が定める、その保護観察対象者の
改善更生に資する生活または行動上の具体的な指針のことである。保護
観察対象者は、生活行動指針が定められたときは、これに即して生活し、
及び行動するよう努めなければならないが、違反しても直接不良措置に

結び付くことはない。

③でいう「特定の犯罪的傾向を改善するための専門的処遇」としては、認知行動療法をベースとし、性犯罪、薬物事犯、暴力事犯及び飲酒運転に対応した専門的処遇プログラムがある。

④は、令和4年改正により新設された規定である。従前はあくまで補導援護の一環として、更生保護施設その他の関係機関・団体等が行う特定の犯罪的傾向を改善するための援助への参加を助言してきたが、令和4年改正により、これらの援助のうち、専門的なものであって法務大臣が定める基準に適合するものについては、その受講を指示し、または特別遵守事項に定めて受講を義務付けることが可能になった。

⑤も、令和4年改正により新設された規定である。従前は、②の「必要な指示その他の措置」として行っていたが、被害者等の心情等を理解し、被害者等の被害の回復または軽減に努めることの重要性を考慮し、これを促す措置が指導監督の方法として明示された。

なお、規制薬物等に対する依存があると認められる保護観察対象者に対しては、指導監督の方法に以下の特則が定められている（更生保護法第65条の3第1項）。

①規制薬物等に対する依存の改善に資する医療を受けるよう、必要な指示その他の措置をとること
②公共の衛生福祉に関する機関その他の適当な者が行う規制薬物等に対する依存を改善するための専門的な援助であって法務大臣が定める基準に適合するものを受けるよう、必要な指示その他の措置をとること

（2）補導援護

保護観察における補導援護は、保護観察対象者が自立した生活を営むことができるようにするため、その自助の責任をふまえつつ、次の方法によって行うものとされている（更生保護法第58条）。

①適切な住居その他の宿泊場所を得ること及び当該宿泊場所に帰住することを助けること
②医療及び療養を受けることを助けること
③職業を補導し、及び就職を助けること
④教養訓練の手段を得ることを助けること
⑤生活環境を改善し、及び調整すること
⑥社会生活に適応させるために必要な生活指導を行うこと

第3部
第2章

⑦その他、保護観察対象者が健全な社会生活を営むために必要な助言
その他の措置をとること

（3）応急の救護

　保護観察所の長は、保護観察対象者が、適切な医療、食事、住居その
他の健全な社会生活を営むために必要な手段を得ることができないため
に、その改善更生が妨げられるおそれがある場合には、公共の衛生福祉
に関する機関その他の機関からその目的の範囲内で必要な応急の救護を
受けられるよう援護しなければならないとされている（更生保護法第62
条第1項）。これは、通常の補導援護では間に合わない、緊急時の保護
の措置のことである。
　なお、公共の衛生福祉に関する機関等から応急の救護が得られない場
合は、保護観察所の予算の範囲内で、適当な者（更生保護施設を営む更
生保護法人等）に委託するなどして、保護観察所の長が自ら応急の救護
を行うこともできる（同条第2項、第3項）。

（4）保護者に対する措置

　保護観察に付されている少年については、保護観察所の長は、必要が
あると認めるときは、その保護者に対し少年の監護に関する責任を自覚
させ、その少年の改善更生に資するため、指導、助言その他の措置をと
ることができるとされている（更生保護法第59条）。

（5）保護観察の実施者

　更生保護法第61条第1項によれば、「保護観察における指導監督及び
補導援護は、保護観察対象者の特性、とるべき措置の内容その他の事情
を勘案し、保護観察官又は保護司をして行わせるものとする」とされて
いる。なお、補導援護については、「保護観察対象者の改善更生を図る
ため有効かつ適切であると認められる場合には、（略）更生保護事業を
営む者その他の適当な者に委託して行うことができる」とされている
（同条第2項）。
　実際には、保護観察所に勤務する常勤の国家公務員である保護観察官
と地域のボランティアである保護司（身分上は非常勤の国家公務員）が
ペアを組んで、1人の保護観察対象者を担当する形式が一般的であり、
これを「協働態勢（による担当)」とよんでいる。保護観察官のもつ専
門性及び関係機関とのネットワークと、保護司のもつ地域性及び人格力

とが相補って、多面的な処遇が展開される態勢となっている。

　なお、保護観察対象者の特性等によっては、担当保護司を複数指名したり、保護司を担当として指名せずに保護観察官による直接担当とすることもある。どのような実施態勢をとるにせよ、保護観察は国家権力の発動として行っているのであるから、最終的な実施責任は保護観察所の長（一義的には担当保護観察官）にある。

3 保護観察の対象とその内容

　保護観察の対象とその保護観察期間は、**表３−２−１**のとおりである。
　また、最近の保護観察開始人員（その年に全国の保護観察所で新たに保護観察を開始した対象者の合計数）の推移については、**表３−２−２**のとおりである。昭和38（1963）年以降、最も多いものが１号観察、次いで３号観察となっていたが、近年、１号観察を中心に事件数が減少しており、１号及び２号観察を少年事件、３号、４号及び５号観察を成人事件と考えると、令和元（2019）年においては、前者が48％、後者が52％の割合となり、同年以降、成人事件の数が少年事件の数を上回っている状況が続いている。また、少年事件減少の影響を受け、総数も減少の一途をたどっており、指数で見ると、平成22（2010）年の開始人員を100とすると、令和４（2022）年には50と、半分になっていることがわ

〈表３−２−１〉 **保護観察の対象と保護観察の期間**

号種（呼称）	保護観察対象者	保護観察の期間
１号観察	家庭裁判所の決定により保護観察に付された少年（特定少年を除く）	決定の日から20歳になるまで
特定１号観察	家庭裁判所の決定により２年の保護観察に付された特定少年(※)	決定の日から２年
更生指導	家庭裁判所の決定により６月の保護観察に付された特定少年(※)	決定の日から６月
２号観察	少年院からの仮退院を許された少年（特定少年を除く）	仮退院の日から原則として20歳に達するまで（26歳を超えない範囲で例外あり）
特定２号観察	少年院からの仮退院を許された特定少年(※)	仮退院の日から家庭裁判所が定めた収容期間の残期間が満了するまで
３号観察	刑事施設からの仮釈放を許された者	仮釈放の日から刑期の残期間が満了するまで
４号観察	刑事裁判所で刑の全部または一部の執行を猶予されその間保護観察に付する旨の言渡しを受けた者	刑の執行猶予期間が開始された日から同期間が満了するまで

（※）特定少年：処分時18歳または19歳の少年をいう。
（筆者作成）

241

〈表３−２−２〉保護観察の開始人員の推移（平成22年〜令和４年）

種	別	平成22年	23	24	25	26	27	28	29
人	総数	47,562	45,199	44,056	42,117	39,995	38,103	35,341	32,538
	1号観察	25,525	23,580	22,557	20,811	19,599	18,202	16,304	14,465
	うち、短期	3,668	3,595	3,295	2,995	2,871	2,480	2,031	1,839
	うち、交通短期	9,485	8,276	7,809	7,327	6,701	6,334	5,981	5,206
	うち、特定1号	…	…	…	…	…	…	…	…
	うち、更生指導	…	…	…	…	…	…	…	…
	2号観察	3,883	3,601	3,421	3,428	3,122	2,871	2,743	2,469
	うち、短期	1,017	903	896	757	697	601	477	420
	うち、特定2号	…	…	…	…	…	…	…	…
員	3号観察	14,472	14,620	14,700	14,623	13,925	13,570	13,260	12,760
	うち、一部猶予							0	283
	4号観察	3,682	3,398	3,376	3,255	3,348	3,460	3,034	2,843
	うち、一部猶予							0	248
	5号観察	—	—	2	—	1	—	—	1
指	総数	100	95	93	89	84	80	74	68
	1号観察	100	92	88	82	77	71	64	57
	うち、短期	100	98	90	82	78	68	55	50
	うち、交通短期	100	87	82	77	71	67	63	55
	2号観察	100	93	88	88	80	74	71	64
	うち、短期	100	89	88	74	69	59	47	41
数	3号観察	100	101	102	101	96	94	92	88
	4号観察	100	92	92	88	91	94	82	77

種	別	平成30年	令和元年	令和2年	令和3年	令和4年	構成比(%)	男	女
人	総数	30,845	29,187	27,204	25,623	23,996	100.0	18,289	2,572
	1号観察	12,945	11,827	10,733	9,932	9,108	38.0	5,264	709
	うち、短期	1,582	1,370	1,335	1,105	829	3.5	733	96
	うち、交通短期	4,434	4,026	3,508	3,416	1,997	8.3	…	…
	うち、特定1号	…	…	…	…	2,712	11.3	1,750	237
	うち、更生指導	…	…	…	…	1,138	4.7	…	…
	2号観察	2,146	2,053	1,692	1,560	1,359	5.7	1,234	125
	うち、短期	362	315	236	176	158	0.7	149	9
	うち、特定2号	…	…	…	…	18	0.1	17	1
員	3号観察	12,299	11,640	11,195	10,830	10,636	44.3	9,324	1,312
	うち、一部猶予	992	1,198	1,201	1,090	1,001	4.2	857	144
	4号観察	3,455	3,667	3,584	3,301	2,893	12.1	2,467	426
	うち、一部猶予	974	1,419	1,496	1,325	1,233	5.1	1,063	170
	5号観察	—	—	—	—	—			
指	総数	65	61	57	54	50	…	…	…
	1号観察	51	46	42	39	36	…	…	…
	うち、短期	43	37	36	30	23	…	…	…
	うち、交通短期	47	42	37	36	21	…	…	…
	2号観察	55	53	44	40	35	…	…	…
	うち、短期	36	31	23	17	16	…	…	…
数	3号観察	85	80	77	75	73	…	…	…
	4号観察	94	100	97	90	79	…	…	…

（注１）令和４年の男女の列において、総数、１号観察及び１号観察うち特定１号の行に、交通短期及び更生指導は含まれない。

（注２）指数は、平成22年を100とした数値である。また、一部猶予及び５号観察の指数は省略した。

（注３）「５号観察」とは、婦人補導院からの仮退院者に対する保護観察である（令和６〔2024〕年４月からの新法施行に伴い廃止）。

（出典）法務省大臣官房司法法制部司法法制課『保護統計年報（令和４年）』2023年、結果の概要第10表を一部改変

〈表３－２－３〉　開始人員の罪名・非行名（令和４年）

罪名・非行名	1 号 観 察		2 号 観 察		3 号 観 察		4 号 観 察	
	人員	構成比（%）	人員	構成比（%）	人員	構成比（%）	人員	構成比（%）
総　　数	5,973	100.0(100.0)	1,359	100.0(100.0)	10,636	100.0(100.0)	2,893	100.0(100.0)
刑法犯	4,021	67.3 (66.1)	993	73.1 (79.4)	6,627	62.3 (63.5)	1,240	42.9 (45.0)
強制わいせつ・強制性交等	190	3.2 (2.8)	72	5.3 (5.7)	314	3.0 (2.9)	130	4.5 (5.1)
殺人	－	－ (0.1)	18	1.3 (0.6)	124	1.2 (1.1)	21	0.7 (0.8)
傷害	913	15.3 (14.8)	257	18.9 (19.0)	330	3.1 (3.1)	150	5.2 (4.7)
業務上過失致死傷	371	6.2 (7.3)	30	2.2 (1.9)	158	1.5 (1.7)	25	0.9 (1.4)
窃盗	1,515	25.4 (23.6)	319	23.5 (28.3)	3,558	33.5 (34.2)	592	20.5 (20.5)
強盗	25	0.4 (0.6)	76	5.6 (7.7)	289	2.7 (3.0)	27	0.9 (1.2)
詐欺	210	3.5 (4.5)	106	7.8 (7.3)	1,248	11.7 (11.9)	76	2.6 (2.6)
恐喝	144	2.4 (2.8)	40	2.9 (3.5)	57	0.5 (0.5)	9	0.3 (0.7)
暴力行為等処罰に関する法律	40	0.7 (0.6)	6	0.4 (0.4)	33	0.3 (0.2)	13	0.4 (0.3)
その他	613	10.3 (9.0)	69	5.1 (4.9)	516	4.9 (5.0)	197	6.8 (7.8)
特別法犯	1,904	31.9 (32.9)	314	23.1 (17.6)	4,009	37.7 (36.5)	1,653	57.1 (55.0)
覚醒剤取締法	25	0.4 (0.4)	61	4.5 (2.8)	3,194	30.0 (29.3)	1,342	46.4 (44.2)
道路交通法	1,046	17.5 (18.0)	73	5.4 (5.1)	379	3.6 (3.0)	81	2.8 (2.8)
毒物及び劇物取締法	－	－ (0.0)	－	－ (0.1)	11	0.1 (0.2)	3	0.1 (0.4)
その他	833	13.9 (14.5)	180	13.2 (9.7)	425	4.0 (4.1)	227	7.8 (7.6)
ぐ犯	48	0.8 (1.0)	49	3.6 (2.8)	…	…	…	…
施設送致申請	－	－ (－)	3	0.2 (0.2)	…	…	…	…

（注１）「強制わいせつ・強制性交等」には強制わいせつ・同致死傷及び強制性交等・同致死傷を、「傷害」には傷害致死及び暴行を、「業務上過失致死傷」には重過失致死傷及び過失運転致死傷を、「強盗」には強盗致死傷、強盗・強制性交等及び同致死を、それぞれ含む。
（注２）構成比の（　）内は、前年の構成比である。
（出典）法務省大臣官房司法法制部司法法制課『保護統計年報（令和４年）』2023年、結果の概要第12表

かる。
　なお、どのような罪名・非行名の者が保護観察に付されているかについては、表３－２－３（１号観察のうち交通短期保護観察及び更生指導を除いている）のとおりである。

（１）保護観察処分少年（１号観察・特定１号観察・更生指導）

　保護観察処分少年とは、家庭裁判所により、少年法第24条第１項第１号または同法第64条第１項第１号もしくは第２号の保護処分に付された者のことである（更生保護法第48条第１号）。少年法第24条第１項第１号の保護観察を「１号観察」、同法第64条第１項第２号の「２年の保護観察」を「特定１号観察」、同項第１号の「６月の保護観察」を「更生指導」といい、それぞれの保護観察の期間は表３－２－１に掲げたとおりである。
　なお、特定１号観察及び更生指導は、令和４（2022）年４月１日から施行された少年法等の一部を改正する法律による改正後の少年法において、処分時に特定少年（18歳または19歳の少年）である者を対象とする

保護観察として新たに設けられたものである。

❶1号観察

　1号観察については、保護観察の実施状況、つまり保護観察官や保護司の指導を受け入れ、よく遵守事項を守り、再非行をせず更生に励んでいるかどうか、また反対に、保護観察官や保護司の指導に従わず、生活が乱れ、再非行のおそれが高まっているかどうかなどに応じて、保護観察所の長の権限により保護観察を期間満了より早期に終了させる「保護観察の解除」、または保護観察から少年院に収容しての矯正教育に切り替えることを家庭裁判所に求める「施設送致申請」（更生保護法第67条第2項）の手続がとられることなどもあるので、1号観察対象者の全員が必ずしも20歳になるまで保護観察を受けることになるわけではない。

　なお、「施設送致申請」を行うには、それに先立って必ず「警告」（同条第1項）を行わなくてはならない。この警告は、1号観察対象者がその遵守事項を遵守しなかった状況や事情、保護観察の実施状況等を考慮し、警告を発しなければなお遵守事項を遵守しないおそれがあると認めるときに発するものとされている。そして、警告を受けた1号観察対象者が、警告の対象となった遵守事項をなお遵守しなかった場合において、その情状や警告後の保護観察の実施状況等を考慮し、その程度が重く、かつ、保護観察によっては本人の改善更生を図ることができないと判断されるときに施設送致申請を行うものとされている。

　また、施設送致申請のほか、1号観察対象者について新たにぐ犯事由（少年法第3条第1項第3号）があると認めるときは、更生保護法第68条により、保護観察所の長は家庭裁判所に「通告」することができる。

　ところで、1号観察については、非行の内容や非行性の進度等に応じて、次の4種類の方法によって処遇を行っている。
　①一般の保護観察
　最も一般的な保護観察であり、例えば万引きを反復する、他人に一方的に暴力を振るいけがをさせる等の非行、または、長期にわたり家出を続け援助交際を重ねる等のぐ犯行為により保護観察に付された者について、保護観察官・保護司による定期的な面接等の接触を通して、遵守事項を守り二度と非行等を繰り返さないよう処遇していくものである。なお、保護観察実施上、特に問題がない場合は、なるべく早期の解除をめざす運用（ただし、原則として決定から最低1年間は保護

観察を受けなければならない）がなされている。

②短期保護観察

　非行を繰り返すおそれがあるものの、非行性の進度や本人の資質、保護環境に著しい問題がなく、反社会的集団にも加入していない者で、家庭裁判所により処遇勧告がなされたものについては、保護観察官・保護司の指導のもと、一定の課題（毎月作文を書く、生活の記録をつける等）を行うことを条件として、開始後6か月経過時に対象者が遵守事項を守っており、補導援護の必要がない状態になっていれば、おおむね7か月以内に解除する運用がなされている。ただし、それらの課題を行わず、10か月以内に解除できる状態に至らなかった場合には、家庭裁判所の意見を聞いた上で、一般の保護観察に切り替える手続がとられることになる。

③交通事件の保護観察

　例えば違法改造車両の運転、暴走行為、交通事故など交通関係の非行により保護観察に付された者については、交通法規の遵守、交通マナーの尊重という点において問題があると考えられるため、それらの点の指導に重点を置いた保護観察処遇を行っている。具体的には、保護観察官・保護司の指導により、交通の問題についての体系的なテキストブックを学習させるなどの処遇を行う。その結果、本人の抱える交通に関する問題性が改善され、交通関係の再非行のおそれがないと認められるときは、保護観察に付されてから6か月経過程度の、一般の保護観察より早期の解除をめざす運用がなされている。

④交通短期保護観察

　例えばスピード違反、単発の無免許運転等、一般非行性が進んでいないなどの要件を満たす者については、保護観察所等で実施する交通講習（集団処遇）を受講させること及び毎月生活状況報告書を提出させることにより保護観察を実施して本人の交通に関する問題性の改善を図り、車両の運転による再非行がないなどの基準を満たす場合は、3か月以上4か月以内に保護観察を解除する運用がなされている。

❷特定1号観察

少年法第64条第1項第2号により保護観察の期間が2年と定められており、1号観察と同様に、保護観察を継続する必要がなくなったと認めるときには保護観察を解除することができる。また、遵守事項違反があった場合には、保護観察所の長が家庭裁判所に対して少年院に収容する

ことを求める「収容決定申請」（更生保護法第68条の2）の手続がとられることがある。

「収容決定申請」がなされた場合、家庭裁判所は、当該**特定1号観察**対象者がその遵守すべき事項を遵守しなかったと認められる事由があり、その程度が重く、かつ、少年院において処遇を行わなければ本人の改善及び更生を図ることができないと認められるときは、少年院に収容する決定をすることとされている。この場合の少年院に収容し得る期間（以下、「収容可能期間」という）の上限については、家庭裁判所が2年の保護観察を決定する際に、犯情の軽重を考慮して1年以下の範囲内であらかじめ定めることとされている。

家庭裁判所による収容決定がなされた場合、収容されている間は、保護観察及びその期間の進行が停止される（更生保護法第68条の4第1項及び同条第3項）。この「収容中の特定保護観察処分少年」（更生保護法第68条の5第1項）については、地方更生保護委員会の決定により収容可能期間の満了前に退院させることができ（更生保護法第47条の2）、また、この決定による釈放の時または収容可能期間が満了した時から、保護観察が再開されることとなる。

なお、1号観察対象者と異なり、特定1号観察対象者は更生保護法第67条（警告）の対象となっておらず、また、「通告」をすることはできない。他方、非行の内容や非行性の進度等に応じて、①一般の保護観察、②短期保護観察、③交通事件の保護観察、④交通短期保護観察の4種類の方法によって処遇が行われることは、1号観察と同様である。

❸更生指導

少年法第64条第1項第1号に定める6月の保護観察を「**更生指導**」という。更生指導は、遵守事項に違反することがあった場合でも1号観察や2号観察と異なり、少年院に収容するなどの不良措置をとることはできない。また、1号観察と同じく、保護観察を継続する必要がなくなったと認めるときには、期間満了前に保護観察を解除することができる。

更生指導は、犯した罪が比較的軽微であり、責任も比較的軽い事案が対象となることから、1号観察や2号観察のように少年院に収容される可能性のある保護観察処分を課すことが許容されないと考えられるものの、そのような事案にも必要に応じて保護処分に付すことができるよう、設けられた処分である。

更生指導対象者については、原則として、特別遵守事項を設定せず、

毎月の生活状況の報告を求めるほか、必要に応じて交通講習や社会貢献活動等に参加させるなどの方法で処遇を実施している。

（２）少年院仮退院者（２号観察・特定２号観察）

少年院仮退院者とは、更生保護法第42条により、地方更生保護委員会の決定に基づき少年院からの仮退院を許されて保護観察に付された者のことである（更生保護法第48条第２号）。少年法第24条第１項第３号の保護処分に付されている少年院仮退院者に対する保護観察を「２号観察」、同法第64条第１項第３号の保護処分に付されている少年院仮退院者に対する保護観察を「**特定２号観察**」という。

なお、特定２号観察は、令和４（2022）年４月１日から少年法等の一部を改正する法律による改正後の少年法が施行されたことに伴い、処分時に特定少年であった者について新たに設けられた保護観察の種別である。

❶２号観察

２号観察についても、その保護観察の実施状況に応じて、保護観察を期間満了より早期に終了させる「退院」、または、再度少年院に収容して矯正教育を再開させることを家庭裁判所に求める「少年院への戻し収容の申請」の手続がある。

少年院からの仮退院は地方更生保護委員会が決定するものであるので、退院及び少年院への戻し収容の申請は、いずれも保護観察所の長から地方更生保護委員会への申出が契機となる。退院は地方更生保護委員会によって、これを許すかどうかが決定されるが、少年院への戻し収容は申出を受けた地方更生保護委員会からさらに家庭裁判所へ申請することとなる。その後、申請を受けた家庭裁判所において本人を少年院に戻して収容するかしないかが決定される。

❷特定２号観察

特定２号観察の保護観察の期間は**表３−２−１**に掲げたとおりであり、２号観察と同様に保護観察を期間満了より早期に終了させる「退院」がある。他方、遵守事項に違反した場合には、保護観察所の長からの申出を受けた地方更生保護委員会の決定により、仮退院を許す処分を取り消すことができる（更生保護法第73条の２）。

２号観察の不良措置と手続が異なるのは、戻し収容が20歳（必要があ

るときはさらに23歳）を超えて少年院に収容する必要があるか否かについての判断や、新たな収容期間を定めるなどの判断を伴うものであること等をふまえ、家庭裁判所の決定によるものとしていると解される一方、特定2号観察の仮退院の取消しについては、家庭裁判所においてあらかじめ3年以内の収容期間が定められており、その期間が延長されることもないことから、改めて家庭裁判所の判断に委ねる必要性が小さいと考えられたことによる。

（3）仮釈放者（3号観察）

　仮釈放者（3号観察）とは、更生保護法第40条により、地方更生保護委員会の決定に基づき、刑務所、拘置所等の刑事施設からの仮釈放を許されて保護観察に付された者のことである（更生保護法第48条第3号）。3号観察については、不定期刑に服している者に関する例外を除き、保護観察の実施状況が良好な場合に法定期間満了より早期に保護観察を終了させる措置はない。

　遵守事項を遵守しない場合には、その遵守しなかったことの情状や保護観察の実施状況等を考慮し、本人の改善更生のために保護観察を継続することが相当であると認められる特別の事情がなければ、「仮釈放の取消し」の手続がとられることになる。仮釈放の取消しは、保護観察所の長の申出を契機として地方更生保護委員会において決定されるが、この決定の効力が発生すると本人は再び刑事施設に収容され、保護観察中のどの時点での決定であろうと、仮釈放後の保護観察期間（つまり残刑期間）全部について刑を受け直すことになる。

　なお、3号観察では、「保護観察の停止」の制度がある。これは、3号観察対象者の所在が判明しないため保護観察が実施できなくなったときに、保護観察所の長の申出により地方更生保護委員会が決定するものである。

　保護観察が停止されると、その時点で刑期の進行がストップし、当初の刑期満了日が到来しても保護観察は終了せず、その効果はその刑の時効が完成するまで継続する。これは、3号観察対象者は仮釈放されていなければ刑事施設内に刑期満了（いわゆる満期）まで身柄拘束されるべき立場の者なのであるから、所在をくらまして保護観察から離脱した者に対し、いわゆる「逃げ得」を許さない制度であるといえる。このように保護観察が停止された者については、保護観察所において警察と連携するなどして所在調査を行う。その結果、本人の所在が判明した場合に

は、保護観察所の長からの通知により地方更生保護委員会は保護観察の停止を解除する。保護観察の停止が解除されれば、その時点から再び刑期の進行が始まることになるが、こうした場合、通常、保護観察所において、所在が判明した本人をただちに引致するなどした上で、仮釈放の取消しの申出について検討することとなる。

　なお、刑の一部の執行が猶予された者については、一部猶予部分に先立ち、実刑部分（執行を猶予されなかった部分）の執行がなされるが、実刑部分についても仮釈放が可能である。この場合も、仮釈放期間中は3号観察を行うこととなる（一部猶予部分について保護観察に付されている場合は、3号観察に引き続いて4号観察が行われることとなる）。

（4）保護観察付執行猶予者（4号観察）

　保護観察付執行猶予者（4号観察）とは、刑法第25条の2第1項もしくは第27条の3第1項または薬物使用等の罪を犯した者に対する刑の一部の執行猶予に関する法律第4条第1項により、裁判所の裁判の言渡しによって刑の執行猶予の期間中保護観察に付された者のことである（更生保護法第48条第4号）。

　4号観察については、その保護観察の実施状況が良好な場合、執行猶予期間自体を早期に終了させることはできないが、「保護観察の仮解除」の措置をとることができる。保護観察の仮解除は、本人が健全な生活態度を保持しており、保護観察の実施状況や本人の生活環境等から考えて、保護観察を仮に解除してもその健全な生活態度を保持し続け、改善更生することができると認められるとき、保護観察所の長が決定する。

　なお、保護観察が仮に解除されても、その後行状が不安定になるなどしたときには、仮解除の取消しをして保護観察を再開することができる。

　また、4号観察対象者が遵守事項を遵守しなかった場合において、保護観察の実施状況等を考慮し、その遵守事項を遵守しなかったことの情状が重く、刑の執行猶予の言渡しを取り消すべきものと認めるときは、保護観察所の長は検察官に対し「刑の執行猶予の取消しの申出」をしなければならない。この申出を受けた検察官から裁判所に対し「刑の執行猶予の取消請求」が行われれば、裁判所において刑の執行猶予を取り消すか否かの決定がなされることとなる。

*4　例えば、懲役3年、うち1年につき3年の執行猶予（保護観察付）とされた場合、2年間（実刑部分）刑事施設で受刑した後、引き続き、3年間（一部猶予部分）保護観察に付されることとなる。

*5　従前は保護観察所の長の申出により、地方更生保護委員会が決定していたが、令和4年改正により、保護観察所の長が決定するものと改められた。

*6　刑の一部の執行猶予者については、情状の重さは取消しの申出の要件となっていない。

249

第3節　生活環境の調整

　人が犯罪や非行をする背景には、その人を取り巻く生活環境が大きく影響している。犯罪や非行をした人の改善更生のためには、生活環境をより適切なものにしていくことが非常に重要である。犯罪や非行をした人を社会内で生活させるなかで、改善更生に向けた指導監督と補導援護を行う保護観察においては、「**生活環境の調整**」という仕組みが設けられている。

　犯罪や非行をして刑務所や少年院に収容された人にとっては、刑務所や少年院で生活する時間は、いったん社会生活から離れ、これまでの生活を冷静に振り返ることができ、再び犯罪や非行をしないためにはどのような場所で、どのような人たちと、どのような生活をすることが適当なのかを考える貴重な機会である。この間に、彼らが釈放後に生活を希望する場所を直接訪問し、一緒に生活する人の話を聞くなどして、そこでの生活環境を調査し、より適切な環境となるよう必要な調整を行うことが「生活環境の調整」であり、この「生活環境の調整」の成否が釈放後の保護観察、彼らの改善更生に大きな影響を及ぼすこととなる。

❶ 矯正施設収容中の者に対する生活環境の調整

（1）法律上の根拠

　更生保護法第82条第1項では、「保護観察所の長は、刑の執行のため刑事施設に収容されている者又は刑若しくは保護処分の執行のため少年院に収容されている者（略）について、その社会復帰を円滑にするため必要があると認めるときは、その者の家族その他の関係人を訪問して協力を求めることその他の方法により、釈放後の住居、就業先その他の生活環境の調整を行うものとする」と規定されている。

（2）生活環境の調整の方法と意義

　刑事施設または少年院の長は、懲役もしくは禁錮の刑に処せられた者または保護処分を受けた者を収容したときは、本人が釈放後に帰住を希望する帰住予定地などの身上関係事項を、速やかに帰住予定地を管轄する保護観察所の長に通知することとされている。

　刑事施設または少年院の長から身上関係事項の通知を受けた保護観察所の長は、保護観察官と保護司を指名し、生活環境の調整を開始する。更生保護法第82条第1項では「その社会復帰を円滑にするため必要があると認めるときは」とされているが、実際の運用においては、帰住予定地を申告したすべての者について、生活環境の調整を実施している。

　保護観察官または保護司が、帰住予定地を直接訪問し、住居や近隣の状況や引受人の引受け意思を確認するとともに、就業及び就学先の状況、生計の見込み等を調査するなどして、本人の改善更生に適当な釈放後の住居や就労先の確保のために必要な調整を、本人の釈放までの間、計画的かつ継続的に行う。

　保護観察所が行う生活環境の調整は、釈放後の住居や就業先を調整し、円滑な社会復帰を支援するための仕組みであるとともに、生活環境の調整を実施した結果は仮釈放等を決定する地方更生保護委員会にも送付され、仮釈放等を許可するか否かの判断に係る仮釈放等審理のための重要な資料になる。

　生活環境の調整は、仮釈放後の保護観察の基盤になるのはもちろんであるが、満期釈放となった場合であっても、更生に望ましい環境はその後の本人の生活に有用であるほか、収容者の改善更生の意欲の喚起と社会生活に適応する能力の育成を目的とする矯正処遇とも密接に関係する。釈放後の生活環境が整えば、当然に更生意欲の喚起につながるものであり、一方で施設内での教育等により、更生意欲が高まり、これまでの生活を見直し、再び犯罪等をしないための具体的な生活計画を立てることができれば、本人自らがより適切な帰住予定地を希望し、いっそう効果的な調整につながることもあることから、矯正処遇と生活環境の調整は車の両輪のようなものといえる。

　このように、生活環境の調整は、犯罪や非行をした人を改善更生に導いていくために矯正施設と釈放後の社会内での生活との橋渡しをする非常に重要な役割を担う仕組みである。

（3）生活環境の調整の実施状況

　令和4（2022）年の矯正施設収容中の者に対する生活環境調整事件の受理件数は3万735件、うち刑事施設収容者が2万8,648件、少年院収容者が2,087件であり、令和4（2022）年末現在の生活環境調整事件の係属件数は、3万5,649件となっている。

（4）特別調整

高齢または障害により特に自立が困難である刑務所出所者等に対し、福祉的な支援を確保することは、高齢・障害者等の再犯の防止のために極めて重要である。そのような者の円滑な社会復帰のため、保護観察所では、平成21（2009）年度から、生活環境の調整の特別な手続として「特別調整」を行っている。

特別調整では、高齢または障害があり、釈放後の帰住先がなく、福祉的な支援を受けることに同意した者を対象とし、矯正施設から連絡を受けた保護観察所が、地域生活定着支援センター[*7]に協力依頼をし、釈放後の帰住先の確保と本人のニーズに応じた福祉的な支援の調整を連携して行っている。

令和4（2022）年度に特別調整が終結した人員は752人で、そのうち高齢者（65歳以上）及び精神障害者が最も多かった。釈放により特別調整が終結した654人のうち、釈放の時点で福祉施設等の帰住先が確保されていた者は464人、その後も調整を継続し帰住先が確保できた者は117人となっており、最終的には9割以上の者について帰住先の確保に至っている。

2 保護観察付執行猶予者の裁判確定前の生活環境の調整

矯正施設に収容されていない保護観察付執行猶予の言渡しを受けた者についても、その裁判が確定するまでの間、生活環境の調整を行うことができる。

（1）法律上の根拠

更生保護法第83条に、「保護観察所の長は、刑法第25条の2第1項の規定により保護観察に付する旨の言渡しを受け、その裁判が確定するまでの者について、保護観察を円滑に開始するため必要があると認めるときは、その者の同意を得て、前条第1項に規定する方法により、その者の住居、就業先その他の生活環境の調整を行うことができる」と規定されている。

（2）生活環境の調整の方法と意義

刑事訴訟法の規定により、判決の宣告があった日から14日の間は控訴

期間とされ、検察官及び被告人双方の上訴権の放棄がない限り、裁判が未確定の状態となり、保護観察付執行猶予の言渡しがあっても、この間は保護観察を実施することができない。例えば、ホームレスの人のように、保護観察付執行猶予の判決言渡しにより拘置所から釈放されても、住居も職もなく、直ちに生活に困窮する者もある。このような者については、判決確定後に円滑に保護観察が実施できるよう、生活環境の調整を実施し、適切な住居や就業先を確保し、生活の基盤を整える必要がある。

　ただし、保護観察付執行猶予の判決が確定する前の段階であって、保護観察によって法的に拘束されるような立場ではないため、開始にあたっては、本人の同意を得た上で、必要な調整を開始することとなる。

　令和4（2022）年に保護観察付執行猶予者について、判決の確定前に生活環境の調整を実施した件数は全国で38件となっている。

3 勾留中の被疑者に対する生活環境の調整

　これまで勾留中の者に対する釈放後の福祉サービスの受給や住居の確保に向けた調整等は「検察庁等との連携による更生緊急保護の重点実施等」によって行っていたところ、令和5（2023）年の改正更生保護法の施行により、勾留中の被疑者に対する生活環境の調整が法定化された。

（1）法律上の根拠
　更生保護法第83条の2第1項において、「保護観察所の長は、勾留されている被疑者であって検察官が罪を犯したと認めたものについて、身体の拘束を解かれた場合の社会復帰を円滑にするため必要があると認めるときは、その者の同意を得て、第82条第1項に規定する方法により、釈放後の住居、就業先その他の生活環境の調整を行うことができる」と規定されている。

（2）勾留中の被疑者に対する生活環境の調整
　勾留されている被疑者であって起訴猶予処分等により釈放される者のなかには、保護観察所による更生緊急保護の措置に円滑につなぎ、福祉サービスの受給に係る支援、就労支援、居住支援等の支援を行うため、検察庁、地域生活定着支援センター等と連携し、勾留中から上記の支援等の調整を行うことが、その社会復帰を円滑にするため必要と認める者

が存在する。この場合、その者の同意を得て生活環境の調整を行うものである。

　なお、罰金等の言渡しにより釈放される者のなかにも、その社会復帰を円滑にするため、同様に勾留中からの調整が必要と認められる者が存在し、勾留中の被疑者と同様、被告人に対しても上記の調整を行うこととしている。

第4節　仮釈放等

　仮釈放等とは、矯正施設に収容されている者を収容期間終了前に仮に釈放して更生の機会を与え、円滑な社会復帰を図ることを目的とした制度である。

1　仮釈放等制度の概要

　仮釈放等には、主として、刑事施設からの仮釈放、少年院からの仮退院がある。仮釈放または仮退院を許された者は、本来の収容期間満了前までの残期間について保護観察を受けなければならない。

　なお、仮釈放等には、上記3種類のほかに刑法第30条に基づく拘留の刑の執行のため収容している者の仮出場及び労役場からの仮出場も含まれるが、仮出場については、保護観察は付されず、事実上満期釈放と同じく何ら法的拘束を受けることはない。近年の運用実績もほとんどないため、本稿では割愛する。

（1）仮釈放等の要件等

　刑事施設からの仮釈放については、刑法第28条にその定めがあり、懲役または禁錮に処せられた者に改悛（かいしゅん）の情があるときは、有期刑は刑期の3分の1を、無期刑は10年を経過した後に、行政官庁の処分により行うことができるとされている（少年法による例外あり）。仮釈放の基準については、法務省令により具体的に定められており、

①悔悟の情及び改善更生の意欲があること

②再び犯罪をするおそれがないこと

③保護観察に付することが改善更生のために相当であると認められること

以上のすべてを満たすと認めるときに仮釈放をするとしている。ただし、社会の感情がこれを是認すると認められないときは、この限りでないとしている。

　少年院からの仮退院については、更生保護法第41条にその定めがあり、少年院に収容されている者が少年院における処遇の最高段階に達し、仮に退院させることが改善更生のために相当であると認められるとき等に許すことができるとされている。

*8
なお、「懲役及び禁錮」を廃止し、これらに代えて「拘禁刑」を創設することなどを内容とする刑法等の一部を改正する法律が令和4（2022）年6月に成立・公布された。改正事項のうち、「拘禁刑」の創設については、公布日から起算して3年を超えない範囲内において政令で定める日から施行される。

　　仮釈放等を許された者が、その保護観察期間中に再び犯罪をしたり、保護観察中に守るべき事項（遵守事項）に違反したりした場合、地方更生保護委員会は、仮釈放の取消しの決定をすることなどにより、それらの者を再び矯正施設に収容することができる。

（2）仮釈放等を決定する機関

　　仮釈放等を許す旨の決定を行う機関は、地方更生保護委員会である。地方更生保護員会は、仮釈放等の決定や保護観察所の事務の監督などをその所掌事務としている国の機関（法務省の地方支分部局）であり、高等裁判所に対応し、全国8か所に設置されている（関東地方更生保護委員会は東京都ではなく、さいたま市に設置されている）。

　　地方更生保護委員会は、委員3人から成る合議体（複数の合議体を有する地方更生保護委員会が多い。）と合議体の審理等が円滑に進められるよう必要な事務を行う事務局とで構成されている。事務局には保護観察官が配置され、矯正施設に収容している者との面接調査、処遇等に関する矯正施設との協議、生活環境の調整に関する保護観察所との連絡・協議等に従事し、合議体における審理のための資料収集や必要な連絡調整を行っている。

　　仮釈放等を許すか否かに関する審理は、原則として、矯正施設の長からの申出に基づき、委員3人による評議において行われる（矯正施設の長からの申出によらずに地方更生保護委員会の職権により審理を開始す

〈図3−2−2〉仮釈放等審理の流れ

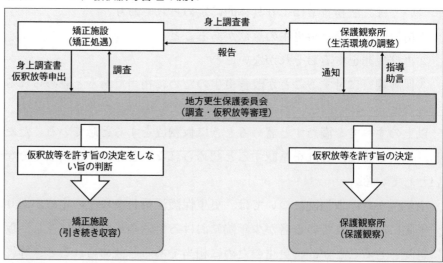

（筆者作成）

ることもできる）。評議では、事務局の保護観察官による調査結果、保護観察所からの生活環境調整状況通知のほか、委員自らが矯正施設に出向いて本人と面接し、または矯正施設職員と協議するなどして得た事実や心証等を総合的に検討し、仮釈放等の要件・基準に該当しているかどうかが審理される（**図3－2－2**）。

平成28（2016）年の更生保護法の一部改正により、地方更生保護委員会が、保護観察所の行う生活環境の調整の個別の事案にかかわる手続が法定化された（更生保護法第82条第2項・第3項）。これによって、地方更生保護委員会が、生活環境の調整を行っている保護観察所に対して指導・助言したり、複数の保護観察所において生活環境の調整が行われている事案についてその連絡調整を行ったり、矯正施設収容後早期の段階から収容中の者に対する面接等の調査を行ったりすることができるようになった。

2 仮釈放等の運用

近年の仮釈放の運用状況を見ると、令和4（2022）年の仮釈放者1万636人に対し、満期釈放者（刑の一部の執行猶予者のうち実刑部分執行終了により釈放された者を含む）は6,479人であった。仮釈放率は62.1％で、この割合は平成23（2011）年から上昇傾向にある（**図3－2－3**）。

少年院からの仮退院については、令和4（2022）年の少年院出院者

〈図3－2－3〉**仮釈放率等の推移**

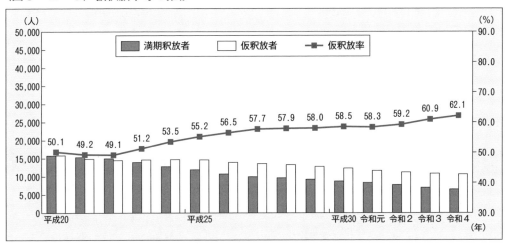

（出典）法務省大臣官房司法法制部『矯正統計年報』（平成20年〜令和4年）より筆者作成

1,363人のうち99.7%の1,359人が仮退院により出院している。一般に、少年は心身の発達段階にあって、可塑性（影響を受けやすい特性、教育可能性）に富んでいると考えられ、その処遇も特に手厚く、保護処分として少年院送致決定のなされた少年のほとんどに対して、少年院での矯正教育と社会内での保護観察の両方が実施されている状況にある。

　仮釈放等は、矯正施設に収容されている者を収容期間満了前に仮に釈放する制度であるから、その審理は慎重かつ適切に行われなければならない。他方で、その制度の目的は、矯正施設に収容されている者を保護観察による社会内処遇につなげ、社会生活へのソフトランディングを図り、円滑な社会復帰を促すことにある。すなわち、仮釈放等は、再犯を防止することで安全・安心な社会を実現するという観点からも重要な制度であり、その積極的な運用が期待されている。

第5節　更生緊急保護

1　更生緊急保護の対象等

（1）更生緊急保護の概要

　更生緊急保護は、更生保護法第85条に基づくものであり、同条には、更生緊急保護の対象、内容、実施主体等が規定されている。また、その第2項では、「更生緊急保護は、その対象となる者の改善更生のために必要な限度で、国の責任において、行うものとする」と定められている。

　更生緊急保護は、刑期を満了して刑事施設から釈放された者などが、親族からの援助や公共の福祉機関による福祉サービス等を十分に受けることができず当座の衣食住にも窮するなどして、自力での改善更生がむずかしいと認められる場合に、保護観察所が、食事の給与や就職の援助、宿泊場所の提供などの緊急的な保護を行うものである。

（2）更生緊急保護の対象

　更生緊急保護は、下記の①から⑨までに該当する者のうち、刑事上の手続または保護処分による身体の拘束を解かれた者が対象となる（更生保護法第85条第1項）。

　①懲役、禁錮または拘留の刑の執行を終わった者

　　刑期を満了して矯正施設から釈放された者、仮釈放を許された後、その仮釈放期間を満了した者などが該当する。

　②懲役、禁錮または拘留の刑の執行の免除を得た者

　③懲役または禁錮につき刑の全部の執行猶予の言渡しを受け、その裁判が確定するまでの者

　　刑の全部の執行猶予の言渡しの後、その裁判が確定するまでの間（通常14日間）の者が該当する。確定後は、保護観察に付されなかった者であれば、次の④に該当することとなり、保護観察付執行猶予の者であれば、保護観察の一環として、更生緊急保護と同様の措置（補導援護、応急の救護）がある。

　④懲役または禁錮につき刑の全部の執行猶予の言渡しを受け、保護観察に付されなかった者

　⑤懲役または禁錮につき刑の一部の執行猶予の言渡しを受け、その猶予の期間中保護観察に付されなかった者であって、その刑のうち執

259

行が猶予されなかった部分の期間の執行が終わった者

刑の一部の執行猶予の言渡しを受けて受刑し、実刑期間が終わって釈放された者（保護観察に付されなかった者に限る）が該当する。

⑥検察官が直ちに訴追を必要としないと認めた者

検察官により、起訴猶予処分とされた者及び処分保留で釈放された者のうち検察官が罪を犯したと認めた者が該当する。

⑦罰金または科料の言渡しを受けた者

⑧労役場から出場し、または仮出場を許された者

罰金・科料を納めることができない者を一定期間留置する「労役場」から出場し、または仮出場を許された者が該当する。

⑨少年院から退院し、または仮退院を許された者

少年院から退院した少年、または仮退院した後に地方更生保護委員会からの決定に退院を許され、もしくは仮退院期間を満了した少年等が該当する。

　これらの者は、いずれも刑や保護処分を受ける立場になく、社会生活上は一般の人と異なることはないのであって、食事や住居が得られないなどの問題については、本来、一般の福祉サービスに委ねられるべきところであるが、身体の拘束による社会生活の中断等のため、釈放後直ちに一般の福祉サービスを受けることができない場合もあり、また、生活の困窮等による再犯を防ぐといった刑事政策的な観点から、一般の福祉による保護だけでなく、保護観察所による緊急的な保護の対象ともされている。

（3）更生緊急保護と生活保護法との関係

　生活保護法第4条第2項には、「他の法律に定める扶助は、すべてこの法律による保護に優先して行われるものとする」と規定され、いわゆる他法優先の原則が規定されている。

　一方で、更生保護法第85条第1項においても、更生緊急保護は、公共の衛生福祉に関する機関等から必要な保護を受けることができない場合、またはこれらの保護のみによっては改善更生することができないと認められる場合において行われるものとされ、他の福祉政策の補足性の原理が示されている。

　この両者の関係については、昭和25（1950）年、厚生省社会局長（当時）が「刑事政策上の特殊な措置を規定したのが更生緊急保護法であり、この点よりすれば更生緊急保護法の対象者が本法（生活保護法）の保護

を受けることに支障のない限りは、更生緊急保護法とは関係なく本法の保護が行われるべきものである」との見解を示しており、更生緊急保護の対象となる人であっても、生活保護法による保護が行われ得ることが明らかにされている。

2 更生緊急保護の内容

（1）更生緊急保護の措置の概要

更生緊急保護の措置には、以下のような内容がある。[*9]

①住居その他の宿泊場所がない者に対し、宿泊場所ならびに宿泊に必要な設備及び備品を供与すること。

②食事を得ることができない者に対し、食事を給与すること。

③住居その他の宿泊場所への帰住を助けるため、旅費を給与し、または貸与すること。

④その他就業または当面の生活を助けるために必要な金銭、衣料、器具その他の物品を給与し、または貸与すること。

保護観察所は、食事や旅費の給与などの一時的な保護を自ら行うほか、宿泊を伴う継続的な保護を行う必要があると認める場合には、その委託先及び委託期間を定めて宿泊場所の供与、食事の給与等の措置を委託する（更生保護法第85条第3項）。

（2）更生緊急保護の期間

更生緊急保護を受けることができる期間は、刑事上の手続または保護処分による身体の拘束を解かれてから原則として6か月の範囲内である。ただし、心身の状況、生活環境等に特別の事情が認められるなどの場合に限り、金品の給与または貸与及び宿泊場所の供与についてはさらに6か月を、それ以外の措置についてはさらに1年6か月を、それぞれ超えない範囲内で延長することが可能とされている。[*10]

（3）更生緊急保護の申出

更生緊急保護は、その対象となる者の意思に反しない限り行うものとされ（更生保護法第85条第4項）、その対象となる者からの申出があった場合において、保護観察所の長が必要があると認めたときに限り行われる。

保護観察所の長は、申出をした者について、更生緊急保護を行う必要

*9
「犯罪をした者及び非行のある少年に対する社会内における処遇に関する規則」より。

*10
令和4年改正前は、延長できる期間は、措置の内容を問わず「さらに6月を超えない範囲内」とされていたが、改正後は緊急的に行っている金品の給与または貸与及び宿泊場所の供与といった応急的な措置を除き、他の機関による支援が望み難い援助的措置については、原則の6か月間に加えて、さらに1年6か月を超えない範囲内において行うことができることとされた。

があるか否かを判断するため必要な調査を行い、その結果により、更生緊急保護の要否、措置の内容を判断することになる。

　これまで更生緊急保護の申出は刑の執行を終えるなどして身体の拘束を解かれた後に行うこととされていたが、令和4年改正により、矯正施設収容中の段階から更生緊急保護の申出を行うことができることとされた。

　釈放後に自立した生活を営むことが困難な満期釈放者であっても、釈放後、申出のために保護観察所に出向かず、その結果、必要な援助等を受ける機会を得ないまま生活を不安定化させ、再犯に至る者が存在する。また、申出がなされてから保護観察所は、調査や調整に着手することから、それらに時間を要した場合、必ずしも釈放後速やかに必要な保護につなげられないこともある。

　そこで、矯正施設からの釈放後、直ちに必要な更生緊急保護の措置を受けることができるように、矯正施設収容中から更生緊急保護の申出を行うことができることとし、申出を行った者が釈放等により更生緊急保護の対象者に該当することとなった場合に速やかに必要な更生緊急保護の措置をとることができるようにされたものである。

BOOK 学びの参考図書

● 日本更生保護協会 編『わかりやすい更生保護　更生保護便覧'19』日本更生保護協会、2019年。
　　更生保護の全体像についてわかりやすく解説した便覧。グラフや流れ図など図表が豊富に使われており、更生保護にかかわる複雑な仕組みも理解しやすいように工夫されている。近年は5年ごとに最新の内容へと改訂されている。

● 今福章二・小長井賀與 編『保護観察とは何か－実務の視点からとらえる』法律文化社、2016年。
　　保護観察の実情について幅広く知ってもらうべく保護観察官らによって執筆されまとめられた専門書。保護観察処遇に関する制度とその現状の紹介だけでなく、薬物事犯者、性犯罪者などの具体的事例ごとの詳細な検討も行われている。

第**3**章
犯罪被害者等支援

学習のねらい

　前章で社会内における犯罪者処遇制度である更生保護制度の概要について学習した。ただ、犯罪者が社会に存在するということは、その一方で、犯罪によって被害を受けた人やその家族・遺族も同じ社会に存在することになる。

　犯罪被害者等を取り巻く状況や問題は、深刻かつ多岐にわたり、また、被害の内容や被害を受けた後の時間的経過その他によって変化するが、わが国の犯罪被害者等への支援につき法定化されたのは近年であって、その支援体制は発展途上にあるといえる。この意味で、犯罪被害者等の支援においては、犯罪被害者等を取り巻く状況や問題、支援制度の概要や確立の経緯、そして、個々の犯罪被害者等のその時点のニーズのみならず、その後に生じるであろうニーズをもふまえて、必要な支援が適切かつ継続的に提供されるよう努めることが求められる。本章では、更生保護における犯罪被害者等を中心に、そのような支援の前提となる施策と犯罪予防活動についての知識を身に付けることをねらいとする。

第1節　犯罪被害者等施策

1　犯罪被害者等の法律上の地位

（1）総論

　わが国では、**犯罪被害者等基本法**（平成27〔2015〕年改正。以下、基本法）第2条第2項が「犯罪被害者等」を「犯罪等により害を被った者及びその家族又は遺族」とし、第3条第1項が「すべて犯罪被害者等は、個人の尊厳が重んぜられ、その尊厳にふさわしい処遇を保障される権利を有する」としている。この意味で、わが国の犯罪被害者等は一定の法律上の地位をもつ存在だといえる。

（2）わが国の法律上の地位の確立過程の概要

　わが国の犯罪被害者等の法律上の地位は、犯罪被害者やその家族・遺族、その支援者その他関係者の30年以上にわたる尽力によって近年確立された。

　すなわち、①犯罪被害者等は、長く、刑事司法手続上の「証拠や資料」として取り扱われ、当事者としては取り扱われず、また、精神面・金銭面のいずれについても配慮・支援される対象ではなかった。例えば、性犯罪被害を受けた女性は、㋐捜査段階において、その被害の詳細を男性の担当者から聴取されたり、㋑裁判段階において、遮へい措置などないまま、被告人（加害者）の目の前で被害の詳細その他を証言させられたりしていた[*1]。また、㋒「加害者に厳罰を科してほしい」「仮釈放を認めないでほしい」などの意見をもっていても、刑事司法手続において、これらの意見を述べる法的権利がなかった。加えて、㋓加害者から被害弁償等が行われない限り、被害を受けたことによって生じたすべての費用（医療費や修繕費などさまざまなものが想定される）は、犯罪被害者等側が全額負担する必要があった。

　ただ、②昭和49（1974）年に発生したいわゆる三菱重工ビル爆破事件[*2]等を契機に、昭和54（1979）年に「犯罪被害者等給付金の支給等に関する法律」[*3]が制定され、法律に基づく金銭的支援が開始された。さらに、③精神的支援を求める声[*4]に応じ、平成4（1992）年、東京医科歯科大学内に「犯罪被害者相談室」が設置され、わが国初の専門の相談の場ができた。その後、民間の支援組織は発展し、平成10（1998）年には関係者

脚注（左欄）

*1
刑事裁判において、裁判所とは、「訴追者である検察官の主張・立証が納得のいくものであるかを第三者的に審査する」（三井誠「あらまし」三井誠・瀬川晃・北川佳世子 編『入門刑事法 第8版』有斐閣、2022年、104〜115頁）ものであることから、ある加害者を処罰するためには、その加害行為によって被害を受けた人からの詳細な証言が必要不可欠であることによる。

*2
この事件は、テロ組織がオフィスビルを爆破したもの。加害者の資力が乏しかったこと等から、この事件の被害者のうち、労災認定を受けられた人には一定の金銭が支給されたものの、そうでない人には金銭が支給されることはなく、自身で医療費等を負担する必要が生じた。

*3
平成20（2008）年の法改正により、法律名が「犯罪被害者等給付金の支給等による犯罪被害者等の支援に関する法律」となった。

*4
平成3（1991）年に行われた「犯罪被害給付制度発足10周年記念シンポジウム」において、被害者遺族の大久保恵美子氏が、「（略）日本では、そういう被害者を精神的に救う道が何もない。まずそれを創ってほしいと思う（略）」（公益社団法人全

が「全国被害者支援ネットワーク」を結成するに至った。また、④平成以降、刑事司法関係機関は、犯罪被害者を刑事司法手続の当事者としてとらえ、一定の配慮を行うようになった。[*5]例えば、㋐女性の性犯罪被害者に対しては女性の担当者が聴取を行うなど警察における犯罪被害者の保護が進み、また、㋑裁判段階において、犯罪被害者が証言する場合に被告人（加害者）との間に衝立を設けるその他の配慮がされるようになり、さらには、㋒公判で、法律に基づき犯罪被害者が自らの意見を陳述できる仕組みが導入されるなどしたのである。[*6]加えて、このころ、処罰されづらかったDVやストーカー行為を規制する法律が相次いで制定された。

　そのようななか、⑤平成12（2000）年に結成された「全国犯罪被害者の会（あすの会）」を中心とした運動が高まりを見せ、平成16（2004）年に、基本法が議員立法によって成立した。その結果、「国、地方公共団体及びその他関係機関並びに民間の団体等の連携の下、犯罪被害者等のための施策を総合的かつ計画的に推進」（基本法の前文）することとなり、現在に至っている。

2 犯罪被害者等支援に関する制度

（1）基本法・犯罪被害者等基本計画

　わが国においては、平成17（2005）年に、基本法第8条第1項に基づく犯罪被害者等のための施策に関する基本的な5か年計画である「犯罪被害者等基本計画」が閣議決定された。その後、犯罪被害者等への支援は、同計画が5年ごとに見直されながら、推進されている。

　同計画は、4つの基本方針のもと5つの重点課題を掲げ（**表3−3−1**）、関係府省庁が実施すべき施策を、この5つの重点課題に振り分けて示している。

〈表3−3−1〉犯罪被害者等基本計画の4つの基本方針及び5つの重点課題

基本方針	重点課題
①尊厳にふさわしい処遇を権利として保障すること	①損害回復・経済的支援等への取組
②個々の事情に応じて適切に行われること	②精神的・身体的被害の回復・防止への取組
③途切れることなく行われること	③刑事手続への関与拡充への取組
④国民の総意を形成しながら展開されること	④支援等のための体制整備への取組
	⑤国民の理解の増進と配慮・協力の確保への取組

（筆者作成）

国被害者支援ネットワークホームページの「ある被害者遺族の訴え」から抜粋）などと発言した。

[*5]
支援制度が開始される前の実態が示され、各種支援の必要性がわかる犯罪被害者等の手記等として、神戸連続児童殺傷事件の被害者遺族である土師守さん著の『淳』（新潮社、1998年）や、性犯罪を担当した女性警察官である板谷利加子さん著の『御直披』（角川書店、1998年）があげられる。

[*6]
例えば、平成8（1996）年に警察庁が定めた「被害者対策要綱」や、平成12（2000）年公布のいわゆる「犯罪被害者保護二法」（「刑事訴訟法及び検察審査会法の一部を改正する法律」及び「犯罪被害者等の保護を図るための刑事手続に付随する措置に関する法律」）などが整備されたことによる。なお、後者の法律については、平成19（2007）年の法改正により、法律名が「犯罪被害者等の権利利益の保護を図るための刑事手続に付随する措置に関する法律」となった。

[*7]
具体的には、ストーカー行為等の規制等に関する法律や、配偶者からの暴力の防止及び被害者の保護等に関する法律など。ストーカー行為はエスカレートすると重大な被害を及ぼし、また、DVは家庭内の問題として顕在化しづらい。これらの法整備の前は、被害が顕在化するまで検挙等ができなかったが、法整備

後は、処罰・被害者への接近禁止命令などが可能になった。

〈図3-3-1〉更生保護における犯罪被害者支援のモデル図

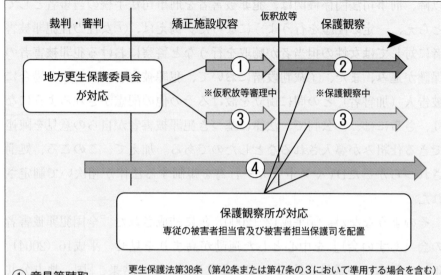

① **意見等聴取**　更生保護法第38条（第42条または第47条の3において準用する場合を含む）に基づき、地方更生保護委員会が、加害者の仮釈放、少年院からの仮退院または退院[*8]を許すか否かを判断するための審理において、犯罪被害者等からの申出に応じて、仮釈放等に関する意見、仮釈放等の期間中の保護観察、生活環境の調整に関する意見や被害に関する心情を聴取

② **心情等聴取・伝達**　更生保護法第65条に基づき、保護観察所が、犯罪被害者等からの申出に応じて、㋐犯罪被害者等から被害に関する心情、その置かれている状況や保護観察中の加害者の生活や行動に関する意見を聴取し、㋑希望があればこれを保護観察中の加害者に伝達

③ **被害者等通知**　通達に基づき、犯罪被害者等からの申出に応じて、判決確定後（または保護処分決定後）の加害者に関する処遇状況等の情報について、検察庁、刑事施設、少年院、地方更生保護委員会や保護観察所等と連携して、犯罪被害者等に通知。地方更生保護委員会からは加害者の仮釈放、少年院からの仮退院または退院[*8]を許すか否かを判断するための審理の開始や結果に関する事項を、保護観察所からは保護観察の開始、処遇状況や終了に関する事項を通知

④ **相談・支援**　通達に基づき、保護観察所が犯罪被害者等からの相談に応じ、関係機関[*9]を紹介等

（筆者作成）

＊8
退院とは、18歳または19歳で2年の保護観察処分に付された加害者が少年院に収容された場合、収容可能期間の満了前に一定の条件の下に出院させて、保護観察を再開する制度である。

＊9
主な関係機関として、裁判所、検察庁、刑事施設、少年院、都道府県警察、地方公共団体に設置されている犯罪被害者等のための総合的対応窓口、法テラス、被害者支援センターなどがあげられる。

＊10
4制度を利用した犯罪被害者等の体験談については、法務省ホームページの「更生保護における犯罪被害者等施策」に掲載しているので、参照されたい。

（2）更生保護における犯罪被害者等支援

❶概要

　更生保護においては、平成19（2007）年12月、加害者の処分状況等に応じ犯罪被害者等が利用できる4制度[*10]（以下、4制度。心情等聴取・伝達制度は令和5〔2023〕年度までは心情伝達制度。後述の❸を参照）が開始された。これを整理すると**図3-3-1**のとおりとなる。

　なお、保護観察所においては、加害者処遇を担当しない保護観察官及び保護司が犯罪被害者等に対応することとされている。

❷運用状況

　更生保護官署においては、４制度を着実に運用しており、令和４（2022）年における運用状況は、①意見等を聴取した件数は310件、②心情等を伝達した件数は170件、③犯罪被害者等に通知した件数は10,723件、④相談・支援の実施件数は1,563件となっている。これら４制度の利用件数について、平成20（2008）年以降、仮釈放等審理や保護観察の件数は一貫して減少しているなか、近年は高止まりで推移している。

❸近時の動向

　平成31（2019）年４月、法務省保護局長は、犯罪被害者等の心情等をふまえ、その思いに応える更生保護を実現するため、「更生保護の犯罪被害者等施策の在り方を考える検討会」を設置し、検討会は令和２（2020）年３月に報告書を保護局長に提出した。また、令和３（2021）年３月に閣議決定された「第４次犯罪被害者等基本計画」では、犯罪被害者等の視点に立った保護観察処遇の充実等に向けた施策が盛り込まれた。さらに、令和４（2022）年６月に成立した「刑法等の一部を改正する法律」により更生保護法が改正された。４制度との関係では、本改正により①意見等聴取制度における犯罪被害者等からの意見等の聴取事項として、仮釈放等の期間中の保護観察や生活環境の調整に関する意見を加えることや、②犯罪被害者等からの申出に応じて、保護観察対象者に伝達する場合に限らず、社会内で行う処遇にいかすため、犯罪被害者等の心情等を聴取すること（心情等伝達制度を心情等聴取・伝達制度とすること）とされ、令和５（2023）年12月１日に施行された。[11]

　犯罪被害者等の思いに応える更生保護を実現していくことは、更生保護が地域社会の理解や信頼を得ていく上でも重要である。そのためには、引き続き、犯罪被害者等が４制度をより利用しやすいように環境を整備していくとともに、制度のさらなる周知を図っていく必要がある。また、上記法改正により、保護観察を行う場合等に際し、犯罪被害者等の心情やその置かれている状況等を十分に考慮することとされたことから、犯罪被害者等への支援と保護観察対象者の処遇等をより一層、有機的に連動させていくことが求められている。

*11
刑事施設または少年院において、犯罪被害者等からの申出に応じて、犯罪被害者等から被害に関する心情、その置かれている状況や受刑者または在院者の生活や行動に関する意見を聴取し、希望があればこれを受刑者または在院者に伝達する心情等聴取・伝達制度が開始された。

3 団体・専門職等の役割と連携

（1）犯罪被害者等を支援する者の間の連携

　犯罪被害者等の支援にはさまざまな制度があり、多くの団体・専門職[*12]等がその役割を担っている[*13]。しかし、犯罪被害者等を取り巻く状況や問題は、深刻かつ多岐にわたり、また、被害の内容や被害を受けた後の時間経過その他によって変化する。

　一般論として、①犯罪被害は予期せず受けるものであり[*14]、被害そのものから心身を強く傷つけられることに加え、②不慣れな刑事司法手続に関与せざるを得なくなることから生じる負担、③被害から生じる医療費その他の経済的負担、④これら①ないし③から生じる日常生活や家族関係への悪影響、⑤周囲の人の心ない言動や態度・マスコミ対応などに苦しめられることがあげられる。そのため、犯罪被害者等の支援をしようとする団体・専門職等は、犯罪被害者等のその時点のニーズのみならず、その後に生じるであろうニーズをもふまえて、必要な支援が適切かつ継続的に提供されるよう努めることが求められるといえよう。この意味では、個々の団体等が単独でできることは多くなく、複数の関係者が相互に連携して犯罪被害者等の支援に臨む必要がある。

（2）犯罪被害者等を支援する者と加害者に関与する者の間の連携

　犯罪被害者等のニーズの中には、例えば、加害者から謝罪や被害弁償を受けたいというものや、加害者の生活状況や反省の程度その他の情報を知りたいというものがある。これらについて、民間の犯罪被害者等の支援団体等は対応し難いが、更生保護官署を含めた刑事司法関係機関は対応し得る。同機関は、加害者に公的に関与する権限があり、その前提として加害者の個人情報を当然に保有しているためである。

　もちろん、加害者にも権利があることや官公署は法令違反をしてはならないこと等から、その対応には一定の限界が生じる。例えば、加害者のすべての個人情報を加害者の同意なく犯罪被害者等に提供することや、謝罪や被害弁償をしない加害者を、それらをしないことを理由に刑務所に収容すること等は困難である。

　しかし、通常、加害者が犯罪被害者等の置かれた実情やその心情等を理解することは、加害者の改善更生や再犯防止につながるといえよう。

　例えば、犯罪被害者等にとって、加害者の住所や連絡先を把握することはむずかしいため、「謝罪してほしい」「被害の実情を知ってもらいた

---

*12
犯罪被害給付制度など犯罪被害者等のために設けられた制度や既存の社会福祉制度など多岐にわたる。近年、地方公共団体において、犯罪被害者支援を目的とした条例を制定する動きが広がっており、日常生活の支援など独自の支援策が講じられている。令和5（2023）年4月現在、46都道府県、13政令指定都市、606市区町村において条例が制定されており、支援内容の詳細については、地方公共団体のホームページ等を参照されたい。

*13
例えば、犯罪被害者等の相談窓口として、各都道府県警察に「犯罪被害相談窓口」が設置されている。同様に、各地方検察庁では、「被害者支援員」を配置しているほか、専用電話「被害者ホットライン」を設けている。また、すべての地方公共団体に犯罪被害者等の相談窓口として「総合的対応窓口」が設置されているほか、すべての都道府県に性犯罪・性暴力被害者のための「ワンストップ支援センター」が設置されている。さらに、民間の支援団体としては、各都道府県で「被害者支援センター」が活動を行っている。

*14
犯罪被害者やその家族・遺族を取り巻く状況等については、犯罪被害者白書、警察庁の「犯罪被害者等施策ホームページ」の被害者等や支援者の声（各講演一覧）、警察職員による被害者支援手記、犯罪被害者週間における犯罪

い」といった心情等を加害者に伝えたいと思っても、実際に行動に移すことは困難である。

　ただ、犯罪被害者等にそうしたニーズがあることを知った支援者が、保護観察所の犯罪被害者等の担当と相談し、その犯罪被害者等に心情等聴取・伝達制度を利用するよう促すことはあり得る。同制度において「謝罪してほしい」などの犯罪被害者等の心情等が加害者に伝達されれば、加害者がその心情や被害の実情を理解する契機となる。また、伝達にあわせて、加害者を担当する保護観察官がその心情等をふまえた指導や助言を行うことで、その理解がよりいっそう深まることになる。そして、これら一連の経過によって、加害者の言動に「良い」変化が生まれる可能性もあろう。

　このように、犯罪被害者等の支援者、保護観察所の犯罪被害者等の担当、加害者担当の保護観察官が連携して、犯罪被害者等のニーズに応えつつ、そのことによって加害者の改善更生・再犯防止を図ることは可能である。

　犯罪被害者等のニーズに可能な限り応えつつも加害者の改善更生・再犯防止を図って新たな犯罪被害者等を生み出さないために、刑事司法関係機関内部で、また、犯罪被害者等の支援をする団体・専門職等と刑事司法関係機関との間で、加害者の担当と犯罪被害者等の担当とが相互に連携しながら、できることに真摯に取り組んでいくことが肝要であると思われる。

被害者等の講演や、犯罪被害者等による書籍等を参照等されたい。

第3部

第3章

BOOK 学びの参考図書

- 道垣内弘人『リーガルベイシス民法入門（第４版）』日本経済新聞出版社、2022年。
  身近な例をあげながら、日常の言葉で説明されている民法の入門書。１冊で民法全体を網羅できる。

参考文献

- 諸澤英道「日本における被害者対策の現状と課題」『法律のひろば』2007年11月号、ぎょうせい、2007年、４～13頁
- 滝口涼子「日本における被害者運動と被害者支援の歴史」伊藤冨士江 編『司法福祉入門－非行・犯罪への対応と被害者支援』上智大学出版、2010年
- 西崎勝則「更生保護における犯罪被害者等施策について」、森　響子「被害者支援の現場から」伊藤冨士江 編『司法福祉入門 第２版－非行・犯罪への対応と被害者支援』上智大学出版、2013年
- 石井涼子・木村夏海・森　響子「犯罪被害者がおかれる状況と支援策」「被害者支援の現場」、尾﨑万帆子「地方公共団体における被害者支援」伊藤冨士江 編『司法福祉・実践と展望－少年司法、刑事司法、医療観察、被害者支援』ぎょうせい、2021年
- 国家公安委員会・警察庁『令和５年版 犯罪被害者白書』2023年
- 瀬川　晃「被害者支援をいかに実現するか」三井　誠・瀬川　晃・北川佳世子 編『入門刑事法　第８版』有斐閣、2022年
- 大岡由佳『トラウマインフォームドサポートブック－犯罪、虐待、いじめ、ＤＶ、災害などの被害者支援のために』中央法規出版、2023年

第2節　犯罪予防活動

1　犯罪予防活動の内容

（1）更生保護における犯罪予防活動の意義

　更生保護における犯罪予防活動については、更生保護法第1条において「犯罪予防の活動の促進等」を行うことが同法の目的の一つとして規定され、また同法第29条において、保護観察所の所掌事務の一つとして「犯罪の予防を図るため、世論を啓発し、社会環境の改善に努め、及び地域住民の活動を促進する」と規定されている。また、保護司法第1条においても、保護司の使命の一つとして、「犯罪の予防のため世論の啓発に努め」ると規定されている。このように更生保護における犯罪予防活動は、保護観察や生活環境の調整など保護観察対象者の再犯防止や改善更生を目的とする活動と並ぶもう一つの大きな柱とされており、広く犯罪・非行の原因を除去し、または、犯罪の抑止力となる社会的諸条件を強化助長することによって、犯罪の発生を未然に防止する活動である。その内容は上記のとおり、①世論の啓発、②社会環境の改善、③犯罪予防を目的とする地域住民の活動の促進から成り立っている。

　ところで、犯罪・非行を誘発する要因は、家族・交友関係、職場・地域環境など広範多岐にわたることから、犯罪・非行の予防は刑事司法関係機関のみによって効果を上げることは困難であり、地域住民の参加協力がなければできない。上記③の「地域住民の活動の促進」という考え方のとおり、犯罪予防活動は、民間が主体のものであり、地域住民と連携し、その問題意識を啓発して住民活動を促進することに意義がある。

　もとより、犯罪の予防には、警察、地方公共団体なども職責を担っているほか、学校教育、社会福祉等の諸施策やこれに協力する住民の活動もその役割を果たしている。それぞれの重点には差異があるものの、地域という共通基盤の中で効果的な連携を図っていくことが望まれる。

　こうしたなか、更生保護における犯罪予防活動の特徴は、単に犯罪や非行をなくそうと広報等をするのにとどまらず、犯罪・非行に至った人たちを排除し、孤立させることなく、地域社会の一員として受け入れ、立ち直りを支えることが結局は新たな犯罪を生まない地域社会につながることについて地域住民の理解・協力を求め、生きづらさを抱えた人々に寄り添える地域社会づくりをめざして地域に働きかける点にある。

（2）具体的な活動内容

　具体的な活動としては、住民集会[15]、広報活動[16]、青少年健全育成活動[17]がある。年間を通じて行われている活動もあるが、多くは "社会を明るくする運動" の強調月間である7月に全国各地で集中的に行われている。

　また、平成28（2016）年末に成立した「再犯の防止等の推進に関する法律」第6条は、7月を国民の間に広く再犯の防止等についての関心と理解を深めるための「再犯防止啓発月間」とし、「国及び地方公共団体は、再犯防止啓発月間の趣旨にふさわしい事業が実施されるよう努めなければならない」と規定している。これを受け、法務省を中心に再犯防止シンポジウム等が開催されている。

（3）社会を明るくする運動

　"社会を明るくする運動"は、すべての国民が、犯罪や非行の防止と犯罪や非行をした人たちの更生について理解を深め、それぞれの立場において力を合わせ、犯罪や非行のない明るい社会を築こうとする全国的な運動である。法務省が主唱して、これに賛同する機関・団体が中央、都道府県及び市町村の地区段階でそれぞれ推進委員会を構成し、全国統一の行動目標・重点事項の下に、各地で具体的な活動を展開している。平成22（2010）年の第60回運動からは名称を「"社会を明るくする運動"～犯罪や非行を防止し、立ち直りを支える地域のチカラ～」として、運動の趣旨をわかりやすくし、地域に根ざした国民運動としていっそうの推進を図っている。

　この運動は、昭和24（1949）年7月中の1週間、東京・銀座の有志の人々が非行防止などへの理解を訴える「犯罪者予防更生法実施記念銀座フェアー」を開催したことから始まった[18]。この銀座フェアーが刺激となり、その翌年は7月1日から10日間、「矯正保護キャンペーン」が実施され、期間中は映画会、記念スタンプやリーフレットの配布、街頭宣伝活動などの啓発活動が全国的に実施された。銀座フェアーや矯正保護キャンペーンを通じて、法務府（現法務省）は、犯罪防止や犯罪からの立ち直りには市民の理解と協力が必要であるという認識を深め、昭和26（1951）年から同省主唱による国民運動として展開されるに至った。

　昭和37（1962）年の第12回運動では、7月1日を「更生保護の日」と定め、第60回運動以降は、「おかえり」というキャッチコピーを使い、社会全体で立ち直ろうとする思いを社会全体で受け止めようというメッセージが込められている。また、平成27（2015）年の第65回運動からは、

*15
座談会、ミニ集会、公開ケース研究会、学校との協議会、シンポジウム、ビデオフォーラム、非行相談等。

*16
街頭での広報・パレード、マスメディアの活用、全国各地でのポスター掲出等。

*17
小中学校生徒による作文コンテスト・意見発表会、スポーツ大会等。

*18
戦後の荒廃した街にあふれた多数の戦災孤児・浮浪児等に心を痛めた銀座商店街の有志の人々が、昭和24（1949）年7月1日に施行された犯罪者予防更生法の「犯罪をした者の改善及び更生を助け、（略）もって、社会を保護し、個人及び公共の福祉を増進する」という考え方に共鳴し、「不幸な子供たちを救いましょう」を合言葉として「銀座フェアー」を開催した。

運動のシンボルマークである「幸福の黄色い羽根」[*19]、更生保護のマスコットキャラクターである更生ペンギンのホゴちゃんの広報用ポスターなどが全国各地で積極的に活用され、令和３（2021）年の第71回運動からは、「生きづらさを生きていく。」をメインコピーとして、犯罪や非行の背景にあるさまざまな「生きづらさ」に思いを致し、「生きづらさ」に寄り添い支え合うことのできる、包摂的なコミュニティづくりをめざすことが明確にされている。

　また、本運動を政府一丸となっていっそう強力に推進していく決意のもと、従来の法務大臣メッセージに代えて[*20]、平成27（2015）年の第65回運動からは、国民に対して本運動への参加・協力をよびかける内閣総理大臣メッセージが発出されている。

２ 更生保護の基盤としての地域社会との連携

　更生保護は２つの面で地域社会との接点を広げていく必要がある。犯罪予防活動にはその２つの面を担う意義もある。その１つは更生保護についての地域住民の理解と協力を得ることであり、もう１つは犯罪や非行を生みにくい地域社会を築くためのネットワークづくりである。

　更生保護は地域社会の理解と協力があってこそ機能するし、また一方で、社会内処遇を担う更生保護は、その活動を通じて積み重ねてきた知見を地域社会にフィードバックして、犯罪や非行を生みにくい地域社会づくりに寄与していく。更生保護における犯罪予防活動は、「誰一人取り残さない」共生社会の実現に向けてそのような相互関係を具体的に形成していくものとして、今後ますます重要になっていくであろう。具体的な実践や課題として次のような例があげられる。

（１）更生保護の基盤づくり

　保護司などの更生保護事業参加者の開拓、更生保護施設への理解・協力者の拡大、協力雇用主の確保等の取り組みがある[*21]。

　また、地域支援のネットワーク体制を地域社会に整え、それを充実させるため、令和４（2022）年度から更生保護地域連携拠点事業[*22]が始められており、令和５（2023）年12月からは更生保護事業の地域拠点機能を強化するための法改正が施行される[*23]。近年、地域のニーズに応じ地域に働きかける取り組み（例えば、保護司が更生保護サポートセンター等で

*19
「幸福（しあわせ）の黄色い羽根」は、長崎地区保護司会が考案し、第61回運動から「黄色い羽根」をシンボルマークとして全国での活用を始め、映画「幸福の黄色いハンカチ」からもヒントを得て、第65回運動から「幸福（しあわせ）の黄色い羽根」と名付け、よりいっそうの普及を図っている。

*20
平成２（1990）年の第40回運動から全国の都道府県知事、各市区町村長に対し、本運動への協力を呼び掛ける法務大臣メッセージが発出されていた。

*21
保護司をはじめ更生保護ボランティアの減少傾向が顕著となっており、その安定的確保が喫緊の課題となっている。また、更生保護施設は、地域の迷惑施設とみなされて排斥されがちであり、その存続には地域社会の理解・協力が不可欠である。

*22
刑務所出所者等に対する"息の長い支援"を確保するため、関係機関等との連携に関するノウハウを有する民間事業者が、保護観察所から委託を受けて専任のコーディネーターを配置し、地域の支援者によるネットワークの構築やその後方支援を行うもの。令和４（2022）年度に全国３か所で実施。

*23
本書第３部第７章第１節３（３）❷参照。

行う相談支援、更生保護女性会やＢＢＳ会等による子ども食堂、更生保護施設によるアウトリーチ活動など）が活発化しており、これらの有機的な連携が望まれる。さらに、ネットワークの一翼を担う地方公共団体が行う再犯防止施策についても、令和5（2023）年度から地域再犯防止推進事業と地方交付税措置が開始されている。

（2）学校との連携

更生保護は近年、学校との連携を進めており、中学生の保護観察対象者をめぐる連携はもとより、地域社会の教育機能を担う一員として、学校教員との協議会、生徒との交流や教育行事への協力、さらには広く非行問題等を考える作文コンテストや意見発表会などに取り組んでいる。高校からの依頼を受けて、非行防止や薬物についての啓発教育などに協力している例もある。[24]

保護観察所において、学校との連携として、あるいは広報の一環として、保護観察官や保護司が学校等に赴いて、更生保護制度等に関する説明を行うなどの法教育を実施している。

（3）広報活動の推進

講演、シンポジウム、チラシの配布、広報ビデオの上映、公開ケース研究会、ソーシャル・ネットワーキング・サービス、自治体広報紙などさまざまな方法、媒体を用いて、更生保護という分野が社会にとって必要不可欠であること、地域住民がそれぞれの立場において参加・協力をする機会があることを知ってもらうため、毎年7月の"社会を明るくする運動"強調月間はもとより、年間を通じた広報活動に取り組んでいる。

また、7月は、再犯防止推進法により設けられた「再犯防止啓発月間」と重なることから、その相乗効果を生かして積極的な広報啓発活動が展開されている。

📖 **BOOK　学びの参考図書**

●国家公安委員会＝警察庁 編『犯罪被害者白書』毎年刊行。
　犯罪被害者支援に向けた各種の最新の取組状況を紹介している白書。犯罪被害者等施策に関する基礎資料も掲載されており、わが国の犯罪被害者支援の進展を理解する上でとても参考になる。

●第一東京弁護士会犯罪被害者に関する委員会 編著『犯罪被害者支援実務ハンドブック〜被害者参加、損害賠償命令を中心に〜〔補訂版〕』東京法令出版、2018年。
　犯罪被害者支援のための諸制度が網羅的に解説されている手引書。もともと弁護士を対象に作成されているが、犯罪被害者支援にかかわるそのほかの職種の人々にも大変有用な知見・情報が盛り込まれている。

第4章

更生保護制度の担い手

学習のねらい

　わが国の更生保護制度の特色として、国の機関及び専門の職員とともに保護司等民間協力者が大幅に関与し、双方の「協働態勢」によりその業務を担っていることが指摘されている。

　本章では、国の機関の構成や専門職員の配置、運用の実情を理解するとともに、保護司等民間協力者の存在と役割、その意義を考える。

　犯罪や非行をした人たちは地域社会の中で立ち直りの機会を得る。その指導や支援はそれぞれの地域に密着して行う必要があるが、国の制度がマンパワー等においてどのように機能しているか、また、同じ地域で共に生きている彼らを地域社会が見捨ててはいないというメッセージを発する保護司等民間協力者のかかわりがいかに大きな意義を有しているか、などを理解する必要がある。

第1節　保護観察官

1　保護観察官の配置と任用

保護観察官は、「医学、心理学、教育学、社会学その他の更生保護に関する専門的知識に基づき、保護観察、調査、生活環境の調整その他犯罪をした者及び非行のある少年の更生保護並びに犯罪の予防に関する事務に従事する」（更生保護法第31条第2項）ものとされており、常勤の国家公務員である。保護観察官は、高等裁判所の管轄区域ごとに全国8か所に設置されている地方更生保護委員会の事務局及び地方裁判所の管轄区域ごとに全国50か所に設置されている保護観察所に配置されている。

地方更生保護委員会に配置される保護観察官は統括審査官等の中間管理職も含めると全国でおおむね200人程度であり、保護観察所に配置される保護観察官は、中間管理職である統括保護観察官等も含めるとおおむね1,200人程度となっている。

委員会の保護観察官の多くは審査部門に配置され、仮釈放等審理のための調査業務を行っている。そのほか、生活環境の調整を促進するための調査、更生保護に関係する民間団体との連絡調整、更生保護事業の助長及び監督に関する事務等にも従事している。

保護観察所に配置される保護観察官は、一般的には管轄地域の単独または複数の地方公共団体から構成される保護区（全国に886保護区）や更生保護施設を担当している。大規模庁においては、薬物事犯者や性犯罪者向けの専門的処遇プログラムを集団で実施する班において専らプログラム処遇に従事する場合もある。

更生保護官署等への採用は、国家公務員総合職試験の合格者や法務省専門職員（人間科学）採用試験の保護観察区分合格者の中から、選考面接を経て採用されている。総合職試験からの採用は法務省保護局が行っており、専門職試験からの採用は地方更生保護委員会事務局が行っている。その他、地方更生保護委員会によっては国家公務員一般職試験合格者からの採用も行っている。現在は法務省専門職員（人間科学）採用試験からの採用が主となっており、同試験は法務省において心理学、教育学、社会学、社会福祉学等の人間科学分野における専門的知識を必要とされる職員を採用するため平成24（2012）年度から実施されている。

上記のような各種の国家公務員採用試験を経て更生保護官署に採用さ

れた職員は、法務省保護局、地方更生保護委員会事務局、保護観察所に配属され、一定の期間、法務事務官として一般的な行政事務に従事した後に、保護観察官を命じられることとなる。

2 保護観察官の業務

　日本における更生保護は、常勤の国家公務員である保護観察官と民間の篤志家である保護司との協働態勢により担われている。

　保護観察官の業務のうち大きな比重を占めているのは、保護観察所における保護観察である。保護観察は、指導監督及び補導援護により実施することとされており、指導監督の方法として、①面接その他の適当な方法により保護観察対象者と接触を保ち、その行状を把握すること、②保護観察対象者が一般遵守事項及び特別遵守事項を遵守し、ならびに生活行動指針に即して生活し、及び行動するよう、必要な指示その他の措置をとること、③特定の犯罪的傾向を改善するための専門的処遇を実施することが定められている。

　補導援護は、保護観察対象者が自立した生活を営むことができるようにするために、その自助の責任をふまえつつ行われる援助等の総称であり、対象者が生活基盤を確立するための直接的・間接的な支援や健全な社会生活に向けた生活全般の向上に資する援助的措置が含まれている。

　保護観察所の保護観察官は、刑事施設や少年院等に収容中の者の生活環境の調整にも従事している。これらの者の社会復帰を円滑にするため、刑事施設や少年院等に収容された初期の段階から対象者の家族やその他の関係者を訪問して協力を求めることなどにより、釈放後の住居や引受人等の確保や就業先・就学先の確保等の調整を行う。

　これらの業務は、保護観察官が、それぞれ担当する保護区の対象者について、成人・少年の別、性別、罪種等を問わず、各保護区に配属された保護司と協働して実施している。担当の保護司は、対象者の居住する地域や特性、処遇上の必要性等を考慮して決定される。

　上記のような業務に加え、保護観察官は、刑事上の手続または保護処分による身体の拘束を解かれた後に緊急に保護を必要とする者に対し、宿泊場所の供与や帰住の援助等の措置を実施する更生緊急保護、社会貢献活動、恩赦の上申、犯罪予防活動の促進、犯罪被害者支援のための各種施策に関する業務等にも従事している。

3 保護観察における一般的な業務の流れ

　保護観察の開始当初、保護観察官は保護観察対象者と面接を行い、保護観察実施上の課題や問題点についての調査・診断（アセスメント）を行うとともに、保護観察対象者に対して、保護観察制度の説明、社会内での改善更生に向けた動機付け、遵守事項の通知・確認、生活行動指針の設定及び担当保護司の指名等を行う。対象者との初回面接をふまえ、裁判所や刑務所等の関係機関の記録も参考にしつつ、対象者がなぜ今回の犯罪や非行に至ったのか、本人の生活歴や心身の状況、犯罪を誘引する諸要因について、本人の心理的側面のみならず、生活環境等の環境的側面も含めて見立てを行う。

　加えて、本人の改善更生を促進する要因は何かを分析し、本人とどの程度の頻度で接触し、どのようなはたらきかけを行うか、本人が生活を送る地域における社会資源をどのように活用していくか等について検討し、保護観察の実施計画を立てる。保護観察は通常、保護司との協働態勢で行われるため、それぞれの役割分担も含めて、処遇の方針を記載した保護観察の実施計画は担当保護司にも共有される。

　保護観察期間中、保護観察対象者の就労状況や生活状況は、担当保護司から毎月書面で報告を受け把握するとともに、必要に応じて保護観察対象者を保護観察所に呼び出したり、家庭訪問するなどして指導や支援を行う。保護観察所から遠方にある保護区では、保護観察官が当該保護区内にある市区町村役場や公民館等に定期的に駐在し、そこで保護観察対象者に対する面接指導や引受人に対する相談助言等を行うこともある。

　保護観察官と保護司との協働態勢は、保護観察官の専門性と保護司の民間性・地域性を有機的に組み合わせ、保護観察の実効性を高めようとするものである。協働態勢における保護観察官の役割としては、上記の保護観察開始当初の保護観察への導入と調査・診断及び実施計画の策定、保護観察の経過をふまえた要所での見立てと担当保護司に対するスーパービジョン、関係機関や民間協力団体とのコーディネート、専門的処遇プログラムの実施など、専門性を必要とされる業務があげられる。加えて、保護観察対象者の交友関係の乱れや就労生活が崩れ始めたときなど危機的場面における介入、そして保護観察の解除など良好措置、あるいは身柄拘束や仮釈放取消の申出など不良措置の判断と手続の実施なども保護観察官が行っている。

4 近年の取り組み

　更生保護法では、保護観察の指導監督の方法として、特定の犯罪的傾向を改善するための専門的処遇の実施が規定され、保護観察所では現在、認知行動療法を基礎として開発された薬物再乱用防止プログラム、性犯罪者処遇プログラム、暴力防止プログラム及び飲酒運転防止プログラムが実施されている。これらのプログラムをグループとして実施する際には、グループ内の集団力学等にも配慮しながら、効果を上げるために適切なファシリテーションを行うなどして、参加者同士の相互作用を認知の歪みの認識や行動パターンの変容の促進等に活かしている。

　近年は、対象者のもつ問題性の複雑化に伴い、医療や福祉機関といった関係する専門機関と連携しながら適切な処遇を行い、また、保護観察期間が終了した後も対象者が必要とするニーズが満たされるよう地域の社会資源につなげていくことが求められている。再犯防止に関する新規施策の導入にあわせて、機能別のユニットが配置されており、統括保護観察官や保護観察官がそれらの業務に従事する例も増えている。例えば、平成28（2016）年度から施行された刑の一部の執行猶予制度において薬物事犯者への対応を進める必要性から、平成29（2017）年4月から順次、薬物依存に関する専門的な処遇を集中して行い、処遇効果の充実強化を図ることを目的として、薬物処遇ユニットが保護観察所に設置されており（令和5〔2023年〕4月現在で26庁）、薬物事犯者に係る指導及び支援を実施している。

　また、近年、高齢または障害のある者等に対して効果的な支援を行うため、起訴猶予等となった高齢者または障害のある者等の福祉的支援が必要な者に対して専門的な支援を集中して行うことを目的として、平成30（2018）年度から、入口支援に適切に取り組むための特別支援ユニットを設置し、更生緊急保護対象者に継続的な生活指導や助言を行っていた。令和3（2021）年度からは、特別支援ユニットを発展させ、社会復帰対策班を設置し、入口支援にとどまらず、更生緊急保護の対象者に継続的に関与し、再犯防止・改善更生に必要な支援を行うための関係機関等との調整に取り組むなど、対策の充実を図っている。

第2節　保護司

1 保護司制度の概要

（1）制度的概要

保護司は、法務大臣からの委嘱を受けた民間篤志家で、身分は、非常勤・無給の国家公務員とされている。民間人としての柔軟性と地域の実情に通じているという特性を生かし、保護観察官と協働して更生保護の仕事に従事している保護司の存在が、わが国の犯罪や非行をした者に対する社会内処遇の最大の特色であるといわれている。

保護司法第3条では、保護司が具備すべき要件として、

①人格及び行動について、社会的信望を有すること

②職務の遂行に必要な熱意及び時間的余裕を有すること

③生活が安定していること

④健康で活動力を有すること

と定められている。また、禁錮刑以上の刑に処せられた者、日本国憲法またはその下に成立した政府を暴力で破壊することを主張する政党その他の団体を結成または加入した者、及び心身の故障のため職務を適正に行うことができない者として法務省令で定めるものは、保護司になることができないとされている（同法第4条）。

保護司法第11条は、「保護司には、給与を支給しない」と規定し、予算の範囲内において、その職務に要した費用の全部または一部が実費弁償金として国から支給されている。

（2）人員の状況

全国の保護司定数は、保護司法第2条第2項で5万2,500人を超えないものと定められており、令和5（2023）年1月1日現在、実人員は4万6,956人、定数に対する充足率は89%である。男性3万4,382人、女性1万2,574人で、男女比は3：1となっている。保護司数は近年減少傾向にあり（**図3-4-1**）、保護司を安定的に確保するために、保護司の負担軽減や活動基盤の整備等を進めている。

また、平均年齢は65.6歳、年齢別構成の推移は**図3-4-2**のとおりで、保護司の高齢化が指摘されている。これに対しては、原則として保護司新任時66歳以下[1]、再任時76歳未満[2]との年齢制限が運用されている。

*1
平成11（1999）年度から保護司新任時「65歳以下」とされていたものが、平成24（2012）年度から「66歳以下」に1歳引き上げられた。

*2
令和3（2021）年4月1日以降、委嘱予定日現在76歳以上78歳未満の者でも、同意があれば「特例再任保護司」として委嘱できる取り扱いが開始された。

〈図３－４－１〉 保護司数の推移（平成10年～令和５年）

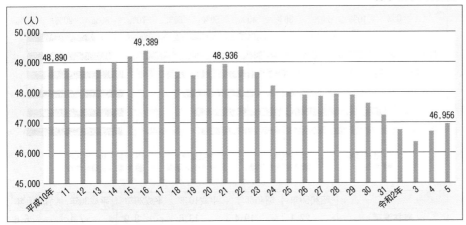

各年１月１日現在

（出典）法務省保護局による調査をもとに筆者作成

〈図３－４－２〉 保護司の年齢別構成の推移（昭和50年～令和５年）

各年１月１日現在

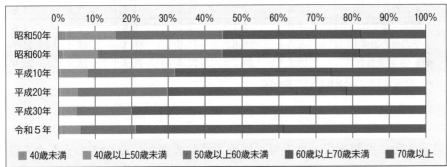

■40歳未満　■40歳以上50歳未満　■50歳以上60歳未満　■60歳以上70歳未満　■70歳以上

	昭和50年	昭和60年	平成10年	平成20年	平成30年	令和５年
40歳未満	2.1	1.5	0.6	0.6	0.7	0.7
40歳以上50歳未満	13.8	9.5	7.6	4.9	4.5	5.5
50歳以上60歳未満	28.9	33.7	23.6	24.3	14.7	14.8
60歳以上70歳未満	37.5	37.3	42.5	48.6	48.6	40.3
70歳以上	17.8	17.9	25.6	21.6	31.6	38.5

(%)

（出典）法務省保護局による調査をもとに筆者作成

　保護司の任期は２年であるが、再任が可能で、令和５（2023）年１月
１日現在の勤続年数について見ると、４年未満１万365人（22.1％）、４
年以上10年未満１万4,374人（30.6％）、10年以上20年未満１万5,504人
（33.0％）、20年以上30年未満5,514人（11.7％）及び30年以上1,199人
（2.6％）となっている。また、保護司の職業別構成の推移は**図３－４－
３**のとおりで、農林漁業及び商業・サービス業が減少し、会社員等及び
無職（主婦を含む）が増加している。
　保護司の委嘱については、保護観察所の長が、候補者について、保護[*3]

*3
保護司選考会は、各保
護観察所に置かれ、委
員は、地方裁判所長、
家庭裁判所長、検事正、
弁護士会長、矯正施設
の長の代表、保護司代
表、都道府県公安委員
会委員長、都道府県教
育委員会教育長、地方
社会福祉審議会委員長、
地方労働審議会会長、
学識経験者の中から構
成されている。

〈図３−４−３〉保護司の職業別構成の推移（昭和50年〜令和５年）

各年１月１日現在

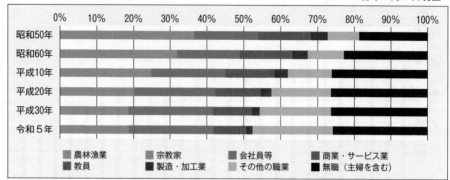

	昭和50年	昭和60年	平成10年	平成20年	平成30年	令和５年
農林漁業	22.1	19.4	13.8	8.9	7.1	6.6
宗教家	14.4	12.4	11.0	11.0	11.4	12.0
会社員等	17.5	17.2	20.2	22.4	23.2	23.2
商業・サービス業	12.1	12.4	11.5	10.5	8.6	7.2
教員	2.0	1.8	1.9	1.8	1.9	1.8
製造・加工業	4.6	4.1	3.5	2.9	2.1	1.6
その他の職業	8.6	9.8	11.9	16.1	19.3	21.7
無職（主婦を含む）	18.7	23.0	26.1	26.4	26.4	26.0

（出典）法務省保護局による調査をもとに筆者作成

*4
保護司候補者検討協議会は、保護観察所及び保護司会が共同で開催するもので、保護司、町内会または自治会関係者、民生委員・児童委員、社会福祉事業関係者、教育関係者、保健・医療関係者、青少年関係団体関係者、地方自治体関係者、そのほか地域の事情に通じた学識経験者で構成され、地域の保護司適任者について情報交換・協議を行う。

*5
保護司活動インターンシップ制度は、保護司会が地域住民または関係機関・団体に所属する人等に保護司活動を体験する機会を提供することにより、地域住民等の保護司活動に対する理解と関心を高め、保護司の確保に資することを目的としている。

*6
保護司セミナーは、保護司が地域の関係機関・団体、民間企業等に対し保護司活動等について紹介することにより、保護司活動に対する理解と関心を高め、保護司適任者を確保する間口の拡大及びそれら団体等の保護司活動への協力を促すことを目的としている。

司選考会に諮問を行った上で、法務大臣に推薦し、その者のうちから法務大臣が委嘱する。保護司候補者については、経歴、性別、年齢等の点で、その地域の幅広い層から確保されることが望ましいとされるところ、従来は、現役の保護司の人間関係に頼っての候補者の発掘が中心であった。

しかし、近年のいわゆる都市化等による地域社会の人間関係の希薄化等により、保護司活動そのものが困難化している実情にある。このため、平成20（2008）年度から、自治会関係者や民生委員・児童委員等の協力を得て保護司候補者検討協議会[*4]を設けて、保護司の人材情報を収集しているほか、平成28（2016）年度から、地域住民等に保護司活動を体験してもらう保護司活動インターンシップ制度[*5]を導入し、また、令和４（2022）年度から、民間企業等を対象に保護司活動について紹介する保護司セミナー[*6]を開催するなど、保護司適任者の発掘を、組織的に行う取組が始められている。

2 保護司の活動

　保護司は、犯罪や非行をした者の保護観察や生活環境の調整のための個別の処遇活動にあたるとともに、地域での犯罪予防活動を行っている。

　保護観察は、保護観察官と協働で行われ、保護司は、地元の保護観察対象者（以下、対象者）を通例1ないし3人程度担当している。実際の処遇活動としては、対象者を自宅に呼び、あるいは、対象者宅を訪問し、場合によっては引受人等や保護者も交えて、本人の生活状況、就労・就学状況、交友関係について話し合い、社会復帰に向けた指導・助言を行っている。

　通常は、対象者の問題性に応じて、月に2回程度対象者との面接が行われているが、仕事先でトラブルを起こし就労意欲をなくしている、少年の対象者で交友関係が乱れ夜遊びがみられるなど、対象者の生活が崩れ始めたときには、昼夜を問わず指導にあたっている。

　矯正施設入所者の生活環境の調整においては、施設を出た後の帰住予定地を訪問して、適切な帰住先かどうかの調査や引受人等に対する相談助言にあたっている。

　これらの処遇活動において、保護司は、家庭環境、交友関係、就労継続あるいは転職、就職に向けた資格取得、金銭管理や借金返済、高齢対象者の福祉サービスの利用や通院など、さまざまな相談に乗り、地域の行政サービスを紹介するなどして、対象者が地域社会の一員として自立更生するよう支援している。

　特に、補導援護においては、地域の社会資源の活用が必要となることが多いことから、平成20（2008）年度から、保護司活動の拠点である**更生保護サポートセンター**[8]を保護区ごとに設置し、保護司同士や関係機関との連携場所として活用している。さらに、地域の保護司が集って、それぞれがもっている情報やネットワークを共有する取り組み（地域処遇会議）も実施されている。

　このほか、平成19（2007）年12月から施行された犯罪被害者等施策において、保護司もその一部が被害者支援にあたるが、被害者を担当する保護司は、加害者の保護観察などは行わないこととされている。

　地域における犯罪予防活動については、保護区ごとに組織されている保護司会が中心となり、毎年7月を強調月間として法務省が主唱する"社会を明るくする運動"[9]をはじめとする啓発活動や、地元の小・中学校と連携した非行防止活動が行われている。

第3部
第4章

*7
本書第3部第2章第2節2（2）参照。

*8
更生保護サポートセンターは、保護観察対象者や引受人等との面接場所や保護司同士の協議や関係団体との連携場所として活用されている地域の保護司活動の拠点であり、平成20（2008）年度から整備が進められた。令和元（2019）年度末までに、すべての保護司会（886か所）に設置されている。

*9
本書第3部第3章第2節1（3）参照。

第3節 更生保護施設

1 更生保護施設の制度的性格と職員

（1）更生保護施設の概要

　保護観察対象者の中には、再犯防止のための指導監督を必要とするだけでなく、仕事に就けず、住む家もないなど、当面の生活に窮する者も存在する。

　更生保護施設は、保護観察または更生緊急保護の対象者のうち、頼るべき親族等がいないなどの理由で、直ちに自立更生することが困難な者に対して、宿泊場所や食事を提供しながら、就職の援助、社会生活に適応させるために必要な生活指導等を行うことにより、その社会復帰を促進している施設である。

　更生保護施設の起源は、1880年代にそれぞれ開設された「池上感化院」と、「静岡県出獄人保護会社」とされ、以来、民間篤志家が中心となって運営されてきた。令和5（2023）年4月現在、全国に、民間の更生保護施設は、**更生保護事業法**に基づき法務大臣の認可を受けて設立された更生保護法人によって運営されている施設が99施設、社会福祉法人、一般社団法人及び特定非営利活動法人（以下、NPO法人）によって運営されている施設がそれぞれ1施設の合計102施設がある。[*11]

　更生保護施設における刑務所出所者等を宿泊保護する事業は、更生保護事業法において宿泊型保護事業[*12]として規定され、同法に基づき法務大臣の認可を受けて実施されている。保護の多くは、保護観察所からの委託によって実施されているが[*13]、一部、委託によらず施設自らの判断による保護も行われており、実務上「任意保護」とよばれている。[*14]任意保護の例としては、保護観察所からの委託終了後、入所者がアパート等への転居に日数を要する場合に、本人からの申出に基づいて引き続き保護を行うケースなどがある。また、更生保護事業法における公益事業として家庭裁判所から試験観察中の少年の補導委託を受け入れている施設もある。

　更生保護施設の配置状況を見ると、最も多いのは東京都の18施設、次いで北海道8施設、福岡県7施設、愛知県6施設、神奈川県及び大阪府4施設となっており、その他多くの県については1ないし2施設となっている（**図3−4−4**）。

---

*10
本書第3部第2章第1節2参照。

*11
法務省には、保護観察所に宿泊機能を備え、保護観察官が入所者に対して手厚い指導監督と就労支援を実施する自立更生促進センターがある。これは、国立の更生保護施設とも位置付けられるものであるが、本節においては従来の民間の更生保護施設を取り上げる。

*12
令和5（2023）年12月に施行された更生保護事業法の一部改正により、従前の継続保護事業は宿泊型保護事業に改められた。

*13
委託の期間は、保護観察対象者については保護観察期間内、更生緊急保護の対象者の場合は、刑事上の手続または保護処分による身体の拘束を解かれた後6か月（特に必要な場合はさらに6か月を限度として延長が可能）の期間内で、保護観察所の長によりその者の自助の責任の自覚を損なわないよう配慮して必要かつ相当な期間が定められる。

*14
令和4（2022）年度の全国の更生保護施設における保護状況を見ると、保護実人員6,521人中、国からの委託保護6,457人（99.0%）、任意保護42人（0.6%）、家庭裁判所からの補導委託22人（0.3%）となっている（法務省保護局調査）。

〈図３－４－４〉更生保護施設の現況（令和５年４月１日現在）

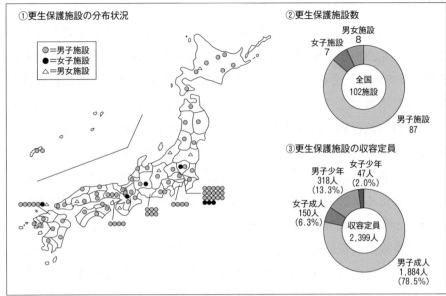

①更生保護施設の分布状況
●=男子施設
●=女子施設
△=男女施設

②更生保護施設数
男女施設 8
女子施設 7
全国 102施設
男子施設 87

③更生保護施設の収容定員
男子少年 318人（13.3%）
女子少年 47人（2.0%）
女子成人 150人（6.3%）
収容定員 2,399人
男子成人 1,884人（78.5%）

（出典）法務省保護局資料

　令和５（2023）年４月１日現在における更生保護施設の収容定員は、全国合計で2,399人、規模別には、最大は定員110人、最小は定員10人、定員20人の施設が全102施設のうち56施設と最も多い。

（２）更生保護施設の職員

　更生保護施設の職員は、施設を運営する法人の職員であり、実務の執行を総括する責任者である施設長のもとに、入所者の生活指導等の責任者である補導主任、補導員、調理員等のほか、専門的な処置等に従事する専門職員が配置されている。このうち、施設長及び補導主任については、更生保護施設の実務にあたる幹部職員として、更生保護施設における処遇の基準等に関する規則（法務省令）で必ず配置することとされるとともに、その資格要件が定められている。[*15]

　なお、令和４（2022）年４月現在、職員の平均年齢は約61歳（法務省保護局調べ）となっており、これは、犯罪者処遇の経験が豊富な更生保護官署や矯正施設の退職者が即戦力として採用されているためであり、その利点の反面、比較的高齢の人に頼らざるを得ない実情が、長年、更生保護施設職員に関する課題とされている。

*15
「更生保護施設における処遇の基準等に関する規則」及び下位の通達において、施設長及び補導主任は、「人格高潔で思慮円熟し、指導力を持ち、被保護者に対する処遇に関する熱意及び能力を有する者でなければならない」とされるとともに、施設長は、実務の執行を総括するために必要な能力を有し、犯罪をした者及び非行のある少年の更生保護に関する事業に２年以上従事した者、あるいは、警察、検察、裁判、矯正、教育もしくは社会福祉関係の業務に５年以上またはこれら以外の業務の管理職に10年以上従事した経歴を有する者であること、補導主任は、教育学、心理学または更生保護に関係のあるその他の学科について相当な教養を有し、犯罪をした者及び非行のある少年の更生保護の実務に２年以上従事した者、あるいは、警察、検察、裁判もしくは矯正関係の公務員としての実務に５年以上、または教員もしくはケースワーカーとしての実務に10年以上従事した経歴を有する者であることが、それぞれ資格要件として定められている。

2 更生保護施設の入所者の状況

　全国の更生保護施設で、前年末から引き続き入所している者を除き、令和4（2022）年1年間に保護観察所から新たに保護を委託された者は5,236人であり、その内訳について見ると、刑事施設からの仮釈放者が70.8%で半数以上を占め、以下、刑事施設からの満期釈放者9.2%、裁判所で刑の執行猶予の言渡しを受けた者8.8%、起訴猶予者5.7%、保護観察に付されている少年2.7%等となっている（**図3－4－5**）。

　また、刑事施設からの帰住予定先に占める更生保護施設等の割合を見ると、令和4（2022）年において出所者全体では24.0%、仮釈放者では34.4%となっており（**図3－4－6**）、これらのことから、更生保護施設は、刑事施設仮釈放者の帰住先として重要な役割を担っているといえる。

　最近10年間の更生保護施設の入所者数を見ると（**図3－4－7、3－4－8**）、年間約8,000人、延べ約62万人が保護されている。延べ人員を

〈図3－4－5〉 **保護観察所から新たに保護を委託された入所者の内訳（令和4年）**

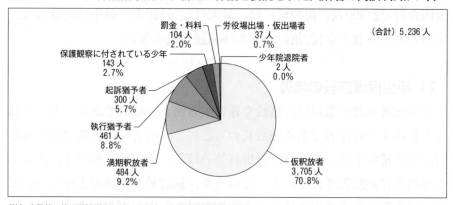

（注）小数第一位で四捨五入しているため、合計値が100%とならない。
（出典）法務省大臣官房司法法制部『令和4年保護統計年報』2022年

〈図3－4－6〉 **刑事施設からの帰住予定先（令和4年）**

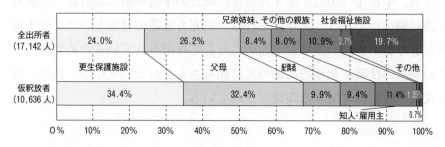

（注）小数第一位で四捨五入しているため、合計値が100%とならない。
（出典）法務省大臣官房司法法制部『令和4年矯正統計年報』2022年

〈図３−４−７〉更生保護施設の年間収容実人員の推移（全国計、平成25〜令和４年度）

〈図３−４−８〉更生保護施設の年間収容延べ人員の推移（全国計、平成25〜令和４年度）

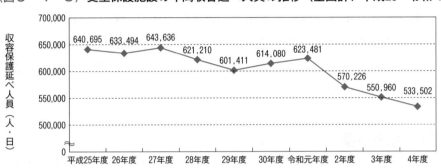

〈図３−４−９〉更生保護施設入所者の平均入所日数の推移

（全国平均、平成25〜令和４年度）

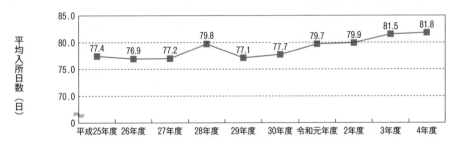

（出典）図３−４−７〜図３−４−９、法務省保護局調査

〈図３−４−10〉更生保護施設入所者の年齢構成

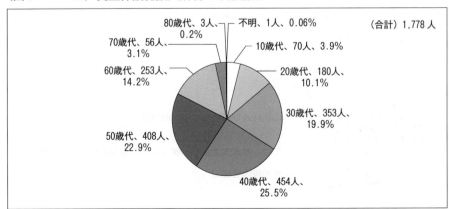

（出典）平成26年８月法務省保護局サンプル調査

実人員で除して得られる入所者１人当たりの平均入所日数は、令和４（2022）年度は81.8日であり、身寄りのない刑務所出所者等が社会で自立するためには一定の時間を要することがわかる（**図３－４－９**）。

平成26（2014）年８月のサンプル調査による更生保護施設入所者の年齢構成は**図３－４－10**のとおりで、平均年齢は45.6歳となっている。

3 更生保護施設における処遇

表３－４－１は、更生保護施設の標準的な１日の様子である。

前項で見たとおり、更生保護施設の平均入所日数は約82日となっているが、入所者の多くはこの間に、仕事に就き、アパート代等の生活資金を蓄えて、更生保護施設からの自立をめざす。

（１）就労指導

更生保護施設に入所してくる者は、身寄りがなく、生活場所、生活資金はもちろん、仕事がない状態であることが多いことから、更生保護施設においては、まず入所者の求職活動を支援することが重要になる。具体的には、就職情報誌やインターネット等で、入所者に求人情報の提供が行われているほか、職員による履歴書の書き方、採用面接の受け方の指導などが行われている。

〈表３－４－１〉更生保護施設の１日の活動例

```
〈職員の勤務体制〉
  日　勤： 8：00～17：00
  午後勤：13：00～21：00
  宿　直：20：00～翌朝10：00

〈１日の動き〉
   3：30　調理員が出勤、朝食と昼の弁当の準備
   5：30　入所者起床、玄関開錠
   6：00　朝食、清掃
   6：30　入所者が出勤
   8：00　居室点検
   9：00　職員会議（引継ぎ等）
  10：00　求職中の者に対する就職指導
  11：00　ハローワークに同行
  12：00　昼食
  13：00　退所予定者の住居探しに同行及び福祉事務所との調整
  17：30　入所者が帰寮
  19：00　夕食、入浴
  20：00　自由時間（曜日によっては、社会生活技能訓練〔SST〕等の集団処遇を実施）
  22：00　玄関施錠、消灯
        以後、１時間に１回程度施設内を巡回
        業務日誌の記入
   1：00　仮眠
```

（筆者作成）

従来、更生保護施設は、個別に地元の公共職業安定所（ハローワーク）と連携してきたが、平成18（2006）年度から開始された刑務所出所者等総合的就労支援対策に基づき、更生保護施設、保護観察所及び公共職業安定所の三者が連携して、入所者の就労支援に力が入れられている。

これに加えて、多くの更生保護施設では、独自に地元の協力雇用主と連携しており、自力での就職が困難な者に対する就職先として協力を得ている。平成22（2010）年6月の調査によると、入所者の約4割が協力雇用主のもとに就職しており、大きな社会資源となっている（法務省保護局調査）。各施設においては、協力雇用主との間で、入所者の就労状況について連絡を取り合うほか、日頃から施設の会報を送付したり、連絡協議会を開催したりするなど連携を保つ努力が払われている。

（2）金銭管理指導

入所者の中には、それまでギャンブル、飲酒等への浪費を繰り返し、貯蓄の習慣がない者が少なくない。更生保護施設では、入所者に対し、自立に向けた貯蓄計画を立てさせ、収入について、金融機関への貯蓄等、金銭管理の指導にも力を入れているほか、入所者からの依頼に基づいて金品の保管等を行っている。また、知人や消費者金融からの借金に関して公的相談窓口や専門家の紹介、さらに、被害弁償についての助言にもあたっている。

（3）各種集団処遇の実施

入所者の中には、刑事施設や少年院等への入所を繰り返し、日常生活や就労生活において、必要なことを相手にうまく伝えることや相手の話を聞くことなど、他人とのコミュニケーションが不得手な者が少なくない。こうしたことから就労先でのトラブルなどにより、その継続が困難

〈表3-4-2〉更生保護施設で実施されている集団処遇の例

種　　　類	実施施設数
社会生活技能訓練（SST）	27施設
酒害・薬害教育	35施設
一般教養	54施設
社会奉仕活動	45施設
就労支援講座	17施設

（実施施設数は、令和4年度現在）

（出典）法務省保護局調査

になったり、他人とのトラブルを抱えたりすることも多く、多くの更生保護施設においては、コミュニケーション能力の向上を図る目的で社会生活技能訓練（SST：ソーシャルスキルトレーニング）が実施されているほか、酒害・薬害教育、自立生活のための料理教室等入所者の問題性に応じた集団処遇等が、施設ごとに特色を有しながら行われている（**表3－4－2**）。

　また、こうした処遇について、入所者または退所者の特性に応じ、保護観察所が更生保護施設に委託して行う特定補導を開始している。

　これらの処遇は、更生保護施設における円滑な集団生活に資するとともに、入所者にとって、職場での人間関係の形成力や施設退所後の生活力の向上に大きく寄与するほか、一部の処遇については、特定の犯罪的傾向を改善するものであり、更生保護施設は、単に宿泊場所と食事を提供するだけでなく、入所者に自立に向けた力をつけさせる処遇施設としての機能を有している。

　そして、これらの処遇は、地域の保護司、更生保護女性会員、BBS会員をはじめ、自助グループ、社会福祉関係者、医療関係者、地元自治体や町内会等の協力を得て行われている。十分な社会関係を取り結べず、頼るべき親族等もいないため更生保護施設で保護されるに至った入所者にとって、これらの協力者と接することが、集団処遇の課程をこなすことに加えて、社会関係を形成する基本的な第一歩として、貴重な機会となっている。また、集団処遇への協力を契機として、保護司をはじめとした地元の民間協力者の施設利用が増えたり、地域の社会福祉関係者等との連携が強まるなど、集団処遇への取り組みが更生保護施設と地域との連携を促進する例も多い。

４ 更生保護施設における課題

　本節の第２項のとおり、更生保護施設が、刑事施設からの仮釈放者を中心に保護しているが、他方で、身寄りのない満期釈放者は年間3,000人程度おり、社会的な課題とされている。これらの者に対し、更生保護施設が受け入れ先となることができれば、現在満期釈放となっている者が仮釈放となり保護観察を受けながら社会生活を送ることができるようになり、再犯を防止し、より確実な社会復帰が期待できる。また、満期釈放となった者であっても更生保護施設による支援を受けられるようにしていくことも必要である。そのためには、更生保護施設が受け入れ可

能な入所者の幅を広げるなどして受入促進を図っていくとともに、更生
保護施設を退所し、地域生活に移行した者等に対しても継続的な支援を
実施することのできる体制を整えていくことが重要である。

　こうした現状等を踏まえ、法務省では、次のとおり更生保護施設に関
する施策を実施している。

（1）高齢または障害のある者への対応

　平成21（2009）年度から、法務省と厚生労働省が連携し、適当な帰住
先がなく、かつ、高齢または障害により直ちに自立することが困難であ
る受刑者等の帰住先も調整する特別調整[*16]が行われている。法務省では、
同年度から、全国の更生保護施設のうち一部の施設を高齢または障害の
ある者を受け入れる施設として指定し、社会福祉士等の専門資格等を有
する職員を配置し、福祉への移行準備や高齢や障害の特性に配慮しつつ、
社会生活に適応するための指導・助言を内容とする特別処遇を77施設
（令和5〔2023〕年4月現在）で実施している。そのうち3施設は主に
少年を受け入れる施設であり、発達障害等の特性に配慮した専門的な処
遇を行っている。このように、出所後直ちに福祉による支援を受けるこ
とが困難な者を一時的に受け入れ、地域生活定着支援センターをはじめ
とした福祉関係機関と連携した支援を行うことでその社会復帰を促進し
ている。

（2）更生保護施設における薬物依存回復処遇

　再犯率の高い薬物事犯に対応するため、平成25（2013）年度から薬物
事犯者に対して重点的な処遇を行う更生保護施設を指定する取り組みを
開始している。指定された更生保護施設では、精神保健福祉士や公認心
理師等の専門資格等を有するスタッフが薬物依存からの回復に重点を置
いた専門的な処遇を25施設（令和5〔2023〕年4月現在）で実施してい
る。

（3）更生保護施設の地域拠点機能の強化

　平成29（2017）年度からは、更生保護施設を退所して地域で生活して
いる刑務所出所者等の自立更生のため、これらの者に対する処遇の知見
等を有する更生保護施設職員が、地域社会での生活に定着できるまでの
間、継続的な生活相談等を行うフォローアップ事業を実施している。な
お、フォローアップ事業は、主として、更生保護施設退所者が更生保護

*16
本書第3部第1章第1
節2及び第5章第2節
2、第7章第2節*23
参照。

施設へ通所するかたちで行われるが、自ら支援を求めることや施設に通所することが困難な者もいるため、令和3（2021）年10月からは、更生保護施設職員が退所者の自宅等を訪問して必要な生活相談等を行う訪問支援事業を開始し、令和5（2023）年度からは、全国11の更生保護施設で実施している。

一方、地域社会の中に更生保護施設以外の多様な受け皿を確保するため、あらかじめ保護観察所に登録されたNPO法人などの民間法人等に、刑務所出所者等に対する宿泊場所と自立のための生活指導のほか、必要に応じて食事の提供を委託する取り組みを、平成23（2011）年度から行っている。この取り組みは、「緊急的住居確保・自立支援対策」とよばれ、登録された民間法人等が有する宿泊場所のことを「自立準備ホーム」[*17]とよんでいる。自立準備ホームの登録事業者は、平成23（2011）年度においては166事業者であったが、令和5（2023）年度においては506事業者まで拡大している。また、委託実績についても、平成23（2011）年度においては799人であったが、令和4（2022）年度においては1,868人まで増加している。なお、1人当たりの平均委託日数は約70日間である。

刑務所出所者等の地域における自立支援の中核的担い手として更生保護施設や自立準備ホームの重要性は年々高まっていることから、今後、これらの受け入れ機能や処遇機能をよりいっそう充実していくことが求められている。

第4節　民間協力者

1 更生保護女性会

　更生保護女性会は、地域の犯罪予防と犯罪をした者や非行のある少年の更生保護に協力し、犯罪や非行のない社会の実現に寄与することを目的とする女性のボランティア団体である。[*18]

　保護区または市区町村単位に全国に約1,300の地区更生保護女性会が組織され、約13万人の会員が活動に従事している。

　更生保護女性会の特色は、いわゆる更生保護ボランティアの中でも、会員数が多く、各地で幅広い活動が展開されている点にある。具体的な活動例としては、“社会を明るくする運動”を中心とする更生保護の啓発活動への参加、地域住民を対象に身近な集まりにおいて非行問題や家庭問題を話し合う「ミニ集会」の開催、さらに、最近では、子育て相談や親子のふれあい行事、子ども食堂などの地域活動が行われている。

　これらの更生保護の啓発活動や犯罪予防活動のほか、保護観察所が保護観察対象者に対して行う社会貢献活動の実施協力、主として少年の保護観察対象者に対して実施している社会参加活動への同伴、更生保護施設での料理教室、刑事施設や少年院への訪問など、犯罪をした者や非行のある少年とより直接かかわる活動も行われている。

　また、日用品やバザーによる売り上げを、更生保護施設をはじめとする更生保護活動に寄付するなど、物的資金的支援も活発に行われている。

2 BBS会

　BBS運動とは、Big Brothers and Sisters Movementの略であり、BBS会は、非行などの問題を抱える少年に対し兄や姉のような立場で、その自立を支援する活動や、地域で非行防止活動を行う青年ボランティア団体である。BBS運動は、20世紀初頭にアメリカ・ニューヨーク市で最初の活動が始まったとされ、日本では、昭和22（1947）年に「京都少年保護学生連盟」が発足したのが始めとされる。令和5（2023）年1月現在、全国に約450団体があり、会員数は約4,400人となっている。

　保護観察所や家庭裁判所からの依頼を受けて、少年に対する個別の相談支援や学習支援、グループでの社会体験活動等を行う「ともだち活

*18
更生保護女性会の前身は、戦前、女性の立場から少年保護の活動を行うものとして、少年保護婦人協力会等の名称で東京、京都、高松等で組織され、昭和24（1949）年の更生保護制度発足後、更生保護婦人会の名称で全国に組織化が広がった。平成15（2003）年、中央団体が「全国更生保護婦人連盟」から「日本更生保護女性連盟」に改称するとともに、組織の一般名称は「更生保護女性会」として定着している。

第3部

第4章

動」や、地元の保護司会や更生保護女性会と協力して行う非行防止活動のほか、各地のBBS会の独自企画による地域の少年を交えたレクリエーション活動などが行われている。

　また、近年は、保護司や更生保護女性会員と相互に協力し合って、合同研修や地域活動等を行うなど、民間協力者同士の連携が進んでいる。

③ 協力雇用主

　保護観察対象者や更生緊急保護の対象者の中には、就労経験や仕事に必要な能力が十分でないことに加えて、犯罪や非行の前歴から、自力での就職はもとより、公共職業安定所の紹介による就職も困難な者が少なくない。**協力雇用主**は、こうした者に対し、その前歴にこだわらず積極的な雇用に協力している民間の篤志事業家である。

　協力雇用主は、もともと保護司や更生保護施設の職員が、地元で自らが担当する対象者の就職の協力先を求めたところから始まり、その後、保護観察所や保護司会、更生保護施設が、地域社会の中にこうした協力者の輪を広げてきたもので、令和4（2022）年10月現在、全国で保護観察所に登録されている協力雇用主は、約2万5,000事業者となっている。

　協力雇用主は、担当保護観察官や保護司、更生保護施設職員と連絡をとり合いながら、雇用した保護観察対象者等に対し、仕事に必要な知識や技術、さらには、これまで経験する機会に乏しかった仕事の喜びを伝え、それが、対象者の改善更生に大変大きな役割を果たしている。

　現状において、協力雇用主は、中小規模の事業者が多く、また、約半数は建設業となっている。このため平成18（2006）年度から本格的に進められている刑務所出所者等に対する就労支援対策においては、大企業やより幅広い産業分野からの理解と協力の獲得についても力が入れられている。こうしたなか、平成21（2009）年1月に、全国規模の経済団体や企業等が中心となり、犯罪からの立ち直りをめざす人たちの就労を支援するNPO法人全国就労支援事業者機構が設立され、引き続いて、各都道府県の単位でも同様のNPO法人が設立されて、事業者の立場からのこの分野での組織的な就労支援の取組が進められている。

第5章

更生保護制度における関係機関・団体との連携

学習のねらい

　更生保護は、多様な問題を抱えている人たちの改善更生を地域社会において図る役割を担っている。その問題には再犯リスクの防止、軽減、解消を何より必要としているものもあり、また、心身や社会生活上の高い支援ニーズを有してさまざまな支援を必要としているものもある。したがって、更生保護活動の実効性を高めるためには、多方面の専門機関・団体、地方公共団体、市民の自助グループ、NPOなどとの連携を欠くことができない。

　また、更生保護は検挙、裁判、矯正という刑事司法の流れのなかでの役割を担っていることから、その過程における各刑事司法機関との連携は当然ながら緊密になされなければならない。これらの連携を必要とする関係機関とその運用の実情を通じて更生保護の役割とそのあり方を理解しておくことも大切である。

第1節　刑事司法関係機関との連携

1 刑事手続における刑事司法関係機関のかかわり

　刑事手続は、①捜査、②公判、及び③裁判後、の３つの段階に分けることができ、段階によって、かかわる刑事司法機関は異なる（**図３−５−１**）。例えば、①捜査の段階では、**検察庁**が担う役割が大きく、②公判の段階では、検察庁に加えて裁判所の役割が大きくなる。そして③裁判後の段階では、矯正施設、地方更生保護委員会及び保護観察所の役割が大きくなる。

　しかしながら、刑事手続の各段階と、そこに関与する刑事司法関係機関との対応関係は単純ではない。例えば、⑦捜査の段階において不起訴となった被疑者に対して、検察庁だけではなく保護観察所が関与してその社会復帰を支援する場合があるほか、⑦裁判後の段階において、保護観察付執行猶予者が保護観察中に遵守すべき事項を遵守しなかった場合には、保護観察所だけではなく検察庁や裁判所が再び関与することがある。

〈図３−５−１〉刑事手続の流れ

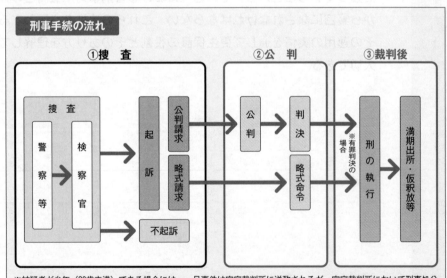

（出典）法務省ホームページより一部改変

このように、更生保護制度が全体として十分に機能するためには、刑事司法関係機関が相互に連携することが必要である。

ここでは、主に、保護観察所と、検察庁、裁判所及び矯正施設との連携について概説する。

2 検察庁との連携

検察庁に所属する**検察官**は、捜査や起訴または不起訴の決定、公判における犯罪の立証などを行うほか、懲役刑や罰金刑など裁判の執行の指揮・監督を行う。保護観察所と検察庁との連携について、ここでは特に、（1）保護観察付執行猶予者に関する連携、そして近年始まった（2）起訴猶予者等に対する支援に関する連携、を取り上げる。

（1）保護観察付執行猶予者に関する連携

裁判所から被告人に対して保護観察付執行猶予（全部猶予）[1]の判決が言い渡されると、捜査及び公判の過程で明らかになった処遇上の参考事項[2]が、検察官から保護観察所長に対して通知され、保護観察官は特別遵守事項の設定や保護観察を実施する上でこれを参考にしている。保護観察付執行猶予の判決が確定すると、検察庁から保護観察所に対してその旨の通知がなされ、保護観察の事務が本格的に開始されることになる。

保護観察の開始後、保護観察付執行猶予者が保護観察中に遵守すべき事項を遵守している場合、保護観察所から検察庁に対しては保護観察の状況等が報告されるのみである。他方、保護観察付執行猶予者が①再犯したときや、②保護観察中に遵守すべき事項を遵守せず、その情状が重いとき、は保護観察所と検察庁が連携して対応する必要が生じる。

①再犯したとき

保護観察付執行猶予者が再犯し、事件が警察から検察庁に送致されると、検察官から保護観察所長に対してその旨が通知される。その際、検察官から保護観察の実施状況について報告が求められる場合があり、同報告は検察庁における捜査及び公判において参照されることとなる。

②保護観察中に遵守すべき事項を遵守せず、その情状が重いとき

①の再犯によって実刑に処せられたとき、刑の執行猶予の言渡しは取り消される。他方、実刑に処せられなかった場合や、そもそも再犯として立件されなかった場合であっても、保護観察所として、当該保護観察付執行猶予者が保護観察中に遵守すべき事項を遵守せず、その

*1
平成28（2016）年に刑の一部執行猶予制度が導入されたことにより、保護観察付執行猶予には、実刑期間を伴う執行猶予（一部猶予）と実刑期間を伴わない従来の執行猶予（全部猶予）の2種類となった。紙面の都合上、ここでは主に全部猶予について記載する。なお、刑の一部執行猶予制度については、第3部第2章第1節4参照。

*2
具体的には、例えば、暴力団との関係や薬物の使用歴などである。

＊3
刑の執行猶予（全部猶予）の取消しの要件は、刑法第26条及び第26条の2に規定されている。

情状が重いと判断した場合、保護観察所長は検察官に対して刑の執行猶予の言渡しの取消し[3]を申し出る。検察官は、この申出を受けて、裁判所に対して刑の執行猶予の言渡しの取消しを請求するか否かを判断する。裁判所は、検察官からの請求を受けて、刑の執行猶予の言渡しを取り消すか否かを判断することとなる。

（2）起訴猶予者等に対する支援に関する連携

犯罪をした高齢者や障害者の中には、福祉に関する適切な情報提供を受けてこなかったことや身近な支援者がいないことなどにより必要な福祉サービス等につながっていない例が多くみられ、犯罪の常習化を防ぐためにも、福祉サービス等に早期につなげることが必要である場合がある。近年、検察庁においては、保護観察所や弁護人等と連携して、起訴猶予者等の身柄釈放時等に必要な福祉サービス等に橋渡しをする取り組みが開始されており、これは「入口支援」[4]とよばれている。入口支援にはさまざまなパターンが存在するが、検察庁と保護観察所が連携した入口支援では、起訴猶予処分となり更生緊急保護の申出をすることが見込まれる者について、両機関が連携し、処分に先立って釈放後の福祉サービス等の利用や住居の確保に向けた調整等を行っている。こうした調整等の結果、釈放後早期の支援や必要な福祉サービス等の利用につながっている。

＊4
本書第3部第2章第5節2（4）参照。

このほかにも、検察庁と保護観察所との間では、例えば、犯罪被害者に対する支援に関する引継ぎ、仮釈放者の再犯に関する情報共有など接点は多い。また、検察庁と地方更生保護委員会との間においても、例えば仮釈放審理のための刑事事件記録の閲覧・借用など、さまざまな形で連携が行われている。

3 裁判所との連携

少年に対する保護処分にせよ、成人に対する刑事処分にせよ、決定を行うのは裁判所であり、保護観察所はその処分の執行部分を担っている。決定機関と執行機関という互いの立場の違いを尊重しつつ両者が適切に連携することで、手続を円滑・適正に行うことが可能となる。更生保護制度と裁判所との接点は多岐にわたるが、ここでは、（1）特別遵守事項の設定時の連携、（2）保護観察開始時における情報引継ぎに関する

連携、（3）保護観察対象者による再犯・再非行時の連携、に分けて概説する。

（1）特別遵守事項の設定時の連携

　保護観察を実施する上で重要な意味をもつ遵守事項には、**一般遵守事項**（法定遵守事項）と**特別遵守事項**があり、このうち特別遵守事項は保護観察所長が設定・変更等を行う。しかし、①保護観察処分少年については、処分をした家庭裁判所の意見に基づいて設定・変更することができ、また、②保護観察付執行猶予者（全部猶予）については、保護観察の開始に際しては判決の言渡しをした裁判所の意見に基づいて設定し、その後、新たに設定または変更するときは保護観察所の所在地を管轄する裁判所の意見を聴かなければならないとされている。これらは、遵守事項が身体の拘束を含む措置の根拠となり得るものであることに鑑み、裁判所の関与により、特別遵守事項が過度の人権制約とならないよう担保する意味があり、重要な連携の一形態である。

（2）保護観察開始時における情報引継ぎに関する連携

　保護観察対象者のうち、特に保護観察処分少年と保護観察付執行猶予者（全部猶予）に関しては、当該保護観察対象者の保護観察が複数回めであるといった場合を除き、保護観察所には当該保護観察対象者に関する事前情報がほとんどない。そのため、保護観察官が保護観察を開始するにあたって、保護観察対象者の問題点を把握し、処遇の方針を検討するためには、裁判所から通知される書面の精査が重要となる。なかでも保護観察処分少年に関して家庭裁判所から引き継がれる書面には、当該少年に関して家庭裁判所調査官が綿密に調査した結果が記載されており、重要な参考資料となる。

（3）保護観察対象者による再犯・再非行時の連携

　保護観察対象者が再犯・再非行や遵守事項違反を行い、もはや保護観察による改善更生が困難であると判断したとき、保護観察所長は、裁判所に対して、直接または間接に、当該保護観察対象者を施設に（再）収容する等の措置を求めることとなる。[*5] 保護観察付執行猶予者については上述のとおりであるが、保護観察処分少年や少年院仮退院者についても、保護観察の実施状況や当該措置を必要とする理由を添えて裁判所に新たな処分を求めることとなる。また、保護観察所が把握しない状況で再非

*5
ただし仮釈放者を除く。仮釈放者の場合は地方更生保護委員会に対して求める。

第3部
第5章

行に係る事件が家庭裁判所に係属した場合も、保護観察所は、家庭裁判所からの求めに応じて、保護観察の状況や当該事件に対する処分に関する意見を裁判所に伝えることとなる。

　このほかにも、裁判所と保護観察所との間では、例えば、保護観察付執行猶予者に関する保護観察所から裁判所への保護観察の状況報告や、保護観察の仮解除が決定された場合の通知など、接点は多い。このように、決定機関である裁判所と執行機関である保護観察所との間の連携が円滑になされるためには、両者が日頃から情報交換を積極的に行っていることが重要である。[*6]

4 矯正施設との連携

　犯罪をした者や非行のある少年に対する処遇のうち、矯正施設の中で実施される処遇が「施設内処遇」とよばれるのに対し、保護観察所が行う保護観察は「社会内処遇」とよばれる。両処遇が有機的に連携することで、処遇の効果はいっそう高まる。

　ここでは、（1）刑事施設との連携、（2）少年院との連携、（3）少年鑑別所との連携、に分けて概説する。

（1）刑事施設との連携

　頼ることのできる親族や適当な住居がない受刑者が多数存在すること、[*7] 受刑者が満期釈放となった場合、仮釈放の場合と比べて釈放後に保護観察所が実施できる支援等が非常に限られたものになってしまうことに鑑みれば、受刑中の生活環境の調整を積極的に行い、適切に仮釈放することが、再犯防止を図る上で非常に重要であると考えられる。そのためには、保護観察所や地方更生保護委員会と刑事施設との緊密な連携が欠かせない。

　具体的には、生活環境の調整の状況を保護観察所から刑事施設に報告したり、刑事施設内における処遇の状況を刑事施設から保護観察所や地方更生保護委員会に通知したりといった情報連携に加えて、地方更生保護委員会事務局の保護観察官が刑事施設に駐在して受刑者に対する教育にかかわったり、仮釈放に関係する会議に出席するなどしている。近年では、より多くの受刑者について適切な帰住先を確保することを目的として、地方更生保護委員会と保護観察所、刑事施設が連携し、生活環境

*6
例えば、裁判所が、特別遵守事項として性犯罪再犯防止プログラムを受講させる旨の意見を保護観察所に伝える上で、保護観察所が実施している性犯罪再犯防止プログラムがどのようなものであるかをあらかじめ承知していることが有用であると考えられる。また、保護観察所による不良措置の申出等があった場合においても、保護観察の実情について承知していることが適切な判断に資すると考えられる。

*7
例えば、令和4（2022）年に刑事施設を満期で出所した者のうち、約2,700人の帰住地が、親族や就労先、更生保護施設等ではない「その他」に分類されており（法務省大臣官房司法法制部『矯正統計年報〔令和4年〕』）、これらの者の出所後の生活環境は非常に不安定であることが推測される。

の調整において特段の配慮が必要と認められる受刑者について早期に面接調査等を行ったり、より多くの刑事施設に保護観察官を駐在させるなどの取り組みが展開されている。

（2）少年院との連携

　少年院送致となった少年のほとんどは、仮退院によって少年院を出院し、仮退院の期間中保護観察を受ける。そのため、少年院における矯正教育と保護観察所が行う保護観察処遇には連続性・一貫性が求められる。このため保護観察所においては、少年院から通知される個々の矯正教育の計画及びそこに記載された教育目標、教育内容及び期間等をふまえ、おおよその仮退院時期を見据えながら計画的に生活環境の調整を行っている。

　しかし、少年院在院者の中には、心理特性や行動傾向に鑑み特別な配慮を要する者や、精神障害等により仮退院後に公共の衛生福祉機関等から継続的な支援を受ける必要がある者、あるいは、生育環境が劣悪であって適切な帰住先がない者など、少年院における処遇や生活環境の調整、保護観察を実施する上で困難を伴う者も少なくない。こうした少年については、少年院、保護観察所及び地方更生保護委員会が、少年院入所の早期から情報共有や処遇協議などを緊密に行い、帰住先の確保や保護者に対するはたらきかけ、少年に対する指導等に関して連携していく必要がある。また、平成27（2015）年に施行された少年院法では、少年院が、保護観察所との連携のもと、在院者に対する帰住先の確保や修学・就業の支援など出院後の社会復帰支援を行う旨の規定が設けられた。少年院と保護観察所が、施設内と社会内とを問わず重層的に少年の社会復帰に関与していくことが求められている。

（3）少年鑑別所との連携

　少年鑑別所は、家庭裁判所の決定により少年を一時的に収容し、行動観察や、生育歴や非行の背景・動機等を含めた心身の鑑別を行い、その結果を家庭裁判所に通知する。家庭裁判所においては、当該鑑別の結果をふまえて少年の処分を決定するが、当該少年が保護観察処分となった場合、鑑別の結果は保護観察所に引き継がれ、保護観察を実施する上で重要な参考資料となる。

　また、保護観察を開始するにあたって、保護観察対象者の態度や適性について保護観察所から少年鑑別所に対して鑑別を依頼する場合がある

ほか、再非行により保護観察中の少年が少年鑑別所に収容される場合もある。このような場合においては、結果的に保護観察が継続されるにせよ、少年院等に送致されるにせよ、当該少年に対する今後の処遇が効果的なものとなるよう保護観察所と少年鑑別所を含め、各機関が互いの情報を共有することとなる。

このほか、少年鑑別所は、「法務少年支援センター」として、地域の学校や一般家庭からの非行や教育に関する相談に応じており、犯罪や非行の（少）ない地域社会の実現を目的としたさまざまな広報・啓発活動等においても、保護観察所と少年鑑別所が連携する機会が増えてきている。

以上、検察庁、裁判所そして矯正施設の順に、更生保護制度、特に保護観察所との連携を概観してきた。ここに記載したのは一例であり、これ以外にもさまざまな連携あるいは連携強化に向けた取り組みが実施されている。[*8] 効果的な処遇（再犯の防止）のためには、刑事司法関係機関の相互理解と専門的知識・知見の共有が欠かせない。各機関との連携は今後ともいっそう推進される必要がある。

*8
例えば、検察庁、保護観察所、矯正施設との間では、年単位での職員の人事交流が行われているほか、研修目的の短期派遣も行われている。また、裁判所を含め、他組織の研修に相互に講師を派遣したり、研修員（聴講生）を派遣したりすることも行われている。

第2節 就労、福祉その他の関係機関・団体との連携

1 就労支援機関・団体との連携

　犯罪や非行からの立ち直りを考えるとき、就労は欠くことのできない観点である。適切な就労先は、単に本人の生活を経済的に安定させるだけではなく、社会人としてのさまざまな知識・スキルを身につける場となり、新たな人間関係を構築する場となり、そして自己有用感を獲得する場ともなって、本人の生活を心理・社会的に安定させることにつながる。逆に、就職活動で不採用が続いたり、就労先になじめず短期間の離職を繰り返したりするうちに、心身ともに疲弊し、就職や社会への適応を諦めてしまうこともあり得る。一言で言えば、就労先は社会における「居場所」の重要な部分を占めている。[*9]

　以上をふまえ、ここでは就労支援機関・団体との連携として、（1）公共職業安定所（ハローワーク）との連携、（2）協力雇用主との連携、（3）その他の機関・団体との連携、を取り上げる。

（1）公共職業安定所（ハローワーク）との連携

　平成18（2006）年度から、法務省と厚生労働省は、連携して「刑務所出所者等総合的就労支援対策」を実施している。同対策の一つとして、保護観察対象者等については、保護観察所と公共職業安定所（以下、ハローワーク）が連携して、就職に向けたセミナーや事業所見学会、職場体験講習などを実施しているほか、本人の希望や適性に応じた職業相談や職業紹介を実施している。

（2）協力雇用主との連携

　保護観察所やハローワークが保護観察対象者等に対する職業相談や職業紹介に努めたとしても、保護観察対象者等を雇用しようとする事業者がいなければ実際の就職にはつながらない。また、就労先が保護観察や犯罪をした者等の社会復帰について理解のある事業者であれば、保護観察対象者等の職場定着がより円滑に進むと考えられる。そこで、保護観察所ではこうした事業者（協力雇用主[*10]）の開拓に努めるとともに、就労

*9
実際、就労と再犯は強く関連することが知られており、刑務所再入所者の約73%は再犯時に無職である（法務省大臣官房司法法制部『矯正統計年報〔令和4年〕』）。

*10
本書第3部第4章第4節3参照。

第3部

第5章

303

定着に向けた協力雇用主との連携を図っている。

しかし、犯罪をした者等を実際に雇用する上では、協力雇用主にさまざまな不安が生じる。保護観察所では、矯正施設やハローワークと連携し、上述の事業所見学会や職場体験講習のほか、①身元保証制度、②トライアル雇用制度、③刑務所出所者等就労奨励金制度等を活用して、協力雇用主の不安を軽減することで、保護観察対象者等の就職や職場への定着を促進している。[*11]

（3）その他の機関・団体との連携

犯罪をした者等が適当な就労先を得て地域の一員として活躍する機会を得るためには、一部の関係者だけではなく、社会の幅広い層から理解と協力を得る必要がある。

平成21（2009）年には、主として事業者の立場から刑務所出所者等の就労を支援する組織として、NPO法人全国就労支援事業者機構が設立されたほか、各都道府県レベルでも、地域の経済団体が中心となって、犯罪をした者等の就労支援や協力雇用主の開拓に取り組む事業者の組織がNPO法人等として設立された。

また、一部の地方公共団体では、協力雇用主等を支援する方策の一つとして、公共調達における入札参加資格の審査や総合評価落札方式による競争入札において、協力雇用主としての雇用実績等を評価する取り組みが開始されている。[*12]

保護観察所は、こうした地域の関係機関や団体とも連携しながら、犯罪をした者等が、各地域において、その能力と適性に応じた就労の機会を得られる環境づくりに取り組んでいる。

2 福祉機関・団体との連携

犯罪をした者等の中には、高齢である、障害がある、あるいは住居がないなど、何らかの福祉的な支援を必要とする者が多数存在することが明らかとなっており、それに伴って更生保護制度と福祉制度、言い換えれば保護観察所と地域の福祉機関・団体との関係は急速に近接し、多様化してきている。平成21（2009）年に地域生活定着支援事業（現在は地域生活定着促進事業）が開始されて以降、こうした福祉的な支援を要する者に対する支援は大きく前進したといえるが、いわゆる「制度の狭間」に落ちるケースも指摘されており、不断の検証・見直しが求められ[*13]

*11
各制度の内容は、法務省ホームページ等を確認されたい。

*12
令和4（2022）年末時点において、入札参加資格審査において181の地方公共団体が、総合評価落札方式による競争入札において79の地方公共団体が、それぞれ協力雇用主に対する優遇措置を実施している（法務省『令和5年版 再犯防止推進白書』）。

*13
制度の詳細については、厚生労働省ホームページ等を確認されたい。本書では、第3部第7章第2節2（1）参照。

る。

　保護観察や更生緊急保護を実施する上でかかわる福祉機関・団体は数多く、すべてをここで紹介することはできない。ここでは、特に関係の深い機関・団体として（1）地域生活定着支援センターとの連携、（2）福祉事務所等との連携、（3）精神保健福祉センターとの連携、を取り上げることとしたい。

（1）地域生活定着支援センターとの連携

　地域生活定着支援センター（以下、定着センター）は、上述の地域生活定着促進事業の一環として全国48か所に設置され、各都道府県が福祉関係の民間団体（県社協、社会福祉士会、社会福祉法人、NPO法人等）に委託するなどして運営している。

　矯正施設に収容されている者のうち、高齢または障害のため釈放後直ちに福祉サービスを受ける必要があり、かつ釈放後の行き場のない者については、保護観察所、矯正施設、そして定着センターが情報共有や協議を行いながら出所後の帰住先の確保を含めた生活環境の調整を行っており、これは「特別調整」とよばれている。特別調整の対象となった者が出所した後も、保護観察期間中は保護観察所と定着センターが連携して指導や支援を行い、また、保護観察期間等が経過した後は定着センターが継続して支援を実施している。なお、令和3（2021）年度からは、被疑者・被告人等で高齢または障害により自立した生活が困難な者に対しても、定着センターが支援を開始しており、この分野でも保護観察所と定着センターとの連携が本格的に始まっている。

（2）福祉事務所等との連携

　保護観察対象者等の中には、生活に困窮している者や、適当な住居がないという者が少なくないが、更生保護制度内においても、保護観察所長が本人の改善更生にとって必要と判断すれば、例えば出所直後の一時的な措置として、更生保護施設等に宿泊保護や食事の給与等を委託することができる。しかし、保護観察対象者等がその先も（すなわち、保護観察の期間や更生緊急保護の期間が経過した後も）地域で安定した生活を営むためには、福祉事務所等を通じて、地方公共団体が実施する福祉サービスを適切に利用することが必要な場合がある。一方で、保護観察対象者等の中には、利用できる制度を知らない、自らがその制度の利用要件を満たすことを自覚していない、あるいは自身の生活（困窮）状況

*14
例えば、令和4（2022）年に保護観察を開始した者の生計状況について見ると、約31％が生活保護受給を含む「貧困等」に分類されている（法務省『保護統計年報〔令和4年〕』）。

を他人に説明することが十分にできない等により、自発的には適切な制度・サービス利用につながらないことが少なくない。このような状況においては、保護観察所が本人に対して利用できる制度について適切に情報提供したり、場合によっては保護観察官等が福祉事務所等（例えば生活保護の相談・申請窓口や生活困窮者自立支援制度の相談窓口など）に付き添ったりして、本人にとって必要な福祉サービスにつながるように支援することが必要である。そのためには、保護観察所と福祉事務所等との間で、互いの制度や役割についての基本的な理解が共有されていることが重要となる。

（3）精神保健福祉センター等との連携

　保護観察対象者が何らかの精神障害を有している場合もある。[15]しかしながら、これまでの生育歴の中で当該障害が見過ごされるなどして、適切な支援制度につながっていない者が少なくない。このような場合には、上述の場合と同様、保護観察所が本人に対して利用できる制度について適切に情報提供したり、場合によっては保護観察官等が精神保健福祉センター等（例えば、精神障害者保健福祉手帳や療育手帳の相談・申請窓口など）に付き添ったりして、本人にとって必要な支援制度につながるように支援することが必要となる。

　また、近年、保護観察対象者等のうち覚醒剤等の薬物への依存傾向を有する者の割合が増えており、[16]こうした者の社会復帰においては、関係機関・団体が連携して薬物依存からの回復を支援することが重要となる。法務省と厚生労働省は、平成27（2015）年に「薬物依存のある刑務所出所者等の支援に関する地域連携ガイドライン」を策定しており、同ガイドラインにおいては、「薬物依存者が薬物依存という精神症状に苦しむ一人の地域生活者であるということを改めて認識し、刑事処分の対象となったことに伴う偏見や先入観を排して支援対象者の薬物依存からの回復と社会復帰を支援する」こと、そのために保護観察や精神保健福祉センター等の関係機関、そしてダルク等[17]の回復支援施設やNA等[17]の民間支援団体が相互に連携することが掲げられている。

3 その他の機関・団体との連携

　このほかにも、保護観察対象者等の改善更生や再犯防止には、さまざまな機関・団体が直接または間接的にかかわっている。そのすべてを列

*15　例えば、令和４（2022）年に保護観察を開始した者の精神状況について見ると、約19％に何らかの精神障害があるとされている（法務省『保護統計年報〔令和４年〕』）。

*16　罪名別に見ると、令和４（2022）年における新規仮釈放者のうち約30％が、また保護観察付執行猶予者のうち約46％が、覚醒剤取締法違反である（法務省『保護統計年報〔令和４年〕』）。

*17　ダルク（DARC＝Drug Addiction Rehabilitation Center）は、依存症の当事者によって運営される、依存症からの回復を支援する施設の一つであり、NA（ナルコティクス・アノニマス）は依存症の当事者による自助グループの一つである。

挙することはできないが、その一部を紹介する。

（1）学校、児童相談所等

　保護観察中の児童あるいは生徒については、個人情報の適切な取り扱いに十分留意しつつ、学校や児童相談所等の児童福祉機関と適切に連携することが必要である。特に中学生については、学校（学級）への適応状況や保護者との関係、卒業後の進路などについて、担当教員等との情報共有や協議が欠かせない。少年院からの仮退院に際して、復学予定の中学校と調整を行うことも重要である。また、発達障害が疑われる少年や、発達早期から問題行動が顕在化し児童相談所が関与してきた（している）ケースについては、指導や支援の一貫性を確保する上でも、保護観察所と児童相談所をはじめとした児童福祉機関との連携が必要となる。

　また、保護観察対象者等が妊産婦であったり、乳幼児や児童の保護者であるという場合があるが、頼れる親族が身近にいなかったり、地域とのつながりが希薄であったりして、出産や育児に関する相談先や利用できる資源や制度を知らないという場合も少なくない。このような場合には、保護観察対象者等の生活の安定を図るという観点から、保護観察官等が本人に対して適切に助言を行うことが必要となる。

（2）日本司法支援センター（法テラス）

　日本司法支援センター（以下、**法テラス**）は、「全国どこでも法的トラブルを解決するための情報やサービスを受けられる社会の実現」を理念とする法務省所管の法人であり、本部のほか全国に50の地方事務所が置かれている。債務整理や犯罪被害、相続、労働問題、成年後見等の幅広い相談を受け付けており、相談内容に応じて適切な相談先の紹介や情報提供、解決に向けた支援業務などを行っている。

　保護観察対象者等の中には、借金や賃貸トラブル等の法的トラブルを抱え、それが社会生活上の障害となっている者もおり、このような場合には、保護観察所から本人に対して法テラスを紹介することがある。一方、例えば刑事手続や犯罪被害に関する相談が法テラスに寄せられた場合には、法テラスから保護観察所のことを紹介され、保護観察所において、保護観察や保護観察所が実施している犯罪被害者支援についての情報提供等を行うこともある。

　以上、就労支援機関・団体、福祉機関・団体、その他の機関・団体の

*18
令和4（2022）年に保護観察を開始した者のうち約16%が18歳未満であり、また、約11%が中学生または高校生である（法務省『保護統計年報〔令和4年〕』）。

第3部

第5章

順に、更生保護制度との連携を概観してきた。

　これらに加え、令和4（2022）年10月からは、一部の保護観察所において、上述したような地域の関係機関・団体による支援ネットワークを構築するとともに、それぞれの関係機関等による刑務所出所者等を対象とした支援活動の後方支援を行う「更生保護地域連携拠点事業」を民間事業者に委託して実施する取り組みが始まっている。また、令和5（2023）年度からは、都道府県が、第二次再犯防止推進計画（令和5〔2023〕年3月閣議決定）で示された役割（域内の市区町村への支援や市区町村が単独で実施することが困難な刑務所出所者等に対する支援）に基づく再犯防止施策を実施するために必要な経費について、国が一定の補助を行う「地域再犯防止推進事業」が開始された。

　このように、効果的な処遇（再犯の防止）のためには、刑事司法関係機関だけではなく、多機関・多職種による連携が欠かせない。さらには、刑事司法手続期間を終えた後も、地域において継続的な支援を必要とする刑務所出所者等に対する"息の長い"支援を確保することが重要である。互いの制度と役割に対する理解と尊重を前提として、更生保護制度と関係機関・団体との連携は、今後いっそう、強力に推進される必要がある。

第**6**章

医療観察制度の概要

　医療観察制度の趣旨、対象となる人たちなど、制度の考え方、制度独自の手続としての審判から医療の確保に至るまでの運用方法、精神保健福祉士を中心とした社会復帰調整官という専門職の配置、さらには司法、医療、精神保健、社会福祉等にまたがる制度として、それぞれの分野の専門的役割と相互の連携の仕組みなどをよく理解する必要がある。

　入院や退院、あるいは通院の手続、医療の確保、地域における処遇の方法など、わが国において創設されて間もない制度としての全体の成り立ちを理解することも大切である。

第1節　医療観察制度の意義

医療観察制度は、「心神喪失等の状態で重大な他害行為を行った者の医療及び観察等に関する法律」（以下、**医療観察法**）に基づき、殺人、放火等の重大な他害行為を行った者の社会復帰を促進することを目的として、平成17（2005）年7月15日から実施されている処遇制度である（法律の公布日は、平成15〔2003〕年7月16日）。

従来、殺人や放火等重大な他害行為を行ったものの善悪の区別がつかないなど刑事責任を問うことができないと判断された精神障害者については、一般的に都道府県知事の権限による措置入院等で対応がなされてきたが、その一方で、一般的な精神科病棟の設備・スタッフのもとでは専門的な治療の実施がむずかしいこと、入退院の判断を実質的に委ねられている医師の負担が過重となっていること、退院後の通院医療を継続させる実効性のある仕組みがないことなどが問題点として指摘されていた。

医療観察制度は、これらの指摘等[*1]をふまえ、心神喪失等の状態で重大な他害行為を行った精神障害者について、国の責任において手厚い専門的な医療を統一的に行うとともに、継続的かつ適切な医療を確保するための仕組みを整備することなどを内容とする制度であり、その円滑な社会復帰を促進することを目的としている。

1 保護観察所の役割

医療観察法は、法務省と厚生労働省の共管の法律であり、「心神喪失等の状態で重大な他害行為を行った者に対し、その適切な処遇を決定するための手続等を定めることにより、継続的かつ適切な医療並びにその確保のために必要な観察及び指導を行うことによって、その病状の改善及びこれに伴う同様の行為の再発の防止を図り、もってその社会復帰を促進すること」を目的としている（第1条）。

制度を大別すると、**図3−6−1**のとおり、①検察官の申立てに基づき裁判所が審判を行う段階、②入院による医療が行われる段階、③地域において処遇が行われる段階の3つに分けられる。法務省の出先機関である保護観察所は、この医療観察制度を担う一員として、処遇の開始から終了に至るまで一貫して関与し、後述の生活環境の調査、生活環境の

[*1] 医療観察法の成立に至る一つの転機となったのが、平成13（2001）年6月に起きた大阪池田小学校児童等無差別殺傷事件である。精神科通院歴のある者により引き起こされた凄惨な事件は、国民各層の関心を高め、その後、政府与党を中心として重大な他害行為を行った精神障害者に対する新たな処遇制度創設に向けた議論が急速に進められた。

〈図３－６－１〉 医療観察制度における処遇の流れ

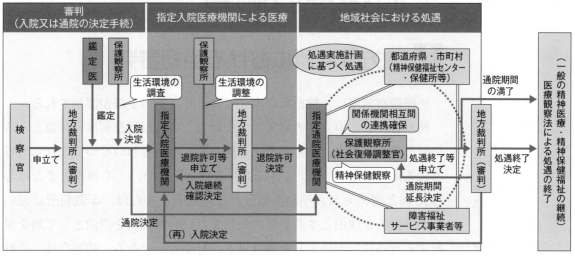

（資料）法務省

調整及び精神保健観察等の事務をつかさどる。

2 社会復帰調整官

　保護観察所において医療観察制度に従事する者は、制度発足に伴い新たに配置された**社会復帰調整官**である。

　社会復帰調整官は、精神障害者の保健・福祉に関する専門的知識を有する者であり、精神保健福祉士のほか、保健師、看護師、作業療法士、社会福祉士等で、精神障害者に関する実務経験を有する者から任用される。

　令和5（2023）年4月1日現在、全国の保護観察所に勤務する社会復帰調整官の定員は226人であり、その大部分が精神保健福祉士の資格を有している。身分については、一般職・常勤の国家公務員である。

第2節　生活環境の調査

1 地方裁判所における当初審判

医療観察制度は、検察官の申立てにより、その手続が開始される。

検察官による申立ての対象[*2]、すなわちこの医療観察制度の対象となるのは、殺人、放火、強盗、不同意性交等、不同意わいせつ（これらの行為の未遂を含む。）及び傷害にあたる行為を行い、①心神喪失または心神耗弱[*3]と認められ、不起訴処分となった者、または、②裁判所において心神喪失を理由とする無罪の裁判または心神耗弱を理由として刑を減軽する旨の裁判が確定した者[*5]（以下、対象者）である。検察官は、これらの対象者について、原則として地方裁判所に対し、医療観察法による処遇の要否及び内容を決定することを申し立てなければならない。

地方裁判所は、検察官から申立てを受けた場合、個々の対象者について、明らかに医療観察法による医療の必要がないと認める場合を除き、鑑定その他医療的観察を行うため、鑑定医療機関に入院させなければならない。鑑定医療機関においては、精神保健判定医またはこれと同等以上の学識経験を有する医師により、精神障害者であるか及び医療観察法による医療を受けさせる必要があるかどうかの鑑定がなされる。鑑定入院期間は、原則として2か月以内と定められているが、裁判所が必要と認めるときは、通じて1か月を超えない範囲で、決定をもってこの期間を延長することが可能である。

地方裁判所における審判は、裁判官1名と**精神保健審判員**[*6]1名から成る合議体が行い、鑑定の結果等をふまえ、その意見が一致したところにより、医療観察法による医療を受けさせる必要があると認める場合は、「入院決定」または「通院決定」が、医療観察法による医療を受けさせる必要があると認められない場合は、「不処遇決定」がなされる。

裁判所の決定は、鑑定に基づく精神医学的判断が中心となるが、医療観察法の目的が円滑な社会復帰の促進であることに鑑み、例えば、対象者の居住地の状況、家族の状況、家族の協力の意思の有無・程度といった生活環境を考慮することとされている。このため、裁判所は、**精神保健参与員**[*7]から意見を聴いたり、保護観察所に後述の生活環境の調査を求め、その結果を報告させることができる。

[*2] 原則として、少年が対象となることはない。ただし、家庭裁判所に送致された少年について、少年法第20条の規定により、検察官に送致され、起訴されたものの、刑事裁判において心神喪失または心神耗弱と認められて無罪等の確定裁判を受けたときには、医療観察法の対象となる場合がある。

[*3] 対象行為当時、精神の障害により、事物の理非善悪を弁識する能力がないか、またはこの弁識に従って行動する能力がない状態をいう。

[*4] 対象行為当時、事物の理非善悪を弁識する能力またはこの弁識に従って行動する能力が著しく減退している状態をいう。

[*5] ただし、懲役または禁錮の刑を言い渡し、その刑の全部の執行猶予の言渡しをしない裁判であって、執行すべき刑期があるものを除く。

[*6] 必要な学識経験を有する精神科医（精神保健判定医）で、毎年厚生労働大臣が作成する名簿に基づき、地方裁判所が事件ごとに任命を行う。

2 生活環境調査の実施

　生活環境の調査は、裁判所からの嘱託に基づき、裁判所の所在地を管轄する保護観察所が行う。調査事項は、①住居の状況、②生計の状況、③家族の状況、④近隣の状況、⑤過去の生活及び治療の状況、⑥住居周辺の地域における指定通院医療機関の状況、⑦利用可能な精神障害者の保健または福祉に関する援助などで、裁判所に報告をする際は、当該対象者につき、通院医療が確保される環境にあるかどうかについて意見を付すこととされている。

　担当の社会復帰調整官は、調査に必要な範囲において、事件記録や証拠物の閲覧、関係機関への照会や裁判所に対する資料提供依頼を行うことが可能であり、必要に応じ、裁判所と打ち合わせを行いながら調査を進めていく。^{*8}

＊7
精神保健福祉士その他の精神障害者の保健及び福祉に関する専門的知識等を有する者の中から、地方裁判所が事件ごとに指定を行う。

＊8
調査の実施期間は、法令上の定めがなく、裁判所が個々の事案ごとに定めるが、鑑定入院期間が原則2か月を超えることができないと規定されていることから、1か月から1か月半程度となっているのが通例である。

第3部

第6章

第3節　生活環境の調整

1　指定入院医療機関における医療

　入院決定を受けた対象者（以下、入院対象者）は、厚生労働大臣が指定する指定入院医療機関[*9]に入院し、そこで医療を受けることとなる。

　指定入院医療機関においては、医師、看護師、精神保健福祉士、臨床心理技術者、作業療法士、薬剤師などが協働し、厚生労働大臣が定めるガイドラインにそって、薬物治療をはじめ、心理療法、作業療法等の専門的な医療が実施される[*10]。指定入院医療機関の管理者は、医療または保護に欠くことのできない範囲において必要な行動の制限を行うことができるが、信書の発受、弁護士及び行政機関の職員との面会を制限することはできない。また、同管理者は、症状に照らし円滑な社会復帰を果たす上で適当と認める場合、医学的管理の下、入院対象者を敷地外に外出させ、または1週間を限度として敷地外に外泊させることが可能となっている。

　入院期間は、法令上、上限の定めがなく、指定入院医療機関の管理者または入院対象者の申立て[*11]に基づき、地方裁判所が個別に退院の可否を審理する。医療観察法においては、不必要な入院がなされることのないよう、指定入院医療機関の管理者に対し、入院を継続させる必要があると認めることができなくなった場合には、直ちに退院許可の申立てを行うよう義務付け、他方、入院を継続させる必要があると認める場合には、6か月ごとに入院継続の確認の申立てを行うよう義務付けており、地方裁判所がその都度入院医療の必要性を判断する仕組みとなっている。

　地方裁判所は、これらの申立てがあった場合、前述の検察官の申立てに基づく審判と同様、裁判官1名と精神保健審判員1名による合議体が、その意見が一致したところにより、「入院継続確認決定」「退院許可決定」「医療終了決定」などを行う。

　なお、この場合においても、地方裁判所は、当該対象者の生活環境を考慮することとされており、指定入院医療機関の管理者が申立てを行うにあたっては、生活環境の調整を行う保護観察所の長の意見を付すこと[*12]が義務付けられている。

*9
指定入院医療機関とは、国、都道府県、特定独立行政法人等が開設する病院の中から、その開設者の同意を得て、厚生労働大臣が指定したもの。令和5（2023）年4月1日現在、全国で35か所が指定されている。

*10
病棟内には、各医療機関が定める運営要領に基づき、医療の質や地域連携を確保するための会議が組織され、定期的に治療方針等に対する評価が行われる。

*11
入院対象者本人のほか、その保護者及び付添人も申立てを行うことが可能である。

*12
必要に応じ、裁判所から生活環境の調査が依頼される場合もある。

2 生活環境調整の実施

　入院対象者の円滑な社会復帰を図るには、地域社会において、必要な医療を確保するだけでなく、地域に戻った際に、精神保健・福祉に関する援助を円滑に受けられるよう、あらかじめ調整を行っておくことが大切である。

　生活環境の調整とは、入院対象者一人ひとりについて、保護観察所が、その円滑な社会復帰の促進を図るため、指定入院医療機関の管理者、都道府県・市町村等と連携・協力しながら、具体的な退院先の確保や、退院後に必要な医療及び援助の実施体制づくりを進めるものである。

　具体的には、退院後の居住地を管轄する保護観察所が、指定入院医療機関の所在地を管轄する保護観察所と緊密な連携を図りながら、入院対象者やその家族の相談に応じ、入院対象者が、指定入院医療機関や都道府県・市町村等の援助を受けることができるよう調整、あっせんするといった方法により行われる。

　実際の流れとしては、社会復帰調整官が指定入院医療機関を訪問し、対象者から退院後の生活に関する希望を聴取するほか、指定入院医療機関のスタッフと協議を行い、生活環境の調整計画を立案するところから始まる。

　この調整計画には、①退院後の住居、②退院後の生計の確保、③保護者その他家族との関係、④退院後に必要となる医療・援助の内容等の事項が記載され、状況の変化に応じ、適宜見直しが行われる。

　保護観察所は、指定入院医療機関における医療の進捗状況に応じ、指定通院医療機関、入院対象者の退院予定地を管轄する都道府県及び市町村等の参加を得て、会議（ケア会議）を開催する。

　この会議は、入院対象者の円滑な地域移行に向け、関係機関相互の情報共有や意識統一を図るために開催され[13]、その結果は、「処遇の実施計画」[14]として反映される。

*13
この会議は、入院対象者、指定入院医療機関及び地域関係者が一堂に会することができる数少ない機会であることから、その実効性を高めるため、入院対象者が外泊する機会にあわせて開催することも多い。

*14
本章第4節1参照。

第4節　地域社会における処遇
ー精神保健観察の実施等

通院決定または退院許可決定を受けた者（以下、通院対象者）は、厚生労働大臣が指定する指定通院医療機関[＊15]において通院医療を受けることが義務付けられる。通院期間中は、保護観察所による精神保健観察に付され、通院医療が継続して確保されるよう、社会復帰調整官による見守りや指導が行われるほか、都道府県・市町村等による精神保健福祉法等に基づく援助が行われる。

通院期間、つまり精神保健観察に付される期間は、通院決定または退院許可決定があった日から３年間とされている（ただし、地方裁判所が「通院期間延長決定」を行った場合に限り、通じて２年を超えない範囲で期間の延長が可能である）。この間、処遇の経過によっては、後述の保護観察所の長による申立てに基づき、地方裁判所で「処遇終了決定」がなされ、期間満了前に地域社会において実施される処遇（以下、地域処遇）が終了となることや、地方裁判所の「（再）入院決定」[＊16]により指定入院医療機関への入院に移行することもある。

なお、医療観察制度による処遇を終了するにあたっては、一般の精神医療や精神保健福祉サービス等が必要に応じ確保されるよう、通院対象者の希望をふまえつつ、関係機関間で十分な協議を行い、緊密な連携協力体制を整備しておくことが大切である。

1 処遇の実施計画

通院対象者に対する地域処遇は、前述のとおり、指定通院医療機関による「医療」、保護観察所による「精神保健観察」、都道府県・市町村等による「援助」を柱として行われる。通院対象者の社会復帰を促進するには、関係機関相互間における役割の明確化、意識の統一化及び連携協力等が不可欠である。このため、医療観察法においては、保護観察所があらかじめ通院対象者の希望を聴取し、指定通院医療機関及び都道府県・市町村と十分に協議を行った上で、通院対象者一人ひとりについて、「処遇の実施計画」を定めることとされている（**表3－6－1**）。

処遇の実施計画は、地域処遇の統一指針として機能するものであり、

〈表3−6−1〉 処遇実施計画書（抜粋）の記載例

（1）処遇の目標
・必要な医療を継続的に受けながら生活する。 ・退院後のストレスに適切に対処しながら、地域生活に慣れる。

（2）本人の希望
・家族と仲良く暮らしたい。 ・家族やいろいろな人に自分から相談できるようにしたい。 ・いずれはどこかで働きたいが、まずは就職に向けて訓練をしてくれるような所に通いたい。

（3）ケア会議等

開催回数	・最初の6か月間は、毎月1回開催	開催場所	○○病院、○○保健所、○○保護観察所等で適宜開催
検討事項	①指定通院医療機関における医療の状況 ②各関係機関による具体的なかかわりの状況 ③上記①・②をふまえた処遇の実施計画の見直しの必要性		
留意事項	なるべく保護者にも参加してもらう。		
連携方法	毎月末に、各関係機関によるかかわりの状況を報告してもらい、その内容をケア会議で共有する。		

（4）処遇の内容・方法

① 通院医療

目標：・指定通院医療機関担当者との信頼関係の構築　・自宅における確実な服薬の継続　・病気に関する理解の深化　・定期的なデイケアへの参加

内　容	機関名・所在地	担当者	回数	実施方法等	備考
通院医療	○○病院 ○○県○○市○○町1−1−1	○○医師	週1	外来受診（毎週○曜日　午後○時予定）	
訪問看護		○○看護師 ○○精神保健福祉士	週1	毎週○曜日に自宅訪問。他の機関のスタッフと一緒に行くこともある。	
デイケア		○○作業療法士	週1〜2	まずは毎週○曜日に参加。様子を見て、週2回の参加とする。	週1から開始

留意事項	（到達レベルの目安） ・必要な医療を利用できる（通院や服薬ができる）。 ・地域での生活に慣れ、困ったときに適切な人に相談できる。 ・計画的な生活ができる。
	（その他）○○精神保健福祉士との面接は診察後を予定している。また、少し生活に慣れる○月ごろから病気に関する学習の機会を設けている。

② 精神保健観察

目　標	環境の変化にともなう病状の推移や生活状況を見守り、継続的な医療の確保を図る。	
内　容	・退院直後であることに留意し、生活全般の見守りを重点的に行うとともに、生活上の課題について話し合う。 ・調子がよくない場合には、早めに相談するよう促す。 ・相談内容に応じたサービスの利用について、支援・調整を図る。	
方法 接触方法	当初は、2週間に1回、自宅等を訪問する。2か月目からは保護観察所での面接も検討する。	
方法 報告	毎月1回、各関係機関からの報告を受ける。報告内容を整理して、ケア会議で情報を共有する。	
留意事項	・家族宅への訪問、家族との電話連絡も行っていく。 ・本人の活動範囲の広がりに合わせて、その希望を確認しながら、サービス利用の拡大を提案していく。	
社会復帰調整官	○○保護観察所　○○　○○	

③ 援助

目標：・本人の希望をよく聴き、信頼関係を築く。
・生活の安定に向けて、各機関が役割分担し、具体的に援助していく。
（場合によっては、他の適切な機関の利用について提案することもある。）

機関名	担当者	内容	方　法	回数	備考
○○病院（指定通院医療機関）	○○精神保健福祉士	日常生活に関する相談・医療全般に関する相談	通院受診後に面接。訪問看護に同行することもある。	週1	

機関名	担当者	内容	方　法	回数	備考
○○保健所 ○○県○○市○○町1−1−1	○○保健師	全般的な状況把握・精神保健福祉サービスに関する相談	訪問指導等	月2	
○○市保健福祉課保健支援係 ○○県○○市○○町1−1−1	○○係長	日常生活に関する援助	訪問援助 窓口での相談	随時	
○○地域生活支援センター ○○県○○市○○町1−1−1	○○精神保健福祉士	日常生活に関する相談	本人からの相談に応じる。	随時	
○○作業所 ○○県○○市○○町1−1−1	○○作業療法士	就労に向けて規則正しい生活が送れるよう援助	就労支援プログラムの実施	週2	
○○精神保健福祉センター ○○県○○市○○町1−1−1	○○精神保健福祉士	処遇の実施計画や援助のあり方について助言	計画見直し時に参加し、助言等を行う。	随時	

留意事項	・訪問だけでなく、本人が定期的に支援機関に来所するかたちでの相談も考えていく。

（出典）法務省資料

地域処遇を担う諸機関は、この計画に基づいて処遇を実施しなければならない。この処遇の実施計画には、**表3－6－1**のとおり、各機関の役割、処遇（通院医療、精神保健観察及び援助）の内容や方法等が記載され、保護観察所は、指定通院医療機関及び都道府県・市町村に対し、必要な協力を求めることができる。

また、通院期間中は、精神保健福祉法による入院が行われることを妨げないとされており、この処遇の実施計画には、本人の病状変化に備え、精神保健福祉法による入院も視野に入れつつ、あらかじめ緊急時の対応方法について明記することとされている。

作成された実施計画は、通院対象者に懇切丁寧に説明を行うとともに、病状の改善または悪化、生活環境の変化などに応じ、適時適切な見直しを図ることとされている。

2 ケア会議

保護観察所の長は、処遇の実施計画を策定し、またその見直しを図るため、指定通院医療機関、都道府県及び市町村等に対し、会議への出席を求めることができる。この会議は、「ケア会議」とよばれ、保護観察所の主催により、定期的または必要に応じて開催される[*17]。地域処遇を担う諸機関が一堂に会し、必要な情報の共有を図るだけでなく、現状における問題点や処遇方針について多角的な検討を行うことで、関係機関相互の意識統一を図る場として機能している。

3 精神保健観察

精神保健観察とは、継続した医療の確保に向け、社会復帰調整官が、通院対象者の生活状況等を見守るとともに、必要な助言指導を行うものであり、通院対象者の居住地を管轄する保護観察所により実施される。具体的には、通院対象者宅への訪問等を通じ、適当な接触を保つとともに、指定通院医療機関や都道府県・市町村等に報告を求めるなどして、医療の状況や生活実態の把握に努め、病状の悪化等が認められた場合は、通院対象者に通院や服薬を促すなど、継続的な医療の確保に必要な指導助言を行っている。

精神保健観察に付された通院対象者は、保護観察所に居住地を届け出る義務を負うほか、次の事項を守ることとされている（医療観察法第

*17
開催場所は、通院対象者本人や関係機関の交通の便を配慮し、指定通院医療機関で実施されることが大半である。

107条）。

①一定の住居に居住すること。

②住居を移転し、または長期の旅行をするときは、あらかじめ、保護観察所の長に届け出ること。

③保護観察所の長から出頭または面接を求められたときは、これに応ずること。

これらの守るべき事項は、継続した医療を確保するための枠組みとして機能するものである。例えば、通院対象者が転居した場合、転居先の保護観察所を通じて、その実態把握や通院先等の調整を行うなど、国の出先機関としてのネットワークを活用し、均質な地域処遇が継続して行われるよう配慮している。

4 保護観察所の長による申立て

通院期間は、原則3年とされている。この間、保護観察所の長は、処遇の経過に応じ、医療観察法による医療を受けさせる必要があると認めることができなくなった場合には「処遇終了の申立て」を、通院期間を延長する必要があると認める場合には「通院期間延長の申立て」を、医療観察法による入院医療を受けさせる必要があると認めるに至った場合や、通院対象者が医療を受ける義務に違反しまたは守るべき事項を守らないため、継続的な医療が確保できないと認める場合には「（再）入院の申立て」を、それぞれ地方裁判所に対し、行わなければならない。

地方裁判所は、保護観察所の長から申立てがなされた場合、裁判官1名と精神保健審判員1名による合議体が、その意見が一致したところにより、「処遇終了決定」「通院期間延長決定」及び「（再）入院決定」等の決定を行う[19]。決定に際しては、主に精神医学的な知見を基礎とするため、保護観察所は、これらの申立てを行うにあたり、緊急を要する場合における（再）入院の申立てを除き、指定通院医療機関の管理者の意見を付すこととされている。

*18
処遇終了の申立てについては、通院対象者本人、その保護者または付添人も行うことが可能である。

第3部

第6章

*19
保護観察所の長からの申立てによる審判の場合においても、裁判所は通院対象者の生活環境を考慮することとされており、必要に応じ、裁判所から保護観察所に対し、生活環境の調査が依頼される場合がある。

第5節 関係機関相互間の連携の確保

1 地域処遇における関係機関との連携

　保護観察所の長は、地域処遇が、処遇の実施計画に基づいて適正かつ円滑に実施されるよう、あらかじめ指定通院医療機関の管理者ならびに都道府県知事及び市町村長との間において必要な情報交換を行うなどして協力体制を整備するとともに、処遇の実施状況を常に把握し、当該実施計画に関する関係機関相互間の緊密な連携の確保に努めなければならない。[20]

　また、保護観察所の長は、個人または民間の団体が地域処遇の円滑な実施のため自発的に行う活動を促進するとともに、これらの個人または民間の団体との連携協力のもと、通院対象者の円滑な社会復帰に対する地域住民等の理解と協力を得るよう努めなければならない。

　保護観察所をはじめ、地域処遇に携わる関係機関は、地域の精神保健福祉ボランティア等からの意見や情報提供の受け入れに努めているほか、必要に応じ、地域住民等に対し、医療観察制度の仕組み等について説明を行うなど、必要な理解を得るための努力を行っている。

2 緊密な連携の確保に向けて

　地域処遇が円滑に実施されるためには、各関係機関の役割の明確化を図り、相互の連携をシステムとして確保することが必要であり、各地域においては、制度運用に必要な情報交換や当面する諸課題の協議を行う会議が、定期的または必要に応じて開催されている。この会議には、指定医療機関の管理者、都道府県知事及び市町村長のほか、地方裁判所、地方検察庁等、保護観察所が必要と認める関係機関が参加し、連携を図っている。

　また、ケア会議等を通して、対象者の社会復帰の促進に必要な情報交換や生活上の課題について協議を行い、関係機関相互間の緊密な連携の確保に努めている。[21]

*20
各関係機関は、通院対象者の記録の保管方法、機関外への持ち出しその他記録の管理に関する取り扱い指針を定めるなど、個人情報の漏洩、滅失等の防止について特に留意することとされている。

*21
本章第4節2参照。

第
3
部

第
6
章

BOOK 学びの参考図書

● 日本弁護士連合会刑事法制委員会 編『Q&A心神喪失者等医療観察法解説〔第２版
補訂版〕』三省堂、2020年。
　医療観察制度の仕組みについてQ&A形式で説明している解説書。主な読者対象
として想定されているのは付添人となる弁護士だが、医療観察制度の仕組みとその
運用実態を知る上では参考になる。

参考文献

● 江見健一「心神喪失者等医療観察法の施行の状況について」、平尾博志「心神喪失者等
医療観察制度における保護観察所の業務の概況」『法律のひろば』第59巻第12号、ぎょ
うせい、2006年
● 蛯原正敏「保護観察所の役割について」、白木　功「立法の経緯」、白木　功「審判手
続を中心に」、三好　圭「医療を中心に」町野　朔 編『精神医療と心神喪失者等医療
観察法』ジュリスト増刊、有斐閣、2004年
● 白木　功・今福章二・三好　圭「「心神喪失等の状態で重大な他害行為を行った者の医
療及び観察等に関する法律（平成15年法律第110号）」について（５）」『法曹時報』第
57巻第11号、法曹会、2005年

第 7 章

刑事司法における近年の動向と これを取り巻く社会環境

学習のねらい

　犯罪や非行は、社会、経済等の変動、あるいは家庭、学校、地域社会等の身近な関係性の変容、社会規範等の文化変容、さらには近年における情報通信技術の急速な発展などさまざまな動きを敏感に反映して生起する。したがって、犯罪対策は、これらの動きを綿密に把握しながら講じられる必要があり、最近の高齢者、障害者、薬物依存者等に対する再犯防止対策の重点化はその趣旨を顕著に表している。また同時に、犯罪対策を担う刑事司法機関・団体等も犯罪情勢に対応して、処遇制度の充実のほか、その人的構成等の組織体制を変更してきた。

　本章では、近年の犯罪動向に対応するため、次々に打ち出された政府の各種再犯防止対策や再犯防止推進法の内容、更生保護における最近の法改正の動向、就労支援や住居の確保施策の推進、高齢者、障害者、薬物依存者等の再犯防止対策への社会福祉士、精神保健福祉士等の専門職の参加など福祉等の関連分野との連携拡大を図っている刑事司法の現状を理解したい。

第1節 刑事司法における近年の動向

1 犯罪の動向

　各種犯罪の増減等の犯罪情勢は、それぞれの時代における社会、経済、教育、福祉、地域特性等さまざまな状況が複雑多様に絡み合い影響し合っている。したがって、犯罪対策もそれぞれの時代における犯罪情勢に対応したものでなければならない。

（1）刑法犯認知件数の推移

　図3-7-1のとおり、わが国の刑法犯認知件数は平成8（1996）年以降毎年戦後最多を記録し、平成14（2002）年に285万件余とピークとなった。これを受け、政府は国民の安全・安心な暮らしを守るべく、平成15（2003）年9月に犯罪対策閣僚会議を設置し、犯罪の抑止を喫緊の

〈図3-7-1〉刑法犯認知件数・検挙人員・検挙率の推移（昭和21年～令和3年）

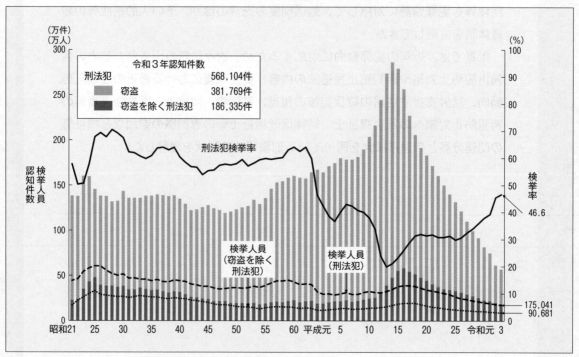

（出典）法務省法務総合研究所 編『令和4年版 犯罪白書』2023年、3頁

〈図３−７−２〉刑法犯検挙人員中の再犯者人員・再犯者率の推移
（平成14年〜令和３年）

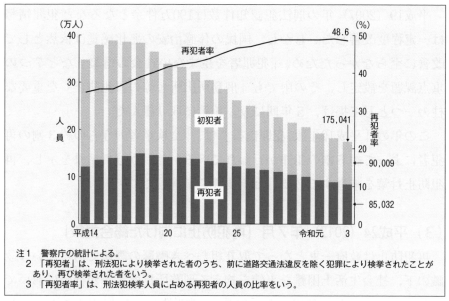

注１　警察庁の統計による。
　２　「再犯者」は、刑法犯により検挙された者のうち、前に道路交通法違反を除く犯罪により検挙されたことが
　　　あり、再び検挙された者をいう。
　３　「再犯者率」は、刑法犯検挙人員に占める再犯者の人員の比率をいう。

（出典）法務省法務総合研究所 編『令和４年版 犯罪白書』2023年、239頁をもとに一部改変

課題として、下記のようなさまざまな犯罪対策を進めてきた。その結果、刑法犯認知件数は19年連続で減少を続け、令和３（2021）年には戦後最少の56万8,100件余となり、ピーク時の５分の１程度まで低下した。

（2）刑法犯検挙人員、再犯者率等の推移

　認知件数の減少に伴い、刑法犯検挙人員も減少を続けたが、再犯者の減少を上回るペースで初犯者が減少しているため、**図３−７−２**のとおり、再犯者率[*1]は上昇を続け、平成９（1997）年以降上昇傾向にあったが、令和３（2021）年には48.6％となった。

*1
「再犯者率」は刑法犯検挙人員に占める再犯者の比率である。

2 犯罪対策における近年の動向

（1）平成15（2003）年12月「犯罪に強い社会の実現のための行動計画−『世界一安全な国、日本』の復活を目指して−」

　「平穏な暮らしを脅かす身近な犯罪の抑止」など、以後５年間に取り組むべき５つの重点課題と具体的施策を設定した。

第3部
第7章

＊2
平成22（2010）年の刑法犯検挙人員に占める再犯者比率は43％、刑務所再入者比率は56％といずれも上昇傾向が続き、再犯者問題は顕著となった。

＊3
総合対策における数値目標「出所当年を含む2年間における刑務所等への再入所者の割合（2年以内再入率）を令和3（2021）年までに20％以上減少させる」。すなわち、総合対策策定時の過去5年における2年以内再入率の平均値（刑務所については20％、少年院については11％）を基準として、これを令和2（2020）年出所者等について、刑務所については16％以下、少年院については8.8％以下にすることが数値目標とされた。このうち刑務所出所者については、令和元（2019）年出所者では15.7％となり当該目標を前倒しで達成し、令和2（2020）年出所者では、さらに15.1％まで減少した。一方、少年院出院者については、令和2（2020）年出院者では9.0％であった。

＊4
①「犯罪や非行をした者の事情を理解した上で雇用している企業の数を現在（平成26年）の3倍（約1,500社）にする」、②「帰るべき場所がないまま刑務所から社会に戻る者の数を3割以上減少（4,450人以下）させる」。①については、本書第3部第7章第2節＊20を参照。②については、平成29（2017）年には同目標を達成し、令和3（2021）年は2,844人にまで減少

（2）平成20（2008）年12月「犯罪に強い社会の実現のための行動計画2008」

　平成19（2007）年の刑法犯認知件数は190万件余となるなど犯罪情勢は一定程度改善した。しかし、国民の体感治安の悪化感覚は依然として改善に至らなかったため、「犯罪者を生まない社会の構築」など7つの重点課題を設定し、その中でも「刑務所出所者等の再犯防止」を重要な柱の一つとして掲げ、5年間に及ぶ施策に取り組んだ。

　この年の「平成19年版 犯罪白書」は、「全検挙者のうちの約3割の再犯者によって約6割の犯罪が行われている」という分析結果を示し、再犯防止対策を推進する必要性と重要性を指摘した。[＊2]

（3）平成24（2012）年7月「再犯防止に向けた総合対策」

　再犯防止は政府一丸となって取り組むべき喫緊の課題であるという認識の下、社会生活上困難な事情を抱える刑務所出所者等が社会において「居場所」（帰住先・住居）と「出番」（就労先）を確保すること、薬物依存、高齢、障害等特定の問題を有する者への支援等を重点事項とすることなど、総合的・体系的な再犯防止対策とした。また、わが国の刑事政策上初めて数値目標を盛り込んだ。[＊3]

（4）平成25（2013）年12月「『世界一安全な日本』創造戦略」

　令和2（2020）年のオリンピック・パラリンピック東京大会の開催に向け、犯罪の繰り返しを食い止める再犯防止対策の推進を盛り込んだ。

（5）平成26（2014）年12月「宣言：犯罪に戻らない・戻さない～立ち直りをみんなで支える明るい社会へ～」

　犯罪や非行をした者を社会から排除・孤立させないよう（RE-ENTRY）、国民に協力を呼び掛けるとともに、再犯防止のための「居場所」（住居）と「仕事」確保の重要性を強調した。また、令和2（2020）年までに達成すべき2つの数値目標を新たに設定した。[＊4]

（6）平成28（2016）年7月「薬物依存者・高齢犯罪者等の再犯防止緊急対策～立ち直りに向けた"息の長い"支援につなげるネットワーク構築～」

　立ち直りにさまざまな課題を抱える薬物依存者や犯罪をした高齢者・障害者の多くは、刑事司法と地域社会の狭間に陥り、必要な支援を受け

られないまま再犯に及んでいる状況が認められた。すなわち、薬物事犯者は、再犯率の高さ等からその多くが「犯罪者であると同時に薬物依存の問題を抱える者」であるとの認識を深め、薬物依存からの回復に向けた矯正施設・保護観察所による指導と医療機関による治療等を一貫して行うこととした。また、高齢者・障害者等のうち特に自立が困難な者については、刑事司法のあらゆる段階において、刑事司法関係機関における福祉・医療機関等との調整機能を充実することに加え、刑事司法手続終了後を含めた「息の長い」支援施策を盛り込んだ。

した（刑務所出所者17,809人中2,844人〔16.0％〕）。

（7）平成28（2016）年12月「再犯の防止等の推進に関する法律」
❶制定の趣旨

　近年、国は各種犯罪防止対策に取り組んできたが、刑事司法関係機関を中心とした取り組みのみではその内容や範囲に限界が生じていた。こうしたなか、貧困や疾病、嗜癖、障害、厳しい生育環境、不十分な学歴などさまざまな「生きづらさを抱える罪を犯した人たち」を地域社会で孤立させない「息の長い」支援等、刑事司法関係機関のみによるものを超えた国・地方公共団体・民間協力者が一丸となった取り組みを実施する必要性が指摘されるようになった。これを受け、平成28（2016）年12月に議員立法により「再犯の防止等の推進に関する法律」（再犯防止推進法）が成立し、公布、施行された。

❷再犯防止推進法の概要

　この法律は、「国民が犯罪による被害を受けることを防止し、安全で安心して暮らせる社会の実現に寄与すること」を目的とし、再犯防止等に関する施策の基本理念や基本的事項、国及び地方公共団体の責務、国の保護司会、更生保護施設、協力雇用主等民間団体に対する援助措置等につき必要な施策を講ずることなどを定めている。特に、官民連携による再犯防止対策のいっそうの推進に加え、新たに地方公共団体に対し、国との適切な役割分担をふまえて、地域の実情に応じた再犯防止施策の策定・実施の責務や、国の策定する「再犯防止推進計画」を勘案しながら「地方再犯防止推進計画」を策定する努力義務を規定したことは、地方公共団体の再犯防止上の責務を明記した点において画期的なものといえる。[*6]

　また、国民の関心と理解を深めるため、"社会を明るくする運動"の強調月間の7月を「再犯防止啓発月間」とした。

*5
「地方再犯防止推進計画」は、令和5（2023）年4月1日現在、1,794団体中、47都道府県を含む572の地方公共団体で策定済み。条例を制定した例もある。また、主に市町村における計画策定の参考とするため、法務省から「地方再犯防止推進計画策定の手引き」が全地方公共団体に送付されている。

*6
地方公共団体での再犯防止の取り組みがより効果的に展開されるよう、法務省から地方公共団体に対し、平成30（2018）年度から3年間、「地域再犯防止推進モデル事業」を委託したり出所者情報の提供に関する執務資料や性犯罪者再犯防止ガイドラインを配布するなど必要情報の提供がなされている。また、令和5（2023）年度から、都道府県が行う再犯防止施策に対する財政支援として、法務省補助金と都道府県負担分に対する地方交付税措置が認められている。

*7
①就労・住居の確保等、
②保健医療・福祉サービスの利用の促進等、
③学校等と連携した修学支援の実施等、④犯罪をした者等の特性に応じた効果的な指導の実施等、⑤民間協力者の活動の促進等、広報・啓発活動の推進等、⑥地方公共団体との連携強化等、⑦関係機関の人的・物的体制の整備等。

*8
出所受刑者の2年以内再入率及び3年以内再入率をさらに低下させることが施策の成果指標の1つとして明記された。

*9
満期釈放者の2年以内再入率は、仮釈放者とは2倍以上の差があり、全体を16%以下にする数値目標の確実な達成のためには、満期釈放者対策の充実強化が不可欠とされた。そこで、令和2（2020）年度に、刑事施設入所時から釈放後の更生緊急保護の実施までの取り組みにおける一連の手続を効果的に進めていくための指針として「満期釈放者対策ガイドライン」が定められた。また、新たに令和4（2022）年までに、満期釈放者の2年以内再入者数を2割以上減少させ、2,000人以下とする成果目標を設定したところ、令和元（2019）年に1,936人となって同目標を達成し、令和2（2020）年ではさらに1,749人まで減少した。

*10
平成16（1998）年11月
性犯罪前科を有する者による女児誘拐殺人事件、平成17（1999）年

（8）平成29（2017）年12月「再犯防止推進計画」

　再犯防止推進法に基づき、「国・地方公共団体・民間の緊密な連携協力の確保による再犯防止施策の総合的推進」など5つの基本方針と、「就労・住居の確保」など7つの重点課題[7]を定めた国の「再犯防止推進計画」が策定された。

　この計画には、罪を犯した人たちの円滑な社会復帰を支援することで国民の犯罪被害を防止し、安全で安心して暮らせる社会の実現に寄与することを目的として、平成30（2018）年度から令和4（2022）年度末までの5年間に政府の関係府省庁が取り組む7つの重点課題ごとに整理された115に及ぶ再犯防止に関する具体的施策が網羅された。

　令和5（2023）年3月には、再犯防止施策のさらなる推進を図るため第二次計画が決定された。この計画には、「息の長い支援の実現」「相談拠点・地域の支援連携（ネットワーク）拠点の構築」「国・地方公共団体・民間協力者等の連携の更なる強化」を基本的な方向性として、令和5（2023）年度から令和9（2027）年度末までの5年間に政府が取り組む新たな7つの重点課題と96の具体的施策が盛り込まれている。[8]

（9）令和元（2019）年12月「再犯防止推進計画加速化プラン」

　再犯防止施策において、満期釈放者対策の充実強化、地方公共団体との連携強化の推進、民間協力者の活動の促進等重点的に取り組むべき3つの課題について、それぞれ対応する各種取り組みを加速化させることを決定した。[9]

3　更生保護における近年の動向

　近年、司法制度改革・裁判員制度の導入、「刑事収容施設及び被収容者等の処遇に関する法律」や「犯罪被害者等基本法」の制定・施行等により、わが国の刑事司法制度が大変動を迫られるなか、刑事司法制度の一翼を担う更生保護制度もその例外ではなかった。

　保護観察対象者等による一連の重大再犯事件の発生を受け、更生保護制度全般を抜本的に検討・見直すため、法務省に設置された「更生保護のあり方を考える有識者会議」は、平成18（2000）年6月、「更生保護制度改革の提言－安全・安心の国づくり、地域づくりを目指して－」の報告書を取りまとめた。同提言に基づき、「更生保護法」の制定をはじめ、今日まで続く更生保護制度改革の取り組みが進められてきた。[10]

（1）更生保護法の制定・施行

平成19（2007）年に従来の犯罪者予防更生法と執行猶予者保護観察法を整理・統合して、新たに犯罪をした者及び非行のある少年の社会内における処遇の基本法として更生保護法が制定され、平成20（2008）年6月に施行された。

第1条の目的規定に再犯防止面を明記した[*11]ほか、法的規範としての遵守事項の明確化、特定の犯罪的傾向を改善するための専門的処遇プログラムを受けることの義務化、接触義務の明文化による生活実態の把握強化等が定められるとともに、刑務所や少年院に収容されている者の釈放後の住居や就業先等を調整し、円滑な社会復帰を図るための生活環境の調整を充実・積極化することなどが定められた。

また、犯罪被害者等基本計画に基づく更生保護における犯罪被害者等施策も盛り込まれ、この部分は半年前倒しで施行された[*12]。

（2）社会貢献活動制度と刑の一部の執行猶予制度の導入

平成25（2013）年6月に「刑法等の一部を改正する法律」及び「薬物使用等の罪を犯した者に対する刑の一部の執行猶予に関する法律」が成立した。これにより、更生保護法の一部改正が行われ、社会貢献活動を保護観察の特別遵守事項として義務付ける制度と刑の一部の執行猶予制度が導入された。

❶社会貢献活動制度

平成27（2015）年6月から開始された。地域社会の利益の増進に寄与する社会的活動[*13]を継続的に行わせることにより、保護観察対象者に達成感や自己有用感を獲得させて改善更生の意欲を高め、また、善良な社会の一員としての意識の涵養（かんよう）や規範意識の向上を図ることを目的としている。

❷刑の一部の執行猶予制度

平成28（2016）年6月から施行された。裁判において、3年以下の懲役または禁錮刑を言い渡すときに、一部を実刑とし、残刑期を1年以上5年以下の期間執行猶予とするものである。従来は、全部実刑か全部執行猶予しかなかったところ、刑の言渡しの選択肢を増やし、施設内処遇後の相当期間社会内処遇を実施することによって、特定要件に該当する者の再犯防止、改善更生を図ろうとするものである[*14]。

*11
更生保護法第1条「犯罪をした者及び非行のある少年に対し、社会内において適切な処遇を行うことにより、再び犯罪をすることを防ぎ、又はその非行をなくし、これらの者が善良な社会の一員として自立し、改善更生することを助ける」。

*12
①仮釈放等審理における意見等聴取制度、②保護観察対象者に対する心情等伝達制度、③更生保護における被害者等通知制度、④犯罪被害者等に対する相談・支援の4施策から成り、平成19（2007）年12月1日から施行された。

*13
公園や河川敷等公共の場所での清掃活動や、福祉施設での介護補助活動など。

*14
本書第3部第2章第1節4参照。

*15
刑法第12条第2項が、現行の「懲役は、刑事施設に拘置して所定の作業を行わせる」から「拘禁刑は、刑事施設に拘置する」と改められ、同条第3項「拘禁刑に処せられた者には、改善更生を図るため、必要な作業を行わせ、又は必要な指導を行うことができる」が追加された。

右欄外上部：
2月仮釈放中の者による重大再犯事件、同年5月保護観察付執行猶予者による女性監禁事件が相次いで発生し、更生保護制度の実効性、特に再犯防止機能の脆弱性が厳しく批判された。

第3部

第7章

＊16
更生保護法に、保護観察処遇全般の充実強化に関しては、更生保護事業を営む者等が行う専門的な援助を受けるよう指示することを指導監督の方法へ追加し、また、これを受けることを特別遵守事項の類型に追加したほか、行動の状況を示す事実の申告等の一般遵守事項への追加その他保護観察の実施方法に関する規定が設けられた。本書第3部第2章第1節4参照。

＊17
更生保護法に、被害の回復・軽減に努めるよう指示することを保護観察の指導監督の方法に追加するなどの改正が行われた。

＊18
更生保護法において、更生緊急保護の拡充（対象拡大、期間延長、収容中の者の申出など）、勾留中の被疑者に対する生活環境の調整の新設、刑執行終了者等に対する援助や地域住民等からの相談に応じ助言等の援助を行うことなどが定められた。同時に、更生保護事業法において、更生保護事業の名称を変更（新たに「宿泊型保護事業」「通所・訪問型保護事業」「地域連携・助成事業」が定められた）し内容を整理する改正が行われた。

（3）拘禁刑の創設と“息の長い支援”のための処遇制度等の改正

　令和4（2022）年6月、刑法等の一部を改正する法律が成立した。これにより、刑法、刑事収容施設法、更生保護法、更生保護事業法等の一部改正が行われ、犯罪者処遇を一層充実させ、立ち直りを後押しするための諸制度が導入された。

❶拘禁刑の創設及び刑の執行猶予制度の拡充

　令和7（2025）年6月から施行される。懲役及び禁錮を廃止し、これらに代えて拘禁刑を創設し、刑事施設において作業と指導の組合せにより、個々の受刑者の特性に応じた柔軟な処遇を推進することとされた。[15]また、再度の全部執行猶予を言い渡すことができる宣告刑の上限を引き上げ、初度の保護観察付執行猶予中の再犯について、再び執行猶予を付すことができるようにするとともに、再保護観察付全部執行猶予者に関する保護観察処遇の特則を設けて処遇の強化が図られた。

❷施設内・社会内処遇の一層の充実化

　令和5（2023）年12月から施行された。施設内処遇においては、受刑者に対する社会復帰支援を刑事施設の長の責務とすることや、申出のあった被害者等から心情等を考慮した矯正処遇を行うことなどが定められた。社会内処遇においては、更生保護事業を営む者等が行う専門的な援助の活用など保護観察処遇全般の充実強化[16]、被害者等の心情等を踏まえた処遇の充実[17]、刑執行終了者等の援助の充実など息の長い社会復帰支援を推進し刑事手続の入口から出口・地域までの支援をシームレスに統合して実施すること[18]などが定められた。

第2節 刑事司法を取り巻く社会環境

1 就労支援と住居等の確保

（1）就労支援

❶刑務所出所者等総合的就労支援対策

　刑務所再入所者の約7割は再犯時無職であり、また、無職の保護観察対象者の再犯率は有職者の約3倍であることなどは、無職状態が大きな再犯要因であることを示している。そこで、法務省及び厚生労働省は、平成18（2006）年度から、刑務所出所者等の就労確保のため、刑務所出所者等総合的就労支援対策を開始した。

❷更生保護就労支援事業

　保護観察所においては、「更生保護就労支援モデル事業」の3年間の試行結果をふまえ、平成26（2014）年度から「更生保護就労支援事業」を開始しており、令和5（2023）年度は、全国27庁で実施している。これは、就労支援に関するノウハウや企業ネットワーク等を有する民間の事業者が保護観察所から委託を受けて「就職活動支援」や「職場定着支援」事業を行うものである。[19]

❸協力雇用主の確保と活動の支援

　刑務所出所者等であることを理解した上で、その雇用・就労に協力する協力雇用主の再犯防止に果たす役割は大きい。協力雇用主の数は増加を続けているものの雇用実績は少なく、また、多業種にわたる新たな協力雇用先の開拓が課題となっている。そこで、令和2（2020）年までに刑務所出所者等を実際に雇用する雇用主数を約1,500にまで拡大する数値目標が平成26（2014）年12月に策定された「犯罪に戻らない、戻さない」宣言に盛り込まれた。[20]

　さらに、平成27（2015）年度からは、協力雇用主に年間最大72万円の奨励金の支給を可能とする刑務所出所者等就労奨励金制度も開始された。

*19
「就職活動支援」は、矯正施設在所中から就職まで切れめのないきめ細かな寄り添い型の就労支援を行う。「職場定着支援」は、就労継続に必要な寄り添い型の支援を協力雇用主及び保護観察対象者等の双方に行う。

*20
令和元（2019）年10月1日現在、実際に雇用している雇用主数は1,556（被雇用者数は2,231人）となり、数値目標は前倒しで達成された。しかし、新型コロナウイルス感染症の感染が拡大した令和2（2020）年以降は減少傾向にあり、令和3（2021）年は1,208社（被雇用者数は1,667人）に減少した。実際に雇用する雇用主の拡大、雇用された者の就労の定着・継続のほか、多業種にわたる協力雇用主の確保が引き続き課題となっている。

第3部
第7章

❹矯正就労支援情報センター（通称「コレワーク」）

　平成28（2016）年11月から、「雇用情報提供サービス」「採用手続き支援サービス」「就労支援相談窓口サービス」を提供するコレワークが東京・大阪矯正管区に設置され、運営を開始した。令和2（2020）年度には、札幌、仙台、名古屋、広島、高松、福岡の各矯正管区にも設置が拡大された。

（2）住居等の確保

　刑務所出所者等の再犯防止のためには、就労支援とあわせて適切な住居の確保や身を寄せる先のない者の定住支援が不可欠である。そのため、受刑者等の釈放後の生活環境の調整の充実、更生保護施設の受け入れ機能の強化、自立準備ホームの確保と活用など、矯正施設出所後の帰住先の確保に向けた取り組みが進められている。

　なお、更生保護施設等退所後は地域に安定した定住先を確保する必要があるが、刑務所出所者等にとって身元保証人や民間家賃保証会社の利用が困難なことも多く、適切な定住先を確保することが課題となっている[22]。

❷ 高齢者・障害者等の社会復帰支援

　わが国における急速な高齢化の進展に伴い、刑法犯検挙人員や入所受刑者に占める高齢者（65歳以上の者）の比率は上昇を続けている。高齢者の出所後2年内再入所率は全世代の中でも高く、出所後極めて短期間で再犯に至っている。また、知的障害のある受刑者にも同様の傾向が認められ、さらに、これら受刑者の多くは刑務所出所後の帰住先がなく、生活に困窮し、支援を欠いた状況で再犯に至り刑務所に再入所するという問題が認められた。

（1）地域生活定着促進事業

　平成21（2009）年度から、法務省と厚生労働省が連携し、受刑者等のうち適当な帰住先がない高齢者・障害者が、矯正施設出所後に社会福祉施設への入所等の福祉サービスを円滑に利用できるようにするため、「地域生活定着支援事業」[23]を開始し、各都道府県への地域生活定着支援センターの設置を進めた。

　地域生活定着支援センターには、社会福祉士、精神保健福祉士等の専

＊21
①「雇用情報提供サービス」出所後の就労が見込まれる受刑者等の取得資格、帰任地、出所予定時期等を一括管理し、受刑者等の雇用を希望する事業主の問い合わせに応じて必要な情報を提供する。②「採用手続き支援サービス」事業主が採用手続を円滑に進めるための幅広い支援を行う。③「就労支援相談窓口サービス」事業主に対する各種支援制度の紹介や矯正施設、職業訓練等の見学会の案内などの相談に応じる。

＊22
近年、居住支援法人（住宅確保要配慮者の民間賃貸住宅への円滑な入居の促進を図るため、家賃債務の保証、円滑な入居の促進に関する情報の提供・相談、その他の援助などを実施する法人として都道府県が指定するもの）との連携や公営住宅への入居に関する特別な配慮などの取り組みが行われている。また、更生保護施設により、退所者等の地域への定着に向けた寄り添い支援（訪問支援事業）が実施されている。

＊23
平成24（2012）年度から「地域生活定着促進事業」と名称変更された。地域生活定着支援センターは、平成24（2012）年3月までに全都道府県に合計48か所（北海道は2か所）設置され、社会福祉法人や社会福祉協議会、NPO法人等の民間団体が都道府県から事業を受託して運営にあたっている。

門的知識をもつ職員が配置され、保護観察所等と社会福祉との連携・移行等に関するコーディネート業務（特別調整）やフォローアップ業務、相談支援業務、被疑者等支援業務を行っている。

（2）刑事司法関係機関等の取り組み

　全国の刑事施設においては、高齢・障害受刑者の円滑な社会復帰を図るため、平成29（2017）年度から一般改善指導として「社会復帰支援指導プログラム」を実施している。

　保護観察所においては、平成21（2009）年度から所管する全国の更生保護施設のうちから、高齢者や障害者等を受け入れる指定更生保護施設を選定し[24]、社会福祉士、精神保健福祉士、介護福祉士等の専門資格をもつ職員の配置を求め、高齢や障害の特性に配慮した処遇（特別処遇）を実施している。

　検察庁においては、福祉的支援を必要とする高齢者や知的障害のある被疑者について、弁護士や福祉専門職、保護観察所、地域生活定着支援センター等関係機関・団体等と連携し、起訴猶予等による身柄釈放時に福祉サービスに橋渡しするなどの取り組み（入口支援）を実施している。

（3）ソーシャルファーム等との連携

　各保護観察所では、平成25（2013）年度から、労働市場で不利な立場にある刑務所出所者等の就労、自立に理解を示す農福事業者を含むソーシャルファームの開拓に取り組み、相互理解・連携を目的として「ソーシャルファーム雇用推進連絡協議会」を開催してきた。

　そして、平成29（2017）年の再犯防止推進計画において、一般就労と福祉的支援の狭間にある者の就労を図ることが掲げられ、さらに令和元（2019）年6月に「農福連携等推進ビジョン」が多省庁横断の「農福連携等推進会議」において決定された。これにより、農業分野における雇用・就労の多様性・柔軟性を活用している農福事業者において、コミュニケーション能力に乏しく一般の職場環境への適応が困難な高齢者や障害者等、就労に特別な配慮を要する人々への就労支援が促進されることが期待される[25]。

③ 薬物依存者の再犯防止と回復支援

　覚醒剤取締法違反による検挙者数は、令和元（2019）年には8,730人

[24]
令和5（2023）年度の指定更生保護施設数は77施設。うち3施設は、主に少年を更生保護施設として、発達障害等の特性に配慮した専門的な処置を行うなど少年処遇の充実を図っている。

[25]
沼田町就業支援センター（北海道）では少年院仮退院者等に、また茨城就業支援センターでは刑務所出所者等に、就農訓練を行っている。また、障害福祉サービス事業所で受け入れた知的障害のある刑務所出所者等を農業に従事させる「農福連携」の取り組みを実践している社会福祉法人も徐々に増えつつある。

第3部
第7章

と44年ぶりに１万人を下回ったものの、同一罪名による再犯比率も高く、刑務所新入所者の３割弱が覚醒剤取締法違反となっている。最近では、大麻取締法違反による検挙者数の増加が若者を中心に著しい。これらの薬物事犯者は、犯罪をした者であると同時に、薬物依存症という病者であるとの認識が深まり、薬物使用禁止の指導に加えて、薬物依存症は適切な治療・支援により回復可能な病気であるとの観点から次のような取り組みが実施されている。

（1）矯正施設・保護観察所における一貫した専門的プログラムの開発と実施

刑事施設においては、平成18（2006）年度から特別改善指導として「薬物依存離脱指導」を実施している。

保護観察所においては、平成20（2008）年６月から認知行動療法に基づく「覚せい剤事犯者処遇プログラム」を実施してきた。平成28（2016）年６月からは、刑の一部の執行猶予制度の施行に伴い、改善の対象となる犯罪的傾向を規制薬物等及び指定薬物の使用・所持に拡大し、「薬物再乱用防止プログラム」を実施している。[26]

また、平成25（2013）年度からは、薬物処遇重点実施更生保護施設を指定し、[27]精神保健福祉士や公認心理師等の専門的資格を持った職員を中心に薬物依存からの回復に重点を置いた専門的な処遇を実施している。

（2）薬物依存のある刑務所出所者等の支援に関する地域連携ガイドライン

薬物依存者等を対象とした刑の一部の執行猶予制度の平成28（2016）年６月からの施行、薬物依存者の再犯（再使用）防止は刑事司法機関のみでは不十分であること等を背景として、保護観察所と地域の保健・医療・福祉機関及び民間支援団体との有効かつ緊密な連携体制の構築をめざして平成27（2015）年11月、法務省と厚生労働省が共同で策定し、翌年度から運用が開始された。

[26] 薬物再乱用防止プログラムは、ワークブックを用いて依存性薬物（規制薬物等、指定薬物及び危険ドラッグ）の悪影響を認識させるための「コアプログラム（薬物再乱用防止のための具体的方法の習得）」「ステップアッププログラム（コアプログラムの内容の定着・応用・実践）」から成る教育課程と簡易薬物検出検査（尿検査、唾液検査等。陰性の検査結果を検出することを目標に断薬意志の強化を図る）をあわせて行う。

[27] 令和5（2023）年度の薬物処遇重点実施更生保護施設は25施設。

第3節 社会福祉士及び精神保健福祉士の役割

1 主な刑事司法関係機関における役割

　刑事司法関係機関等の中で配置される社会福祉士及び精神保健福祉士の数は増えつつあり、その専門性を生かして、犯罪や非行をした人たちの特性に応じた効果的な指導や支援を行う上で重要な役割を果たしているほか、対象者を必要な福祉的支援等につなげる上で協働する先の専門職との連携の要となっている。

（1）検察庁
　社会復帰支援室に社会福祉アドバイザーとして採用された社会福祉士は、福祉的支援を必要とする高齢者、知的障害者等の処遇に関する事件担当検察官らへの助言、福祉機関・保護観察所等と連携しながら釈放後の生活に関する対象者への助言や福祉事務所への同行支援等さまざまな支援活動を行っている。[28]

（2）矯正施設
　矯正施設に非常勤職員として配置された社会福祉士または精神保健福祉士は、被収容者の福祉的支援の必要性を早期に把握し、出所後、円滑に福祉的支援に結び付ける業務に従事している。さらに、刑事施設は平成26（2014）年度から、少年院は平成27（2015）年度から、福祉専門官（社会福祉士または精神保健福祉士の資格を有する常勤職員）の配置を進めている。[29]

（3）保護観察所
　社会復帰調整官[30]は、「心神喪失等の状態で重大な他害行為を行った者の医療及び観察等に関する法律」に基づき、精神保健福祉に関する専門的知識を生かし、対象者の生活環境の調査・調整、精神保健観察、関係機関・団体相互の連携業務等に従事している。

[28] 平成25（2013）年4月、東京地方検察庁に社会復帰支援室が設置され、検察官・検察事務官に加えて社会福祉士が採用された。平成30（2018）年度以降、全国の大規模な地方検察庁にも社会福祉士が採用されている。

[29] 令和4（2022）年度の配置人員は①社会福祉士（刑事施設67人、少年院21人）、②精神保健福祉士（刑事施設8人、少年院2人）、③福祉専門官（刑事施設57人、少年院10人）。

[30] 社会復帰調整官は、精神保健福祉士または精神保健福祉に関する高い専門性を有する社会福祉士、保健師、看護師、作業療法士、公認心理師、臨床心理士等から採用されている。精神保健福祉士の資格を有する者が大多数を占めている。令和5（2023）年度の定員は226人である。

（4）更生保護施設

　更生保護施設においては、「指定更生保護施設」に社会福祉士等の資格等をもった職員を配置し、高齢や障害の特性に配慮しつつ社会生活に適応するための指導を行っており、「薬物処遇重点実施更生保護施設」に精神保健福祉士や公認心理師等の資格をもった専門スタッフを中心に薬物依存からの回復に重点を置いた専門的な処遇を実施している。

（5）地域生活定着支援センター

*31
本書第3部第5章第2
節2（1）参照。

　地域生活定着支援センター[31]には、その規模に応じて一定数の社会福祉士、精神保健福祉士等の専門的知識をもつ職員が配置され、保護観察所等と社会福祉との連携・移行等に関するコーディネート業務（特別調整）やフォローアップ業務、相談支援業務、被疑者等支援業務を行っている。

（6）精神保健福祉センター

*32
本書第3部第5章第2
節2（3）参照。

　都道府県と政令指定都市に設置されている精神保健福祉センター[32]の精神保健福祉士は、精神障害、依存症、うつ病やひきこもり対策などの精神保健福祉相談業務に従事している。

BOOK 学びの参考図書

● 法務省法務総合研究所 編『犯罪白書』毎年刊行。
　わが国の最新の犯罪情勢や新たな処遇の取り組みなどについて幅広く解説している白書。毎年、直近の課題等に関する特集を組んでおり、令和元年版は「平成の刑事政策」、令和2年版は「薬物犯罪」、令和3年版は「詐欺事犯者の実態と処遇」、令和4年版は「新型コロナウイルス感染症と刑事政策」「犯罪者・非行少年の生活意識と価値観」が特集テーマとされている。

● 法務省 編『再犯防止推進白書』毎年刊行。
　再犯防止の施策に特化し最新の展開を紹介している白書。平成30（2018）年から刊行が開始された。「保健医療・福祉サービスの利用の促進等のための取組」についても毎年1つの章が当てられており、図表とともに詳しく解説されている。

● 和田　清 監修『保護司のための薬物依存Q&A』更生保護法人日本更生保護協会、2019年。
　薬物の乱用・依存・中毒の理解と薬物依存症者の回復支援及び違法薬物の基礎知識について解説する総論的部分と薬物事犯者の処遇に関する保護司の具体的疑問をQ&A方式で解説する各論部分から成り、初心者にもわかりやすい参考図書である。

さくいん

338

担当編集委員

菊池　馨実（早稲田大学法学学術院教授）
きくち　よしみ

平田　　厚（明治大学法務研究科教授／弁護士）
ひらた　あつし

執筆者 (執筆順)

菊池　馨実（早稲田大学法学学術院教授）
きくち　よしみ
第1部 第1章
第1部 第2章 第1節

遠藤　美奈（早稲田大学教育・総合科学学術院
えんどう　みな
　　　　　　教授）
第1部 第2章 第2節

清水　恵介（日本大学教授／弁護士）
しみず　けいすけ
第1部 第2章 第3節1～3

神野　礼斉（広島大学教授）
じんの　れいせい
第1部 第2章 第3節4

豊島　明子（南山大学法務研究科教授）
とよしま　あきこ
第1部 第2章 第4節

平田　　厚（明治大学法務研究科教授／弁護士）
ひらた　あつし
第2部 第1章 第1節
第2部 第3章

熊谷　士郎（青山学院大学教授）
くまがい　しろう
第2部 第1章 第2節～第5節

山下興一郎（全国社会福祉協議会中央福祉学院
やましたこういちろう
　　　　　　主任教授）
第2部 第2章 第1節～第3節
第2部 第4章

川島　　聡（放送大学教授）
かわしま　さとし
第2部 第2章 第4節～第6節

小西　暁和（早稲田大学法学学術院教授）
こにし　ときかず
第3部 第1章

吉本　光歩（法務省保護局観察課補佐官）
よしもと　みつほ
第3部 第2章 第1節・第2節

酒谷　徳二（法務省保護局観察課補佐官）
さかたに　とくじ
第3部 第2章 第3節

木村　安里（法務省保護局観察課仮釈放係長）
きむら　あんり
第3部 第2章 第4節

武本　晴行（法務省保護局観察課生活環境調整
たけもと　はるゆき
　　　　　　係長）
第3部 第2章 第5節

川本　悠一（法務省保護局総務課課長補佐）
かわもと　ゆういち
第3部 第3章 第1節

今福　章二（中央大学法科大学院客員教授）
いまふく　しょうじ
第3部 第3章 第2節
第3部 第7章

原　淳一郎（法務省保護局総務課法務専門官）
はら　じゅんいちろう
第3部 第4章 第1節

福沢　　愛（法務省保護局更生保護振興課地域
ふくざわ　あい
　　　　　　活動推進係長）
第3部 第4章 第2節・第4節

山下　健太（法務省保護局更生保護振興課更生
やました　けんた
　　　　　　保護事業係長）
第3部 第4章 第3節

楠木　重彦（法務省保護局更生保護振興課地域
くすき　しげひこ
　　　　　　連携・社会復帰支援室専門官）
第3部 第5章

藤原あずさ（法務省保護局総務課精神保健観察
ふじはら
　　　　　　企画官室生活環境調整係長）
第3部 第6章

※執筆者の所属・肩書は、令和5年11月30日現在のものです。

社会福祉学習双書2024
第13巻

権利擁護を支える法制度
刑事司法と福祉

発　行	2020 年 12 月 18 日　初版第 1 刷
	2022 年 2 月 24 日　改訂第 1 版第 1 刷
	2023 年 2 月 24 日　改訂第 2 版第 1 刷
	2024 年 2 月 26 日　改訂第 3 版第 1 刷
編　集	『社会福祉学習双書』編集委員会
発行者	笹尾　勝
発行所	社会福祉法人　全国社会福祉協議会
	〒100-8980 東京都千代田区霞が関3-3-2 新霞が関ビル
	電話 03-3581-9511　　振替 00160-5-38440
定　価	3,080円（本体2,800円＋税10%）
印刷所	共同印刷株式会社　　　　　　　　　　　禁複製

ISBN978-4-7935-1454-8 C0336 ¥2800E